1,90

Walter Bungard

Karsten Müller

Cathrin Niethammer

Mitarbeiterbefragung – was dann…?

Walter Bungard
Karsten Müller
Cathrin Niethammer

Mitarbeiterbefragung – was dann…?

MAB und Folgeprozesse erfolgreich gestalten

Mit 62 Abbildungen und 11 Tabellen

Prof. Dr. Walter Bungard
Universität Mannheim
Lehrstuhl Psychologie I
Schloss Ehrenhof Ost 236
68131 Mannheim
e-mail:
Walter.Bungard@psychologie.uni-mannheim.de

Dr. Cathrin Niethammer
Universität Mannheim
Lehrstuhl Psychologie I
L 15,1-6, 7. OG. Zimmer 710
68131 Mannheim
e-mail:
cathrin.niethammer@wo-institut.de

Dr. Karsten Müller
Universität Mannheim
Lehrstuhl Psychologie I
Schloss Ehrenhof Ost 245
68131 Mannheim
e-mail:
Karsten.Mueller@psychologie.uni-mannheim.de

ISBN-13 978-3-540-47837-9 Springer Medizin Verlag Heidelberg

Bibliografische Information der Deutschen Bibliothek
Die Deutsche Bibliothek verzeichnet diese Publikation in der Deutschen Nationalbibliografie;
detaillierte bibliografische Daten sind im Internet über http://dnb.ddb.de abrufbar.

Dieses Werk ist urheberrechtlich geschützt. Die dadurch begründeten Rechte, insbesondere die der Übersetzung, des Nachdrucks, des Vortrags, der Entnahme von Abbildungen und Tabellen, der Funksendung, der Mikroverfilmung oder der Vervielfältigung auf anderen Wegen und der Speicherung in Datenverarbeitungsanlagen, bleiben, auch bei nur auszugsweiser Verwertung, vorbehalten. Eine Vervielfältigung dieses Werkes oder von Teilen dieses Werkes ist auch im Einzelfall nur in den Grenzen der gesetzlichen Bestimmungen des Urheberrechtsgesetzes der Bundesrepublik Deutschland vom 9. September 1965 in der jeweils geltenden Fassung zulässig. Sie ist grundsätzlich vergütungspflichtig. Zuwiderhandlungen unterliegen den Strafbestimmungen des Urheberrechtsgesetzes.

Springer Medizin Verlag
springer.de

© Springer Medizin Verlag Heidelberg 2007
Printed in Germany

Die Wiedergabe von Gebrauchsnamen, Handelsnamen, Warenbezeichnungen usw. in diesem Werk berechtigt auch ohne besondere Kennzeichnung nicht zu der Annahme, dass solche Namen im Sinne der Warenzeichen- und Markenschutz-Gesetzgebung als frei zu betrachten wären und daher von jedermann benutzt werden dürften.

Produkthaftung: Für Angaben über Dosierungsanweisungen und Applikationsformen kann vom Verlag keine Gewähr übernommen werden. Derartige Angaben müssen vom jeweiligen Anwender im Einzelfall anhand anderer Literaturstellen auf ihre Richtigkeit überprüft werden.

Planung: Joachim Coch
Projektmanagement: Joachim Coch
Copy Editing: Friederike Moldenhauer, Hamburg
Layout und Einbandgestaltung: deblik Berlin
Einbandfotos: Karsten Müller/Tammo Straatmann; Franz Pfluegl
SPIN 11909262
Satz: Fotosatz-Service Köhler GmbH, Würzburg
Gedruckt auf säurefreiem Papier   2126 – 5 4 3 2 1 0

Geleitwort

Es ist in den letzten Jahren immer deutlicher geworden, welche zentrale Position Feedback-Instrumente im Rahmen der strategischen Unternehmensführung einnehmen. Unternehmen können nur dann mittelfristig und langfristig Erfolg haben, wenn sie über effiziente Rückkopplungsmechanismen bzw. funktionsfähige Feedbackprozesse verfügen.

Die umfassende Resonanz auf das letzte Herausgeberwerk von Prof. Bungard zu diesem Thema macht zum einen deutlich, wie wertvoll eine umfassende Bestandsaufnahme und Aufarbeitung zum Einsatz von Feedbackinstrumenten im Unternehmen für die Praxis und Forschung ist. Zum anderen zeigt sich jedoch auch, dass nicht allein die Implementierung und Existenz von Feedbackinstrumenten als solche maßgeblich sind, sondern dass die Crux des Erfolgs dieser Instrumente in der konsequenten Ableitung und Umsetzung von Maßnahmen liegt. Insbesondere die Mitarbeiterbefragung ist mehr als die Frage nach der Zufriedenheit der Mitarbeiter. Die Ergebnisse sind vielmehr, im Sinne eines »Check and Balance«, die Grundlage einer gehaltvollen Weiterentwicklung des gesamten Unternehmens.

Auch in der Unternehmenspraxis stellt sich ein zunehmendes Bewusstsein darüber ein, dass die Steuerung und zielführende Ausgestaltung des Follow-up-Prozesses die zentralen Erfolgsfaktoren einer wertschöpfenden Mitarbeiterbefragung sind.

Das heißt, die Ergebnisse einer Mitarbeiterbefragung müssen die Grundlage für nachgelagerte Veränderungsprozesse und deren konsequente Realisierung darstellen. Fehlt der Follow-up-Prozess und endet die Mitarbeiterbefragung mit dem Reporting der Ergebnisse, ist sie eher schädlich als nutzbringend für das Unternehmen.

Diese Notwendigkeit steht in Bezug zu einer Problematik, die in meiner über 30-jährigen Tätigkeit als Personalmanager bei verschiedenen Unternehmen stets omnipräsent ist: Ideen, Strategien und Rezepte gibt es genug, es mangelt nur allzu oft an der konsequenten Umsetzung und Realisierung. Wir sind oft genug Wissensriesen aber Realisierungszwerge. Diese Problematik spiegelt sich auch in der Schwierigkeit der erfolgreichen Nutzung der Ergebnisse einer Mitarbeiterbefragung wieder. – Genau hier setzt das Buch von Herrn Prof. Bungard, Herrn Dr. Müller und Frau Dr. Niethammer an: Die Herausgeber haben sich der Frage »Mitarbeiterbefragung – was dann...?« vor dem Hintergrund ihrer langjährigen praktischen Erfahrung und wissenschaftlichen Fundierung angenommen und hierfür zahlreiche Vertreter aus Wissenschaft und Praxis gewonnen.

Das Buch gibt hierbei zunächst einen komprimierten und aktuellen Überblick über die wichtigsten Aspekte bei der Durchführung einer Mitarbeiterbefragung. Kernstück bilden die Grundlagen und die Beschreibung verschiedener konkreter Instrumente zur Steuerung und erfolgreichen Gestaltung des Follow-up-Prozesses. In den verschiedenen Beiträgen wird deutlich, dass auch bei der Anwendung der Instrumente zur Gestaltung des Folgeprozesses nicht deren Existenz und Implementierung ausreicht, sondern der Prozess und die Anwendung der verschiedenen Tools von den Beteiligten, und hierbei insbesondere den Führungskräften, »gelebt« werden muss. Hierzu bedarf es einer offenen und konstruktiven Feedbackkultur; nur dann hat Feedback wirklich die Chance, das »breakfast for champions« zu sein. In diesem Sinne sind Mitarbeiterbefragungen weder Sanktions- noch Disziplinarinstumente, sondern Feedback für die Organisation und für einzelne Individuen. Hierbei zeigt sich aber leider auch, dass gerade die Führungskräfte mit dem höchsten individuellen Nutzenpotenzial durch institutionalisiertes Feedback die Anwendung und Umsetzung der Mitarbeiterbefragung häufig am wenigsten unterstützen.

Das Buch ist jedem, der sich mit der Thematik des Einsatzes von Feedbackinstrumenten im Unternehmen auseinandersetzt, bestens zu empfehlen. Neben einem gelungen Überblick über die aktuelle Praxis der Durchführung einer Mitarbeiterbefragung beschäftigt es sich, erstmalig im deutschen Sprachraum, fundiert und praxisorientiert mit der in der bisherigen Literatur oft stiefmütterlich behandelten Frage der Nutzbarmachung der Ergebnisse.

Bonn, im Sommer 2007   Thomas Sattelberger
                              Personalvorstand Deutsche Telekom AG

Vorwort

In den letzten Jahren hat sich in unserer praktischen Erfahrung mit der Durchführung von Mitarbeiterbefragungen und in der wissenschaftlichen Auseinandersetzung mit dieser Thematik gezeigt, dass die Gestaltung des Follow-up-Prozesses der schwierigste, aber auch erfolgskritischste Faktor der Durchführung einer Mitarbeiterbefragung ist. Im deutschen Sprachraum gibt es zwar inzwischen ein beachtliches Maß an Literatur zum Thema Mitarbeiterbefragung, aber die Auseinandersetzung mit dem Folgeprozess der Mitarbeiterbefragung, die Diskussion der Voraussetzungen für dessen erfolgreiche Implementierung und die Beschreibung konkreter Instrumente und Handlungsoptionen findet hierbei jedoch selten und wenn, dann eher rudimentär statt.

Dies hat uns dazu bewogen, mit dem vorliegenden Buch eine Grundlage für die Auseinandersetzung mit dieser, im Rahmen der Mitarbeiterbefragung letztlich entscheidenden, Thematik zu schaffen. Daneben soll das Buch auch für »Neulinge« im Geschäft der Mitarbeiterbefragung einen umfassenden, aktuellen und komprimierten Überblick über die wichtigsten Aspekte bei der Durchführung einer Mitarbeiterbefragung liefern. Das Buch richtet sich primär an die Praxis. Es soll insbesondere bei all denen, die sich fundiert und anwendungsorientiert mit dem Thema Mitarbeiterbefragung befassen wollen und hierbei neben der gelungenen Durchführung der Erhebung die erfolgreiche Umsetzung von organisationalen Verbesserungen auf Grund der Befragung anstreben, Anwendung finden.

Die Herausgeber danken allen Autoren für die gute Zusammenarbeit bei diesem Projekt. Im Besonderen danken wir Frau Evita Riedlinger und Frau Sylvia Fritz von der Knorr Bremse AG, Frau Simone Rauch von der MAN Nutzfahrzeuge AG, Herrn Clemens Schürger von der Continental AG und Herrn Karl-Heinz Heßling von der Carl Zeiss AG für die anschauliche Darstellung betrieblicher Praxisbeispiele. Ebenfalls danken wir Herrn Coch für die stets sehr gute Betreuung durch den Verlag.

Mannheim, im Sommer 2007
Walter Bungard
Karsten Müller
Cathrin Niethammer

Inhaltsverzeichnis

1	**Einführung**	1
2	**Mitarbeiterbefragungen planen und durchführen**	5
2.1	Mitarbeiterbefragung – Begriff, Funktion, Form	6
	Karsten Müller, Walter Bungard u. Ingela Jöns	
2.1.1	Was ist eine Mitarbeiterbefragung?	6
2.1.2	Funktionen von Mitarbeiterbefragungen	7
2.1.3	Formen von Mitarbeiterbefragungen.	12
2.2	Vorbereitung, Planung und Organisation von Mitarbeiterbefragungen	13
	Ingela Jöns u. Karsten Müller	
2.2.1	Zieldiskussion und -findung.	15
2.2.2	Projektorganisation und -planung	17
2.2.3	Einbindung von Beratungsinstituten	20
2.2.4	Rechtliche Aspekte und Einbindung des Betriebsrats	22
2.2.5	Information der Führungskräfte und Mitarbeiter.	25
2.3	Durchführung der Befragung.	27
	Karsten Müller, Christian Liebig, Ingela Jöns u. Walter Bungard	
2.3.1	Befragungsinstrument	27
2.3.2	Konkrete Gestaltungsaspekte des Befragungsinstruments	33
2.3.3	Durchführung der Erhebung	40
2.3.4	Datenerfassung, Auswertung und Analyse	48
2.3.5	Sonderfall: Durchführung multinationaler Mitarbeiterbefragungen.	50
2.4	Ergebnisrückmeldung und Maßnahmenableitung	54
	Ingela Jöns u. Karsten Müller	
2.4.1	Gestaltungsaspekte der Ergebnisrückmeldung . .	54
2.4.2	Zielgruppen der Rückmeldung.	55
2.4.3	Gesamtablauf von Feedbackprozessen.	56
2.4.4	Ergebnisberichte und -verteilung	58
2.4.5	Ergebnisinterpretation und -präsentation	59
2.4.6	Workshops, Projektgruppen und Mitarbeiterbefragungs-Zirkel zur Maßnahmenableitung. . .	62
3	**Follow-up-Prozesse gezielt steuern**	69
3.1	Mitarbeiterbefragungen – und was passiert dann?	70
	Walter Bungard	
3.1.1	Theoretische Vorüberlegungen	70
3.1.2	Erfahrungen aus der Praxis	72
3.1.3	Defizite bei Führungskräften als zentrale Problematik	74
3.1.4	MAB als Personal-Entwicklungs-Strategie	77
3.2	Sicherung der Nachhaltigkeit von Mitarbeiterbefragungen	78
	Cathrin Niethammer u. Karsten Müller	
3.2.1	Rahmenmodell zur Sicherung der Nachhaltigkeit.	78
3.2.2	Zielgrößen zur Sicherung der Nachhaltigkeit . .	79
3.2.3	Resümee.	84
3.3	Feedbackkultur und Innovationsklima	85
	Ingrid Feinstein	
3.3.1	Organisationsklima und Innovation.	86
3.3.2	Innovationsklima-Dimensionen und Erfolgsfaktoren für den Follow-up-Prozess	90
3.3.3	Feedbackkultur als Einflussfaktor auf Innovation und Innovationsklima	92
3.3.4	Innovationsklima als Gegenstand von MAB . . .	94
3.3.5	Resümee.	96
3.4	Rolle der Führungskräfte.	97
	Ingela Jöns	
3.4.1	Führung in Veränderungsprozessen	97
3.4.2	Führungsaufgaben der verschiedenen Ebenen . .	97
3.4.3	Erwartungen und Absichten von Führungskräften	99
3.4.4	Führungsfunktionen in den einzelnen Phasen . .	100
3.4.5	Übernahme der Führungsrolle im Folgeprozess .	102
3.4.6	Controlling und Coaching der Führungskräfte	103
3.5	Empirische Befunde zur Wirkung und Ausgestaltung des Follow-up-Prozesses	104
	Markus Hodapp, Christian Liebig, Karsten Müller u. Walter Bungard	
3.5.1	Allgemeine Wirkung der Mitarbeiterbefragung .	104
3.5.2	Wirkung und Ausgestaltung des Follow-up-Prozesses.	104
4	**Follow-up-Prozesse konkret gestalten: Follow-up-Instrumente**	109
4.1	Mitarbeiterbefragungs-Marketing.	111
	Karsten Müller u. Tammo Straatmann	
4.1.1	Überblick	111
4.1.2	Product – Mehr als nur Mitarbeiterbefragung	113
4.1.3	Price – Mehr als nur Kosten	113
4.1.4	Place – Wo und wie soll die Mitarbeiterbefragung durchgeführt werden?	114
4.1.5	Promotion – Die Wege zum Mitarbeiter	116
4.1.6	Resümee.	120
4.2	Training für Führungskräfte	120
	Sabine Racky	
4.2.1	Training zur Planung und Durchführung der Mitarbeiterbefragung	121
4.2.2	Training zur Rückmeldung der Ergebnisse und Ableitung der Maßnahmen	123
4.2.3	Training zum Controlling.	131
4.2.4	Resümee.	132
4.3	Handlungsimplikatives Reporting	132
	Beate Bladowski	

4.3.1	Allgemeine Grundsätze der Ergebnisrückmeldung	132	5	**Firmenbeispiele**	**179**
4.3.2	Aufbau von Ergebnisberichten	133	5.1	Continental – Fortschrittskontrolle bei Mitarbeiterbefragungen	180
4.3.3	Darstellung der Ergebnisberichte	136		*Klemens Schürger*	
4.3.4	Sonderberichte und -analysen	139	5.1.1	Einleitung	180
4.3.5	Resümee	139	5.1.2	Fortschrittskontrolle	181
4.4	Mitarbeiterbefragungsspezifisches Benchmarking und Vergleichswerte	140	5.1.3	Change Prozess Pilotbefragung Automotive Systems	183
	Karsten Müller		5.1.4	Resümee	188
4.4.1	Interpretierbarkeit von Daten – Ableitung von Maßnahmen	140	5.2	Erfolgreiche MAB und Folgeprozesse bei Carl Zeiss	189
4.4.2	Begriffsdefinition mitarbeiterbefragungsspezifisches Benchmarking und andere Vergleichswerte	141		*Karl-Heinz Hessling*	
			5.2.1	Einleitung	189
			5.2.2	Mitarbeiterbefragung	189
4.4.3	MAB-spezifisches Benchmarking und allgemeine Durchschnittswerte	143	5.2.3	Folgeprozess	192
			5.2.4	»Lessons learned«	194
4.4.4	Wahl angemessener Vergleichswerte	145	5.3	Weltweite Mitarbeiterbefragung im Knorr-Bremse Konzern – ein Erfahrungsbericht	194
4.4.5	Resümee	146		*Evita Riedlinger u. Sylvia Fritz*	
4.5	Das Portfolio	146	5.3.1	Der Business Excellence Gedanke	195
	Virginia Madukanya		5.3.2	Messung von Verbundenheit, Wertehaltung und Rahmenbedingungen im Unternehmen	196
4.5.1	Hintergrund und Einführung in den Portfolio-Ansatz	146	5.3.3	Knorr-Bremse und Business Excellence	197
4.5.2	Aufbau des Portfolios	148	5.3.4	Auf dem Weg zum vollständigen Bottom-up-Ansatz der Follow-up-Phase im Sinne eines kontinuierlichen Verbesserungsbedarfs	202
4.5.3	Varianten des Portfolios	150			
4.5.4	Resümee	154			
4.6	Linkage Research: Zusammenhangsanalysen als Ansatzpunkt für Veränderungsprozesse	155	5.3.5	Ergebnisse	203
			5.4	Einführung einer standardisierten Mitarbeiterbefragung bei der MAN Nutzfahrzeuge AG: Erfahrungen mit dem Follow-up Prozess	203
	Stefanie Winter			*Simone Rauch*	
4.6.1	Problematik	155	5.4.1	MAN Nutzfahrzeuge Gruppe	203
4.6.2	Nutzbare Kennzahlen der organisationalen Leistungsfähigkeit	156	5.4.2	Historie und strategische Einordnung der MAB bei MAN	204
4.6.3	Methodische und praktische Probleme bei der Verknüpfung von Daten	157	5.4.3	Die Organisation der MAB 2004	204
4.6.4	Gestaltungsempfehlungen für die Durchführung von Linkage Research	162	5.4.4	Durchführung der Befragung	205
4.6.5	Resümee	165	5.4.5	Zentrale Ergebnisse der Befragung	205
4.7	Unterstützung des Follow-ups durch qualitative Verfahren und Daten	165	5.4.6	Rückmeldung der Ergebnisse	206
	Stefanie Jonas-Klemm		5.4.7	Follow-up-Prozess	206
4.7.1	Einleitung	165	5.4.8	Sicherung der Nachhaltigkeit	207
4.7.2	Einsatzmöglichkeiten qualitativer Verfahren im Follow-up-Prozess	166	5.4.9	Weiterentwicklung der MAB bei der MAN Nutzfahrzeuge AG	209
4.7.3	Resümee	170	**Anhang**		**213**
4.8	Maßnahmen-Monitoring und -Controlling	170	Literatur		214
	Markus Hodapp		Über die Herausgeber		220
4.8.1	Monitoring, Controlling und Evaluation	171	Quellenverzeichnis		221
4.8.2	Ansätze zur Evaluation	172	Sachverzeichnis		222
4.8.3	Instrumente des Maßnahmen-Monitorings und -Controllings	176			
4.8.4	Resümee	178			

Verzeichnis der Autorinnen und Autoren

Bladowski, Beate
Universität Mannheim, LS Psychologie I
Schloss Ehrenhof Ost 246, 68131 Mannheim

Bungard, Walter, Prof. Dr.
Universität Mannheim, LS Psychologie I
Schloss Ehrenhof Ost 236, 68131 Mannheim
walter.bungard@psychologie.uni-mannheim.de

Feinstein, Ingrid
Universität Mannheim, LS Psychologie I
Schloss Ehrenhof Ost 236, 68131 Mannheim

Fritz, Sylvia
Knorr-Bremse AG, Corporate Human Resources
Development, V/PD
Moosacher Str. 80, 80809 München

Heßling, Karl-Heinz
Carl Zeiss AG, 73446 Oberkochen

Hodapp, Markus
Universität Mannheim, LS Psychologie I
L 15,1-6, 7. OG. Zimmer 708, 68131 Mannheim

Jöns, Ingela, PD Dr.
Universität Mannheim, LS Psychologie I
Schloss Ehrenhof Ost 248, 68131 Mannheim

Jonas-Klemm, Stefanie
Universität Mannheim, LS Psychologie I
L 15,1-6, 7. OG. Zimmer 708, 68131 Mannheim

Christian Liebig
SAP AG
Dietmar-Hopp-Allee 16, 69190 Walldorf

Madukanya, Virginia
Universität Mannheim, LS Psychologie I
Schloss Ehrenhof Ost 247, 68131 Mannheim

Müller, Karsten, Dr.
Universität Mannheim, LS Psychologie I
Schloss Ehrenhof Ost 245, 68131 Mannheim
karsten.mueller@psychologie.uni-mannheim.de

Niethammer, Cathrin, Dr.
Universität Mannheim, LS Psychologie I
L 15,1-6, 7. OG. Zimmer 710, 68131 Mannheim
cathrin.niethammer@wo-institut.de

Racky, Sabine
Universität Mannheim, LS Psychologie I
Schloss Ehrenhof Ost 236, 68131 Mannheim

Rauch, Simone
MAN Nutzfahrzeuge AG,
Personal- und Organisationsentwicklung (PE)
Dachauer Straße 667, 80995 München

Riedlinger, Evita
Abteilung Public Relations, Gerhard Rösch GmbH
Schaffhausenstr.101, 72072 Tübingen

Schürger, Klemens
Continental Automotive Systems
Sieboldstrasse 19, 90411 Nürnberg

Straatmann, Tammo
Universität Mannheim, LS Psychologie I
Schloss Ehrenhof Ost 245, 68131 Mannheim

Winter, Stefanie, Prof. Dr.
Fachhochschule Rosenheim
Hochschulstraße 1, 83024 Rosenheim

1 Einführung

Walter Bungard

Wann immer Menschen zusammen gearbeitet haben, wurden wahrscheinlich Fragen an die »Mitarbeiter« gestellt, da die Arbeitsteilung durch Kommunikationsprozesse koordiniert werden muss. Das war vor über 2.000 Jahren beim Bau der Pyramiden genauso üblich, wie beim preußischen Militär, wo Soldaten Auskünfte darüber geben sollten, ob ihre Offiziere zu viel Alkohol zu sich genommen hätten.

Erhebliche Varianten gab es im Laufe der Zeit in Bezug darauf, wer wen in welcher Form mit welcher Absicht befragte. Insofern ist das Thema Mitarbeiterbefragung (MAB) aus der operativen instrumentellen Perspektive im Sinn der Datenerhebung unspektakulär und rechtfertigt keine Publikation, zumal es dazu genügend »MAB-Kochbücher« gibt. Interessant wird die Sache immer dann, wenn man die mit der Durchführung einer MAB initiierten mikropolitischen Prozesse betrachtet. Denn sie entschieden darüber, welche Effekte mit diesem Instrument erzielt wurden. Die beste MAB mit einem professionell elaborierten Messinstrument bewirkt nichts, wenn die Akzeptanz bei den Akteuren nicht vorhanden ist. Im Gegenteil: Unter bestimmten Umständen ist der Schaden durch eine misslungene MAB größer, als wenn die Erhebung gar nicht stattgefunden hätte.

Vor dem Hintergrund dieser Problematik wird deutlich, dass jede MAB nicht nur einen Datenerhebungsvorgang repräsentiert, sondern immer auch zugleich eine Intervention im Sinn eines Organisations-Entwicklungs-Prozesses ist, und genau das macht das Thema MAB spannend. Wir haben vor einigen Jahren Beiträge zu dem Thema publiziert, dass eine MAB vor allem als Feedbackinstrument (neben anderen) in Organisationen interpretiert und implementiert werden muss. Für die Praxis ergeben sich daraus eine Vielzahl von Konsequenzen, die ausführlich dargestellt worden ist. Der Gordische Knoten, den es zu lösen gibt, resultiert aus dem Dilemma, dass die Zielsetzung einer MAB u. a. darin besteht, eine Feedbackkultur zu schaffen, dass aber zugleich das Fehlen einer solchen Kultur als Hauptursache für das Scheitern einer MAB identifiziert werden kann.

Im Zuge der Auseinandersetzung mit dieser Problematik verlagerte sich in den letzten Jahren der Fokus auf einen damit eng zusammenhängenden Aspekt, nämlich auf die Frage, was am Ende eines MAB-Prozesses tatsächlich an Verbesserungen herauskommt. Denn die innerbetrieblichen Kritiker und Bremser, denen die »neuen« Feedbackprozesse »von unten« suspekt sind, können am besten überzeugt bzw. zurückgedrängt werden, wenn schwarz auf weiß dokumentiert wird, welche konkreten Maßnahmen aus dem Befragungen abgeleitet und umgesetzt wurden. Andernfalls haben es die Gegner leicht, die Wirksamkeit einer MAB in Abrede zu stellen bzw. die ganze Befragung »abzuschießen«.

Im Rahmen dieser Rechtfertigungsstrategie ist in den letzten Jahren offenkundig geworden, dass diesem Aspekt in der Vergangenheit zu wenig Beachtung geschenkt wurde: Der Professionalität der Datenerhebung steht ein deutlicher Dilettantismus in der Phase nach der Befragung gegenüber.

Genau an dieser Stelle setzt dieser Reader an: MAB – und was dann? Es geht um die Frage, welcher Prozess nach einer MAB stattfinden muss, um die intendierten Ziele zu erreichen. Wie sollte die Umsetzung der Maßnahmen gestaltet bzw. unterstützt werden, um die Nachhaltigkeit zu sichern? Wir glauben, dass es zu diesem Schwerpunkt sowohl in der Wissenschaft als auch in der Praxis einen Nachholbedarf gibt und wollen mit diesem Buch dazu beitragen, diese Lücke zu füllen.

Im **ersten Teil** dieses Buches werden grundlegende Kenntnisse und praktische Aspekte zur Planung und Durchführung einer MAB erörtert.

Der erste Beitrag von Müller, Bungard und Jöns stellt zunächst die grundsätzliche Konzeption, die verschiedenen Funktionen und die konkreten Ausgestaltungsformen einer MAB vor. Die weiteren Beiträge des ersten Teils behandeln verschiedene Teilaspekte bei der Durchführung einer MAB entlang der wichtigsten Prozessschritte.

Vor dem Beginn der eigentlichen Befragung steht zunächst die Vorbereitung, Planung und Organisation des MAB-Projektes. Im zweiten Beitrag gehen Jöns und Müller folglich auf zentrale Aufgaben bei diesen Phasen ein. Hierbei werden insbesondere Fragen der strategischen Zielsetzung einer MAB, der Organisation des Projektes, der Einbindung externer Berater, rechtlicher Rahmenbedingungen und der Information von Mitarbeitern und Führungskräften näher diskutiert.

Nach Abschluss der Vorbereitung und Planung beginnt die Durchführung der Erhebung. Müller, Liebig, Jöns und Bungard legen in ihrem Beitrag verschiedene Handlungsalternativen und Vorgehensweisen bei der Auswahl bzw. Entwicklung des Befragungsinstrumentes dar. Der Beitrag geht auf die konkreten Gestaltungsmerkmale des Instruments in Bezug auf ihre praktische Tauglichkeit ein. Im Anschluss anmuss die Entscheidung für ein bestimmtes Erhebungsformat getroffen werden. Die Autoren diskutieren die Vor- und Nachteile online- und papierbasierter Erhebungsformen und stellen Möglichkeiten der Datenanalyse und des Reportings dar. Den Abschluss dieses Beitrags bildet die Auseinandersetzung mit Besonderheiten multinationaler MABs.

Nach Abschluss der Erhebung und Auswertung der Daten erfolgt die Rückmeldung der Ergebnisse an die Beteiligten. Dieser Rückmeldeprozess stellt die Schnittstelle der Datenerhebung zum Follow-up-Prozess dar. Jöns und Müller geben einen allgemeinen Überblick über diesen Prozess und über die Maßnahmenableitung. Hierbei werden die wichtigsten Gestaltungsaspekte der Ergebnisrückmeldung aufgezeigt und ein möglicher Gesamtablauf des Feedbackprozesses vorgestellt. Weitere in diesem Beitrag behandelte Aspekte sind die Gestaltung und Verteilung der Ergebnisberichte, die Ergebnisinterpretation und -präsentation sowie die Durchführung von Workshops, Projektgruppen und MAB-Zirkeln zur Maßnahmenableitung.

Der **zweite Teil** geht auf die wichtigsten Grundlagen und Voraussetzungen der gezielten Steuerung erfolgreicher Follow-up-Prozesse ein. Bungard zeigt eine erhebliche Diskrepanz zwischen der Theorie und der Praxis beim MAB-Prozess auf und identifiziert vor allem mikropolitische und organisationskulturelle Rahmenbedingungen als Hauptursachen. Niethammer und Müller diskutieren ein Rahmenmodell zur Sicherung der Nachhaltigkeit einer MAB. Aus ihrer Sicht ist der Follow-up-Prozess einer MAB nur dann erfolgreich, wenn er zu dauerhaften positiven Veränderungen in der Organisation führt. Die Kernfrage ist hierbei, wie der Folgeprozess gestaltet werden muss, damit die Beteiligten die notwendigen Einstellungen, Kompetenzen und Möglichkeiten zur Umsetzung von Veränderungsmaßnahmen bekommen. Es wird in diesem Beitrag deutlich, dass die Beeinflussung dieser Variablen ein ganzes Bündel von einzelnen Maßnahmen, bestimmten Vorgehensweisen, möglichen Strategien und verschiedenen Instrumenten notwendig macht.

Eine wichtige Voraussetzung eines erfolgreichen Folgeprozesses ist die Innovationsbereitschaft und das Innovationsklima in einer Organisation. Feinstein zeigt auf, dass das Innovationsklima und die Feedbackkultur einer Organisation in wechselseitigem Verhältnis zueinander stehen. Die Autorin argumentiert, dass eine MAB nicht nur Innovationsprozesse anstößt, sondern man durch die regelmäßige Durchführung der MAB den Fortschritt des Unternehmens auch kontrollieren und steuern kann.

Jöns macht deutlich, dass der Führung eine zentrale Bedeutung bezüglich des Erfolges von Veränderungsmaßnahmen im Rahmen des Folgeprozesses einer MAB zukommt. Ihr Beitrag schildert die verschiedenen Aufgaben, die Führungskräfte hierbei erfüllen. Im Mittelpunkt der Diskussion stehen die eigenen Interessen der Führungskräfte, ihre Hoffnungen und Befürchtungen sowie die an sie gestellten Erwartungen verschiedener Gruppen im Unternehmen.

Zum Abschluss des zweiten Teils geben Hodapp, Liebig, Müller und Bungard einen Überblick über die bisherigen empirischen Befunde zur Wirkung und Ausgestaltung des Follow-up-Prozesses im Rahmen der MAB. Hierbei ist auffällig, dass es trotz der umfangreichen Literatur über MABs und trotz des vielfältigen Einsatzes dieses Instruments in der Praxis nur wenig empirische Untersuchungen über dessen Wirksamkeit vorliegen. Der empirische Überblick zeigt, dass der Erfolg einer MAB in entscheidendem Maße von der Ausgestaltung des Folgeprozesses abhängt. Erfolgreiche Folgeprozesse führen zu einer Verbesserung der Mitarbeitereinstellung und zu einer Optimierung organisationaler Bedingungen und Prozesse. Der Beitrag zeigt auch, dass sich auf Grundlage der empirischen Ergebnisse wichtige Faktoren für eine optimale Ausgestaltung der Folgeprozesse identifizieren lassen.

Der **dritte Teil** stellt verschiedene Instrumente zur konkreten Ausgestaltung des Follow-up-Prozesses dar. Den Einstieg bildet die Auseinandersetzung mit dem Gedanken des Marketings einer Mitarbeiterbefragung. Damit eine MAB erfolgreich und wirksam ist, müssen alle Beteiligten sie akzeptieren, von ihrer Nützlichkeit überzeugt sein und aktiv an der Umsetzung von Veränderungen partizipieren. Müller und Straatmann machen deutlich, dass diese

Einstellungen der Beteiligten im Sinne der Zielsetzung des MAB-Marketings durch eine konsequente Ausrichtung der Befragung auf die Bedürfnisse der Befragten positiv beeinflusst werden können.

Racky geht anschließend auf die Ausgestaltung von Trainingsmaßnahmen zur Vorbereitung der Führungskräfte auf den Folgeprozess ein.

In der konkreten Ausgestaltung des Folgeprozesses hat auch die Art der Ergebnisrückmeldung einen Einfluss auf die Einleitung und Umsetzung von Veränderungsmaßnahmen. Bladowski beschreibt in ihrem Beitrag Möglichkeiten der zielgruppenspezifischen Aufbereitung der Ergebnisse und der handlungsimplikativen Ausgestaltung des Reportings. Müller geht in seinem Beitrag auf die Bedeutung von MAB-spezifischen Vergleichswerten und Benchmarks als wichtige Hilfestellung ein, um die Ergebnisse zu interpretieren und Handlungsfeldern zu priorisieren.

Madukanya beschreibt die Nützlichkeit von Portfolioanalysen im Rahmen des Folgeprozesses. Diese Analysen haben sich in der Praxis der MAB als wichtiges Instrument etabliert, um Folgeprozesse einer MAB zu unterstützen. Bei der Interpretation der Ergebnisse von Mitarbeiterbefragungen stellt sich häufig auch die Frage, welche Folgen die Ergebnisse eigentlich für die Leistungsfähigkeit der Organisation besitzen. Hierzu stellt Winter das Feld der Linkage Forschung vor, die die Verknüpfung der Daten einer Mitarbeiterbefragung mit strategisch bedeutsamen Ergebniskennzahlen einer Organisation beschreibt und es ermöglicht, bislang unerkannte Zusammenhänge und Wirkpfade im eigenen Unternehmen aufzudecken und diese gezielt als Stellhebel zur Beeinflussung der strategischen Zielgrößen und des gesamten Unternehmenserfolges zu nutzen.

Ein weiteres wichtiges Instrument in Rahmen des MAB-Folgeprozesses ist der Einsatz qualitativer Verfahren. Jonas-Klemm geht auf die vielfältigen Einsatzbereiche und unterschiedlichen Möglichkeiten dieser Verfahren für eine Ausgestaltung des MAB Folgeprozesses und die Umsetzung von Veränderungsmaßnahmen ein.

Als eines der wichtigsten Instrumente des MAB-Folgeprozesses beschreibt Hodapp schließlich im letzten Beitrag die Möglichkeiten und Instrumente zum Controlling der MAB-Umsetzungsprozesse und des Erfolgs eingeleiteter Veränderungen.

Im **vierten Teil** finden sich Erfahrungsberichte der Durchführung einer MAB und Ausgestaltungen des Follow-up-Prozesses aus vier Unternehmen. Die Projekterfahrung bei der Fortschrittskontrolle im MAB-Folgeprozess der Continental AG berichtet Schürger. Hessling stellt die Philosophie und die verschiedenen Prozessschritte des Folgeprozess bei der Carl-Zeis AG vor. Über Erfahrungen bei der Durchführung einer multinationalen Mitarbeiterbefragung im Knorr-Bremse Konzern berichten Riedlinger und Fritz. Zahlreiche weitere Anregungen finden sich in der Beschreibung der MAB bei der MAN AG von Rauch.

2 Mitarbeiterbefragungen planen und durchführen

2.1 Mitarbeiterbefragung – Begriff, Funktion, Form – 6
Karsten Müller, Walter Bungard u. Ingela Jöns
2.1.1 Was ist eine Mitarbeiterbefragung? – 6
2.1.2 Funktionen von Mitarbeiterbefragungen – 7
2.1.3 Formen von Mitarbeiterbefragungen – 12

2.2 Vorbereitung, Planung und Organisation von Mitarbeiterbefragungen – 13
Ingela Jöns u. Karsten Müller
2.2.1 Zieldiskussion und -findung – 15
2.2.2 Projektorganisation und -planung – 17
2.2.3 Einbindung von Beratungsinstituten – 20
2.2.4 Rechtliche Aspekte und Einbindung des Betriebsrats – 22
2.2.5 Information der Führungskräfte und Mitarbeiter – 25

2.3 Durchführung der Befragung – 27
Karsten Müller, Christian Liebig, Ingela Jöns u. Walter Bungard
2.3.1 Befragungsinstrument – 27
2.3.2 Konkrete Gestaltungsaspekte des Befragungsinstruments – 33
2.3.3 Durchführung der Erhebung – 40
2.3.4 Datenerfassung, Auswertung und Analyse – 48
2.3.5 Sonderfall: Durchführung multinationaler Mitarbeiterbefragungen – 50

2.4 Ergebnisrückmeldung und Maßnahmenableitung – 54
Ingela Jöns u. Karsten Müller
2.4.1 Gestaltungsaspekte der Ergebnisrückmeldung – 54
2.4.2 Zielgruppen der Rückmeldung – 55
2.4.3 Gesamtablauf von Feedbackprozessen – 56
2.4.4 Ergebnisberichte und -verteilung – 58
2.4.5 Ergebnisinterpretation und -präsentation – 59
2.4.6 Workshops, Projektgruppen und Mitarbeiterbefragungs-Zirkel zur Maßnahmenableitung – 62

2.1 Mitarbeiterbefragung – Begriff, Funktion, Form

Karsten Müller, Walter Bungard u. Ingela Jöns

2.1.1 Was ist eine Mitarbeiterbefragung?

Wenn von Mitarbeiterbefragungen die Rede ist, dann wissen in der Arbeitswelt die meisten, was damit gemeint ist. Allgemein ist man sich darüber einig, dass es sich um eine systematische Befragung von Mitarbeitern handelt, die von informellen Gesprächen mit den Mitarbeitern abzugrenzen ist. Zusätzliche Präzisierungen betreffen den Auftraggeber und den Zweck sowie den Inhalt und die Form der Durchführung.

In der aktuellen Situation kann man den Begriff der MAB pragmatisch und deskriptiv auf das reduzieren, was in den Betrieben unter diesem Stichwort konkret zur Zeit gemacht wird: In der Regel sind dies schriftliche, **anonym durchgeführte Vollerhebungen** mit einem **standardisierten Erhebungsinstrument**, das hauptsächlich **geschlossene Items** enthält (vgl. auch Domsch & Ladwig, 2000).

Dabei erfolgt im Allgemeinen eine Einschränkung auf betriebliche MABs, die im Auftrag der Unternehmensleitung durchgeführt bzw. als Führungsinstrument eingesetzt werden. Aus der Betrachtung ausgeklammert werden Belegschaftsbefragungen von Seiten der Arbeitnehmervertretung und allgemeine Befragungen im Betrieb (z. B. zur Werkszeitung), aber auch Befragungen im Rahmen von Forschungsarbeiten, die primär wissenschaftlichen Zwecken dienen.

> **Definition**
>
> Eine detailliertere **Definition der MAB** kann man anhand von zwölf Merkmalen vornehmen (siehe auch Bungard, 2000, 2005b):
>
> 1. Es werden in der Regel alle Mitarbeiter befragt.
> 2. Die Befragung erfolgt anhand eines standardisierten schriftlichen Fragebogens.
> 3. Die Befragung erfolgt auf freiwilliger Basis; die Ergebnisrückmeldung erfolgt anonym, d. h. das einzelne Votum ist nicht auf den Bewerter zurückzuführen.
> 4. Ziel der Befragung ist die systematische Erfassung von Meinungen, Einstellungen, Wünschen oder Erwartungen der Beschäftigten.
> 5. Der Inhalt der MAB bezieht sich auf Themenbereiche, die im EFQM-Modell (European Foundation for Quality Management, 2005; Zink, 2004) vorgeschlagen werden.
> 6. Die Ergebnisse werden zügig (innerhalb von zwei bis maximal vier Wochen) ermittelt und an die einzelnen Organisationseinheiten zurückgespiegelt. Die Ergebnisberichte enthalten spezifische Auswertungen mit verschiedenen Vergleichen.
> 7. Die Befragung findet in regelmäßigem Turnus (i.d.R. ein- oder zweimal jährlich) statt.
> 8. In den Reports für die Organisationseinheiten werden Entwicklungen im Jahresvergleich berichtet.
> 9. Die Vorgesetzten sollen zeitnah (d. h. in einem Zeitraum von ca. vier Wochen) die Ergebnisse mit dem Ziel einer Diskussion der zentralen Problemfelder und der Ableitung konkreter Verbesserungsmaßnahmen kommunizieren.
> 10. Die Daten- bzw. Ergebnisanalyse soll Problembereiche aufdecken, an denen konkrete Verbesserungsmaßnahmen ansetzen.
> 11. Die Effektivität der Veränderungsmaßnahmen ist bei der darauffolgenden Befragung ebenfalls Gegenstand der Bewertung.
> 12. Die Befragung flankiert übergeordnete Innovations- oder Veränderungsstrategien. Sie ist u. a. als Datenlieferant in weitere Kennzahlensysteme eingebunden bzw. mit diesen verknüpft.

Diese Definition hebt zwei Aspekte besonders hervor. Der erste Aspekt betrifft die **Abgrenzung einer systemischen MAB von einer Ad-hoc-Befragung**.

— Eine systemische MAB ist letztlich kein Projekt (im Sinne von z. B. Madauss, 2000), sondern ein Element kontinuierlich fortlaufender Unternehmensprozesse.
— Eine MAB ist keine Sonderaktion, sondern in die übrigen Unternehmenssysteme bzw. die regulären organisatorischen Abläufe eingebunden.
— Sie ist parallel zu z. B. Gehalts-, Leistungsbeurteilungs- oder Führungssystemen zu betrachten.

Der zweite Aspekt bezieht sich auf die **verschiedenen Funktionen** der MAB, die im folgenden Abschnitt erläutert werden.

2.1.2 Funktionen von Mitarbeiterbefragungen

Unabhängig von den konkreten Zielen umfassender MAB-Prozesse hat der Einsatz von Befragungsinstrumenten in der Praxis zwei zentrale Funktionen: **Diagnostik** und **Intervention**. Verschiedene Zielsetzungen der MAB beziehen sich in unterschiedlicher Schwerpunktsetzung auf diese beiden Grundfunktionen der MAB.

Die erste Funktion erfüllt die MAB als **Erhebungs-, Analyse- oder Diagnoseinstrument**. Durch die MAB sollen Informationen über die Zufriedenheit, die Einstellungen, die Meinungen etc. der Mitarbeiter gewonnen werden. Die MAB kann jedoch einen erheblichen Beitrag über die rein diagnostische Funktion hinaus leisten. Eine MAB moderner Prägung stellt zweitens ein **Interventionsinstrument** dar, das im Sinne eines Auftau- und Einbindungsmanagement-Programms (Borg, 1997, 2000) bzw. als systemische MAB (Bungard, 2005) charakterisiert ist. Dabei werden insbesondere folgende Aspekte betont:

❶ 1. Eine MAB erschöpft sich nicht allein in der Erhebungsaktion, auch **Vorlauf- und Folge-Prozesse** sind integrale Bestandteile.
2. Ein Hauptaugenmerk liegt auf dem **Handlungsaspekt**, wobei der durch die Befragung initiierte Veränderungsprozess selbst wieder Gegenstand der Evaluation wird.

Die MAB stellt in zweierlei Hinsicht eine Intervention dar (Jöns, 1997): Die eigentliche Befragung der Mitarbeiter ist in dem Sinne bereits eine soziale Intervention, als die Mitarbeiter auf sie reagieren, wodurch sich die Organisation als soziale Einheit verändert oder zumindest in Bewegung gerät. Abgesehen von den messtheoretischen Problemen, die mit dieser Reaktion verbunden sind, folgt hieraus, dass die Befragung »per se ein gestalterischer Eingriff in die Organisation mit verschiedenen Folgewirkungen« (Domsch & Reinecke, 1982, S. 131) ist. So ist z. B. nach Borg (1995, S. 9), die Klassifikation von MAB unter der Rubrik Organisationsentwicklung oder Change Management bzw. als Intervention »selbst dann sinnvoll, wenn eine MAB vordergründig nur der Diagnose dient«.

Unabhängig von der konkreten Durchführung der MAB und der spezifischen Ausgestaltung reagieren Mitarbeiter auf die Befragungsaktion. So können durch die Befragung zum Beispiel **Reflexions- oder soziale Kommunikationsprozesse** ausgelöst werden. Die Inhalte der Befragung signalisieren darüber hinaus thematisch die Schwerpunktsetzung der Unternehmensleitung. Ebenso führt die Durchführung der Befragung zu einer gewissen Erwartungshaltung über Konsequenzen bei den Befragten. Die Durchführung einer Befragung bleibt – zumindest vorübergehend – nicht folgenlos. Bereits Viteles (1953) vergleicht eine MAB mit einer entsicherten Handgranate; beides könne man nicht unbeschadet einfach beiseite legen, sondern man müsse damit »etwas anfangen«.

Problematisch ist in diesem Zusammenhang, wenn von automatischen spezifischen Wirkungen ausgegangen wird, d. h. wenn z. B. unterstellt wird, dass MABs zur Verbesserung der Partizipation (weil »Mitarbeiter an den Belangen des Unternehmens beteiligt [werden] und das Gefühl [haben], »zu Wort zu kommen«, »gehört zu werden«…«), oder zur Erhöhung der Arbeitszufriedenheit bzw. zur Verbesserung des Betriebsklimas beitragen (Domsch & Reinecke, 1982, S. 131 f.). Dies mag beabsichtigt und wünschenswert sein, ist aber keine automatische Konsequenz einer MAB.

Der eigentliche Interventionsaspekt der MAB liegt in der gezielten **Initiierung und Steuerung von Veränderungsprozessen in der Follow-up-Phase** der Befragung.

❗ Der **Erfolg als Interventionsinstrument** hängt somit in entscheidendem Maße von der **Ausgestaltung des Follow-up-Prozesses** ab.

MABs moderner Prägung beinhalten somit grundsätzlich einen Interventionscharakter (Borg, 2000; Jöns, 1997a). Die Erhebung ist folglich in zahlreiche Vorlauf-, Begleit- und Follow-up-Prozesse eingebunden. Das volle Potenzial der MAB wird ausgeschöpft und positive Wirkungen sind insbesondere dann zu erwarten, wenn die durch die Befragung ausgelösten und intendierten Konsequenzen bewusst gesteuert und konkret gestaltet werden. In diesem Sinne sollten MABs als Interventionsinstrument Veränderungen anstoßen, in die richtige Richtung lenken und in der Lage sein, die Veränderungen anschließend bezüglich ihrer Wirksamkeit, z. B. anhand einer weiteren Erhebung, zu evaluieren (vgl. Trost & Bungard, 2004). Die Interventionsfunktion ergibt sich aus der Auffassung der MAB als entwicklungsgeschichtliche Ausprägungsform der **Survey-Feedback-Methode**. Diese Beziehung wird im Folgenden näher ausgeführt.

MABs als Survey-Feedback-Verfahren

Im Zusammenhang mit Survey-Feedback-Verfahren wird der Feedbackbegriff im Anschluss an die Kybernetik des Physikers Wiener zur Beschreibung von Regelungs- bzw. Veränderungsprozessen von Systemen herangezogen. Durch die Veränderung des Ist-Zustands eines Systems soll ein bestimmter Soll-Zustand erreicht werden. Feedback bedeutet die Rückkopplung der Effekte vorhergegangener Aktivitäten. Die Ergebnisse dieser Rückkopplung dienen dazu, die Systemaktionen bezüglich ihrer Auswirkungen einzuschätzen und im Hinblick auf die Soll-Erreichung gegebenenfalls anzupassen (vgl. Wiener, 1972). Die Besonderheiten bei der Betrachtung von sozialen Systemen bzw. Organisationen resultieren daraus, dass selbsttätige Regelungsprozesse aufgrund der Rückkopplungen erfolgen. Auf Feedback kann aktiv, bewusst und geplant reagiert werden. Zudem

◘ **Abb. 2.1.** Prozess der Aktionsforschung. (Adaptiert nach French & Bell, 1994; © Haupt, Bern)

erhält man in sozialen Systemen nicht nur, sondern man gibt und sucht auch Feedback.

Survey-Feedback-Prozesse beziehen sich historisch auf die **Aktionsforschung**. Die Aktionsforschung wurde Anfang der 50er-Jahre am Institute of Social Research in Michigan ausgearbeitet und erfuhr seitdem eine stetige Weiterentwicklung (Bowers, 1973; Moore, 1978). Der Ablauf eines Aktionsforschungsprozesses ist in ◘ Abb. 2.1 skizziert. Der Prozess der Sammlung und Rückspiegelung von Daten, der Handlungsplanung und der daraus resultierenden Aktionen wiederholt sich und baut inhaltlich aufeinander auf (French & Bell, 1994).

In der Tradition der Aktionsforschung steht der Forscher (in der Nomenklatur der Aktionsforschung der »Change Agent«) – entgegen dem Forschungsideal – nicht außerhalb des zu untersuchenden Systems, sondern ist Teil dessen. Er greift durch die systematische Sammlung von Daten, die Diskussion der Ergebnisse, die Planung und Umsetzung von Handlungen in das System ein. Bei einer MAB wird in diesen Prozess eine weitere Ebene eingezogen: Der Forscher sammelt Daten, bereitet sie auf und spiegelt sie an das Klientensystem zurück. Die übrigen Schritte (wie z. B. Diskussion und Aufarbeitung des Datenmaterials oder Handlungsplanung) werden von Personen im Klientensystem (in der Regel Führungskräfte) wahrgenommen. Die Befragten sind in diesem Prozess zudem keine naiven Personen, sondern sind als mündige Teilnehmer und Akteure einbezogen.

Das **Ziel des Verfahrens** besteht darin, dass die Beteiligten in regelmäßigen Abständen die Möglichkeit erhalten, mittels sozialwissenschaftlich fundierter Methoden Sachverhalte im Unternehmen zu bewerten. Aus den Befunden dieser Bewertung werden, unter Einbezug aller Beteiligten, Veränderungsmaßnahmen abgeleitet und umgesetzt. Nach einer gewissen Zeit werden die Maßnahmen und deren Ergebnisse wiederum evaluiert.

Nach obigem groben Überblick über die grundlegenden Funktionen einer MAB werden sie in den folgenden Abschnitten näher erläutert.

Diagnostische Funktionen von Mitarbeiterbefragungen

In Anlehnung an Jöns (1997a) lassen sich drei Subtypen diagnostischer Funktionen der MAB unterscheiden.

Diagnostische Funktionen von MAB
Analysefunktion:
– Information über die Situation im Unternehmen (z. B. Arbeitszufriedenheit, Betriebsklima, Führungsstil etc.)
– Stärken-Schwächen-Analysen (z. B. Personalpolitik, Informationspolitik, Weiterbildungsangebote etc.)
– Bestandsaufnahme und Bedarfsermittlung für konkrete Projekte (z. B. Gruppenarbeit, Umstrukturierung)
– Analyse spezifischer Problemstellungen (z. B. Fehlzeiten, Qualitätsbewusstsein)

Evaluationsfunktion:
– Information über Veränderungen und Entwicklungen im Unternehmen
– Beurteilung von Managementstrategien und -instrumenten
– Beurteilung von konkreten Einzelmaßnahmen oder Gestaltungsprojekten

Kontrollfunktion:
– Überprüfung der Durchführung und Umsetzung von konkreten Maßnahmen
– Überprüfung von (verändertem) Verhalten von Vorgesetzten/Führungskräften

In Anlehnung an instrumentelle Funktionen von MAB (Jöns, 1997a, S. 18)

Analyse- und Evaluationsfunktion

Als klassische Funktionen von Befragungen können die Analyse und Evaluation angesehen werden. Diese unterscheiden sich durch den Zeitpunkt ihrer Erhebung: Von einer Analyse spricht man im Vorfeld, von einer Evaluation im Anschluss an Veränderungsprozesse. Bei regelmäßiger Durchführung können die erhobenen Informationen sowohl der Evaluation bisheriger Prozesse, als auch der Analyse für weitere Verbesserungsansätze dienen.

Befragungen lassen sich weiterhin danach unterscheiden, welche Informationen erhoben werden bzw. zu welchem Zweck diese Informationen herangezogen werden sollen. Traditionell wurden MABs eher zur allgemeinen Informationsgewinnung und

Stärken-Schwächen-Analyse eingesetzt. Später wurden diese Ziele von einer stärkeren Fokussierung auf Managementstrategien und -konzepte abgelöst. Zudem rückte die Einbettung in umfassendere Organisationsentwicklungsprozesse in den Vordergrund. In diesem Rahmen stellen die Diagnose- und Evaluationsergebnisse der MAB zentrale Informationsgrundlagen für die weitere Planung der Veränderungsprozesse dar.

Kontrollfunktion

Von der Evaluationsfunktion abgegrenzt wird die Kontrollfunktion. Dabei geht es um die Überprüfung der Durchführung von Maßnahmen bzw. des Verhaltens von Personen. Wenn beispielsweise Zielvereinbarungen als neues Führungsinstrument eingeführt werden, dann kann durch eine MAB erhoben werden, ob diese überhaupt durchgeführt werden. Die erhaltenen Daten können zur Optimierung der Einführungsstrategie von Zielvereinbarungen, bzw. deren Implementierung dienen.

Der Gegenstand dieser Kontrollfunktion ergibt sich häufig aus den strategischen Zielsetzungen einer Organisation. Der Mitarbeiter ist Experte oder direkter Betroffener der Umsetzung betrieblicher Praktiken und Programme. Der erfasste Umsetzungsgrad der Unternehmenspraktiken und -programme steht häufig in Beziehung zu **spezifischen strategischen Unternehmenszielen** und strategischen Schwerpunktsetzungen. Thematische Schwerpunktsetzungen beziehen sich z. B. auf Themenbereiche wie Service-Qualität (Schneider & Bowen, 1985), Führungsstil (Kozlowski & Doherty, 1989), Post-Merger-Integration (Schweiger, Ridley & Marini, 1992; Weiss & Jöns, 2003) oder Zusammenarbeit zwischen organisatorischen Einheiten (Trost, 2001).

In der Praxis ist darüber hinaus die Tendenz festzustellen, mit der MAB gleichzeitig die Überprüfung der Umsetzung von verschiedenen Führungsinstrumenten zu verbinden, da dies häufiger das einfachere Verfahren darstellt, als beispielsweise die Personalakten nach der Durchführung von Mitarbeitergesprächen zu durchforsten. Aus der Perspektive zentraler Bereiche stellt der Umsetzungsgrad gleichzeitig eine wichtige Informationsgrundlage für die Planung und Verbesserung von **Einführungsstrategien** dar.

Interventionsfunktion

Von den diagnostischen Funktionen ist die Interventionsfunktion der MAB abzugrenzen, die auf Grundlage der Zielsetzung und Weiterverwendung der Ergebnisse an die eigentliche Befragung anknüpft. Aber auch die Befragung selbst stellt bereits eine Intervention dar. Die Befragung ist ein Kommunikationsinstrument, wobei im ersten Schritt die Befrager, also die Unternehmensleitung, kommunizieren. Sie teilt mit, was sie interessiert und worüber sie Informationen von den Mitarbeitern wünscht. Damit eng verbunden ist die Vermittlung der Unternehmens- bzw. Führungsphilosophie. Es macht z. B. einen Unterschied, ob man 2 oder 10 von 100 Fragen dem Qualitätsthema widmet.

In MABs wird nicht nur danach gefragt, was die Mitarbeiter bewegt, sondern was sie bewegen soll. Der Fragebogen selbst ist somit bereits als **Informationsblatt der Unternehmensleitung** an die Mitarbeiter zu verstehen, wobei sicherlich schwer zu unterscheiden ist, was mit welchem Ziel darin enthalten ist.

Mit unterschiedlichen Fragen möchte man
- die Meinung der Mitarbeiter erfahren
- Aufmerksamkeit lenken
- darüber informieren, dass man als Unternehmensleitung auf bestimmte Themen Wert legt
- signalisieren, dass bestimmte Aktivitäten ernstgenommen werden
- Themen ansprechen, weil man glaubt, dass Mitarbeiter hierzu gerne ihre Meinung äußern möchten.

Im zweiten Schritt kommunizieren die Befragten ihre **Meinung zu den Fragen**. Diese Botschaft richtet sich zunächst an die Unternehmensleitung als Auftraggeber oder, je nach Konzeption der Ergebnisrückmeldung, an die jeweiligen Verantwortlichen.

Da die Mitarbeiter die Chance erhalten, ihre Meinung über die MAB in weitere Planungsprozesse einzubringen, wird in diesem Zusammenhang häufig von der MAB als **Partizipationsinstrument** gesprochen. Betrachtet man aber die Erhebung an sich, dann bleibt zunächst offen, inwieweit die Mitarbeitermeinung überhaupt bei weiteren Planungen berücksichtigt wird. Dadurch, dass man jemanden nach seiner Meinung fragt, beteiligt man ihn noch nicht, aber wenn man jemanden erst gar nicht fragt, kann man ihn auch nicht beteiligen. Insofern kann die Durchführung einer Befragung durchaus als erster Schritt der Umsetzung einer partizipativen Führungsphilosophie verstanden werden. Allerdings wird sie diese Funktion nur erfüllen, wenn die weiteren Schritte dieser Philosophie entsprechen. Die Minimalanforderung hieße, dass die Meinungen und Interessen der Mitarbeiter in den weiteren Planungen – im positiven und nicht im manipulativen Sinne – berücksichtigt werden.

Im vorangegangenen Abschnitt waren Befragungen bereits als soziale Interventionen charakterisiert worden, die »etwas« gewollt oder ungewollt auslösen bzw. bewirken.

Neben der Befragung selbst als Interventionsinstrument stellen die Ergebnisse der MAB und der Follow-up die eigentliche Grundlage umfassender **Organisationsentwicklungsprozesse** dar (Church, Waclawski & Burke, 2001; French & Bell, 1994; French, Bell & Zawacki, 1994; Freimuth & Hoets, 1995; Griffin, Rafferty & Mason, 2004; Hellriegel, Slocum & Woodman, 1992; Moorehead & Griffin, 1989; Scarpello & Vandenberg, 1991).

> **Interventionsfunktion:**
> - Kommunikation – unternehmensweit, top-down und bottom-up
> - Vermittlung der Unternehmens- bzw. Führungsphilosophie
> - Initiierung von Reflexions- und Austauschprozessen
> - Ableitung und Umsetzung von organisationalen Veränderungsprozessen auf Basis der Ergebnisse

Die Auseinandersetzung mit den Ergebnissen und die Ableitung von konkreten Veränderungsmaßnahmen erfolgt häufig in **Follow-up-Workshops** der unterschiedlichen Hierarchieebenen. Der eigentlichen Erhebung als vorgeschaltete Intervention kommt hierbei zunächst eine Informationsfunktion zu, d. h. sie informiert über die aktuellen bzw. potenziellen Themen der Veränderungsprozesse. Gleichzeitig bewirkt sie, dass jeder einzelne Befragte über die verschiedenen Themen, ihre Bedeutung und Bewertung für sich nachgedacht hat, d. h. sie erfüllt eine Vorbereitungs- und Sensibilisierungsfunktion. Die anonymen Ergebnisse der Befragung bilden den Einstieg in die Diskussion und sind eine gemeinsame Grundlage im Sinne der Diagnose oder Evaluation. Aus ihnen gehen bereits die Stärken und Schwächen hervor, so dass sie die Schwerpunkte für Verbesserungsansätze verdeutlichen bzw. deren Auswahl erleichtern.

Vor allem sind mit den Ergebnissen bereits etwaige Probleme ausgesprochen, sie sind öffentlich und nicht mehr tabu und können nun thematisiert werden. Dementsprechend sichern sie vor allem die **Akzeptanz** und erleichtern den **Einstieg in die Verbesserungsprozesse**. MABs als Interventionsinstrument sollen somit Veränderungen anstoßen, in die richtige Richtung lenken und in der Lage sein, die Veränderungen bezüglich ihrer Wirksamkeit anschließend zu evaluieren.

Die MAB ist keineswegs synonym zu Betriebsklima- oder Unternehmenskulturuntersuchungen zu sehen, denn es handelt sich dabei weniger um eine Beschreibung der Situation, sondern um die **operative Abbildung und Analyse von Prozessen und der sich daran anschließenden Maßnahmenableitung**. Auch werden die durch eine MAB aufgedeckten Probleme nicht allein vom oberen Management bearbeitet, vielmehr liegt die Verantwortung dafür bei den mittleren und unteren Führungsebenen sowie den Mitarbeitern selbst: Das Engagement der Mitarbeiter erschöpft sich nicht in der bloßen Teilnahme an der Befragung selbst, sondern es muss weitreichender sein: Alle Mitarbeiter sind aufgefordert, sich auch an der Diskussion der Befunde, der Ableitung und der Umsetzung von Maßnahmen zu beteiligen.

> ❗ MAB als organisationale Intervention umfasst nicht nur die eigentliche Erhebung, sondern der Begriff umfasst den kompletten Kreislauf von Planung, über Administration der Befragung, bis hin zu Ableitung und Umsetzung von Veränderungsmaßnahmen und deren Controlling.

Es lassen sich nicht nur unterschiedliche Funktionen der MAB voneinander abgrenzen, sondern auch verschiedene Formen der konkreten Ausgestaltung. Es gibt dabei verschiedene Gestaltungsaspekte, die

2.1.3 Formen von Mitarbeiterbefragungen

Die Art der Erhebung (Was wird bei wem in welcher Weise erhoben?) und der Rückmeldung (Wer erhält welche Ergebnisse in welcher Weise rückgemeldet?) sind wichtige Merkmale der Ausgestaltung einer MAB. Daneben sind die Ziele, die Inhalte, die Verbindlichkeit, die Erfassungsform, Reichweite, Bezug zum Führungsbereich, Feedback der Ergebnisse, Moderation der Feedbackprozesse sowie die Häufigkeit entscheidend. Je nach Ausprägung dieser Merkmale lassen sich verschiedene Formen von MABs unterscheiden (Tab. 2.1).

Die unterschiedlichen Ziele spiegeln die bereits dargestellte Entwicklung des MAB-Einsatzes in den letzten drei Jahrzehnten, von der Zufriedenheitsmessung zum strategischen Management, wider.

Inhaltlich gibt es spezielle Befragungen, die aufgrund **spezifischer Problemlagen** (z. B. Fehlzeiten) oder zu bestimmten Themen (z. B. Weiterbildung oder Führungsverhalten) durchgeführt werden. Hiervon sind die umfassenden Ansätze, die ein **breites Spektrum an Themen** abdecken (vgl. Übersicht unten) und im Rahmen von Managementansätzen eingesetzt werden, auch konzeptionell abzugrenzen. Diese umfassenden MABs sind in erster Linie Gegenstand dieses Buches.

Themen umfassender MABs
- Arbeitstätigkeit und -bedingungen
- Entgelt und Sozialleistungen
- Weiterbildung und Entwicklungsmöglichkeiten

▼

Tab. 2.1. Formen von MABs. (Nach Domsch & Ladwig, 2000a, S. 4)

Beschreibungsmerkmale (Auswahl)	Ausprägungen (Auswahl)			
Ziel der MAB	Zufriedenheitsmessung/ Betriebsklimaanalyse	Einsatz als TQM-Instrument	Nutzung für Organisationsentwicklungen	Integration in strategisches Management (z. B. Balanced Scorecard-Modul)
Inhalt	Spezialbefragung (z. B. Führung, Arbeitszeit etc.)		umfassende MAB (breites Spektrum an Themen)	
Verbindlichkeit	freiwillige Beteiligung der einzelnen Organisationseinheiten		vom Unternehmen vorgeschrieben/umfassend initiiert	
Erfassungsform	schriftlich (per Fragebogen)	online (Internet, Intranet)		mündlich (Interview, Workshop)
Reichweite	national		internationale Befragung in allen Unternehmensbereichen	
Bezug zum Führungsbereich	(per Fragebogen)	(Internet, Intranet)		(Interview, Workshop)
Feedback der Ergebnisse	nur an Unternehmensleitung, Personalabteilung	gesamt an alle, Bereichsergebnisse an jeweilige Bereiche		völlige Transparenz – internes Benchmarking
Moderation der Feedbackprozesse	der jeweilige Vorgesetzte	höhere Führungskräfte		interne oder externe Moderatoren
Häufigkeit	einmalig	fallweise		regelmäßig

2.2 · Vorbereitung, Planung und Organisation von Mitarbeiterbefragungen

- Zusammenarbeit mit Kollegen und Abteilungen
- Vorgesetztenverhalten und allgemeiner Führungsstil
- Information und Kommunikation im Unternehmen
- Strategien und Zukunft des Unternehmens
- Identifikation und Verbundenheit mit dem Unternehmen

Zur Erhebung werden weitestgehend Fragebogen in Papierform eingesetzt; in zunehmendem Maße wird auch online via Intranet oder Internet befragt. Die Durchführung der MAB erfolgt als unternehmensweite, zunehmend internationale Aktion. Aufgrund der Interventionsfunktion werden zumeist Vollerhebungen durchgeführt, damit sich alle Mitarbeiter beteiligen können. Die Teilnahme an der Befragung ist freiwillig und anonym. Die Information aller Beteiligten über die Gesamtergebnisse wird gewährleistet, während die gemeinsame Ergebnisdiskussion und Maßnahmenableitung sowie die Einbettung in umfassende Managementkonzepte noch sehr unterschiedlich ausfallen. Die Befragung erfolgt wenn nicht regelmäßig, so doch zumindest wiederholt, um die Veränderungen zu überprüfen.

Die verschiedenen inhaltlichen und formalen Gestaltungsaspekte (◘ Tab. 2.1) werden im Rahmen der nächsten Kapitel näher erläutert. Dabei wird auf Fragen des Erhebungsformates, auf die Ergebnisrückspiegelung und -darstellung, sowie die Ableitung von Veränderungsmaßnahmen eingegangen. Zunächst wird in ▸ Kap. 2.2 die Planung und Organisation von MAB-Projekten betrachtet.

2.2 Vorbereitung, Planung und Organisation von Mitarbeiterbefragungen

Ingela Jöns u. Karsten Müller

Die Vorbereitung, Planung und Organisation von Mitarbeiterbefragungen (MAB) sollte alle wesentlichen Prozessabschnitte umfassen. Ausführliche Modelle zum Ablauf von MAB finden sich z. B. bei Hinrichs (1990), Trost, Jöns & Bungard (1999), Borg (2003), Domsch & Ladwig (2000) und Church & Waclawski (1998).

Vereinfacht ergibt sich, unter Berücksichtigung der verschiedenen Modelle, folgende **Zusammenfassung** (◘ Abb. 2.2). Die Ablaufbeschreibungen der einzelnen Autoren zeigen, trotz vieler Gemeinsamkeiten, auch einige Unterschiede.

Die verschiedenen Ablaufmodelle von MABs unterscheiden sich im Wesentlichen durch ihre Detaildarstellungen und die Reihenfolge einzelner Prozessaktivitäten. Eine Unterteilung in drei große Phasen einer MAB lässt sich aber für sämtliche Modelle nachvollziehen: **Planung, Durchführung und Follow-up**. In den Bereich der Planung fallen die strategische Zieldefinition, die Projektplanung und die Fragebogengestaltung. Zur Durchführung gehören die Datenerhebung, Datenanalyse und Ergebnisdarstellung. Die Follow-up-Phase beginnt mit der Maßnahmenableitung und setzt sich mit Umsetzung und Controlling fort.

Die **Information der Mitarbeiter und Führungskräfte** und das **MAB-Marketing** werden in den meisten Modellen gegen Ende der Planungsphase, unmittelbar vor der Erhebung positioniert, Trost et al. (1999) und Borg (2003) stellen diese Prozesse hingegen noch vor die Fragebogengestaltung. Borg (2003) betrachtet das Informieren nicht punktuell, sondern als durchgängige Aktivität, die nach der strategischen Zieldefinition parallel zur Planungs-, Durchführungs- und Follow-up-Phase stattfindet und die Beteiligten über die jeweiligen Prozessschritte auf dem Laufenden hält. Unterschieden wird das Informieren zu Beginn und nach Abschluss der MAB.

Ebenfalls über mehrere Phasen erstrecken sich die **Trainings für die jeweiligen Aktivitäten**. Hinrichs (1990) und Borg (2003) schlagen Trainings in der Planungsphase vor, bei denen die zuständigen Mitarbeiter u. a. auf die Koordination, Organisation und Durchführung der Erhebung vorbereitet werden. Im Anschluss an die Erhebung werden dann Trainings für die Ergebnispräsentation und Workshops zu den Prozessaktivitäten der Umsetzungsphase angeboten.

Zusammenfassend wird der typische Ablauf eines MAB-Prozesses in ◘ Abb. 2.3 dargestellt.

Kapitel 2 · Mitarbeiterbefragungen planen und durchführen

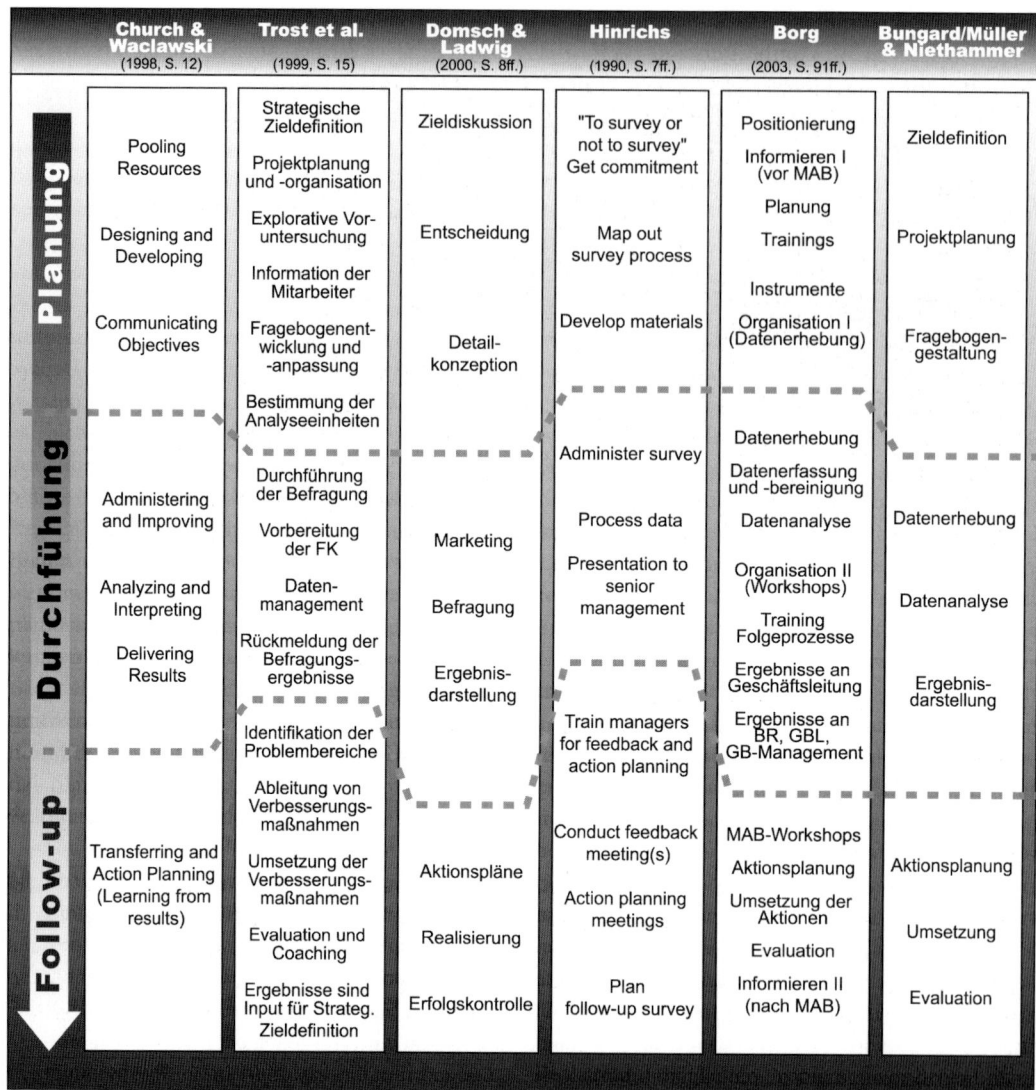

Abb. 2.2. Ablauf einer MAB nach verschiedenen Autoren

Der erste wichtige Meilenstein der MAB ist die **strategische Zieldefinition**. Hierbei werden durch den Lenkungskreis unter möglicher Einbindung des Top-Managements die grundsätzlichen Ziele der MAB definiert.

Während der Phase der Projektplanung und -vorbereitung wird der Gesamtprozess – einschließlich der Follow-up-Phase und der Maßnahmen zur Sicherung der Nachhaltigkeit – durch das Projektteam entworfen. Da aber kaum ein Prozess so verläuft, wie zu Beginn geplant, heißt es als Projektmanagement den Verlauf der **Projektplanung/-vorbereitung** permanent zu begleiten, um bei Bedarf beispielsweise zusätzliche Unterstützung anzubieten.

Wichtige weitere Schritte sind die **Information der Mitarbeiter** und das Training **der Beteiligten**. Die Information spielt eine besondere Rolle im Vorfeld der Erhebung, bei der Ergebnisrückmeldung, aber auch in Bezug auf die durch die MAB initiierten Veränderungen. Gerade die Information über Veränderungsprozesse aufgrund der MAB müssen den Mitarbeitern transparent gemacht werden.

2.2 · Vorbereitung, Planung und Organisation von Mitarbeiterbefragungen

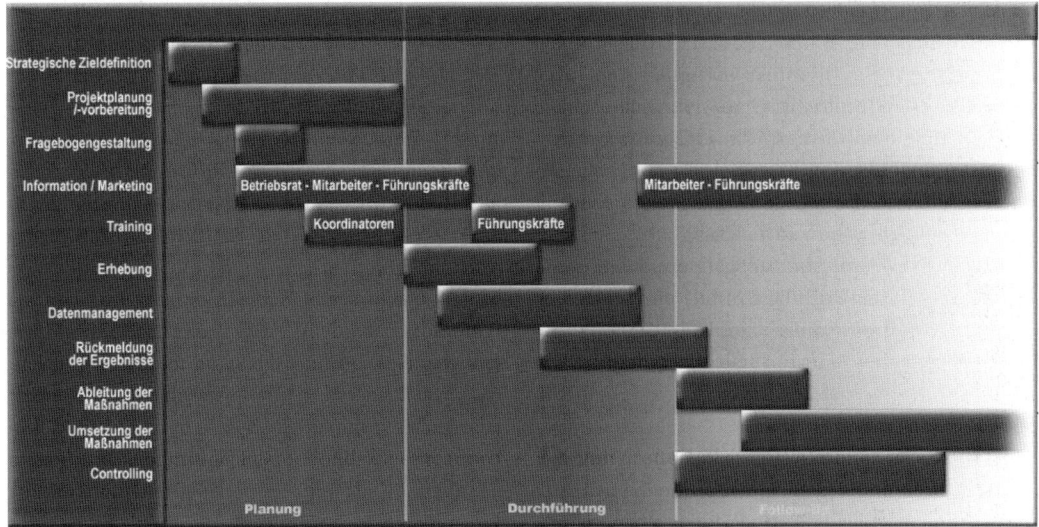

Abb. 2.3. Ablauf eines MAB-Prozesses

Danach folgt die Entwicklung bzw. **Konstruktion des Erhebungsinstruments**. Die im Fragebogen erfassten Themen bestimmen die Relevanz der Ergebnisse und bilden die Grundlage der späteren Veränderungsmaßnahmen.

Vor der **Erhebung** sind alle Mitarbeiter über die anstehende Befragung und die geplanten Follow-up-Prozesse zu **informieren** und zur Teilnahme zu motivieren. Die Führungskräfte müssen zudem auf ihre Rolle im Veränderungsprozess vorbereitet werden. Das **Datenmanagement** erfolgt nach wie vor häufig durch externe Institute.

> Die **Rückmeldung der Ergebnisse** und der anschließende **Follow-Up-Prozess zur Initiierung und Umsetzung** von Maßnahmen bilden das Kernstück im Ablauf einer MAB.

Die **Ergebnisse** werden hierbei auf verschiedenen Hierarchieebenen zurückgespiegelt. Je konkreter und detaillierter die Ergebnisanalyse und -rückspiegelung in der Organisationsstruktur heruntergebrochen wird, desto stärker ist der Bezug der Mitarbeiter zu den Ergebnissen als Grundlage dezentraler Veränderungsprozesse. In den dezentralen Abteilungen übernehmen häufig die Führungskräfte selbst die Präsentation der Ergebnisse und Moderation der Workshops.

In den Workshops werden die Ergebnisse vorgestellt; sie sind aber auch, das ist besonders wichtig, die erste Instanz, um **Maßnahmen abzuleiten und umzusetzen**. Auch wenn externe Trainer den Workshop moderieren, die Umsetzung der Veränderungen liegt letztlich in der Verantwortung der Führungskräfte der jeweiligen Hierarchieebene.

Die initiierten **Veränderungsprozesse** sind durch eine systematische **Kontrolle der Umsetzung** zu untermauern. Erstens ist der Prozess der Maßnahmenableitung und -umsetzung selbst zu überprüfen. Zweitens ist ein Controlling der Wirkungen und Ergebnisse erforderlich, wozu unter anderem die Befunde aus der Wiederholung der MAB herangezogen werden.

Im Rahmen der Vorbereitung, Planung und Organisation der MAB sollen im Folgenden insbesondere Aspekte der Zieldiskussion und -findung, die Projektorganisation und -planung, die Frage nach der Einbindung externer Beratungsinstitute, rechtliche Aspekte und die Entwicklung eines Informationskonzeptes dargelegt werden.

2.2.1 Zieldiskussion und -findung

Zu Beginn eines jeden MAB-Projektes gilt es, die Ziele festzulegen. Unabhängig davon, von wem die

Initiative ausgeht, sollte die Zieldiskussion mit dem Management und den Projektbeauftragten ausführlich geführt werden. Je nach Einbindung der MAB in konkrete Veränderungs- oder Managementprogramme sind bereits Zielvorstellungen für die MAB vorhanden. Meist beziehen sich diese Vorstellungen aber nur darauf, was durch die MAB erfasst werden soll, und weniger darauf, was anschließend mit den Daten geschehen soll. Die Art des Umgangs mit den Ergebnissen der Befragung und die Gestaltung des Follow-up-Prozesses stellt jedoch die eigentliche Herausforderung der MAB dar. Zielerreichung und Erfolg der MAB, sofern diese nicht rein diagnostischer Natur ist, hängt von der strategischen Planung des Umsetzungsprozesses ab.

> **Die Zieldiskussion und -findung im Managementkreis sollte folgende Punkte umfassen:**
> - Zu welchem Zweck soll eine MAB durchgeführt werden? Daraus folgt u. a.: Was soll gefragt werden? Wie oft soll eine MAB durchgeführt werden?
> - Welche Ziele sollen mit der MAB erreicht werden? Daraus folgt u. a.: Wer soll gefragt werden? Wer soll mit den Ergebnissen arbeiten? Was soll erreicht werden? Welche Veränderungen sind möglich?
> - Welcher Personal- und Kostenrahmen steht für das MAB-Projekt zur Verfügung? Damit eng verbunden ist die Frage: Inwieweit können externe Institute eingebunden werden?
> - Wer soll die MAB planen und durchführen? Wer soll an Entscheidungen über die MAB beteiligt werden? Im Prinzip geht es darum: Wer bildet das Projektteam und wer soll im Lenkungskreis vertreten sein?
> - Wer soll mit den Ergebnissen arbeiten? Auf welchen Ebenen erfolgt die Rückspiegelung? Welche Veränderungsprozesse werden angestrebt?

Die Ziele der MAB stellen die Grundlage für die konkrete Gestaltung und Durchführung des MAB-Projektes dar. Als Praxisbeispiel angestrebter Ziele und Implikationen ist die Siemens MAB angeführt.

> **Fallbeispiel: Siemens Mitarbeiterbefragung (SieMAB)**
> (nach Wallner, 2000, S. 43 f.)
> Die wichtigste Funktion der Siemens Mitarbeiterbefragung (SieMAB) ist es, durch die gezielte Verbesserung der Unternehmenskultur den Geschäftserfolg zu fördern. Dies bedingt im Einzelnen:
> 1. Die MAB ist inhaltlich an den zentralen Handlungsfeldern für den Geschäftserfolg ausgerichtet. Diese Handlungsfelder sind im Leitbild formuliert. Durch das Aufgreifen dieser Inhalte soll der klare Bezug der Mitarbeiter zum Geschäft verdeutlicht und gefördert werden.
> 2. Die Weiterentwicklung der Unternehmenskultur und eine gemeinsame Unternehmensidentität werden gezielt gefördert. Die SieMAB zeigt, inwieweit das Leitbild bereits gelebt wird und macht deutlich, in welchen Bereichen noch Veränderungsbedarf besteht. Aus den Ergebnissen werden konkrete Verbesserungsmaßnahmen abgeleitet und umgesetzt.
> 3. Die Ergebnisse der SieMAB liefern relevante Kennzahlen für Managementsysteme, wie Balanced Scorecards und eine Selbstbewertung nach dem EFQM Excellence Modell. Sie ist damit eine wichtige Informationsgrundlage für strategische Entscheidungen und konkrete Planungen. Durch den zweiten Teil des Fragebogens wird außerdem der konsequente Einsatz der Personalinstrumente evaluiert und gefördert.
> 4. Durch die SieMAB wird jeder Mitarbeiter mit den geschäftsrelevanten Themen und Zielen vertraut gemacht und ein unternehmensweiter Dialog über diese Themen initiiert. Jeder Einzelne wird dazu aufgefordert, die konkrete Umsetzung in seinem Arbeitsbereich selbst zu gestalten. Damit tragen alle Mitarbeiter aktiv zur Weiterentwicklung der Unternehmenskultur bei.
> 5. Die Zusammenarbeit im Unternehmen und Best Practice Sharing werden gefördert. Mit einem gemeinsamen Fragebogen besteht erstmals die Möglichkeit, die Ergebnisse weltweit intern zu vergleichen und von den Besten im Unternehmen zu lernen.

Darüber hinaus ist die **gemeinsame Zieldiskussion mit dem Management** von zentraler Bedeutung, da das Commitment und die Unterstützung des Managements entscheidend für den späteren Projekterfolg ist. Daher ist es auch erforderlich, mit dem Management nicht nur den groben Rahmen festzusetzen, sondern auch der konkrete Ablauf des MAB-Projektes ist auf dieser Ebene abzustimmen.

> **Um das Commitments des Managements zu sichern, sollten folgende Fragen geklärt werden:**
> - Wie sieht der konkrete Ablauf des MAB-Projektes von der Information und Befragung der Mitarbeiter über die Ergebnisrückmeldung und Maßnahmenableitung und -umsetzung bis zur Wiederholung der MAB aus? Wird die Umsetzung der Maßnahmen kontrolliert?
> - Welche Rolle kommt dem Management in diesem Prozess zu? Welche Rolle übernehmen die Führungskräfte der nachgeordneten Ebenen? Welche Erwartungen werden an sie und die Führungskräfte gerichtet?

Das **Commitment des Managements** zur Befragung muss für die Mitarbeiter deutlich sein und muss als solches auch klar kommuniziert werden.

❗ Commitment bezieht sich insbesondere auf die Bereitschaft, die Ergebnisse auf allen Ebenen, auch der Managementebene, ernst zu nehmen und Veränderungsprozesse auf Grundlage der Ergebnisse konsequent voranzutreiben.

Die einzelnen Festlegungen erfolgen dabei zumeist nicht in einem einzigen Schritt, sondern in mehreren Sitzungen, bzw. später über den Lenkungskreis.

Die **Ziele** sind nicht nur im Protokoll festzuhalten, sondern müssen in den anschließenden Kommunikationsprozessen – bis hin zum einleitenden Text oder Begleitbrief des Fragebogens – Eingang finden. Sie sind ein zentraler Bestandteil des MAB Marketings (▶ Kap. 4.1). Von diesen offiziellen Zielen unabhängig bleiben die persönlichen Interessen oder heimlichen Ziele aller Beteiligten. Umso wichtiger ist es, die Ziele offiziell festzulegen, um ein Abweichen im Nachhinein möglichst zu verhindern. Typischerweise wird z. B. versucht, möglichst nicht von vornherein die Form und Inhalte der Ergebniskommunikation festzulegen.

Da die Initiative zu einer MAB oft nicht vom Management selbst ausgeht, gilt es, im Vorfeld auch Überzeugungsarbeit zu leisten. So besteht manchmal **Skepsis** hinsichtlich des möglichen Nutzens bzw. der Kosten-Nutzen-Relation. Oft bestehen Bedenken wegen der möglichen Konsequenzen auf Seiten der Mitarbeiter, man könne zu hohe Erwartungen wecken, die man nicht erfüllen kann. Letztlich geht es um die Frage, ob mit einer MAB mehr Unruhe ausgelöst wird, als man an Informationen gewinnt.

Wenn sich das Management für ein MAB-Projekt entschieden hat, geht es in der Folge auch darum, zu hohe Erwartungen zu bremsen. Häufig möchte man dann mit einer MAB alle Informationen erhalten, die man »immer schon einmal gerne gehabt hätte«. Dies gilt oft nicht nur für das Management, sondern insbesondere auch für zentrale Referate und Stabstellen, die sich hier hilfreiche Daten erhoffen.

Nach der strategischen Zieldefinition beginnt die konkrete Projektorganisation und -planung der MAB.

2.2.2 Projektorganisation und -planung

Nachdem der offizielle Startschuss für die Durchführung einer MAB gefallen ist, sollte dieses Projekt – wie jedes andere Veränderungsprojekt – klar organisiert und geplant werden. Häufig erhält eine Person oder die Abteilung für Personalentwicklung den Auftrag, die MAB durchzuführen. Je nach Größe der Unternehmen wird die personelle und finanzielle Ausstattung des Projektes sehr unterschiedlich sein. Man denke an ein multinationales Unternehmen mit weltweit 40.000 Mitarbeitern im Vergleich zu einem mittelständischen Unternehmen mit 1.500 Mitarbeitern, oder zu einem städtischen Krankenhaus mit 400 Mitarbeitern.

In ◘ Abb. 2.4 ist eine umfassende Projektorganisation dargestellt, die die genannten Personen/-gruppen umfasst.

Abb. 2.4. Projektorganisation. (Trost, Jöns & Bungard, 1999, S. 41)

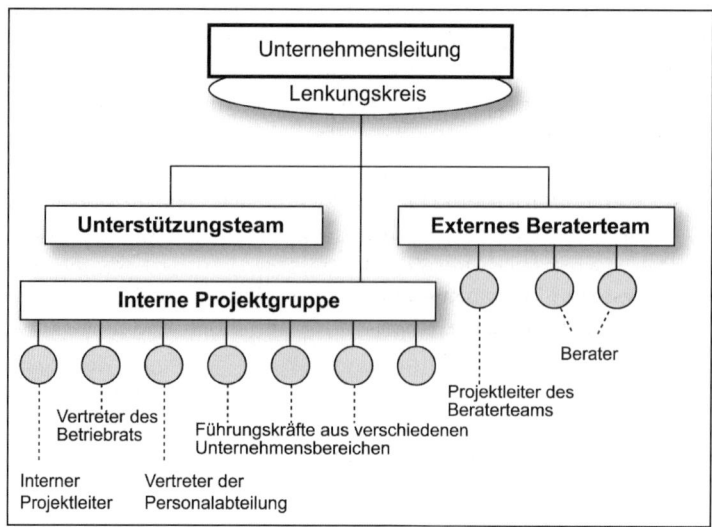

- Der **Lenkungskreis** eines Projektes ist das Entscheidungsgremium, das sich aus Mitgliedern der Unternehmensleitung oder Geschäftsführung sowie der oberen Führungsebene zusammensetzt. Dabei sollte sichergestellt sein, dass alle großen Unternehmensbereiche und -standorte in diesem Gremium vertreten sind. Der Lenkungskreis achtet auf die Übereinstimmung des MAB-Projektes mit den strategischen Unternehmenszielen und unterstützt das MAB-Projekt im Auftrag der Unternehmensleitung.
- Die **interne Projektgruppe oder das Kernteam** setzt sich aus dem Projektleiter und seinen Mitarbeitern zusammen, die mit der Planung und Durchführung der MAB beauftragt werden. Neben der Personal-/Personalentwicklungsabteilung sollten Führungskräfte verschiedener Bereiche im Projektteam mitarbeiten. Das Team sollte allerdings nicht mehr als sechs bis acht Mitglieder umfassen, um noch effizient arbeiten zu können. Gegebenenfalls gehören auch ein Mitglied des Betriebsrats und ein Mitarbeiter eines externen Instituts dem Projektteam an.
- Der **Projektleiter** sollte über für diese Rolle typische Kompetenzen verfügen, die neben Anforderungen des Projektmanagements zum Beispiel auch die Akzeptanz im Lenkungskreis, beim Betriebsrat und bei anderen Führungskräften umfasst. Er sollte möglichst schon länger im Unternehmen arbeiten, um die Struktur und Kultur des Unternehmens zu kennen, und um über gute Kontakte in die verschiedenen Bereiche hinein zu verfügen.
- Wenn mit einem **externen Beratungsinstitut** zusammengearbeitet wird, dann hängt die Organisation auf Seiten des Instituts stark von der Art seiner Leistung ab. Beschränkt sich die Kooperation auf das reine Datenmanagement, dann stehen oft nur ein bis zwei Ansprechpartner des Instituts mit dem Unternehmen in Kontakt. Bei intensiver Zusammenarbeit, die auch die anschließende Betreuung von Veränderungsprozessen vorsieht, wird eine Projektgruppe auch auf Seiten des Instituts etabliert, in der verschiedene Kompetenzen vertreten sind.
- Schließlich ist in der Abbildung noch ein **Unterstützungsteam** eingezeichnet. Solche Teams können zum Beispiel während der Rückmeldung eingerichtet werden, um bei Fragen zu einzelnen Ergebnissen die dezentralen Einheiten zu unterstützen. Es können auch Teams sein, die während einer Online-Befragung für technische und organisatorische Unterstützung zur Verfügung stehen.

Eine solche umfangreiche Projektorganisation kann sich in kleinen Unternehmen auf einen internen Projektleiter, der in der regelmäßigen Sitzung der Geschäftsleitung berichtet und entsprechende Unterstützung erhält, und einen Praktikanten beschränken. Dies mag bei kleinen Unternehmen ausreichend sein, wenn hinreichende MAB-Kompetenz und das erforderliche Commitment aller Führungskräfte gesichert ist. Die Hauptaufgaben der Planung stehen in engem Zusammenhang zu den Zielen der MAB.

> Die Planung der MAB sollte sich nicht nur auf die operative Durchführung und Ergebnispräsentation beziehen, sondern auch die **Strategien, Prozesse und Instrumente** beinhalten, um den Follow-up-Prozess zu gestalten.

Folgende Fragen sollten im Rahmen des Projektmanagements beantwortet werden:
- Wer wird befragt?
- Bis zu welcher Ebene der Organisationseinheiten sollen die Ergebnisse heruntergebrochen werden?
- Wie sieht der Zeitplan der Befragung aus? Was sind die wichtigsten Meilensteine?
- Welche Themen soll der Fragebogen enthalten?
- Mit welchem Instrument sollen die Variablen erfasst werden?
- Wie soll die Befragung operativ durchgeführt werden?
- Sollen Voruntersuchung durchgeführt werden?
- Wie sieht das Kommunikations-, Informations- und Marketingkonzept aus?
- Gibt es eine Hotline während der Befragung?
- Wie sieht das Trainingskonzept der Führungskräfte aus?
- Wie werden die Ergebnisse kommuniziert?
- Wie ist der Follow-up-Prozess angelegt?
- Wie sind die Follow-up-Workshops gestaltet?
- Wie kann der Follow-up-Prozess unterstützt werden? Welche Hilfestellung und Instrumente können bereitgestellt werden?
- Wie erfolgt das Maßnahmenmonitoring und Controlling?

Jede Antwort auf diese Kernfragen bildet ein Aufgabenpaket, das während des Befragungsprozesses abgearbeitet werden muss.

Zur genauen Spezifikation der verschiedenen Teil- und Projektaufgaben bietet sich z. B. die Verwendung von **Checklisten** an (◘ Abb. 2.5).

Neben dieser Organisationsstruktur umfasst das **Projektmanagement** insbesondere die Planung der erforderlichen Aufgabenpakete und Arbeitsschritte. Neben der personellen Zusammensetzung stellt die zeitliche Planung – und die Einhaltung von Zeitvorgaben – einen ebenso kritischen Erfolgsfaktor dar.

Ein Beispiel für die Aktivitäten und ihre zeitliche Struktur gibt der Zeitplan in ◘ Abb. 2.6. Neben dieser groben Zeitplanung sind vor allem die zentralen Meilensteine festzulegen, ohne deren Erfüllung die nachfolgenden Aufgaben nicht erledigt werden können. Zum Beispiel: Erst wenn die Formulierung der letzten Frage verabschiedet ist, kann mit dem Druck des Fragebogens begonnen werden. So trivial dies klingen mag, so dramatisch können Verzögerungen sich auswirken.

Bei dem Ablauf sind in der Praxis die **zeitkritischen Faktoren** zu berücksichtigen. Die Durchführung der Befragung sollte nicht in den Betriebs- oder Schulferien liegen. Ebenso sollte die Rückmeldung nicht in Zeiten mit hoher Arbeitsbelastung erfolgen (z. B. Jahresabschluss). Allerdings gibt es keinen idealen Zeitpunkt. Sicherlich wird man MABs ungern direkt nach der Verkündung anstehender Abbaumaßnahmen durchführen, doch wird sich dies nicht vermeiden lassen, wenn man MABs regelmäßig zu einer bestimmten Zeit durchführt.

Für den Erfolg von MAB-Projekten ist es sehr wichtig, dass möglichst rasch nach der Erhebung die Ergebnisse rückgemeldet und Maßnahmen abgeleitet werden. Daher sollte man möglichst viele Arbeitspakete vor der Erhebung erledigt oder vorbereitet haben – und nicht erst während der Befragung damit beginnen. Letztlich könnten alle Workshoptermine bereits vor der Erhebung feststehen, vorausgesetzt, die Auswertung liegt zuverlässig bzw. termingerecht vor.

Die Anforderungen an das Management bei MAB-Projekten entsprechen denen eines professionellen Projektmanagements, wie es in der Literatur ausführlich erläutert wird. In diesem Zusammenhang stellt sich die Frage, ob ein externes Beratungsinstitut zur Durchführung der MAB einbezogen werden soll.

Projektstartprotokoll

Firma:

Stand:

Organisation

Projektmanager	
Datenmanager	
Projektleitung Firma xx	

Rahmendaten

Workshoptage	1. Tag	Datum:
	2. Tag	Datum:
	3. Tag	Datum:
	4. Tag	Datum:
Befragungszeitraum	von:	
	bis:	
	Nachfassaktion:	
	Nachscannen:	
Befragungsteilnehmer	Alle Mitarbeiter weltweit	
	Alle Mitarbeiter Deutschland	
	Andere Auswahl:	
Anzahl Mitarbeiter gesamt	Gesamt N:	
Einbindung Betriebsrat	Ja	
	Nein	

Abb. 2.5. MAB-Projektstartprotokoll. (Trost, Jöns & Bungard, 1999)

2.2.3 Einbindung von Beratungsinstituten

Die Notwendigkeit, eine MAB durch externe Beratungsinstitute unterstützen zu lassen, richtet sich in erster Linie nach der vorhandenen Kompetenz im Unternehmen selbst.

Diese Art der »Data Cruncher«-Institute sind spezialisiert auf die Erhebung großer Mengen von Daten (oft relativ unabhängig vom spezifischen Themengebieten) und deren Weiterverarbeitung. Inhaltliche Beratungen werden durch diese Institute im Allgemeinen nicht geleistet und Prozessberatung reduziert sich auf Fragen der operativen Abwicklung der Erhebung.

2.2 · Vorbereitung, Planung und Organisation von Mitarbeiterbefragungen

Abb. 2.6. Zeitplan. (Trost, Jöns & Bungard, 1999, S. 47)

Aktivität	Woche 1 2 3 4 5 6 7 8 9 10 11 12 13 14 15 16 17 18 19 20 ...
Allgemeine Vorbereitungen	
Strategische Zieldefinition	
Voruntersuchung	
Information der Mitarbeiter	
Fragebogengestaltung	
Durchführung der Befragung	
Vorbereitung der Führungskräfte	
Datenmanagement	
Gesamtpräsentationen	
Rückmeldung der Ergebnisse an alle Organisationseinheiten	
Ableitung und Umsetzung von Veränderungsmaßnahmen	

Wie in ▶ Kap. 2.2.2 bereits angedeutet, lassen sich in der Praxis grundsätzlich zwei Formen externer Institutstypen mit zwei prinzipiellen Kompetenzen unterscheiden. Viele Beratungsinstitute beschränken sich in Ihren Leistungen auf die **reine operative Abwicklung der Datenerhebung und -analyse**. Diese Institute sind auf die Erhebung großer Datenmengen spezialisiert und übernehmen sozusagen »inhaltsfrei« die Aufgabe der Datenerhebung und Ergebnispräsentation (z. B. Entwicklung und Hosting der Online-Befragung, Datenmanagement, Erstellung der Ergebnisberichte und Präsentationen). Der Kontext und Inhalt der Befragung ist dann eigentlich egal; es werden MABs neben Kundenbefragungen, soziologischen, politischen oder anderen Meinungsumfragen bis zur Ergebnispräsentation operativ abgewickelt. Fraglich bleibt hierbei, in wie fern es gelingt, den spezifischen Kontext der MAB in der Durchführung und Ergebnisdarstellung zu berücksichtigen.

Neben der operativen Durchführung der Erhebung bieten einige Beratungsinstitute auch **inhaltliche Unterstützung und Prozessberatung**. Die Beratung kann sich hierbei auf den ganzen Prozess der MAB beziehen, bis hin zur Moderation von Follow-up-Workshops und Erarbeitung von Follow-up- und Umsetzungskonzepten oder lediglich auf bestimmte fokussierte Teilaspekte.

So können externe Institute behilflich sein bei der **Konzeption und Klärung der Zielsetzungen der MAB**, der Fragebogeninhalte und der -gestaltung, der Ausgestaltung des MAB-Marketings und der Informationspolitik, dem Training der Projektbeteiligten und Führungskräfte, der Auswahl und Art der Ergebnisanalysen, der Darstellungsformen und Aufbereitung der Ergebnisse, der Vernetzung mit anderen Kennzahlensystemen. Eine große Herausforderung der externen Institute besteht in der Beratung zur Phase der Maßnahmenableitung und -umsetzung. Gerade in dieser Phase verabschieden sich viele Beratungsunternehmen aus dem Prozess und die Organisation wird praktisch mit den Ergebnissen der MAB allein gelassen. Der eigentliche Mehrwert besteht aber gerade in der Entwicklung von Konzepten, Kompetenzen und Instrumenten zur erfolgreichen Umsetzung der Ergebnisse.

Ein weiterer Grund, warum externe Institute über Jahre in die MAB eingebunden werden, ist die **Zusicherung der Anonymität**. Dieses Kriterium kann durch interne Stellen ebenso gewährleistet werden, doch häufig wird eine externe Stelle als glaubwürdiger eingestuft. Dieses ist insbesondere bei Durchführung von Online-Befragungen dringlich (▶ Kap. 2.3).

Externe Befragungsinstitute werden auch hinzugezogen, weil sie über **Benchmarks** verfügen, die wertvolle Hilfestellung bei der Interpretation und der anschließenden Maßnahmenableitung darstellen können. Solche Benchmarks werden durch einige Befragungsinstitute branchen- bzw. länderspezifisch zur Verfügung gestellt.

Ingesamt scheint es gerade bei der ersten MAB, wenn bisher weder Erhebungsinstrument, Berichtsstruktur noch Rückmelde-, Umsetzungs- oder Controllingprozesse entwickelt sind, in vielen Fällen ratsam, externe Beratungsinstitute hinzuzuziehen. Sie sollten nicht nur methodische Kenntnisse und operative Fähigkeiten zur Abwicklung von Befragungen mitbringen, sondern auch Prozess- und Inhaltskompetenzen im Bereich der MAB aufweisen. Hierzu gehören insbesondere primäre Kompetenzen aus dem Spektrum der Organisationsentwicklung sowie der Steuerung und Umsetzung von Veränderungsmaßnahmen im Rahmen von Feedbackprozessen. Entsprechende Kriterien sind bei der Auswahl zu berücksichtigen. Schließlich sind MABs manchmal direkt in Veränderungsprozesse eingebunden, an denen externe Berater bereits mitwirken. Hier wird zu prüfen sein, ob diese MAB-Kompetenzen mitbringen, oder ob es nicht ratsam ist, diesbezüglich andere, neutrale Institute heranzuziehen.

Ebenso ist zu diskutieren, wie weit externe Institute über die Planung und Durchführung der Befragung hinaus in das Projekt eingebunden werden sollten. Letztlich ließen sich alle Phasen mit Unterstützung externer Berater durchführen. Festzuhalten bleibt, dass externe Beratungsinstitute, neben der Fähigkeit zur Abwicklung von Befragungen, entsprechende Konzepte, Kompetenzen und Instrumente zur erfolgreichen Durchführung der Befragung und hier insbesondere der Follow-up-Phase bereitstellen sollten. Dieses schafft jedoch nur die Rahmenbedingungen für den Erfolg der datengestützten Veränderungsprozesse.

❗ **Die letztendliche Verantwortung zur tatsächlichen Umsetzung der abgeleiteten Maßnahmen liegt bei den Beteiligten selbst, beim Management, den Führungskräften und den engagierten Mitarbeitern.**

Neben der Frage, ob externe Beratungsinstitute hinzugezogen werden, sollte in jedem Fall der Betriebsrat frühzeitig in die Pläne der Durchführung einer MAB eingebunden werden. In diesem Zusammenhang müssen auch die rechtlichen Rahmenbedingungen bei der Durchführung intraorganisationaler Befragungen berücksichtigt werden.

2.2.4 Rechtliche Aspekte und Einbindung des Betriebsrats

Unter den rechtlichen Aspekten einer MAB sind zwei Bereiche zu beachten (ausführlich hierzu Böhm, 1997, 2005):
- **individualrechtlich** durch Persönlichkeits- und Datenschutz
- **kollektivrechtlich** durch die Beteiligungsrechte des Betriebsrats

Die Aufgabe des **Bundesdatenschutzgesetzes** besteht darin, »den einzelnen davor zu schützen, dass er durch den Umgang mit seinen personenbezogenen Daten in seinem Persönlichkeitsrecht beeinträchtigt wird« (§ 1 Abs.1 BDSG). Das Gesetz gilt für die Erhebung, Verarbeitung und Nutzung personenbezogener Daten durch nicht-öffentliche Stellen. Entscheidend ist, dass es sich um personenbezogene Daten handelt. Ohne in rechtliche Details einzusteigen, lässt sich nach Böhm (1997) für MAB Folgendes ableiten:
- Die MAB wird völlig anonym durchgeführt. Die Daten lassen sich weder unmittelbar – z. B. über den Namen oder die Personalnummer – noch mittelbar unter Zuhilfenahme von Zusatzwissen einer bestimmten Person zuordnen. Bei derartigen MAB greift das BDSG nicht.
- Das BDSG ist hingegen unabhängig davon anzuwenden, ob die Daten sich unmittelbar einer bestimmten Person zuordnen lassen oder sich aufgrund allgemeiner Angaben zur Person durch entsprechende Rasterung auf Einzelpersonen beziehen lassen.

❗ **Aus datenschutzrechtlicher Sicht** empfiehlt es sich daher, MABs grundsätzlich anonym durchzuführen bzw. die nachträgliche Anonymisierung der erhobenen Daten von vornherein einzuplanen.

Abgesehen von einem weitgehenden Verzicht auf demografische Angaben stehen dann Regelungen, dass z. B. bei Vorliegen von weniger als 10 Antwortbogen pro Gruppe (z. B. weibliche Führungskräfte) keine gesonderte Auswertung erfolgt. Da die Anonymität nicht nur unter rechtlichen Aspekten, sondern unter Akzeptanzgesichtspunkten entscheidend ist,

2.2 · Vorbereitung, Planung und Organisation von Mitarbeiterbefragungen

wird hierauf bei der Erörterung der Fragebogeninhalte zurückgekommen.

In der Praxis haben sich zwei Vorgehensweisen bewährt: Erstens werden alle Verfahrensfragen mit dem Datenschutzbeauftragten im Unternehmen geklärt bzw. er wirkt beratend im Projektteam mit. Zweitens wird mit professionellen Instituten zusammengearbeitet, die sich auf die Gewährleistung der Anonymität bzw. die Einhaltung des Datenschutzes verpflichten und entsprechende Vorkehrungen (insbesondere bei Online-Befragungen mit Personencodes) garantieren.

> Es muss vorab geklärt werden, wer wann welche Ergebnisse zu sehen bekommt.
>
> MAB-Ergebnisse, die Aufwärtsbeurteilungen darstellen, dürfen nicht zur öffentlichen Bloßstellung von Führungskräften führen.

Der zweite arbeitsrechtliche Bereich, der bei MABs relevant wird, sind die **Beteiligungsrechte des Betriebsrats**. Grundsätzlich gilt für die Durchführung einer MAB, dass der Betriebsrat frühzeitig über alle Aktivitäten eingehend informiert wird und alle erforderlichen Unterlagen hierzu ohne besondere Aufforderung erhält. Rechtlich gesehen hat der Betriebsrat bei einer MAB ein Informations- und Beratungsrecht, und kein Mitbestimmungsrecht (§ 87 Abs.1 Nr.1 und 6 und § 94 BetrVG). Der Arbeitgeber darf also keine Entscheidung fällen, bevor der Betriebsrat über die Vorgänge informiert wurde und sich ein Bild über die Aktivitäten bei der MAB verschafft hat.

Jenseits formalrechtlicher Bestimmungen sollte angestrebt werden, dass eine MAB **mit** dem Betriebsrat gemeinsam durchgeführt und nicht **gegen** ihn durchgesetzt wird. Eine MAB kann nicht gegen den Willen des Betriebsrats umgesetzt werden. Wird der Betriebsrat nicht frühzeitig in das Vorhaben eingebunden, empfinden die Mitglieder dies häufig unmittelbar als Provokation und als Infragestellung ihrer Position. Die Folge sind mühevolle, aufreibende Auseinandersetzungen, die von vornherein vermieden werden sollten. Ein »Nein« des Betriebsrats bedeutet zumeist ein sicheres Aus für die MAB.

Zudem sollte immer auch anerkannt werden, dass der Betriebsrat einen wichtigen inhaltlichen Beitrag zur Planung einer MAB leisten kann. Er kennt die Sprache der Mitarbeiter, deren Befürchtungen und Probleme sehr gut. Die **Beratungskompetenzen des Betriebsrats** sollten daher genutzt werden. Oft wird empfohlen, den Betriebsrat mit in das Projektteam aufzunehmen, aber es gibt auch Betriebsräte, die sich nicht einverleiben lassen möchten. Die Entscheidung über Form und Intensität der Einbindung und Zusammenarbeit ist nur vor dem Hintergrund der konkreten Situation im Unternehmen zu treffen.

Regelungen und Anforderungen zum Datenschutz
(Borg, 2002, S. 25)

Der Datenschutzbeauftragte und der Betriebsrat der Firma ABC werden aktiv eingebunden in das MAB-Projekt.

Es werden nur arbeitsbezogene, keine persönlichen Fragen gestellt.

Die datenschutzrechtlichen Bestimmungen werden strikt eingehalten (z. B.):
- Originalfragebogen werden nach Datenerfassung vernichtet.
- Daten werden beim externen Institut verschlüsselt archiviert.

Die ABC AG hat keinen Zugriff auf die Rohdaten (= Daten einzelner Personen); sie bekommt nur Datenauswertungen mit zusammenfassenden Statistiken.

Bei der Datenerhebung werden technische und organisatorische Regelungen gefunden, die sicherstellen, dass hinreichender Datenschutz gilt und gleichzeitig (je nach Modus) …
- mehrfache Teilnahme verhindert wird
- der Rücklauf verfolgt werden kann
- Nachfassaktionen möglich werden
- die Daten kostengünstig an den Auswerter übermittelt werden

Es muss jedem Mitarbeiter deutlich gemacht werden, wann welche Daten wo liegen, und wer darauf Zugriff hat.

▼

Ziele und das Vorgehen bei der MAB sollten zu einem sehr frühen Zeitpunkt mit dem **Betriebsrat** abgeklärt werden. Ob dies in Form einer mündlichen Übereinkunft oder in Form einer Betriebsvereinbarung erfolgt, muss in der jeweiligen Situation entschieden werden.

In großen Unternehmen bestehen inzwischen häufig Rahmenbetriebsvereinbarungen über die Durchführung von MABs (siehe Exkurs), d. h. wenn bestimmte Vereinbarungen eingehalten werden, können die MABs durchgeführt werden.

Fallbeispiel: Betriebsvereinbarung
(Lück, 1998, S. 24 f.)
Zwischen der Firmenleitung und dem Gesamtbetriebsrat der XYZ-Werke GmbH & Co KG wird folgende Betriebsvereinbarung im Hinblick auf eine geplante MAB geschlossen.

1. Geltungsbereich
Diese Betriebsvereinbarung gilt räumlich für alle Standorte des Unternehmens. Sie gilt sachlich für die Durchführung von Interviews und einer schriftlichen Befragung im Rahmen des Qualitätsprogramms des Unternehmens. Sie gilt persönlich für alle der Mitbestimmung des Gesamtbetriebsrates oder des jeweiligen Betriebsrates unterliegenden Mitarbeiter.

2. Ziele
Gemäß BVG einigen sich Unternehmensleitung und Betriebsrat auf die Durchführung einer schriftlichen und anonymen MAB. Ziele sind u. a. die Qualitätsverbesserung, die Verbesserung der Kommunikation und die Erstellung von Aktionsplänen. Die Befragung dient der Ermittlung von Erfahrungen, Meinungen und Zielvorstellungen der Mitarbeiter. Die Befragungsergebnisse werden intern und mit externen Durchschnittswerten verglichen. Ziele der Befragung sind jedoch nicht individuelle Leistungsbeurteilungen oder Personalreduzierungen.

3. Erhebung
Die Vorbereitung der Befragung erfolgt durch ein Projektteam, an dem ein/eine Vertreter(in) des Betriebsrats beteiligt ist. Die Durchführung von ca. x mit Einzelpersonen und Gruppen geführten Vorinterviews und die Durchführung und Auswertung der Befragung obliegen dem Institut X.

4. Durchführung
Die Befragung wird (Datum) stattfinden. Die Beantwortung der Fragebogen ist während der Arbeitszeit gestattet. Als Modalitäten der Befragungsaktion kommen infrage: Fragebogen in neutralem Umschlag in Sammellurne, Rücksendung anonym über Hauspost oder Rücksendung anonym über öffentliche Post. Es wird eine hohe Beteiligung angestrebt. Trotzdem ist die Teilnahme der Mitarbeiter freiwillig.

5. Anonymität
Interviews und Fragebogen werden in jeder Hinsicht anonym behandelt. Nach der Befragung werden alle Fragebogen vernichtet. Das Befragungsinstitut wird dem Unternehmen keine Daten zur Verfügung stellen, die die Identifikation von einzelnen Befragten ermöglichen. Zur Sicherung der Anonymität verpflichtet sich das Befragungsinstitut, Ergebnisse nur für Gruppen von mindestens X (z. B. 12) Personen als Durchschnittswerte darzustellen.

6. Ergebnis
Über die Hauptergebnisse der Befragung werden die Mitarbeiter in angemessener Weise informiert. Diese Betriebsvereinbarung tritt mit ihrer Unterzeichnung in Kraft. Sie kann mit einer Frist von drei Monaten zum Jahresende gekündigt werden.

(Ort), den … (Datum)
Geschäftsführung   Gesamtbetriebsrat
gez.   gez.

2.2.5 Information der Führungskräfte und Mitarbeiter

Im Gesamtprozess der MAB steht die Information der Führungskräfte und Mitarbeiter gleich zu Beginn nach der ersten Zieldefinition und Projektplanung (◘ Abb. 2.3). Damit soll unterstrichen werden, dass alle Beteiligten – nicht nur das Management und der Betriebsrat – frühzeitig und kontinuierlich über das MAB-Projekt informiert werden sollen. In der Praxis ist es leider immer noch häufig der Fall, dass zumindest die Mitarbeiter erst kurzfristig vor der Erhebung mit ein paar Plakaten und dem Anschreiben zum Fragebogen informiert werden.

Zur Planung eines MAB-Projektes gehört ein **umfassendes Informations- und Beteiligungskonzept**, das sich über alle Phasen eines MAB-Prozesses erstreckt. Hierzu zählen selbstverständlich bereits die Einbindung in die Aktivitäten zur Fragebogenentwicklung, die Beteiligung an der Maßnahmenableitung und die Information über weitere Aktionen aufgrund der MAB-Ergebnisse.

> **!** Ein kritischer Aspekt der Informationspolitik ist die **Information über die Umsetzung der Maßnahmen aufgrund der MAB**. Erfahrungen zeigen, dass Mitarbeiter den Follow-up-Prozess in Folgebefragungen häufig als unzureichend bewerten, obwohl zahlreiche Veränderungen aufgrund der MAB angestoßen und umgesetzt wurden.

Viele Veränderungen erfolgen über einen längeren Zeitraum und werden von den Mitarbeitern nicht mehr originär mit der MAB in Beziehung gesehen. Durch die Ausarbeitung eines **Informationskonzepts**, das die auf Grundlage der MAB umgesetzten Veränderungen für die Belegschaft transparent macht, wird die **Akzeptanz der MAB** nachhaltig gesichert.

Diese und andere Fragen der Information während der Durchführung und im Anschluss an die eigentliche Befragung werden im Kapitel MAB Marketing (▶ Kap. 4.1) ausführlicher behandelt. In diesem Abschnitt werden zunächst Überlegungen zur grundsätzlichen Informationspolitik sowie zur konkreten Informationsstrategie bis zur eigentlichen Erhebung dargestellt.

Ziele der Informationspolitik

Das übergeordnete Ziel der Informationspolitik im Vorfeld der MAB ist es, die Mitarbeiter und Führungskräfte für das MAB-Projekt zu gewinnen. Nach Trost, Jöns und Bungard (1999) lassen sich fünf Stufen der Zielerreichung unterscheiden:
Mitarbeiter und Führungskräfte
1. werden auf die MAB **aufmerksam**, was eine Voraussetzung für jedes Engagement darstellt,
2. **verstehen**, was die MAB ist, was mit der MAB angestrebt wird und was dabei auf sie selbst zukommt,
3. **akzeptieren** die MAB, was zur Teilnahme an der Befragung vielleicht ausreicht,
4. sind vom MAB-Projekt **überzeugt**, was sich dann in aktiver Beteiligung niederschlägt,
5. sind vom MAB-Prozess **begeistert,** wodurch sie auch andere für die MAB-Aktivitäten gewinnen können.

Bei den höheren Stufen wird deutlich, dass dann die konkreten Prozesse und erzielten Ergebnisse, über die informiert wird, ausschlaggebend sind. Im Vorfeld der Befragung sind es noch Ankündigungen und Versprechungen, durch die es schwierig sein wird, eine echte Begeisterung auszulösen, es sei denn, dass mit MAB-Projekten bereits positive Erfahrungen gesammelt wurden.

Im Vordergrund sollte immer stehen, dass die Mitarbeiter und Führungskräfte über konkrete Informationen für die MAB motiviert werden. Dabei ist darauf zu achten, dass keine übertriebenen Erwartungen geweckt werden und nicht der Eindruck von Jubelpropaganda entsteht (vgl. auch Borg, 2003).

Gestaltungskriterien für das Informationskonzept

Bei dem zu entwickelnden Informationskonzept geht es darum, wann wer über was in welcher Form oder auf welchem Weg informiert wird. Mit anderen Worten sind jeweils für die einzelnen Zielgruppen die Inhalte, die Zeitpunkte und die Medien festzulegen. In der Praxis wird man bei der konkreten Ausgestaltung zumeist die internen Kommunikationsexperten hinzuziehen. Abgesehen von journalistischen Kompetenzen besitzen sie die Kenntnisse über die bewährten Kommunikationsmedien und -wege im Unternehmen.

Die **inhaltlichen Hauptkriterien** für die Informationspolitik sind **Ehrlichkeit und Glaubwürdigkeit**. Konkret bedeutet dies, dass die Mitarbeiter und Führungskräfte umfassend und kontinuierlich informiert werden.

Bei einer regelmäßigen Kommunikation über das MAB-Projekt lassen sich die **Zeitkriterien** zu zwei Aspekten zusammenfassen: Über die angestrebten Ziele und geplanten Aktionen ist jeweils frühzeitig zu informieren, ohne dass schon alle Details feststehen und mitgeteilt werden müssen. Die konkreten Informationen über die jeweils nächsten Phasen und Schritte sollten zeitnah gegeben werden, damit sie nicht in Vergessenheit geraten. Ganz zentral ist die zeitnahe Information über die MAB-Ergebnisse im Anschluss an die Erhebung.

Bezüglich der **Auswahl der Medien** wird grundsätzlich empfohlen, möglichst verschiedene Wege und eine Kombination aus schriftlicher und mündlicher Kommunikation zu wählen. Schriftliche Informationsmedien (z. B. Rundbriefe, Werkszeitschrift) besitzen eine höhere Verbindlichkeit, insbesondere wenn z. B. die Unternehmensleitung oder der Betriebsrat unterschrieben haben. Zudem kann hierüber eine einheitliche Information aller Mitarbeiter erzielt werden. Allerdings bleiben diese Informationen immer allgemein. Dies gilt auch für mündliche Informationen durch die Unternehmensleitung z. B. auf Betriebsversammlungen oder über das Betriebsfernsehen. Erst wenn die Kommunikation über die Vorgesetzten in den einzelnen Sitzungen läuft, können die Informationen auf die spezifischen Bedingungen und Einheiten bezogen werden. Nur in kleineren Gesprächsrunden und Sitzungen haben die Mitarbeiter die Möglichkeit, auch Fragen zur geplanten MAB zu stellen oder später über die Ergebnisse aktiv zu diskutieren.

Zudem sollte die Information überwiegend im Rahmen der regelmäßig genutzten Kommunikationswege im Unternehmen erfolgen, also z. B. als Tagesordnungspunkt auf Sitzungen. Dies unterstreicht letztlich auch, dass die regelmäßig durchgeführten MABs zum Arbeitsalltag gehören, wie es auch Produktions- oder Verkaufszahlen tun. Um allerdings bei ersten MAB-Projekten und zu bestimmten Aktionen die Aufmerksamkeit auf das MAB-Projekt zu lenken, wird man diese Kommunikation durch Informationskampagnen ergänzen.

Informationsstrategie vor der Befragung

Das Hauptziel der Information vor der Befragung besteht darin, eine möglichst hohe Beteiligung und ehrliches Antwortverhalten zu erzielen. Dies wird man nur erreichen, wenn Mitarbeiter einen Nutzen in der MAB sehen – und vor allem keine Nachteile befürchten.

> **Neben organisatorischen Informationen zur Befragung sind folgende Regeln des MAB-Projektes im Vorfeld den Mitarbeitern verbindlich zuzusichern** (Bungard, 2005b):
> - Freiwilligkeit der Teilnahme
> - Anonymität der Auswertung
> - Transparenz aller Befunde und Prozesse
> - Bereitschaft zur Veränderung und zur Kontrolle der Umsetzung

Zu einer glaubwürdigen Kommunikation gehört darüber hinaus, dass über die einzelnen Aktionen und Prozesse zur Umsetzung dieser Regeln informiert wird.

Selbstverständlich müssen die Regeln in allen Phasen beachtet werden, was manchmal im Detail vergessen wird. Wenn die Freiwilligkeit der Teilnahme zugesichert wird, gleichzeitig aber um eine möglichst hohe Beteiligung zu erreichen, die Abgabe der Fragebogen kontrolliert wird oder persönliche Erinnerungsmails bei Online-Befragungen verschickt werden, dann wird nicht nur die Freiwilligkeit, sondern auch die Anonymität angezweifelt.

Die **Gewährleistung der Anonymität** wird z. B. über die Vergabe an ein externes Institut, den Verzicht auf demografische Angaben und die Erläuterung der Auswertungsverfahren (z. B.: Erst ab 10 Fragebogen erfolgt eine Auswertung für eine Abteilung) etc. untermauert. Im Wesentlichen geht es um den Schutz der Antworten von Einzelpersonen. Wenn man aber darüber informiert, dass der Rücklauf einer Gruppe gleich Null ist, dann weiß jeder, dass die einzelnen Mitarbeiter nicht teilgenommen haben.

Diese beiden Beispiele sollen verdeutlichen, dass es sich um sehr sensible Themen handelt, sodass auch genau darüber informiert werden muss, was anschließend kommuniziert wird und was nicht.

Dies gilt ebenso für die Offenlegung aller Befunde, was darauf abzielt, dass keine Ergebnisse verheimlicht werden. Das heißt aber nicht, dass jeder alle Einzelberichte einsehen kann, sondern jeder über die Gesamtergebnisse und die Ergebnisse seiner Abteilung, seines Bereiches etc. informiert wird.

Allerdings weckt eine **zu starke Problematisierung** umgekehrt bei den Mitarbeitern den Eindruck, dass die Anonymität nur schwer zu gewährleisten ist und stiftet möglicherweise mehr Bedenken, als wenn nur kurz und sachlich die Schritte erläutert werden.

Die letzten beiden Regeln **Transparenz der Ergebnisse und Prozesse** als auch die **Bereitschaft zur Veränderung und der Kontrolle der Umsetzung** machen den Nutzen einer Beteiligung für die Mitarbeiter aus.

❶ Gerade wenn Mitarbeiter in der Vergangenheit die Erfahrung gemacht haben, dass sich nach einer MAB nichts getan hat, ist dies oft ein entscheidender Punkt für eine mangelnde Beteiligung.

Am besten lässt sich die Verbindlichkeit durch die **Mitteilung der Zeitpläne und der Controllingaktionen** unterstreichen. Bei einem guten Projektmanagement lässt sich z. B. vor der Befragung kommunizieren, dass spätestens zwei Wochen nach der Erhebung über die Gesamtergebnisse informiert wird, dass in den anschließenden zwei Wochen in den Abteilungen über die Ergebnisse diskutiert wird etc. und dass ein Controlling der Umsetzung der Maßnahmen erfolgt. Der Zeitplan sollte allerdings so viel Puffer enthalten, dass er eingehalten werden kann, denn sonst wird die Glaubwürdigkeit wieder grundsätzlich infrage gestellt.

Damit wird auch deutlich, dass im Vorfeld der Befragung mittels schriftlicher Informationen in Form von Zeitschriften und Rundbriefen derartige Hintergrundinformationen gegeben werden, während durch Plakate oder Banner an den Werkstoren typischerweise auf die laufende Befragung aufmerksam gemacht wird.

Die Ausarbeitung des Informationskonzepts bildet den Abschluss der in diesem Kapitel beschriebenen Vorbereitungs-, Planungs- und Organisationsphase von MAB-Projekten. In der Beschreibung wurde besonders auf die Zielfindung, die Projektorganisation, die Einbindung externer Beratungsinstitute, rechtliche Aspekte und die Informationspolitik gegenüber Führungskräften und Mitarbeitern eingegangen. Im Anschluss erfolgt die eigentliche Durchführung der Datenerhebung, d. h. die Befragung der Mitarbeiter. Wichtige Aspekte der Datenerhebung werden im folgenden ▶ Kap. 2.3 erläutert.

2.3 Durchführung der Befragung

*Karsten Müller, Christian Liebig,
Ingela Jöns u. Walter Bungard*

Nachdem in der Vorbereitungsphase die zentralen Ziele, Projektorganisation und -aufbau sowie die wichtigsten Eckdaten und Prozessschritte definiert wurden, beginnt die eigentliche Durchführung der Befragung. Die wichtigsten Aspekte der Befragungsdurchführung sind

— Entwicklung eines, oder Entscheidung für ein bestimmtes Erhebungsinstrument
— Information der Beteiligten
— Entscheidung über das Erhebungsformat
— logistische und administrative Durchführung der Erhebung und
— Vorbereitung der Führungskräfte auf ihre Aufgaben.

2.3.1 Befragungsinstrument

Das Befragungsinstrument ist in aller Regel ein Fragebogen, der aus mehreren **Items** besteht. Als Item wird die Einheit von Frage samt zugehörigen Antwortmöglichkeiten bezeichnet. Der Fragebogen besteht aus einer mehr oder minder großen Anzahl von Items, die sich auf verschiedene Themenbereiche beziehen.

Die erste, grundsätzliche Frage in Bezug auf das Befragungsinstrument ist, ob für die Erhebung eigens ein Instrument entwickelt, oder ob auf einen bereits existierenden Fragebogen (z. B. ein Standardinstrument oder Instrumente externer Institute) zurückgegriffen werden soll.

Wenn nicht auf ein etabliertes Instrument zurückgegriffen wird, muss ein neuer Fragebogen entwickelt werden.

Strategie der Fragebogenentwicklung

Bei der Entwicklung des Fragebogen und der damit verbundenen Auswahl der Themengebiete lassen sich zwei grundsätzliche Herangehensweisen unterscheiden. Die Vorgehensweise kann hier **bottom-up** oder **top-down** sein.

Bei einer **Bottom-up-Strategie** werden der Fragbogen, bzw. die Inhalte des Fragebogens, induktiv ermittelt. Man versucht, auf Grundlage von Voruntersuchungen oder Gesprächen mit wichtigen Stakeholdern oder Anspruchsgruppen (z. B. Experten, Management, Führungskräfte, Betriebsrat und Mitarbeiter) die für die Organisation wichtigen Themenbereiche zu identifizieren. Auf dieser Grundlage wird das Befragungsinstrument erstellt.

Bei einem **Top-down- oder deduktiven Ansatz** wird der Fragebogen auf Basis eines MAB-Modells entwickelt (Deitering, 2005). Hierbei wird ein konzeptionelles Modell, basierend auf Erkenntnissen und Theorien der Arbeits- und Organisationspsychologie, der Befragung zugrunde gelegt. Solche Modelle bieten den Vorteil, dass sie die Interpretation der Ergebnisse erleichtern, die Relevanz der Befragungsthemen sichern und die Identifikation von Handlungsbedarf erleichtern können. Ein Beispiel für ein solches theoretisches Befragungsmodell ist der »Leistungs-Zufriedenheitsmotor« von Borg (2003). Problematisch hierbei ist, dass eine zu hohe Komplexität solcher Modelle die Stärken eines Top-down-Prozesses minimieren kann. Ferner kann eine

Abb. 2.7. Mannheimer-Organisationsdiagnose-Instrumentarium (MODI)

Teil 1: Arbeitsumfeld
- Tätigkeit
- Innovation
- Weiterbildung
- Arbeitszeit
- Informationsfluss
- Zusammenarbeit mit Kollegen
- Vorstand/Geschäftsleitung
- Direkter Vorgesetzter
- Arbeitsbedingungen
- Gehalt
- Berufliche Entwicklung
- Umweltschutz, Gesundheit

Teil 2: Commitment - Motivation
- Commitment zur Arbeit
- Commitment zum Unternehmen

Teil 3: Strategie und Schwerpunkte
- Kundenorientierung
- Work-Life Balance
- Umstrukturierung
- Unternehmensleitbild/Strategie
- Wirtschaftlichkeit
- Unternehmensspezifisches Thema

Teil 4: MAB - Check
- Information
- Analyse
- Umsetzung
- Veränderung

Teil 5: Verbesserungsbedarf

2.3 · Durchführung der Befragung

Dominanz der theoretischen Inhalte wichtige unternehmensspezifische Aspekte in den Hintergrund treten lassen.

Denkbar und in der Praxis nutzbringend ist die **Kombination beider Ansätze**. Das heißt, die MAB basiert auf einem Befragungsmodell, welches durch arbeits- und organisationspsychologische Erkenntnisse zur Leistung, Zufriedenheit, Verbundenheit, Engagement bzw. Motivation fundiert ist. Dies stellt die Relevanz der verschiedenen Fragebogenmodule und die Handlungsimplikationen der Ergebnisse sicher. Ergänzt werden die modellbasierten Befragungsthemen durch spezielle Aspekte, die für die spezifische Organisation von besonderer Bedeutung sind. Diese speziellen Themen beziehen sich häufig auf die Umsetzung strategischer Zielsetzungen des Unternehmens, bestimmte betriebliche Prozesse und Programme oder aktuelle Problemfelder der Organisation. Die verschiedenen Themen können im Sinne eines modularen Aufbaus des Befragungsinstrumentes abgebildet werden.

Ein Beispiel für einen kombinierten Top-down-/Bottom-up-Ansatz und modularen Aufbau ist das Mannheimer-Organisationsdiagnose-Instrumentarium (MODI; ◘ Abb. 2.7).

Das Mannheim-Organisationsdiagnose-Instrumentarium basiert auf einem Befragungsmodell leistungsrelevanter Faktoren organisationaler Leistung und kann um unternehmensspezifische Aspekte erweitert werden. Grundlage ist die arbeitspsychologische Erkenntnis, dass sich berufliche Leistung grundsätzlich aus den Komponenten »**Können**« und »**Wollen**« ergibt. »Können« und »Wollen« sind durch vier zueinander in Beziehung stehende Faktoren bedingt. **Drei dieser vier Faktoren** werden im Rahmen einer MAB erfasst und diagnostiziert (◘ Abb. 2.8).

Dem Modell zufolge wird das **Können** in erster Linie durch das **Arbeitsumfeld** (z. B. Arbeitsbedingungen, Vorgesetzter, Informationsfluss etc.) und die **individuellen Fähigkeiten** bedingt. Das Arbeitsumfeld bildet, neben den eigenen individuellen Fähigkeiten, die Voraussetzung guter Leistung und bestimmt, ob die Leistung letztlich erbracht werden kann. Hinzu kommt die Komponente des **Wollens**, der Anstrengungsbereitschaft. Die Anstrengungsbereitschaft ist stark abhängig von der **Verbundenheit zum Unternehmen** und **zur eigenen Arbeit**.

Im Rahmen einer MAB werden drei dieser vier Faktoren erfasst. Das wahrgenommene Arbeitsumfeld wird im AU-Index, die Verbundenheit zum Unternehmen im CU-Index und die Verbundenheit zur eigenen Arbeit im CA-Index ausgedrückt. Der vierte Faktor, die **individuellen Fähigkeiten** der Mitarbeiter, wird nicht im Rahmen der MAB erhoben, da Selbstbeurteilungen wenig valide sind. Die Erfassung dieser Facette ist in erster Linie Aufgabe der Personalauswahl und -beurteilung.

Das Befragungsmodell erleichtert, mit angemessener Komplexität, die Interpretation der Ergebnisse

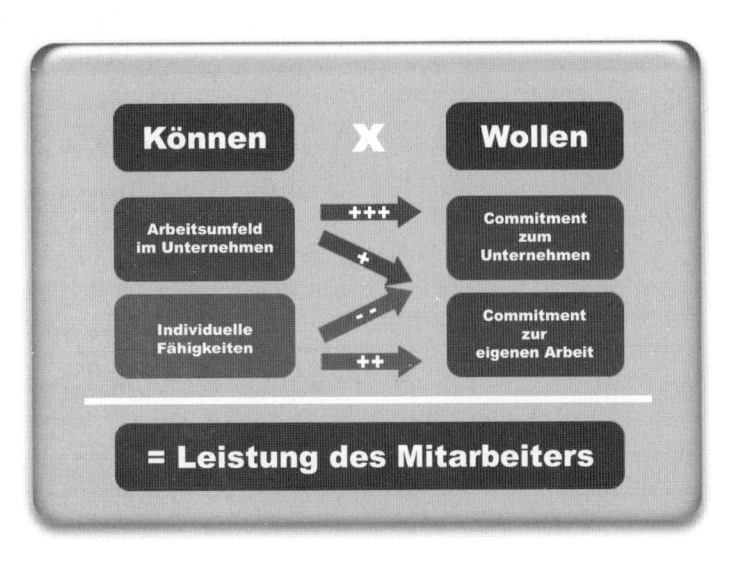

◘ **Abb. 2.8.** »Können« und »Wollen« als Grundlage beruflicher Leistung

und ermöglicht die Identifikation klarer Ansatzpunkte, um Handlungsbedarf im Folgeprozess der MAB abzuleiten. Die Forschung zeigt, dass die drei im Rahmen der MAB erhobenen Faktoren nicht voneinander unabhängig sind: So übt beispielsweise das Arbeitsumfeld einen Einfluss auf die Verbundenheit mit dem Unternehmen und der Verbundenheit mit der eigenen Arbeit aus. Den Einfluss bestimmter Aspekte des Arbeitsumfelds auf die Verbundenheit mit dem Unternehmen (Commitment) wird durch die **Commitment-Umfeld-Analyse** (◘ Abb. 2.9) ermittelt und handlungsorientiert dargestellt.

Diese Commitment-Umfeld-Analyse bietet wiederum Ansatzpunkte für bestimmte Veränderungsprozesse, um das Commitment für das Unternehmen und die eigene Tätigkeit zu steigern.

Neben den modell- und unternehmensspezifischen Themen sind im MODI standardmäßig Fragen zur MAB selbst – d. h. zur Umsetzung von Maßnahmen infolge der vorhergehenden Befragung enthalten. In einem weiteren Tehmenblock wird die Dringlichkeit, mit der Verbesserungen verschiedener Themen priorisiert werden sollen, aus Sicht der Befragten erhoben.

Entwicklung unternehmensspezifischer Frageblöcke (Voruntersuchung)

Zur Identifikation unternehmensspezifischer Themenschwerpunkte und entsprechender Frageblöcke kann das ganze Spektrum sozialwissenschaftlicher Forschungsmethoden eingesetzt werden (vgl. Bungard & Jöns, 1997). Basis hierfür können zum Beispiel das Unternehmensleitbild, strategische Schwerpunktsetzungen, die Balanced Score Card oder neue bzw. problematische betriebliche Prozesse sein. Um die **unternehmensspezifischen Themen zu identifizieren,** sollte ein Austausch mit den Mitarbeitern, dem Betriebsrat und dem Management gesucht werden.

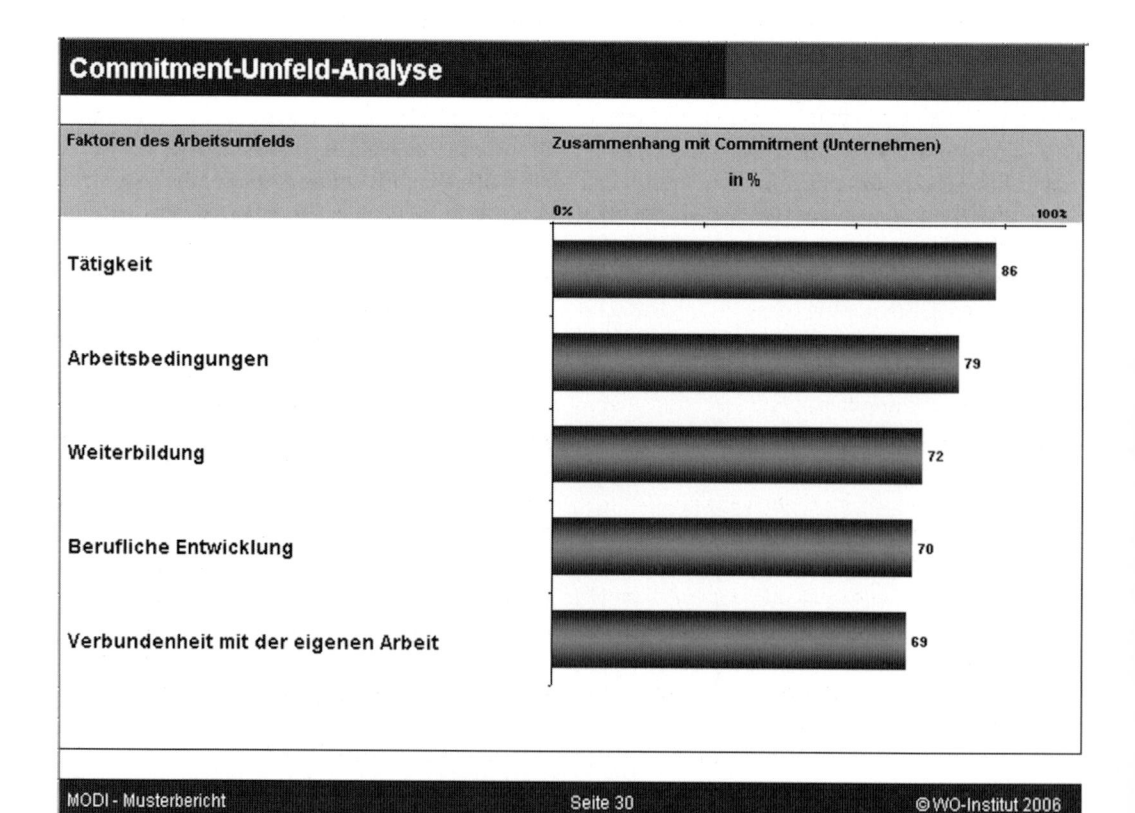

◘ Abb. 2.9. Arbeitsumfeld

❗ **Mit der Erfassung bestimmter Themen in der MAB kann das Management deren Wichtigkeit signalisieren und deren aktuelle Bedeutung bei den Mitarbeitern verankern.**

Anhand von spezifischen Kriterien zur Facettenanalyse schlagen Bögel und Rosenstiel (1997) mehrere Workshops mit Vertretern aus dem Unternehmen und einem kompetenten Moderator vor. Daneben kann auch eine Vorstudie zu Beginn adäquat sein (vgl. Lück, 1998; Trost, Jöns & Bungard, 1999), in der qualitative Interviews mit einer Stichprobe von Mitarbeitern aus verschiedenen Bereichen durchgeführt werden. Die Vorteile einer **Vorstudie** bestehen neben der Gewinnung von Themenschwerpunkten in der Kommunikation: Mit ihr können Mitarbeiter bereits im Vorfeld informiert und in den Prozess eingebunden werden. Weiterhin können die bisherigen Erfahrungen mit MABs im Unternehmen, die Erwartungen und Befürchtungen erfasst werden, die dann bei weiteren Aktivitäten berücksichtigt werden können. Zudem sind solche Gespräche für eventuell hinzugezogene (interne oder auch externe) Berater wichtig, um Bedürfnisse, Befindlichkeiten und Sprache der Mitarbeiter näher kennenzulernen.

❗ **Die Erfassung bestimmter, unternehmensspezifischer Themenschwerpunkte erhöht die Akzeptanz des Instruments sowie der Anschlussprozesse.**

Die Relevanz bestimmter Themen hängt unter anderem von der strategischen Zielsetzung der Befragung, der jeweiligen Unternehmenskultur und der Bedeutung ab, welcher der Sachverhalt im Unternehmen zukommt. Es ist zu beobachten, dass die Popularität bestimmter Themen auch organisationsübergreifend zeitlichen Strömungen oder Moden unterliegt. So finden beispielhaft Themenfelder wie »**Work-Life-Balance**« oder »**Mobbing**« in jüngerer Zeit einen festen Platz in vielen MABs. Andere Themenfelder wie »Belastung, Stress und Gesundheit« erleben eine Renaissance.

Nach der Entwicklung des Fragebogens bzw. der Entwicklung neuer Themenblöcke, sollte auf jeden Fall ein **Pretest** durchgeführt werden und die Überprüfung des Instruments anhand der im Folgenden diskutierten Gütekriterien erfolgen. Ziel des Pretests ist es, die Fragen eines Fragebogens auf ihre Verständlichkeit zu überprüfen bzw. Hinweise auf Schwierigkeiten beim Ausfüllen des Fragebogens zu erhalten. Beim Pretest wird das entwickelte Fragebogeninstrument in der gleichen Form wie später in der tatsächlichen Befragung angewendet.

❗ **Bei unterschiedlichen Darbietungsformaten (z. B. papierbasiert, online etc.) sollte der Pretest auch in den entsprechenden verschiedenen Formaten durchgeführt werden. Somit erlaubt er nicht nur Feedback zum Befragungsinstrument, sondern ebenfalls zu den Befragungsmodalitäten und eventuellen Schwierigkeiten, wie z. B. technischen Probleme beim Ausfüllen.**

In der Literatur finden sich Empfehlungen zur Durchführung von Pretests, die sehr stark an Ansätze der psychologischen Labor- oder Grundlagenforschung erinnern, wie zum Beispiel die diskrete Beobachtung der Mitarbeiter beim Ausfüllen des Fragebogens mit Reaktionszeitmessung etc. In der Praxis der MAB ist dies zwar prinzipiell denkbar, doch aus ökonomischer und pragmatischer Sicht kaum zu realisieren.

In der Literatur werden verschiedene Vorgehensweisen zur Durchführung eines Pretest diskutiert (vgl. Kreiselmaier, Prüfer & Rexroth, 1989), für die Praxis der Mitarbeiterbefragung werden folgende zwei Varianten vorgestellt:

Bei der **klassischen Vortestmethode** erhalten Mitarbeiter den Fragebogen mit der Bitte, diesen auszufüllen und gleichzeitig all jene Fragen zu markieren, bei denen Schwierigkeiten wahrgenommen wurden. Allerdings führt dieses Vorgehen oft zu einem geringeren Erkenntnisgewinn, weil Mitarbeiter selbst nicht immer sicher einschätzen können, ob sie die Frage »richtig« im Sinne der Fragebogenentwickler verstanden haben. Deshalb empfiehlt es sich, nach dem Ausfüllen des Fragebogens im Interview mit dem Mitarbeiter neben Fragen zu Unklarheiten und Schwierigkeiten auch gezielt Fragen zu dem Verständnis bestimmter Items oder Interpretation bestimmter Begriffe zu stellen.

Ein anderer Ansatz basiert auf **Methoden der Kognitionspsychologie**, die ergänzend zur klassischen Vortestmethode herangezogen werden.

- Bei der **Methode des lauten Denkens**, sollen die Mitarbeiter einfach sagen, was sie bei den einzelnen Fragen gerade denken. Problematisch ist jedoch, dass dieses Verfahren eine sehr ungewöhnliche Situation darstellt, da Mitarbeiter das laute Formulieren ihrer Gedanken beim Ausfüllen des Fragebogens als unangemessen empfinden können.
- Beim **Paraphrasieren** werden Mitarbeiter gebeten, die Frage in ihren eigenen Worten wiederzugeben. Allerdings ist das ein sehr aufwendiges Verfahren; zudem erweist es sich oft als schwierig, alternative Formulierungen zu finden (man denke zum Beispiel an folgende Frage:»Können Sie Ihre Fähigkeiten bei Ihrer Tätigkeit ausreichend einsetzen?). Dieses Vorgehen bietet sich allerdings insbesondere für Fragen an, bei denen Unsicherheiten hinsichtlich der Formulierung bestehen.
- Einfacher ist hingegen die **Kommentierung**, bei der die Mitarbeiter gebeten werden, den Inhalt der Frage zu erläutern.

Wurde keine Voruntersuchung zur MAB durchgeführt, kann ein Pretest (in anderer Funktion) dazu dienen, Erwartungshaltungen bezüglich der MAB zu erheben. Die Ergebnisse von Pretests können als Grundlage bzw. Gütekriterium zur Überprüfung des Instrumentes fungieren.

Forschungsmethodische Gütekriterien und Mitarbeiterbefragungsinstrumente

In den Lehrbüchern der empirischen Sozialforschung bzw. der psychologischen Methodenlehre werden als Gütekriterien von Messverfahren primär die Validität und Reliabilität diskutiert. Häufig werden diese Kriterien auch im Zusammenhang mit MABs angeführt, obgleich sie für die Gestaltung praktischer Befragungsinstrumente nur begrenzt gültig sind (vgl. Bungard, 2005b):
- **Validität**: Sie sagt etwas darüber aus, ob wirklich das gemessen wird, was vom Konstrukt her erfasst werden soll. Bei MABs sollen zumeist explizit konkrete Sachverhalte direkt bewertet werden. Insofern sollen also keine abstrakten hypothetischen Konstrukte erfasst werden, sodass sich auch die Validitätsproblematik nur eingeschränkt stellt.
- **Reliabilität bzw. Zuverlässigkeit**: Sie weist darauf hin, ob ein Verfahren, z. B. bei Wiederholungsmessungen – bei ansonsten gleichen Bedingungen – stabil ist, also auch zum gleichen Ergebnis führt. Hier gilt wiederum, dass angesichts der konkreten Fragen bei einer MAB die Reliabilität kein größeres Problem darstellen sollte.

Die grundlegenden Anforderungen an die Konstruktion eines Fragebogens sollten selbstverständlich immer beachtet werden. So sollten die Fragen immer verständlich und eindeutig formuliert werden. Die rigide Orientierung an dem Validitäts- bzw. Reliabilitätskriterium fördert allerdings die Tendenz, möglichst auf fertige und überprüfte, evaluierte Instrumente zurückzugreifen. Solche universellen Fragebogen werden aber den spezifischen Anforderungen an eine MAB in einem konkreten Unternehmen nur selten gerecht.

Umgekehrt ist aber gegenüber **ex post konstruierten Skalen**, wie sie in der Beratungspraxis leider oft angepriesen werden, Skepsis hinsichtlich der Güte angezeigt. Insbesondere dann, wenn verschiedene Fragen ex post durch Kombination zu einem Index zusammengefasst werden, dann entspricht die Skala zumeist nicht den methodischen Anforderungen, weil z. B. keine Trennschärfeanalyse vorgenommen wurde. Ferner ist in diesen Fällen die inhaltliche Homogenität der Items, die eine zwingende Bedingung der Indexberechnung darstellt, häufig nicht gegeben. Es kann aber durchaus von Interesse sein, in einer MAB zu erfahren, dass über 95% der Mitarbeiter der Meinung X sind. Eine solche Frage würde bei einer Trennschärfenanalyse durch den methodischen Rost fallen, obwohl der Befund im Sinne der Zielsetzung einer MAB wichtig sein kann (Bungard, 2005b).

Anwendungsbezogene, instrumentelle Gütekriterien für Mitarbeiterbefragungen

Bei der inhaltlichen Entwicklung praktischer Befragungsinstrumente sollten daher weitere bzw. andere Gütekriterien herangezogen werden, die sich auf die **zweckbezogene Instrumentalität** beziehen (vgl. Nadler, 1977):
- **Relevanz:** Die Fragen müssen für die Zielsetzung einer MAB relevant sein. Bei umfassenden MABs heißt dies, dass die zentralen Bewertungs-

dimensionen und die betrieblichen Leistungs- und Kommunikationsprozesse durch die Auswahl der Fragen hinreichend gut abgebildet werden. Die Relevanz kann sich dabei sowohl auf strategische Handlungsfelder beziehen als auch auf abteilungsbezogene Handlungsfelder, in denen später die dezentralen Veränderungsprozesse stattfinden sollen. Wichtig ist hierbei, dass nicht die Sicht von Experten und des Managements, sondern die Relevanz aus Sicht der Mitarbeiter (und der Vorgesetzten) mitentscheidend ist. Daher sollten Mitarbeiter und Führungskräfte an der Themenauswahl und Fragenformulierung z. B. in vorgeschalteten Gruppengesprächen oder Workshops beteiligt werden.

— **Beeinflussbarkeit:** Die Befragungen werden im Sinne des Survey-Feedback-Ansatzes als Grundlage für anschließende Veränderungsprozesse durchgeführt. Bei MABs werden gelegentlich Inhalte abgefragt, die nicht direkt veränderbar sind. So vermitteln etwa Fragen zur Zufriedenheit mit der Entlohnungshöhe den Eindruck der Veränderbarkeit dieses Aspekts. Zwar können bestimmte Aspekte oder Eigenschaften des Entlohnungssystems durchaus Gegenstand der Überprüfung darstellen, die absolute Höhe der Entlohnung wird jedoch in den seltensten Fällen zur Disposition stehen. Problematisch ist vor allem, wenn Fragen zu Aspekten gestellt werden, die grundsätzlich geändert werden könnten, die aber aus politischen Gründen gar nicht verändert werden sollen.

❗ Im Qualitätsmanagement gilt der Slogan »You can't change what you don't measure«, woraus sich aber umgekehrt für MABs ergibt »Don't ask what you can't change.« (vgl. Bungard, 2005b). Der Fragebogen sollte Inhalte betreffen, die beeinflussbar, folglich veränderbar sind.

— **Vergleichbarkeit:** Um die Ergebnisse interpretieren zu können, müssen sie vergleichbar sein, bzw. entsprechende Vergleiche angeboten werden. Interne und externe Benchmarks können hierbei eine Hilfe darstellen. Bei Wiederholungsmessungen sollten Veränderungen erfassbar und darstellbar sein.

Zur konkreten Gestaltung des Fragebogens sind ergänzend noch folgende Kriterien zu nennen, die zumeist über die Gestaltung des Fragebogens hinausgehen und den gesamten Prozess betreffen.

— **Verständlichkeit:** Nicht nur der Fragebogen, sondern alle Informationen zur MAB und insbesondere die Ergebnisberichte sollten für alle Mitarbeiter verständlich formuliert und dargestellt sein.
— **Respekt:** Es ist eine Selbstverständlichkeit, dass Fragen, aber zum Beispiel auch Antworten auf offen gestellte Fragen, von persönlichem Respekt getragen sein müssen.
— **Begrenzung:** Beim Umfang der Informationen (Fragen und Antworten) sollte die begrenzte Aufnahme- und Verarbeitungskapazität berücksichtigt werden. Bei MABs wird ein Umfang von ca. 70 bis 100 Fragen noch für vertretbar erachtet, da sich die Fragen auf unterschiedliche Themen beziehen. Aspekte der Fragebogenlänge werden in ▶ Kap. 4.1 eingehender diskutiert.

Weitere Kriterien und Anforderungen betreffen die Sicherstellung der Akzeptanz der MAB bei allen Beteiligten, die durch Freiwilligkeit der Teilnahme, Anonymität der Auswertung, Transparenz der Ergebnisse und Folgeprozesse sowie durch Gewährleistung anschließender Maßnahmen und Veränderungen erreicht werden soll. Auf diese Kriterien wird bei der Information der Führungskräfte und Mitarbeiter in ▶ Kap. 2.4.2 eingegangen.

2.3.2 Konkrete Gestaltungsaspekte des Befragungsinstruments

Die Gestaltung von Befragungsinstrumenten und methodische Aspekte der Itemformulierung werden in der gängigen MAB-Literatur häufig als Schwerpunkt behandelt. Im Folgenden werden daher insbesondere einzelne Aspekte angesprochen, wie sie in der Praxis oft anzutreffen sind. Ferner werden bestimmte typische Problempunkte, wie zum Beispiel die Frage der Verwendung einer geraden oder ungeraden Anzahl von Antwortkategorien, oder die Erfassung der Wichtigkeit bestimmter Aspekte angesprochen.

Der Fragebogen sollte in der Regel folgende Elemente enthalten:
- Titelseite mit Unternehmens-Logo sowie MAB-Logo/-Slogan, eventuell grafische Elemente sowie Angabe des Befragungszeitraums
- Anschreiben der Unternehmensleitung mit Informationen zum MAB-Projekt und Motivation zur Teilnahme
- Instruktionen zum Fragebogen und zur Rücksendung
- inhaltliche Themenblöcke
- Angaben zur Organisationseinheit und Person
- abtrennbarer Antwortbogen

Modularer Aufbau

Der Fragebogen sollte **modular** (d. h. gegliedert nach zusammenhängenden Themenblöcken) aufgebaut sein. Die einzelnen Themenschwerpunkte sind mit Überschriften versehen und umfassen dann meist vier bis sieben Fragen zu spezifischen Aspekten des Themas.

> Am Ende des Themenblocks empfiehlt sich die Verwendung einer **zusammenfassenden Frage nach der Zufriedenheit** zum jeweiligen Themenblock. Diese Frage erleichtert die übersichtliche Darstellung der Hauptergebnisse der Befragung.

In der Gesamtbewertung eines Themenblocks finden Aspekte Berücksichtigung, die eventuell mit den spezifischen Fragen nicht erfasst wurden (Scarpello & Campbell, 1983). Ferner ermöglicht dieser Aufbau, bestimmte Themen in einer MAB ausführlich zu erheben und bei Zwischen- oder Wiederholungsbefragungen, bei denen bestimmte Themen nicht mehr im Mittelpunkt stehen, sich auf die zusammenfassenden Zufriedenheitsfragen zu beschränken.

Itemtypen und -formulierungen

Im Rahmen einer MAB finden zahlreiche Itemtypen und -formulierungen Verwendung, über deren Angemessenheit viele Abhandlungen existieren.

Grundsätzlich kann man zwischen offenen und geschlossenen Fragen unterscheiden. Bei **offenen Fragen** antworten die Personen frei ohne Vorgabe bestimmter Antwortalternativen, d. h. die Mitarbeiter antworten in schriftlicher Form zu der/den offenen Frage(n). Die Antworten können hierbei nur ein Wort enthalten oder ausformulierte Stellungnahmen, Vorschläge, Anmerkungen etc. darstellen. Bei offenen Fragen liegen die Antworten somit nicht direkt in numerischer Form vor. Die durch offene Fragen erhaltenen Daten sind somit in der Originalform qualitativer Natur (siehe hierzu ► Kap. 4.7).

Bei **geschlossenen Fragen** sind die Antwortmöglichkeiten, meist in Form einer Zufriedenheits- oder Zustimmungsskala, fest vorgegeben (Antwortkategorien) (◘ Abb. 2.10).

Die **Antwortkategorien** sind in aller Regel sprachlich oder grafisch belegt. Dabei sind den Kategorien indirekt Zahlen zugeordnet. Somit entsprechen den Antwortkategorien eines Items sichtbar oder indirekt bestimmte numerische Werte. Die erhaltenen Daten liegen somit in quantitativer Form vor und können unmittelbar statistisch »weiterverarbeitet« werden.

Geschlossene Fragen können bzw. werden meist direkt als Frage oder als Aussage bzw. Statement formuliert. Die Formulierung von Items in Form von Statements mit festgelegter Angabe des Zustimmungsgrades durch die Befragten als Antwortoptionen (**Likert-Typ-Item**) ist in der Praxis weit verbreitet. Borg (2003) weist auf potenzielle Probleme durch mögliche Missverständnisse dieser »indirekten« Methode der Einstellungserfassung hin. An-

◘ **Abb. 2.10.** Fragen oder Statements. (Trost, Jöns & Bungard, 1999, S. 88)

	ja	eher ja	teils-teils	eher nein	nein
a) Insgesamt bin ich mit meiner Arbeit sehr zufrieden.	○	○	○	○	○

	sehr zufrieden	zufrieden	teils-teils	un-zufrieden	sehr un-zufrieden
b) Sind Sie insgesamt mit Ihrer Arbeit zufrieden?	○	○	○	○	○

genommen, eine Person ist mit ihrer Arbeit nicht sehr zufrieden, sondern nur zufrieden, dann lässt sich argumentieren, dass die logisch richtige Antwort zum Statement »Ich bin mit meiner Arbeit sehr zufrieden« »stimme nicht zu« ist, da die Person nur »zufrieden« ist und nicht »sehr zufrieden«. Direkte Fragen (in unserem Beispiel also »Wie zufrieden sind Sie mit Ihrer Arbeit?«) erlauben hier eine unmissverständliche und eindeutige Interpretation der Antworten und deren Bedeutung, da der Grad der Zufriedenheit durch die Beschriftung der Antwortkategorien festgelegt ist.

In der Frageformulierung ist weiterhin zwischen **deskriptiven bzw. beschreibenden und evaluativen bzw. bewertenden Itemformulierungen** zu unterscheiden. Fragen nach der Zufriedenheit implizieren immer eine Bewertung des Befragungsgegenstandes. So enthält die Frage »Sind Sie mit Ihren Weiterbildungsmöglichkeiten zufrieden?« eine klare Bewertung. Die Frage »Wie oft haben Sie in den letzten 12 Monaten an Weiterbildungsveranstaltungen teilgenommen?« oder »Hat Ihr Vorgesetzter mit Ihnen in den letzten 12 Monaten ein Mitarbeitergespräch durchgeführt?« hingegen beinhalten keine eindeutige Bewertung, sonder sind deskriptiv bzw. beschreibend. Eine Wertigkeit wird erst durch die Interpretation der Antwort erreicht. Empirischen Befunden nach sind deskriptive Fragen weniger anfällig für Antwortverzerrungen. So zeigen Diener et al. (2000), dass deskriptive Zufriedenheitsfragen weniger stark durch allgemeine affektive (emotionale) Grundeinstellungen der Befragten beeinflusst sind.

Deskriptive Items sind jedoch aufgrund ihrer Definition sehr spezifisch und deshalb zur Abdeckung breiter Themenspektren, bei angemessener Fragebogenlänge, ungeeignet. Sie können zur Beschreibung wichtiger Aspekte dosiert eingesetzt werden. Ein weiteres potenzielles Problem ergibt sich aus möglicherweise differierenden Interpretationen der Bewertung. Ist es nun positiv, wenn Mitarbeiter die Aussage »Ich bin durch meine Arbeit voll ausgelastet?« mit »stimme voll zu« beantworten oder ist dies bereits die Kritik einer zu hohen Arbeitsbelastung? Die Wertigkeit der Aussage würde sich letztlich eindeutig durch die zusätzliche Frage nach dem Soll-Zustand ergeben. Dieser kann dann in Bezug zur erfassten Beschreibung (also zum Ist-Zustand) gesetzt werden. Hieraus leitet sich letztlich die Bewertung ab. Zahlreiche Arbeitszufriedenheitstheorien beinhalten diesen Aspekt und schlagen daher eine solche Operationalisierung vor. Kognitiven Theorien der Arbeitszufriedenheit zufolge ergibt sich die Zufriedenheit aus einem Vergleich des Ist- mit einem Soll-Zustand. Abgesehen von dynamischen Modellen dieses **Ist-Soll-Vergleichs** (Bruggemann, 1974; 1976) zeigen zahlreiche Studien, dass eine getrennte Erfassung und der Abgleich von Ist- und Soll-Zustand keine sonderlichen Vorteile bietet, da die Ergebnisse denen einer einfachen Frage nach der Zufriedenheit entsprechen (z. B. Rice, McFarlin & Benett, 1989).

❗ **Insgesamt sind deskriptive Items dann zu empfehlen, wenn man eine, möglichst von subjektiven Bewertungen des Mitarbeiters »befreite«, Beschreibung spezifischer organisationaler Sachverhalten anstrebt.**

Erfassung der Wichtigkeit

Eine andere häufig in der Praxis der MAB anzutreffende Überlegung zielt auf die Erfassung der Wichtigkeit bestimmter Module, Aspekte oder Frageinhalte. Ziel dieser Fragen ist es, neben der Beschreibung oder Bewertung bestimmter Sachverhalte deren **Wichtigkeit** zu erfassen; d. h. die Mitarbeiter werden zu jeder Frage oder am Ende eines Themenblocks um ihre Einschätzung gebeten, wie wichtig ihnen dieser Aspekt ist (z. B. »Wie wichtig ist Ihnen eine gute Zusammenarbeit mit Ihrem direkten Vorgesetzten«?).

Gegen die Erfassung von Wichtigkeitsaussagen gibt es eine ganze Reihe von Argumenten: Zum einen wird der Fragebogen durch die Abfrage der Wichtigkeit im schlimmsten Falle auf die doppelte Länge aufgebläht. Weit wichtiger ist jedoch, dass die Abfrage keinen sonderlichen Mehrwert liefert. Es zeigt sich oft eine minimale Streuung der Wichtigkeitsratings. Oft halten Mitarbeiter alle Sachverhalte, die Gegenstand einer MAB sind, für wichtig; daher finden sich empirisch häufig sehr hohe Korrelationen zwischen Wichtigkeits- und Bewertungsurteil. Empirische Studien zeigen, dass eine Zufriedenheit mit bestimmten Aspekten der Arbeit gewichtet mit der wahrgenommen Wichtigkeit keine bessere Vorhersagekraft besitzt, als würde man die ungewichteten Bewertungen zur Vorhersage verwenden. Locke (1976) erklärt dies durch die »Range-of-Affect«-Hypothese, die besagt, dass Zufriedenheitsurteile bereits indirekt mit der Wichtigkeit des Beurteilungsgegenstandes gewichtet sind. Diese Hypothese wurde in empirischen Studien mehrfach bestätigt (z. B. Rice et al., 1991; Rice, Gentile & McFarlin, 1991). Wichtigkeitsurteile liefern letztlich kaum einen zusätzlichen Erkenntnisgewinn zur Abfrage der einfachen Zufriedenheit.

Plakativ könnte man auch sagen, dass ohnehin nur wichtige Fragen im Fragebogen enthalten sein sollten:

> **❗ Nutzenbringender als die Erfassung der Wichtigkeit ist es, die Dringlichkeit des Veränderungsbedarfs aus Sicht der Mitarbeiter bezüglich der im Fragebogen enthaltenen Hauptthemen direkt zu erfassen. Diese korrelieren geringer mit den Zufriedenheitsurteilen als die Wichtigkeitsbewertung einzelner Facetten.**

Bei **geschlossenen Fragen** bestehen verschiedene Möglichkeiten, die Antwortkategorien zu gestalten. Die Kategorien legen die für den Beantworter auswählbaren Antwortmöglichkeiten fest. Bei der Likert-Skala sind dies zum Beispiel die verschiedenen Abstufungen, einer Aussage zuzustimmen. Überlegungen, die sich im Zusammenhang mit der Festlegung der Antwortkategorien bei Ratingitems ergeben, können in vier Kategorien unterteilt werden:
1. Anzahl der Antwortkategorien
2. Verwendung einer mittleren Antwortkategorie
3. Skalenniveau und Symmetrie der Antwortskala
4. Verwendung von numerischen oder grafischen Etikettierungen der Kategorien.

Anzahl der Antwortkategorien

Bei Ratingitems, unabhängig ob als Frage oder Statement formuliert, werden in der Praxis meist fünf bis sieben Antwortkategorien verwendet, wobei die Verwendung von fünf Antwortkategorien wohl die häufigste Form darstellt. Die Verwendung von fünf bis sieben Antwortkategorien erscheint auch aus psychologischer Sicht sinnvoll. Zum einen bietet es dem Befragten eine hinreichende Möglichkeit zur differenzierten Abstufung und zum anderen scheint bei fünf bis sieben Kategorien ein Reliabilitätsoptimum zu liegen (Finn, 1972; Landy & Farr, 1983).

Eine noch stärkere Differenzierung deutlich über sieben Stufen hinaus können Beantworter kaum leisten und ist daher weder aus Reliabilitäts- noch aus Validitätsgründen sinnvoll (Borg, 2003).

Bei der Wahl der Anzahl der Antwortkategorien sollte auch das pragmatische Argument der Verfügbarkeit von Benchmarks ausreichend beachtet werden. Benchmarks liegen meist in den geläufigen fünf, seltener in sieben Kategorien vor. Eine anschließende Transformation der Befragungsergebnisse zum Vergleich mit den Benchmarks, ist in Abhängigkeit von der im Fragebogen verwendeten Itemskalierung, selten sinnvoll möglich.

Mittlere Antwortkategorie

Im Rahmen der Festlegung der Antwortkategorien stellt sich häufig die Frage, ob eine mittlere Antwortkategorie verwendet werden soll.

Ein Hauptargument für die Verwendung einer geraden Zahl von Antwortkategorien, d. h. für das **Auslassen einer mittleren Antwortkategorie**, ist, dass man die Mitarbeiter »zwingt«, Stellung zu beziehen. Das Fehlen der mittleren Antwortkategorie, so die Annahme, zwingt die »Jein-Sager«, sich mit dem Inhalt der Frage auseinanderzusetzen und schließlich eine eindeutige Aussage zu treffen. In der psychologischen Forschung spricht man bei der gewohnheitsmäßigen Wahl einer mittleren Antwortkategorie von der **Tendenz zur Mitte**. Man versucht, diese Antworttendenz durch die Verwendung sog. »**Forced-Choice**«-**Items**, d. h. Items ohne mittlere Kategorie, zu minimieren.

Dieser mögliche Vorteil einer fehlenden Mittelkategorie wird jedoch teuer erkauft. So gibt es eine ganze Reihe von Argumenten und empirische Belege, welche die **Verwendung einer mittleren Antwortkategorie** dringend empfehlen (Cronbach, Bradburn & Horvitz, 1994; Myford, 2002). Erhebt die MAB den Anspruch, die Einstellung der Mitarbeiter bzw. deren Wahrnehmung von organisationalen Sachverhalten zu messen, dann sollte das Messinstrument auch in der Lage sein, die tatsächliche existierende bzw. echte Ausprägung der Einstellungen und Meinungen zu erfassen. Einstellungen entsprechen manchmal einer »Teils-teils«-Kategorie, Meinung sind gelegentlich indifferent. Wird dies nicht durch die Antwortkategorien widergespiegelt, führt dies zu einer **Verzerrung der Ergeb-**

2.3 · Durchführung der Befragung

nisse, da sie nicht der tatsächlichen Ausprägung der Einstellungen und Meinungen der Mitarbeiter entsprechen. Im schlimmsten Fall entstehen bei entsprechender Konstellation Zufallsantworten.

Das Fehlen einer mittleren Antwortkategorie ist mit weiteren möglichen Einschränkungen verbunden. Empirischen Studien deuten darauf hin, dass das Fehlen der mittleren Antwortkategorie zu einer **verminderten Akzeptanz** des Befragungsinstrumentes führen kann. Personen finden Ihre tatsächliche Meinung bzw. Einstellung in den Antwortoptionen nicht wieder und damit zu einer Polarisierung genötigt, die eigentlich nicht ihrer tatsächlichen Einstellung entspricht. Diese mangelnde Akzeptanz spiegelt sich in geringeren Rücklaufraten, häufigeren Abbruchraten, oder im vermehrten Auslassen bestimmter Items.

Es ist aus gutem Grund mehr als fraglich, ob Skalen mit fehlender Mittelkategorie **Intervallskalenniveau** besitzen. Intervallskalenniveau ist die grundlegende Voraussetzung der Angemessenheit bestimmter statistischer Operationen, wie z. B. der Berechnung eines Mittelwertes oder der Streuung (Backhaus et al., 2003). Ein Item ist intervallskaliert, wenn die Abstände zwischen zwei benachbarten Kategorien inhaltlich den gleichen Abstand haben, wie alle anderen benachbarten Antwortkategorien des Items. Im Beispiel heißt das, dass Abstände zwischen zwei benachbarten Antwortkategorien »sehr zufrieden« vs. »zufrieden«, den Abständen zwischen zwei Punkten »sehr unzufrieden« vs. »unzufrieden« entspricht. Die Abstände zwischen den verschiedenen benachbarten Kategorien entsprechen sich somit inhaltlich und sollten für alle paarweisen Vergleiche benachbarter Kategorien eines Items gelten. Bei solide konstruierten Antwortkategorien mit Mittelpunkt (z. B. »sehr zufrieden«, »zufrieden«, »teils-teils«, »zufrieden«, »sehr unzufrieden«) kann Intervallskalenniveau in der Regel angenommen werden. Bei Fehlen der Mittelkategorie allerdings (◘ Abb. 2.11) ist das Intervallskalenniveau mehr als fraglich.

Der Abstand zwischen »zufrieden«/»unzufrieden« ist inhaltlich deutlich größer als der Abstand zwischen »sehr zufrieden«/«zufrieden« bzw. »unzufrieden«/«sehr unzufrieden« und stellt hier nicht nur einen graduellen numerischen, sondern unvermittelten qualitativen Sprung dar. Empirische Ergebnisse weisen ferner auf eine geringere Reliabilität und Validität von Items mit fehlender Mittelkategorie hin.

❗ Die höhere **Akzeptanz** bei den Mitarbeitern und die Abbildung der **tatsächlichen Einstellungen und Meinungen** der Mitarbeiter ist, neben statistisch-technischen Argumenten, das wichtigste Argument für die **Verwendung einer mittleren Antwortkategorie** bei Ratingitems.

Symmetrie der Antwortskala

Ein weiterer wichtiger Aspekt bei der Konstruktion der Antwortalternativen bei Ratingskalen ist die Symmetrie der Kategorien. In der Umfragepraxis finden sich gelegentlich asymmetrisch konstruierte Antwortskalen, wobei die Asymmetrie häufig hin zur positiven Antwort besteht. Symmetrisch heißt, dass die Abstufungen sowohl in positiver, als auch negativer Richtung in gleicher Weise möglich sein sollten: Das Einstellungsspektrum sollte in seiner Ganzheit erfasst werden und auf positiver und negativer Seite spiegelbildlich konstruiert sein. Eine Antwortskala wie z. B. »sehr zufrieden« »eher zufrieden« »zufrieden« »teils-teils« »unzufrieden« wäre in doppelter Hinsicht asymmetrisch: Erstens erlaubt sie auf der positiven Seite eine stärkere Differenzierung als auf der negativen Seite und zweitens gibt es für die Maximalkategorie der positiven Seite (sehr zufrieden) kein inhaltliches Pendant auf der negativen Seite. Die Skala ist also zum positiven Pol hin asymmetrisch konstruiert.

Numerische, verbale bzw. grafische Repräsentation der Kategorien

Neben der Anzahl der Antwortkategorien und der Symmetrie der Antwortskala stellt sich die Frage

◘ **Abb. 2.11.** Fehlen der Mittelkategorie

	sehr zufrieden	zufrieden	unzufrieden	sehr unzufrieden
a) Sind Sie insgesamt mit Ihrer Arbeit zufrieden?	○	○	○	○

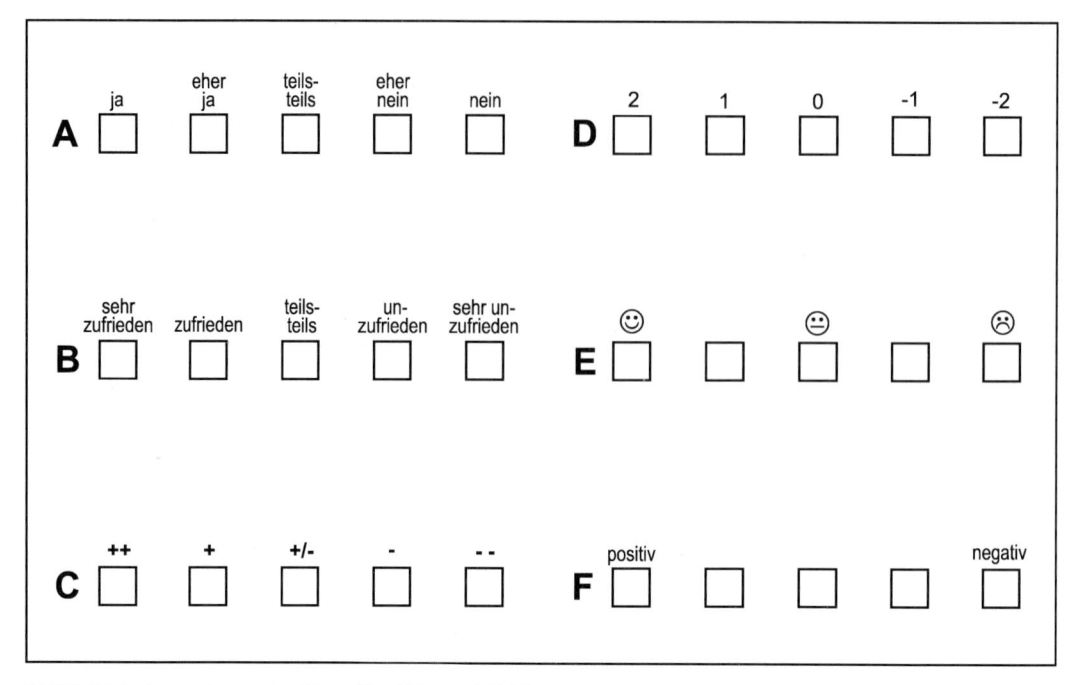

Abb. 2.12. Antwortkategorien. (Trost, Jöns & Bungard, 1999)

nach der Kennzeichnung der verschiedenen Kategorien. Sie können entweder alle oder nur die jeweiligen Endpunkte numerisch, verbal oder grafisch etikettiert werden. In Abb. 2.12 sind einige Beispiele aufgeführt, wie die Verankerung der Antwortkategorien dargestellt werden kann.

Grafische Repräsentationen (wie z. B. die GM-Faces-Scale, Kunin, 1955, bzw. der Arbeitsbeschreibungsbogen, Neuberger & Allerbeck, 1978) nutzen häufig stilisierte Gesichter (»Smileys«), welche die jeweilige Bewertungshaltung ausdrücken sollen (gut-schlecht). Numerische Repräsentationen liefern den Hinweis, dass Urteile bezüglich eines Items graduell abgegeben werden sollen. Die bloße Darstellung von Zahlen reicht dabei nicht aus; darüber hinaus muss per Beschriftung (der Endpunkte) oder in den Instruktionen die inhaltliche Bedeutung (grafisch oder verbal) der Zahlenwerte abgebildet werden. Reicht eine Skala beispielsweise von 1 bis 100, dann ist die Beschreibung notwendig, ob 100 nun die positivste oder negativste Ausprägung darstellt. Die verbale Beschriftung der Antwortkategorien findet sich überwiegend in Fragebogen, die die Items als Frage formulieren, sodass die Antwortkategorie eine tatsächliche Antwort ist. Auf die Frage »Wie zufrieden sind Sie insgesamt mit Ihren Weiterbildungsmöglichkeiten?« kann ein Teilnehmer dann mit »sehr zufrieden« antworten.

Bereits zu Beginn der Einstellungsmessung kam der Frage, ob die jeweilige Repräsentation der Antwortkategorie einen Einfluss auf das Antwortverhalten nimmt, überaus große Bedeutung zu. Beeinflusst die Beschriftung der Antworten das Antwortverhalten, ist es durchaus von Belang, welche Form der Repräsentation zu wählen ist. Kunin (1955) konnte jedoch demonstrieren, dass die grafische stilisierte Beschriftung von Antwortkategorien gleiches Antwortverhalten evoziert wie die verbale. Einige Autoren weisen darauf hin, dass die Frage der grafischen bzw. verbalen Kennzeichnung, weniger bedeutsam ist als z. B. die Kenntnisse, Fähigkeiten und Motivation der Befragungsteilnehmer (Guion, 1986; Cronbach, 1990). Insofern ist es eine Geschmacksfrage (oder auch eine Frage des sprachlichen Stils), welche Form der Beschriftung gewählt wird. Beide Formen sind möglich, sofern den Antwortkategorien eine klare inhaltliche Bedeutung zugeschrieben werden kann und die Kennzeichnungen das tatsächlich beabsichtige Antwortverhalten der Befragten abbilden (vgl. hierzu Itemtypen und Itemformulierungen in diesem Kapitel).

Weitere allgemeine Hinweise zur Itemformulierung von MAB-Items gibt ◘ Tab. 2.2.

Nach der Erstellung des Befragungsinstruments beginnt die eigentliche Durchführung der Erhebung.

◘ **Tab. 2.2.** Formulierung von MAB-Items. (Nach Borg, 2003, S. 140 ff.)

Formulierungsregel: Items sollten...	Beispiel
1. möglichst kurz und kompakt sein	Nicht: »Wenn ich darüber nachdenke, dann komme ich letztlich zu dem Schluss, dass mein Job eigentlich recht zufriedenstellend ist.« Besser: »Mein Job gefällt mir.«
2. verständlich (für alle Befragten im selben Sinn) sein	Nicht: »Das ROI in unserer Branche...« Besser: »Die Gewinne in unserer Branche...«
3. nicht allzu allgemein und vage sein	Nicht: »Mein Vorgesetzter spricht selten mit mir.« Besser: »In den letzten 12 Monaten hat mein Vorgesetzter ausführlich mit mir über meine Arbeitsziele gesprochen.«
4. nicht allzu konkret und eingeengt sein	Nicht: »In den letzten 12 Monaten hat mein Vorgesetzter in jedem Monat 1 Mal mit mir über meine Arbeitsziele gesprochen.«
5. nur jeweils 1 Thema ansprechen	Nicht: »Mein Vorgesetzter ist nett und kompetent.« [Antwort ist mehrdeutig.]
6. keine Negation enthalten	Nicht: »Es ist nicht gut, wenn die Arbeiten nicht termingerecht erledigt werden.« [Antwort ist nicht eindeutig interpretierbar.]
7. nicht allzu extrem sein	Nicht: »Mit meinem Job bin ich außerordentlich zufrieden.« Besser: »Mit meinem Job bin ich zufrieden.« [Der Befragte kann ja abgestuft antworten.]
8. keine fragwürdigen Prämissen enthalten	Nicht: »Um Konflikte zu vermeiden, sollten die Mitarbeiter ...« [Was, wenn es keine Konflikte gibt?]
9. nicht Absichten und Handlungen mehrdeutig verquicken	Nicht: »Werden in meinem Bereich Geschäftsprozesse entwickelt, um Kunden maßgeschneidert Lösungen zu empfehlen, die auf gründlichem Verständnis der Kundenbedürfnisse basieren?« [Werden nun Geschäftsprozesse entwickelt? Oder erlauben diese, Kunden maßgeschneiderte Lösungen zu empfehlen? Oder soll das Verständnis der Bedürfnisse erfragt werden?]
10. gelegentlich ihre Polung wechseln	Zusätzlich zu »Meine Arbeitsziele sind klar.« auch »Meine Arbeitsziele sind vage.« [zur Vermeidung stereotyper Antworttendenzen]
11. die Befragungszeit effizient nutzen	[z. B. nicht ständig die Antwortskala wechseln]
12. von allen Mitarbeitern beantwortbar sein	Items, die nicht von den allermeisten Mitarbeitern beantwortbar sind, sollten in einer MAB nicht verwendet werden (außer in speziell gekennzeichneten Abschnitten).
13. für die MAB-Ziele relevant sein	Items müssen den Zielen der MAB dienen. Das sollte den Befragten unmittelbar einleuchten oder zumindest nachvollziehbar erklärbar sein.
14. Verdopplungen vermeiden	Keine »Kontrollitems« in MABs [kann Misstrauen erzeugen und zum Abbruch führen]
15. nichts Persönliches/Privates fragen	Grundsätzlich sollte nur Arbeitsbezogenes gefragt werden.

◘ Tab. 2.2 (Fortsetzung)

Formulierungsregel: Items sollten...	Beispiel
16. die Sprache der Organisation verwenden	»Mein unmittelbarer Vorgesetzter« oder »Meine direkte Führungskraft« [Was ist üblich in dieser Firma?]
17. keine »Ich-werde-nicht-bedient«-Haltung fördern	Nicht: »Ich werde gut informiert.« Besser: »Ich kann mir die für mich wichtigen Informationen leicht beschaffen.«
18. eher einen »Ich«- als einen »Man«-Bezug haben	Nicht: »In dieser Firma wird man schlecht informiert.« Besser: »Wichtige Informationen sind für mich nur schwer zugänglich.«
19. möglichst »positive« Formulierungen wählen	Nicht: »In unserem Team gibt es ständig Ärger.« Besser: »Die Atmosphäre in meinem Team ist gut.«[nicht das Klima ruinieren durch ständige Fragen danach, was alles schlecht ist] Aber: »Ich überlege ernsthaft, die Firma in den kommenden 12 Monaten zu verlassen.« [Nicht alles lässt sich »positiv« ausdrücken.]
20. nicht manipulativ erscheinen	»Ich würde auch am Wochenende arbeiten, wenn es die wirtschaftliche Situation des Unternehmens erfordert.«
21. eher Handlungsabsichten (mit Zeitbezug) als Affekte ansprechen	Nicht: »Mir stinkt mein Job oft gewaltig.« Besser: »Ich habe ernsthaft vor, die Firma in den kommenden 12 Monaten zu verlassen.«

2.3.3 Durchführung der Erhebung

Unter dem Aspekt der Durchführung der Erhebung werden hier die Fragen erörtert, wer an der Befragung teilnimmt, wie die Erhebung durchgeführt wird und wie schließlich eine hohe Rücklaufquote gefördert werden kann. Ferner werden besondere Aspekte der Durchführung multinationaler MABs diskutiert.

Teilnehmer an der Befragung

Aus methodischer Sicht reicht die Befragung einer repräsentativen Stichprobe, um valide Ergebnisse zu erhalten. Eine MAB kann auch ganz unterschiedliche Zwecke erfüllen, ist der primäre Zweck ein Blitzlicht zu den momentanen Befindlichkeiten zu erhalten, kann die Befragung einer repräsentativen Stichprobe bereits genügen. Die MAB ist dann ein undifferenziertes allgemeines Stimmungsbarometer, mehr nicht. Geht es bei einer MAB aber nicht allein darum, ein repräsentatives Bild der Einstellungen und Meinungen der Mitarbeiter zu erfassen, sondern versteht man die **MAB als Interventions- und Organisationsentwicklungsinstrument**, dann ist eine **Vollerhebung** zwingend notwendig. Eine Stichprobenbefragung der Gesamtorganisation repräsentiert nicht die Antworten dezentraler Einheiten, denn es sind nicht die Ergebnisse der Mitarbeiter dieser Einheit. Die Daten sind zum Anstoß dezentraler Veränderungsprozesse ungeeignet, genauso wenig wie ein Bürgermeister auf Grundlage des ZDF-Politbarometers gewählt würde. Wichtig ist hier das Argument, dass MABs soziale Interventionen darstellen, die von jedem Mitarbeiter erlebt und interpretiert werden (»Warum werde ich nicht gefragt, aber meine Kollegin?« usw.) und Veränderungsprozesse auf Grundlage der »eigenen« Daten erfolgen müssen. Zudem besitzen Ergebnisse eine größere Akzeptanz, wenn man sich selbst äußern konnte.

Die hier diskutierte Form der MAB beinhaltet aus Akzeptanzgründen und wegen der Interventionsabsicht des Instruments eine Vollerhebung.

Allerdings wird man bei der Planung der Erhebung immer wieder mit Ausnahmen konfrontiert sein. In der Praxis stellt sich häufig die Frage, ob bestimmte Gruppen befragt werden sollen. Dazu gehören häufig:

- Auszubildende, Praktikanten, Trainees
- neue, erst seit kurzem beschäftigte Mitarbeiter

- Mitarbeiter, die vor kurzem die Einheit gewechselt haben
- Mitarbeiterinnen in Mutterschutz
- Mitarbeiter im Ausland
- …

Da alle Mitarbeiter eingebunden werden sollen, wird man niemanden ausschließen. Man wird eher überlegen, welchen Organisationseinheiten die Ergebnisse zugeordnet werden können oder ob eine gesonderte Auswertungseinheit (z. B. für die Auszubildenden) gebildet werden soll.

Angaben zur Organisationseinheit und zur Person

Die Codingliste beinhaltet die eineindeutige Zuordnung einer jeden an der Befragung teilnehmenden Organisationseinheit zu einem dazugehörigen Code. Diesen Code übertragen Mitarbeiter auf den Antwortbogen bzw. in das Online-Formular, um damit die Zuordnung ihrer Antworten zu den jeweiligen Auswertungseinheiten zu gewährleisten. Basis der Codingliste ist in aller Regel die Organisationsstruktur. Der Aufwand einer soliden Festlegung der Codinglisten, die als Grundlage der Auswertung der Ergebnisse und Erzeugung dezentraler Berichte dient, darf nicht unterschätzt werden. Es ist unerlässlich, ihn in einem Projektplan mit einem ausreichenden Zeitfenster zu berücksichtigen. Die Codingliste ist folglich einer der wichtigsten Grundsteine für die Durchführung der Befragung, die Analyse der Ergebnisse, die Erzeugung dezentraler Ergebnisberichte und der Umsetzung des Follow-up-Prozesses.

> **Die Bedeutung der Organisationsstruktur**, als Basis der Codingliste bzw. Auswertungsstruktur, wird in vielen Fällen unterschätzt und ihre Erstellung häufig zu beiläufig betrieben. Für die spätere Auswertung und anschließende Veränderungsprozesse ist die Angabe der Organisationseinheit unentbehrlich.

Die Konsequenzen einer inkorrekten Übersetzung der Organisationsstruktur in eine (dann fehlerhafte) Codingliste sind fatal.

Für die korrekte Auswertung der Abteilungsergebnisse sind die Organisationsstruktur und eine darauf basierende funktionale Codingliste gleich in zwei Aspekten essenziell: Zum einen sind abteilungsbezogene Ergebnisberichte erst durch die **korrekte Selbstzuordnung** der Befragten zu den Organisationseinheiten möglich. Zum anderen ist die genaue Positionierung der Abteilungen bzw. Bereiche in der abgebildeten Organisationsstruktur ebenfalls für die **korrekte Wiedergabe der Ergebnisse** relevant. Werden hier Abteilungen nicht korrekt hierarchisch gekennzeichnet und unter die jeweilige Hauptabteilung eingetragen, entstehen im Auswertungsprozess möglicherweise fehlerhafte Zuordnungen der Abteilungen und somit zur Verzerrung der Ergebnisse.

Bestehen nun Fehler in der Codingliste bezüglich der organisatorischen Einbettung der Abteilung bzw. fehlen Abteilungen, da diese in der Organisationsstruktur nicht aufgeführt wurden, kann dies die **Glaubwürdigkeit der Ergebnisse** gefährden und zu einer **Minderung der Teilnahmebereitschaft** führen. Der Rückgang der Beteiligung kann zum einen auf den Unmut von Mitarbeitern und Führungskräften im Falle einer falschen Einordnung der Abteilung zurückgehen. Zum anderen führt das gänzliche Fehlen der eigenen Abteilung in der Codingliste zu erheblicher Missstimmung.

Die Richtigkeit der Codingliste hat nicht nur Implikationen für die Auswertung und die Motivation der Befragten, sondern auch Konsequenzen für die Richtigkeit der Rücklaufinformationen. Die Organisationsstruktur beinhaltet neben den Informationen über die Organisationsnamen und deren hierarchische Einbettung auch Informationen bezüglich der **Mitarbeiterzahlen** (»Headcounts«) in den Abteilungen. Diese Informationen gehören zu den sensibelsten im Rahmen der Mitarbeiterbefragung. Sind diese nicht korrekt in der Organisationsstruktur wiedergegeben, führt das zu einer Verzerrung der kontinuierlich während der Befragung berichteten Rücklaufquote.

Die Publikation falscher Rücklaufquoten aufgrund inkorrekter Informationen über die Anzahl geführter Mitarbeiter in einer Abteilung führen ebenfalls zur Reduktion der Glaubwürdigkeit des Instruments. Die Bedeutung dieser Informationen nimmt ungleich zu, wenn über die Information der Rücklaufquoten die Teilnahmebereitschaft in einzelnen Einheiten nachgesteuert werden soll oder wenn sie Einfluss auf Boni von Führungskräften haben. Im Übrigen erscheint es nicht unbedingt als das beste Vorgehen, wenn die Mitarbeiterzahlen aus zentral geführten Verzeichnissen (z. B. Personalkennzahlensystemen) generiert werden. Allzu häufig reflektieren diese Systeme nicht den aktuellen Personalbestand, da eventuell Teilzeitstellen oder Langzeitvakanzen uneindeutig codiert sind. In der Regel sollten die Mitarbeiterzahlen dezentral verifiziert werden.

> Um die **korrekte Abbildung der Organisationsstruktur** und deren Überführung in eine stimmige Auswertungsstruktur zu garantieren, muss dieser zentrale Prozessschritt durch **geeignete Instrumente**, wie z. B. eine internetbasierte Datenbank, unterstützt werden.

Eine mögliche Realisierung dieser Instrumente ist eine **internetbasierte Datenbank** mit benutzerfreundlichem Interface. Hier wird eine Organisationsstruktur von einer zentralen Steuerungsstelle präsentiert. Dezentrale Verantwortliche übernehmen die Prüfung der Vorgaben im Abgleich mit der tatsächlichen Struktur im Unternehmen. Die Struktur kann dann mit entsprechenden Zugangsberechtigungen korrigiert und gegebenenfalls differenziert werden. Hierbei erfolgt auch die Eingabe und Überprüfung der Mitarbeiterzahlen. Aufgrund der Nähe zum eigenen Verantwortungsbereich zeigen die Zahlen eine höhere Validität und bessere Anpassung der Organisationsstruktur an die »gelebte Struktur«. Dies führt schließlich zu einer höheren Akzeptanz der Auswertung.

Die Instrumente sollten die Möglichkeit bieten, **automatisierte Plausibilitätschecks** bezüglich typischer Fehler bei der Erstellung einer Organisationsstruktur durchzuführen. Hierzu zählen die Prüfung der summierten Mitarbeiterzahlen über aggregierte Einheiten, die Prüfung der Sinnhaftigkeit angegebener Hierarchiestufen von Abteilungen in Referenz zu anderen Abteilungen und die Rechtschreibprüfung der Abteilungsbezeichnungen.

Je nach Komplexität eines solchen unterstützenden Instruments, um die Organisationsstruktur darzustellen, können darin parallel zu den aufgeführten Aspekten weitere **Informationen, die für die Gesamtkoordination der MAB relevant sind**, durch die dezentralen Koordinatoren hinterlegt werden. Dazu gehören die gewünschte Sprache der Fragebogen an dem jeweiligen Standort, die Kontaktdaten der Ansprechpartner sowie die Angabe über Referenzeinheiten aus vergangenen Befragungen oder besonderen Vergleichseinheiten.

Weitere Vorteile eines instrumentengestützten Vorgehens liegen in der **zeitlich begrenzten Erfassung der relevanten Daten** im Vorfeld der eigentlichen Befragung. Darüber hinaus werden die Koordinatoren in die Verantwortung über die Richtigkeit der erfassten Daten eingebunden. Die Festlegung eines Zeitraumes, in dem Änderungen in der vorgegebenen Organisationsstruktur vorgenommen werden können und die Ankündigung eines offiziellen »Schließens« des Instruments für weitere Eingaben haben pädagogische Effekte. Die dezentralen Verantwortlichen müssen sich verbindlich auf eine Struktur festlegen und sich deshalb frühzeitig und gründlich mit ihrer Organisationsstruktur auseinandersetzen. Damit sind Änderungen der Struktur während des Befragungsprozesses, zum Beispiel nach Erhalt des ersten Rücklaufs, weit weniger wahrscheinlich. Mit diesem Vorgehen kann eine erfahrungsgemäß große Fehlerquelle reduziert werden, nämlich der iterative Prozess der endgültigen Strukturverabschiedung aufgrund sich immer wieder ändernder Informationen aus den dezentralen Bereichen.

> Neben den Angaben zur eigenen Organisationseinheit stellt sich die Frage der Erfassung anderer personenbezogener Daten, wie zum Beispiel Angaben zur Dauer der Betriebszugehörigkeit, der Altersgruppe und dem Geschlecht. Diese sind fast immer entbehrlich, wenn es um die eigentlichen Veränderungsprozesse im Anschluss an eine MAB geht. Da ihre Abfrage oft unnötige Anonymitätsdiskussionen auslöst, sollte man von vornherein auf ihre Erhebung verzichten.

Formen der Datenerhebung

Bei der eigentlichen Erhebung der Daten können im Wesentlichen drei Formen unterschieden werden, die sich entsprechend der logistischen Abwicklung weiter differenzieren: papierbasierte, onlinegestützte Befragungen und TED-Methode. Die Frage nach der Wahl des angemessenen Formates ist eine der zentralsten Fragen im Rahmen der eigentlichen Erhebung. Wenn man von der, in der Praxis noch wenig verbreiteten und zur Zeit noch eher seltenen, TED-Befragungsmethode absieht, stellt sich meist die Grundsatzfrage: papierbasiert oder online?

Papierbasierte Befragung

Bei der klassischen papierbasierten Befragung erhalten die Befragten einen Fragebogen in Papierform. Die Antworten werden dann direkt auf dem Fragebogen eingetragen. Zur leichteren Abwicklung und elektronischen Weiterverarbeitung empfiehlt sich allerdings die Verwendung eines **separaten Antwortbogens**. Antwortbogen sind im Vergleich zum ganzen Fragebogen weniger aufwendig im Transport und können durch die Verwendung eines Scanners leicht elektronisch erfasst werden. Somit kann die große Datenmenge schnell digitalisiert werden. Neben diesen ökonomischen Argumenten bietet ein getrennter Antwortbogen den Vorteil, dass Mitarbeiter den Originalfragebogen (mit oder ohne ihren eingetragenen Antworten) behalten können. Bei der papierbasierten Befragung findet man in der Praxis häufig verschiedene prozedurale Durchführungsmethoden, die auch kombiniert eingesetzt werden.

Bei der »**Wahllokalmethode**« suchen die Mitarbeiter einen Raum auf, wo sie einen Fragebogen erhalten, in einer Kabine anonym ausfüllen und in eine Urne werfen. Die Bezeichnung Wahllokalmethode resultiert aus der Organisation der Befragung wie bei einer politischen Wahl. Die Verteilung der Fragebogen wird anhand von Personallisten abgehakt, um mehrfaches Ausfüllen zu vermeiden. Vorteile sind die Einbindung in das betriebliche Umfeld, die gemeinsame Aktion in einem Wahllokal, die Ruhe und der Schutz beim Ausfüllen und die Anwesenheit kompetenter Ansprechpartner. Nachteile sind neben einem hohen Aufwand bei großen Unternehmen, die »erlebte« Kontrolle – insbesondere durch die Listen – und möglicherweise auch eine politisierte Atmosphäre, da diese Form nicht der sonstigen Kommunikation im Unternehmen entspricht.

Bei der **postalischen Befragung** werden den Mitarbeitern die Fragebogen nach Hause zugesandt, von wo sie die Fragebogen im Rückumschlag direkt an das externe Institut schicken. Der Vorteil liegt in der wahrgenommenen Freiwilligkeit und Anonymität. Neben dem hohen finanziellen Aufwand, den oft auch die Mitarbeiter kritisieren, liegt der entscheidende Nachteil darin, dass die Fragebogen in der Freizeit und in heimischer Umgebung ausgefüllt werden. Die Beantwortung der Fragebogen sollte zur Arbeitszeit gehören. Insofern werden heute häufig die Fragebogen per Hauspost versandt und anschließend in geschlossenen Kuverts an Sammelstellen eingeworfen oder zurückgeschickt. Oft ist dann lediglich noch für Mitarbeiter der Produktion zu überlegen, wie hier Raum und Zeit geschaffen wird, um den Fragebogen in Ruhe auszufüllen.

Online-Befragung

Die Wahl des Befragungsformates ist nicht einfach zu beantworten. In der Literatur finden sich zahlreiche Auflistungen der Vorteile einer Onlineerhebung. Es zeichnet sich bereits seit vielen Jahren ein Trend ab, MABs immer häufiger per Internet oder Intranet zu administrieren (vgl. u. a. Ahlemeyer, Grimm & Rudiferia, 2005; Batinic, 2001; Donovan, Drasgow & Probst, 2000; Liebig, Müller & Bungard, 2003; Liebig & Müller, 2005). Dieser Trend findet nicht allein Niederschlag in den außerordentlich zahlreichen Fachpublikationen zu diesem Thema, darüber hinaus scheint es inzwischen zum Standardrepertoire eines jeden seriösen Anbieters zu gehören. Im Allgemeinen werden jedoch mit Online-MABs ausschließlich die webbasierte Anwendung und Umsetzung der Datenerhebung assoziiert; in einem umfassenden Verständnis von MABs zählen allerdings nicht allein die Datenerhebung, sondern darüber hinaus auch das Reporting, Maßnahmenableitung und -controlling sowie die Evaluation zu diesem Instrument dazu (vgl. Bungard, 1997, 2000, 2002). Die Diskussion, eine MAB online oder papierbasiert durchzuführen bezieht sich allerdings vor allem auf die Erhebung selbst, während insbesondere für die Unterstützungsprozesse und anschließenden Gestaltung der Folgeprozesse die Online-Technologie eines der wichtigsten Unterstützungsinstrumente darstellt (siehe hierzu z. B. ▶ Kap. 4.8).

Bei der Online-Befragung erhalten die Mitarbeiter per Mail, Hauspost oder zum Beispiel mit Ihrer Lohnabrechnung einen Zugangscode, mit dem sie dann am PC an der Befragung teilnehmen können (Tie-back-Verfahren). Bei dieser Methode wird jeder

Person ein **individuelles Passwort** zugeordnet. Es berechtigt zur einmaligen Teilnahme und verfällt, wenn der Fragebogen komplettiert wurde. Dieses Vorgehen hat mehrere Zielsetzungen: Es ist möglich, den momentanen Bearbeitungsstand zu speichern, sodass der Mitarbeiter wieder an die letzte bearbeitete Stelle des Fragebogens zurückkehren kann, sollte beispielsweise die Bearbeitung unterbrochen werden müssen. Die Zuteilung des Zugangscodes sichert zudem, dass jeder Mitarbeiter die Fragen nur einmal beantworten kann. Als Unterformen des Tie-back-Verfahrens können die demografischen oder organisationalen Angaben zur Person im Voraus mit dem Zugangscode verknüpft sein. Aus **Anonymitätsgesichtspunkten** – wesentliche Aspekte, die im Weiteren noch ausführlicher diskutiert werden – ist es ratsam, die Informationen, die ein individuelles Zurückführen der Befragungsdaten zu einer Person ermöglichen, nach der Datenerhebung zu löschen. Aus gleichem Grund ist davon abzuraten, demografische Informationen oder Personaldaten (wie z. B. die Personalnummer) mit dem Zugangscode zu verketten. Eine Verletzung der Anonymität ist offensichtlich, wenn der Zugangscode beispielsweise bestimmte Stammdaten oder eben die Personalnummer enthält.

Die Befragung kann entweder über das Internet oder das firmeninterne Intranet erfolgen. Gelegentlich werden die Befragungen über Befragungsterminals oder PC Stationen abgewickelt, falls nicht alle Mitarbeiter einen eigenen mit PC ausgestatteten Arbeitsplatz besitzen.

Bezüglich der Präsentation der Items bei Online-Befragungen gibt es mehr Varianten als bei papierbasierten Verfahren: Man unterscheidet hauptsächlich zwischen Item-by-Item, Screen-by-Screen und Scroll-down-Darstellung. Bei der **Item-by-Item** Variante wird jedes Item einzeln auf dem Bildschirm aufgerufen und die Antwort einzeln zum Server übertragen. Im **Screen-by-Screen** Verfahren wird, ein meist inhaltlich zusammenhängender Themenblock auf einer Bildschirmseite dargeboten und die Daten dieser Seite anschließend im Paket an den Server übermittelt. Bei der **Scroll-down-Darstellung** wird der Fragebogen als ganzes präsentiert und die Datenübertragung erfolgt meist nach vollständigem Ausfüllen des Fragebogens bzw. durch eine entsprechende Eingabe des Befragten. Alle diese Verfahren besitzen sowohl Vor- als auch Nachteile.

Für die Durchführung von internetgestützten MABs – bzw. der Datenerhebung bei einer MAB – gibt es zahlreiche Argumente, die mit den **Vorteilen** dieses Erhebungsformats verbunden sind.

Während bei papierbasierten MABs eine gewisse Vorlaufzeit für Druck, Kommissionierung und Versand eingeplant werden muss, entfallen diese **Vorlaufzeiten** für onlinegestützte Befragungen. Ebenso können bei Online-Befragungen Änderungen am Fragebogen – sei es an einzelnen Formulierungen oder in der Reihenfolge, wie die Fragen präsentiert werden – theoretisch bis zum Ende des Befragungszeitraums vorgenommen werden.

Gegenüber konventionellen Befragungen zeichnen sich internetgestützte Befragungen dadurch aus, dass sie recht bequem **Filterfragen und Verzweigungen** innerhalb des Fragebogens erlauben. Was bei papiergestützten Befragungen nur mit hohem Layout-Aufwand zu realisieren ist, kann bei Online-Befragungen einfach umgesetzt werden. Jedem Nutzer können genau diejenigen Fragen präsentiert werden, die für ihn vorgesehen sind. Ist ein Teilnehmer der Befragung z. B. Führungskraft, so werden ihm dementsprechend nur die für seine Zielgruppe definierten Fragen präsentiert.

Der größte Nutzen ergibt sich allerdings dadurch, dass die Daten unmittelbar beim Bearbeiten des Fragebogens in **digitaler Form** vorliegen. Somit entfallen zum einen die Zeit, die Fragebogen per Urne (oder anderen Verfahren) einzusammeln, und die Postlaufzeit. Zum anderen ergibt sich eine weitere Zeitersparnis bei der Erfassung der Bögen, denn sie müssen nicht mehr aufwendig händisch eingeben oder per OCR-Scan erfasst werden. Im Übrigen können mit einer Erhebung der Daten per Internet oder Intranet Übertragungsfehler minimiert oder gar vermieden werden. Da die Daten also bereits in einem geeigneten Format vorliegen, können sie unmittelbar weiterverarbeitet werden und bestimmte Analysen in Echtzeit vorgenommen werden. Die Analysen können sich auf Rückläufe beziehen aber auch auf erste deskriptive Ergebnisse.

Ein weiterer Vorteil der Internetunterstützung bei MABs stellt die Möglichkeit dar, eventuell zur Erläuterung von bestimmten Sachverhalten notwendige **Multimediaelemente** in den Fragebogen einzubauen. Die Datenerhebungsphase dient bei vielen Unternehmen nicht allein der bloßen Daten-

2.3 · Durchführung der Befragung

erhebung, sondern wird vielfach auch als Kommunikationsinstrument verwendet (Johnson, 1996; Müller, 2006).

> ❗ Bei der Summe an Vorteilen könnte man (vor-)schnell zu dem Schluss gelangen, dass eine Online-Befragung per se erfolgversprechender ist als eine papierbasierte Version. Im Unterschied zu generellen Befunden aus der Befragungsforschung findet eine MAB jedoch in einem speziellen Kontext statt, in dem besondere motivationale Prozesse bzw. (mikro-) politische Aspekte vorliegen, sodass die Erkenntnisse nicht uneingeschränkt übertragen werden können.

Online-Befragungen sind nicht per se vorteilhaft. Daher sind auch die **Risiken** aufzuzeigen. Zunächst ist die Frage zu klären, ob die komplette Belegschaft (bzw. die entsprechende Zielgruppe, die an der Befragung teilnehmen soll) sowohl Zugang zu entsprechend ausgestatteten Computern hat wie auch im Umgang mit HTML-Formularen vertraut ist. Die **Ausstattung mit internetfähigen Computern** ist bei weitem noch nicht so weit vorangeschritten, als dass man von einer flächendeckenden Verfügbarkeit sprechen könnte. In der Befragungsforschung wird dieser Punkt als methodisches Problem unter dem Thema der Auswahleffekte intensiv diskutiert (vgl. z. B. Bosnjak, 2002; Deutschmann, 1999).

Als **Behelfslösungen**, um die komplette Grundgesamtheit, meist die gesamte Belegschaft zu erreichen, finden sich verschiedentlich Vorschläge wie z. B. ein temporäres Aufstellen von »MAB-Terminals« (d. h. öffentlichen Computern, die allein der Datenerhebung bei einer MAB dienen) für Mitarbeiter ohne eigenen Computerzugang oder ein Ausweichen auf Computer in Büros von Kollegen bzw. Vorgesetzten. Neben den organisatorischen Problemen zur Vermeidung von Wartezeiten etc. müssen die Antworten an einem bestimmten Ort (eben den Terminals) zu einer bestimmten Zeit (während der Anwesenheit im Betrieb) ausgefüllt werden. Dieses Prozedere kann zum einen zu einer erheblichen Senkung der Beteiligungsrate führen. Zum anderen treten durch das Ausfüllen im »öffentlichen Raum« unerwünschte Effekte wie etwa **soziales Monitoring** auf – Kollegen oder Vorgesetzte können nicht nur sinnbildlich beim Ausfüllen »über die Schulter schauen«. Im Übrigen müssen die Befragten sich für die Zeit der Befragung von ihrem Arbeitsplatz entfernen – für Personen, die einen Computer am eigenen Arbeitsplatz haben, stellt sich die Teilnahme an der Befragung als wesentlich unaufwendiger dar als für Personen, bei denen das Unterbrechen der Arbeit eine **Störung des Betriebsablaufs** nach sich zieht. Und gerade die leichte Zugänglichkeit zu einem Medium beeinflusst wesentlich die Akzeptanz und Nutzung des Mediums (Scholl, Pelz & Rade, 1996).

Darüber hinaus ist die **Akzeptanz der Befragung** bei Verwendung von Online-Methoden fraglich. Sie hängt im Wesentlichen von der wahrgenommenen Nützlichkeit ab. Sind die Befragten der Ansicht, dass die Beantwortung per Intranet oder Internet effizienter vonstatten geht als in papierbasierter Form, wird dieses Format an sich akzeptierter sein, als wenn es sich als ineffizient darstellt (Horton et al., 2001; Phelps & Mok, 1999).

Daneben sollte das Prozedere vertrauenswürdig sein; im Online-Format ist sich der Nutzer nie sicher, ob nicht mit den Befragungsdaten zusätzliche sensible Daten (z. B. Personalstammdaten) aufgezeichnet werden. Dieser Aspekt beinhaltet eine unternehmenskulturelle Komponente; während mancherorts eine **vertrauliche Datenbehandlung** verlässlich ist, wittern Beschäftigte anderer Unternehmen (gerade im Fall einer Online-Befragung) eine Verschwörung. Unter geeigneten unternehmenskulturellen Vorzeichen ist eine Online-Befragung ohne weitere kommunikative Begleitaktivitäten möglich, während bei entgegengesetzten Vorzeichen beträchtliche Anstrengungen unternommen werden müssen, die vertrauliche Datenbehandlung zu kommunizieren und transparent zu machen.

Ein weiterer Punkt der Akzeptanz betrifft die gleichzeitige Verwendung **verschiedener Formate** in einer MAB. Wird die Teilnahme an der MAB über das Online-Format als Privileg angesehen, könnten diejenigen sich zurückgesetzt fühlen, die die MAB auf traditionellem Weg bearbeiten, zumal die Computerverfügbarkeit stark mit dem Tätigkeitsfeld (»white-collar« vs. »blue-collar worker«) korreliert (Hoffmann, 2001).

Mit der Durchführung einer MAB mittels Internettechnologie ist die Kontrolle über das **Layout** des **Fragebogens** eingeschränkt. Aufgrund von Sicherheitsrichtlinien sind häufig viele Anwendungen wie Java, JavaScript oder Flash-Animationen standardmäßig deaktiviert. Abhängig von den Einstellungen von Computerkonfiguration, Betriebssystem und Browser verändert sich gegebenenfalls das Aussehen des Fragebogens. Mit einer klugen Programmierung, die ausschließlich auf die grundlegenden W3C-Standards zurückgreift, kann das Layout im Wesentlichen – auch bei unterschiedlichen Systemkonfigurationen und Sicherheitseinstellungen – konstant gehalten werden.

Neben allgemeinen Restriktionen für eine Befragung, die über das Internet administriert wird, gelten weitere Punkte, die bei der Realisierung beachtet werden müssen. Die sind insofern wichtig, da ihre Relevanz für klassische – papierbasierte – MABs weithin akzeptiert ist, sie jedoch im Zuge der Implementierung von Online-Verfahren häufig missachtet werden.

Die notwendige Vergabe von **Zugangscodes** unterminiert in gewissem Sinne stets die Wahrnehmung der Anonymität (im Sinne der Nichtidentifizierbarkeit der Befragten) und provoziert damit verzerrtes Antwortverhalten.

❶ Im Gegensatz zu Ratschlägen der allgemeinen Umfrageforschung ist es im innerbetrieblichen Kontext möglicherweise **kontraproduktiv, die Teilnehmer der Befragung personalisiert anzusprechen**, um die Wahrnehmung der **Anonymität der Befragten** nicht weiter zu unterminieren.

Gleiches gilt sinngemäß für **Rundschreiben bei Nachfassaktionen**. Werden ausschließlich diejenigen Personen angesprochen, die noch nicht an der Befragung teilgenommen haben, ist es naheliegend, an der anonymen Datenbehandlung zu zweifeln. Werden hier einzelne Mitarbeiter persönlich angesprochen, – eine Technik, die im Bereich der Marktforschung für deutlich höhere Teilnahmebereitschaft sorgt (Dillman, 1991) – assoziieren die Adressaten damit eine deutlich verminderte Anonymität. Bei einer MAB würde ein solches Vorgehen die kommunikativen Anstrengungen und auch die Befragung selbst torpedieren.

Ein weiterer wesentlicher Punkt betrifft das Zulassen von »**missing values**«[1]. Über gängige Skripts oder Abfragen ist es möglich, beim Ausfüllen von HTML-Formularen keine fehlenden Angaben zuzulassen. Die Antworten werden erst dann gespeichert, wenn *sämtliche* Fragen beantwortet wurden. Ein solches Vorgehen erzwingt eine Antwort auf jede einzelne Frage. Aus inferenzstatistischen Gründen kann ein vollständiger Datensatz durchaus Sinn ergeben, jedoch konterkariert dieses Vorgehen den Sinn und Zweck einer MAB. Schließlich besteht die Absicht einer MAB nicht darin, einen vollständigen Datensatz zu erhalten, sondern zu möglichst einschlägigen Themenfeldern eine Einschätzung aus Mitarbeitersicht zu erfragen. Unter Umständen können oder möchten Mitarbeiter zu bestimmten Aspekten keine Bewertung abgeben. Erzwungene Antworten entsprechen selten der wahren Intention des Befragten und sind damit unsinnig. Das Erzwingen von Antworten geht im Übrigen mit einer erhöhten Abbruchrate der Befragung einher (Bosnjak, 2002).

Zusammenfassend bleibt festzustellen, dass die jeweilige Ausstattung von Arbeitsplätzen mit Computern erheblich variiert mit der Branche und mit der funktionalen Aufgabe der Abteilungen innerhalb des Unternehmens. Eine Vollerhebung mittels Online-Befragung wird somit für viele Unternehmen, wenn nicht gar für die deutliche Mehrheit, in naher Zukunft nur schwer realisierbar sein. Aber auch bei hoher Verfügbarkeit von Intranet oder Internetzugängen müssen die zahlreichen hier diskutierten Vorteile einer Online-Erhebungen mit deren Risiken und möglichen Problemen vor dem Hintergrund der jeweiligen organisationalen Bedingungen abgewogen werden.

❶ Die Entscheidung für **Online-, Paper-Pencil- oder Mixed-Mode-Verfahren** muss letztlich auf der Grundlage der jeweiligen Gegebenheiten vor Ort und insbesondere unter Berücksichtigung der jeweiligen Unternehmens-, Vertrauens- und Feedbackkultur gefällt werden.

---

[1] Als Missing Value wird ein fehlender Wert dann bezeichnet, wenn Personen beim Beantworten eines einzelnen Items keinen Wert angeben.

TED- Befragung

Die TED-Befragung ist eine relativ neue Methode, die in der Praxis vereinzelt, aber mit wachsender Popularität, eingesetzt wird. Die Mitarbeiter geben ihre Antworten per Tastendruck auf einem Abstimmungsgerät (**Palmtop**) ähnlich einer Fernbedienung für einen Fernseher ein. Auf dem Gerät befinden sich Tasten mit Ziffern analog zur Antwortskala (z. B. 1 bis 5) und jeweils eine Taste für die Unterbrechung und für die Beendigung der Eingabe.

Für die Befragung werden die Mitarbeiter in mehrere Gruppen eingeteilt und in einen mit den Palmtops ausgestatteten Raum gebeten. Hier präsentieren ein Moderator oder ein Vertreter des Betriebsrates die Fragen mittels Beamer oder Overheadprojektor. Die Mitarbeiter haben nun die Möglichkeit, ihre Antworten durch Tastendruck abzugeben. Zur Sicherung der Anonymität ist es wichtig, dass jeder Mitarbeiter sein eigenes Palmtop hat und die Teilnehmer einen gewissen räumlichen Abstand zueinander haben. Die Daten fließen nach Beendigung in eine zentrale Datenbank, in welcher sie für die Auswertung gespeichert werden. In der Regel dauert eine solche Befragungsrunde je nach Länge des Fragebogens ca. 20 bis 30 Minuten.

Diese Methode ist vor allem dann geeignet, wenn nur wenige Mitarbeiter im Rahmen einer webbasierten Befragung keinen Internetzugang haben und das Unternehmen den logistischen Aufwand für eine gesonderte papierbasierte Befragung einsparen möchte (Koordination Druck, Versendung und Verteilung Fragebogen, Rücksendung Fragebogen, etc.). Dennoch erfordert auch diese Form der Datenerhebung ein gewisses Maß an organisatorischen und zeitlichen Kapazitäten. Einen offensichtlich kritischen Aspekt stellen die Kosten für die Bereitstellung des Palmtops dar. Sind jedoch Folgeuntersuchungen geplant, in denen eine Wiederverwendung der Abstimmungsgeräte möglich ist, ist diese Form der Erhebung eine zu berücksichtigende Alternative. Bisherige Erfahrungen im Einsatz dieser Methode deuten auf eine gute Resonanz bei den Mitarbeitern hin.

Rücklauf und Nachfassaktionen

Zur Erhöhung der Beteiligung werden oft Nachfassaktionen oder Erinnerungsschreiben eingesetzt. Geht man in der Regel von einem Zeitfenster von zwei bis drei Wochen für die Befragung aus, dann kann nach zwei Wochen ein Erinnerungsschreiben erfolgen. Häufigeres Erinnern und gezielte persönliche Ansprachen stehen allerdings im Widerspruch zur Freiwilligkeit und Anonymität.

Daneben werden noch verschiedene Aktionen, insbesondere bei postalischen Befragungen, vom Verteilen von Bleistiften bis zur Verlosung hochwertiger und teurer Gegenstände, unter Umständen sogar eines Autos, durchgeführt (vgl. Dillman, 2000; auch Borg, 2003). Kleinere **Incentives** können sicherlich vergeben werden, um die Teilnahme anzuerkennen.

❗ **Von großen Incentive-Aktionen ist abzuraten,** da der Eindruck einer »Bezahlung« entstehen kann, die zugesicherte Freiwilligkeit angezweifelt wird, bzw. die MAB nicht mehr als ein »normales« Führungsinstrument angesehen wird.

Hier bleibt festzuhalten, dass viele empirische Befunde und Empfehlungen der Markt- und Umfrageforschung zur Steigerung der Rücklaufraten nur eingeschränkt auf den innerbetrieblichen Kontext zu übertragen sind und sich sogar kontraproduktiv auswirken können.

Insgesamt ist die **Bitte zur Beteiligung** durch die Unternehmensleitung und den Betriebsrat eine wichtige Voraussetzung hoher Rücklaufraten. Entscheidende Kriterien der Teilnahme sind die oben angeführten Grundsätze der Freiwilligkeit, Anonymität, Transparenz, Veränderungsbereitschaft und die bisherigen Erfahrungen von Nützlichkeit vorangegangener MABs.

❗ **Von einem Aktionismus der übertriebenen Incentivierung, Erinnerungen und Personalisierung** ist im innerbetrieblichen Kontext abzuraten. Allgemein gehaltene und wohl dosierte Erinnerungen und die Publikation der Rücklaufraten mit einem hieraus entstehenden Wettstreit zwischen Bereichen sind vertretbare Hebel zur Steigerung der Teilnahme während der Erhebung.

2.3.4 Datenerfassung, Auswertung und Analyse

Ziel der Datenerfassung ist es, die Daten in digitaler Form zur statistischen Weiterverarbeitung vorliegen zu haben. Die Art der Erfassung der Daten ist abhängig vom jeweiligen Erhebungsformat. Bei **Online-Befragungen** liegen die Daten sofort in digitaler Form vor, da den verschiedenen Antwortalternativen durch die Programmierung direkt numerische Ausprägungen zugeordnet werden. Die Daten können dann in aller Regel durch die Anbindung an Datenbanksysteme unmittelbar weiterverarbeitet werden.

Die Erfassung von Daten von **papierbasierten Befragungen** erfolgt meist mittels eines OCR-Scanners. Die manuelle Eingabe von Befragungsdaten dürfte heute wohl die Ausnahme bilden. Aber auch die Erfassung durch den Scanner erfolgt meist nicht vollständig automatisiert. Aus Gründen der Qualitätssicherung sollten kritische Fälle (schlecht lesbare Angaben, handschriftliche numerische Angaben etc.) nochmals visuell überprüft werden. Die Daten liegen nach der Erfassung im Format geläufiger Standardsoftwarepakete vor (z. B. Excel, Access). Die statistische Weiterverarbeitung erfolgt durch Spezialsoftware oder bekannte statistische Analyseprogramme wie z. B. SPSS oder Systat.

Allgemein sind an die Erfassung und Auswertung von MABs folgende **zentrale Anforderungen** zu stellen, die mit Ausnahme des ersten Grundsatzes bei wissenschaftlichen Befragungen zumindest nicht in der Form gelten:

- **Null-Fehler-Prinzip:** Aus diesem Prinzip folgt beispielsweise, dass bei manueller Datenerfassung eine doppelte Erfassung durchgeführt wird und dass technische Möglichkeiten zur Fehlervermeidung ausgeschöpft werden. Tauchen nur kleine, wenn auch noch so lässliche Fehler in einem Bericht auf, z. B. doppelte Tabellen, dann werden schnell alle Befragungsergebnisse angezweifelt.
- **Zeitnahe Auswertung:** Abgesehen davon, dass Rücklaufquoten bereits während der Erhebung zwischendurch berechnet werden, sollte die Rückmeldung der Ergebnisse so schnell wie möglich erfolgen. Hierzu ist eine klare Planung im Vorfeld erforderlich, damit viele Schritte der Auswertung und Berichterstellung vorbereitet vorliegen bzw. automatisiert werden können.
- **Verständliche Darstellung:** Die Ergebnisse müssen allgemein verständlich formuliert und möglichst grafisch unterstützt dargestellt werden.

Nach der Datenerfassung erfolgen die Datenbereinigung und die **Plausibilitätschecks**. Die Datenbereinigung zielt auf die **Identifikation fehlerhafter Werte**.

Besonders bei der manuellen Eingabe kann es zu Transkriptionsfehlern kommen. Diese können leicht z. B. durch die Abfrage der Spannweite der Werte identifiziert werden. Sind die Kategorien einer 5-stufigen Ratingskala von 1 bis 5 kodiert, dürfen keine Werte außerhalb dieser Spannweite liegen.

> Zur Korrektur solcher offensichtlicher Fehleinträge durch die manuelle Erfassung empfiehlt es sich, die Antwortbogen entsprechend ihr Reihenfolge der Datenerfassung zu nummerieren (stempeln). So können die falsch erfassten Bögen rasch identifiziert und die Fehleinträge korrigiert werden.

Andere Plausibilitätschecks beziehen sich auf die **Zuordnung zu den Organisations- bzw. Analyseeinheiten**. In der Praxis beobachtet man eine Reihe typischer Phänomene in Bezug auf die Zuordnung der Mitarbeiter zur eigenen Organisationseinheit. In der Regel finden sich bei einem Prozentsatz zwischen 5-8% der Teilnehmer fehlende Angaben zur Organisationseinheit. (Der Wert von 5-8% ist ein sehr grober Richtwert der je nach Feedbackkultur und insbesondere Qualität der Analysestruktur und Codingliste nach oben oder unten variiert.) Dies hat eine Reihe von Gründen: Eventuell finden sich Mitarbeiter in der Struktur nicht wieder oder wollen sich bewusst wegen mangelnden Vertrauens in die Anonymität nicht zuordnen.

Vereinzelt sind aber auch **Rücklaufraten von weit über 100%** für manche Organisationseinheiten zu beobachten. Dies reflektiert eine Fehlzuordnung von Mitarbeitern oder deutet auf Mängel in der Ermittlung der absoluten Mitarbeiterzahl (Headcount) dieser Einheiten hin. Die Fehlzuordnungen entstehen meist durch Probleme mit der Codingliste, bzw. sind auch häufig beabsichtigt. So ist es ein gelegentlich zu beobachtendes Phänomen, dass insbesondere höhere Managementabteilungen einen übersteigerten Rücklauf aufweisen. In diesen Fällen ist anzunehmen, dass sich Mitarbeiter unterer Hierarchieebenen einen »kleinen Spaß« erlauben und sich höheren Managementebenen zuordnen.

Bei Online-Befragungen lässt sich dieses Problem prinzipiell durch eine Vorbelegung der Zugangscodes umgehen, doch ist dies wegen der Wahrung der Anonymität problematisch. Es besteht die Gefahr eines generellen Akzeptanzverlusts der Gesamtbefragung (▶ Kap. 2.3.3). Auch die in der MAB-Literatur gelegentlich empfohlene **nachträgliche Korrektur** der Organisationszuordnung aufgrund anderer Angaben zur Person oder aufgrund des Zugangscodes ist sehr kritisch zu bewerten. Nichtzuordnungen sollten respektiert werden. Fehlzuordnungen können ebenfalls durch die Mitarbeiter absichtlich erfolgen und auch hier stellt sich die Frage der Akzeptanz dieser Entscheidung.

❶ **Die entscheidenden Ansatzpunkte für die Verbesserung der Datenqualität sind die Ausgestaltung der Informationspolitik, die Akzeptanz der Befragung und die Qualität und Verständlichkeit der Codinglisten.**

Ziel ist es, den Prozentsatz von Fehl- und Nichtzuordnungen zu minimieren. Nachträgliche Änderungen der Zuordnungen sollten seltene Ausnahmen darstellen. Ein gewisser Prozentsatz von Fehl- und Nichtzuordnung bleibt dennoch unvermeidlich und muss akzeptiert werden.

Nach der Datenbereinigung und den Plausibilitätschecks erfolgt die Analyse für die verschiedenen Ergebnisberichte. Die Erzeugung der Ergebnisberichte geschieht auf Grundlage der vorab definierten statistischen Auswertungen und programmierten Auswertungsroutinen weitestgehend automatisiert.

Bei der Datenanalyse lässt sich zwischen Standardanalysen und weiterführenden Analysen unterscheiden (Borg, 2003). Die **Standardanalysen** sind in allen dezentralen Standardberichten enthalten. Die Berichte enthalten in aller Regel als Kernstück die deskriptive Darstellung der Ergebnisse. Statistische Kennwerte zur Beschreibung der Ergebnisse sind insbesondere der Mittelwert und die Häufigkeitsverteilung. Angaben zur Streuung, wie zum Beispiel die Standardabweichung, sind nicht ohne weiteres geläufig und bedürfen eines höheren Erklärungsaufwands. Ferner wird die Streuung auf deskriptivem Wege durch die grafische Darstellung der Häufigkeitsverteilung gut vermittelt.

Im Rahmen der Analysen werden zu den Standardberichten häufig auch **Indizes** berechnet. Indizes (z. B. Zufriedenheits-, Commitment-, Führungs-, Qualitätsindex) werden als Aggregat von Einzelfragen eines bestimmten Themenblocks oder mehrerer Themenblöcke berechnet. Die Auswahl der Indizes basiert auf den Bedürfnissen oder thematischen Schwerpunktsetzungen der Organisation oder leitet sich aus dem, dem Befragungsinstrument zugrunde liegenden, theoretischen Befragungsmodell ab (▶ Kap. 2.2)

Weiterführende Auswertung und andere statistische Kennwerte sind im Allgemeinen in der Praxis nicht Bestandteil der Standardberichte. Sie werden häufig auf Ebene höherer Organisationseinheiten, wie zum Beispiel auf Geschäftsgebietsebene oder Ebene der Gesamtorganisation berechnet.

Zu den weiterführenden Analysen zählt z. B. die Untersuchung des Zusammenhangs bestimmter Variablen. Statistische Auswertungsverfahren sind hier im einfachen Falle Korrelationen oder Regressionsanalysen. Zur Modellierung komplexerer Zusammenhänge, zur Untersuchung von Kausalzusammenhängen mittels zeitlicher Modellierung von Variablen oder zur Untersuchung von Eigenschaften des Befragungsinstrumentes können auch Strukturgleichungsmodelle entwickelt und anhand der Daten analysiert werden. Dies ist insbesondere bei einer theoretischen Einbettung der erhobenen Variablen auf höherer Organisationsebene sinnvoll. So wird zum Beispiel die in ▶ Kap. 2.2 angesprochene Commitment-Umfeld-Analyse mithilfe von Strukturgleichungsmodellen durchgeführt. Zur näheren Erläuterung der Verfahren verweisen wir an dieser Stelle auf einschlägige statistische Fachliteratur (z. B. Backhaus et al., 2003).

Ein Sonderfall der Analyse von Zusammenhängen der Ergebnisse sind Querverbindungen mit anderen wichtigen Kennzahlen der Organisation wie z. B. der Fluktuation, Absentismus, Qualitätsindikatoren, Kundenzufriedenheitsdaten oder anderen harten wirtschaftlichen Kennzahlen (hierzu ▶ Kap. 4.6).

2.3.5 Sonderfall: Durchführung multinationaler Mitarbeiterbefragungen

Das internationale Personalmanagement ist im Zuge der rasant fortschreitenden Globalisierung eine der bedeutsamsten, aber auch anspruchsvollsten Aufgaben eines multinationalen Unternehmens. Zentrale Erfolgsfaktoren dieser Unternehmen sind die Fähigkeit, eine multinationale Belegschaft zu führen und eine geografisch verstreute Organisation zu koordinieren. Der MAB kommt insbesondere für multinationale Unternehmen die Rolle eines wichtigen strategischen Instruments zu, das bei guter Implementierung in der Lage ist, ein positives Mitarbeiter-Management-Verhältnis zu etablieren und die Wirtschaftlichkeit des Unternehmens zu steigern.

Innerhalb multinationaler Organisationen ermöglicht die MAB die Kommunikation mit den Mitarbeitern über Ländergrenzen hinweg und ist ein wichtiges Instrument für die zentrale Steuerung des Unternehmens z. B. durch die Überprüfung der dezentralen Umsetzung, Wirksamkeit und Akzeptanz von Firmenpraktiken und strategische Programme trotz großer Entfernungen.

Der multinationale Kontext und die Existenz verschiedener kultureller Einflüsse stellen hierbei besondere Anforderungen an die Durchführung der MAB. Die wichtigsten Herausforderungen beziehen sich auf die Zusammenstellung des Projektteams, die Projektplanung, die Festlegung der Inhalte der Befragung, die logistische Abwicklung der Befragung und das Controlling. Diese Aufzählung wäre jedoch mühelos um weitere Aspekte zu ergänzen. Aber auch für die bereits aufgezählten Problemfelder zeigt sich, dass diese für viele Prozessabschnitte der MAB im multinationalen Kontext eine besondere Relevanz besitzen. ◘ Abb. 2.13 zeigt die Bedeutung einzelner Probleme multinationaler Befragungen entlang des in ► Kap. 2.2 dargestellten MAB Prozesses.

Schon bei der **strategischen Zieldefinition** einer multinationalen MAB muss eine Abstimmung mit den verschiedenen Länderniederlassungen erfolgen, um eine globale Akzeptanz der Befragung sicherzustellen.

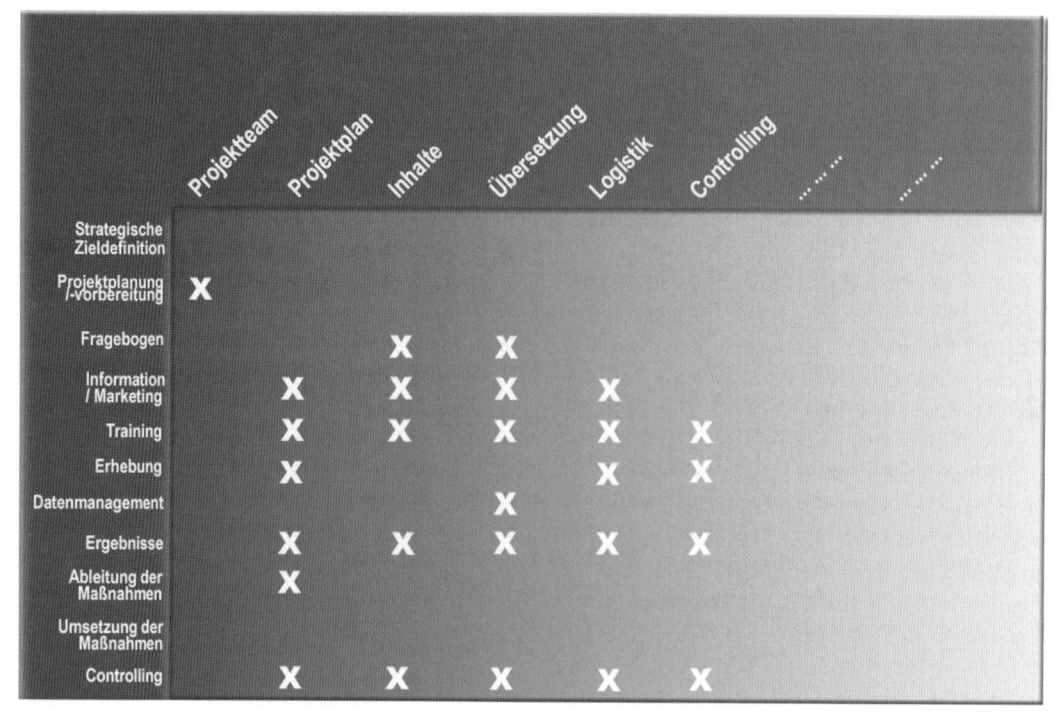

	Projektteam	Projektplan	Inhalte	Übersetzung	Logistik	Controlling	... ...	... ...
Strategische Zieldefinition								
Projektplanung /-vorbereitung	X							
Fragebogen			X	X				
Information / Marketing	X		X	X	X			
Training	X		X	X	X	X		
Erhebung	X				X	X		
Datenmanagement				X				
Ergebnisse	X		X	X	X	X		
Ableitung der Maßnahmen	X							
Umsetzung der Maßnahmen								
Controlling	X		X	X	X	X		

◘ **Abb. 2.13.** Ablaufchart einer MAB mit kulturellen Problemen

Bei der **Projektplanung** sind die Zusammenstellung des Projektteams und die Auswahl der Länderkoordinatoren besonders wichtige Prozessabschnitte. Die Länderkoordinatoren stellen die wichtigste Verbindung zu den Länderniederlassungen dar. Sie leisten einen wichtigen Input in Bezug auf lokale und kulturelle Besonderheiten.

Bei der Entwicklung des **Instruments** geht es zum einen um länderspezifische Fragen im Fragebogen und um die Angemessenheit globaler Inhalte. Auch ist die logistische Abwicklung der Befragung im multinationalen Kontext eine besondere Herausforderung. Insbesondere bei papierbasierten Befragungen ergeben sich viele, oft unvorhergesehene Schwierigkeiten, die von Zollproblemen über erhebliche zeitliche Verzögerungen bis hin zum Verlust von Sendungen reichen.

> ❶ Viele Herausforderungen multinationaler Mitarbeiterbefragungen entsprechen denen normaler nationaler Befragungen, sind jedoch durch die Internationalität und geografische Verbreitung der Befragung potenziert.

Andere Herausforderungen und Schwierigkeiten entstehen durch die Multinationalität der Befragung. Hierzu zählt insbesondere die **Übersetzung**. Wie ◘ Abb. 2.13 zeigt, ist diese Problematik in vielen Prozessabschnitten multinationaler MAB relevant. Informationsmaterialen, das Befragungsinstrument, die Ergebnisberichte, aber auch Trainingsmaterialen und Controllinginstrumente müssen übersetzt werden. In manchen Unternehmen ist es möglich, entsprechend der Geschäftssprache diese Materialen nur in Englisch zu halten. Dies ist jedoch eher die Ausnahme als die Regel.

> ❶ Insbesondere für das Befragungsinstrument ist die Verwendung der Muttersprache in den meisten Fällen dringend zu empfehlen. Der Übersetzungsaufwand sollte großzügig in die Zeit- und Kostenplanung einkalkuliert werden und darf nicht unterschätzt werden.

Verbunden mit Fragen der Übersetzung ist der Aspekt der globalen Anwendbarkeit des Befragungsinstruments.

Globale Anwendbarkeit des Befragungsinstruments

Die Angemessenheit und Sinnhaftigkeit eines Fragebogens, der in einer Kultur entwickelt wurde, anschließend übersetzt und in anderen Kulturen eingesetzt wird, ist nicht ohne weiteres anzunehmen. Dies liegt an den vielen verschiedenen Arten der Verzerrung, die bei einem solchen Transfer auf **Konstrukt-, Methoden- und Itemebene** entstehen können (van de Vijver & Poortinga, 1997). So können bestimmte Inhalte in manchen Kulturen keinen Sinn ergeben bzw. mit einem anderen Sachverhalt assoziiert sein als dem, der erfasst werden soll. Ferner kann es z. B. systematisch unterschiedliche Bedingungen in der Befragungssituation geben oder eine unterschiedliche Vertrautheit der Testperson mit dem Fragenformat. (So gibt es zum Beispiel häufig höhere Vorbehalte gegen Online-Erhebungen in osteuropäischen Ländern.) All diese Faktoren können zu Unterschieden in den Antworten der Mitarbeiter aus verschiedenen Ländern führen. Sie stehen jedoch nicht in Verbindung zu tatsächlichen Unterschieden bezüglich der interessierenden Einstellung oder Meinung, sondern reflektieren kulturelle Einflüsse oder Verzerrungen. Weiterhin können Verfälschungen aufgrund schlechter Übersetzungen und zu komplexer oder unangebrachter Formulierungen der Fragen entstehen. Alles in allem unterstreicht die lange Liste an potenziellen Störeinflüssen die Notwendigkeit, die Angemessenheit bestimmter MAB-Instrumente beim Einsatz in verschiedenen Kulturen empirisch und statistisch zu überprüfen. Zur ausführlichen Behandlung dieses Themas siehe Müller (2006).

> ❶ Aspekte der globalen Anwendbarkeit sollten also bereits bei der Entwicklung von MAB-Skalen sorgfältig berücksichtigt werden.

Brislin (1986) macht eine Reihe von Vorschlägen, wie bereits in der Entwicklungsphase eines Fragebogens dessen **Übersetzbarkeit** gesteigert werden kann.

> **Hinweise für die Übersetzung eines Befragungsintrumentes nach Brislin (1986)**
> - **Sätze** sollten **kurz und einfach** gehalten werden. Als ungefähre Richtgröße sollten nicht mehr als 16 Wörter verwendet werden.
> - Die Verwendung von **aktiven im Gegensatz zu passiven Formulierungen** ist zu empfehlen. In Abhängigkeit der Zielsprache ist die passive Form zu komplex in ihrer Konstruktion und stärker anfällig für Missverständnisse.
> - Die **Wiederholung des Nomens** sollte dem Einsatz von Pronomen vorgezogen werden, d. h. die Formulierung »Führt Ihr Vorgesetzter…?« ist der Verwendung von »Führt er …?« vorzuziehen.
> - **Quantifizierungsangaben** sollten möglichst konkret formuliert werden. Ausdrücke wie »häufig«, »manchmal«, »oft« etc. haben sowohl individuell, als auch interkulturell unterschiedliche Assoziationen. Wie oft muss sich der Vorgesetzte mit dem Mitarbeiter unterhalten, damit dies häufig ist? Einmal am Tag, einmal in der Woche oder einmal im Monat?
> - Besonders bedeutsam ist zudem die **Vermeidung bestimmter Redewendungen**, Metaphern o. Ä., wie z. B. »Ziehen Sie und Ihre Kollegen alle an einem Strang?«. Diese Formulierungen sind häufig in starkem Maße kulturell geprägt und die bedeutungsäquivalente Übersetzung kaum möglich.

Z. B. eine wirkungsvolle Methode zur Überprüfung der Angemessenheit der Übersetzungen ist die **Übersetzungs-Rückübersetzungs-Prozedur** nach Werner und Campbell (1970). Hierbei werden die Skalen zunächst durch Bilingualisten von der Ursprungssprache in die Zielsprache und anschließend durch andere Bilingualisten von der Zielsprache zurück in die Ursprungssprache übersetzt. Die rückübersetze Version wird dann mit der Ursprungsversion verglichen. Deutliche Divergenzen der beiden Versionen deuten auf Übersetzungsprobleme hin. Im Zweifel ist die entsprechende Konnotation einer wortgetreuen Übersetzung vorzuziehen. Über diese Technik hinausgehend ist auch die Methode des »**Cultural-Decentering**« anwendbar (van de Vijver & Leung, 1997). Bei dieser Technik wird neben der Optimierung der Übersetzung das Ursprungsinstrument kulturell dezentriert, d. h. Ausdrücke oder Items, die häufig Schwierigkeiten bei der Übersetzung verursachen, werden in der Ursprungssprache modifiziert bzw. im Extremfall aus dem Instrument entfernt.

Insgesamt sollte bei der Übersetzung von Fragen nicht nur die semantische Äquivalenz geprüft werden, vielmehr müssen auch die Natürlichkeit des Sprachflusses und die Plausibilität der übersetzten Skalen Beachtung finden.

Eine weitere Optimierung der globalen Angemessenheit von MAB-Skalen kann in den entsprechenden Ländern erfolgen, indem sie aufgrund der Ergebnisse von Vortests modifiziert werden. In diesem Zusammenhang ist insbesondere auf die Befunde von Ryan et al. (1999) hinzuweisen, welche Unterschiede im Verständnis einer spanischen Fragebogenversion in einer spanischen und mexikanischen Stichprobe zeigen konnten. Die gleiche Sprache zweier Länder garantiert nicht die **Bedeutungsgleichheit** der Iteminhalte und deren **äquivalente Konnotation**.

> ❗ Es ist generell anzuraten, per **Hotline oder E-Mail-Support** den Teilnehmern die Möglichkeit des Feedbacks zum Erhebungsinstrument zu geben. Auf diese Weise können potenzielle Schwierigkeiten bestimmter Sprachversionen ebenfalls identifiziert werden. Entsprechende Informationen sollten dokumentiert und nach der Befragung sorgfältig ausgewertet werden.

Nach Ende der Befragung bieten **statistische Verfahren** (IRT- bzw. CFA-Methodik) sehr leistungsstarke Instrumente zur Überprüfung der tatsächlichen Äquivalenz der verwendeten Sprachversionen (Brett et al., 1997, 1997; Drasgow & Kanfer, 1985; Reise, Widaman & Pugh, 1993; Vandenberg & Lance, 2000; van de Vijver & Leung, 2000). Die Übersetzung der als nicht-äquivalent identifizierten Items kann auf dieser Grundlage optimiert werden. Bei schwerwiegenden Übersetzungsproblemen ist eine Überarbeitung des Ursprungsinstruments im Sinne des »Cultural-Decentering« geboten.

Interpretation von Länderunterschieden

Doch auch nach Feststellung der globalen Eignung des Messinstruments gilt es, bei der Interpretation potenzieller Länderunterunterschiede systematische Tendenzen zu beachten. So neigen süd-, mittel- und nordamerikanische Länder zu einer eher positiven Bewertung der jeweiligen Arbeitsverhältnisse. Europäische Länder befinden sich im Mittelfeld der Zufriedenheitsrangfolge, während ostasiatische und insbesondere japanische Mitarbeiter zu einer kritischeren Bewertung ihrer Arbeit neigen.

❗ Selbst bei globaler Eignung des Instruments und gleicher Relevanz und Verständnis der Inhalte einzelner Fragen können die Ergebnisse zwischen den Ländern nicht einfach verglichen werden (vgl. Müller, 2006).

Zur Erklärung dieser nationalen Unterschiede erweisen sich klassische kulturelle Wertedimensionen, wenn überhaupt, lediglich auf Ebene der Arbeitszufriedenheit in bestimmten Bereichen als hilfreich. Stärkere Erklärungskraft kommt dagegen dem kulturell vermittelten Konstrukt der **positiven Affektivität** zu (Diener et al., 2000, Müller, 2006). Auf diesem Gebiet besteht jedoch auf nationaler Ebene noch erheblicher Forschungsbedarf.

Positivität als kulturelle Variable:
Das Konzept der Positivität als kultureller Einflussfaktor von Zufriedenheitswerten wird seit einiger Zeit von Diener et al. (2000) diskutiert. Nach Diener beschreibt Positititvät die Tendenz von Menschen

> »to view life experiences in a rosy light because they value positive affect and a positive view of life« (S. 160 f.).

Positivität ist somit eine kulturell vermittelte Grundeinstellung, gewisse Aspekte des Lebens im Allgemeinen als positiv zu bewerten. Bei gering ausgeprägter Positivität werden Aspekte des Lebens kritischer und negativer bewertet.

Positivität wird jedoch nicht nur zur Beschreibung einer Kultur verwendet, sondern auch zur Charakterisierung einzelner Personen, in diesem Zusammenhang spricht man von positiver Affektivität. Die **Positive Affektivität** beschreibt dabei eine stabile Persönlichkeitseigenschaft, die durch hohe Energie, Enthusiasmus und freudiges Engagement gekennzeichnet ist. Auf individuellem Niveau ist die Positive Affektivität somit Teil der Persönlichkeit eines Menschen.

Chiu und Kosinski (1999) definieren positive Affektivität als die individuelle Veranlagung, über eine Vielzahl von Situationen und Zeitspannen hinweg glücklich zu sein. Menschen mit hoher positiver Affektivität lassen sich weniger von schlechten äußeren Umständen negativ beeinflussen und sind grundsätzlich glücklicher und zufriedener. Glückliche Menschen sind empfänglicher für das Erleben positiver Emotionen als unglückliche Menschen, wahrscheinlich weil sie eher angenehme Situationen aufsuchen, sich ein angenehmeres Umfeld schaffen und feinfühliger für positive Informationen sind.

Die Untersuchung der Positivität als kulturelle Variable ist relativ neu (Diener et al., 2000; Müller 2006). Anlass der Einführung des Positivitätskonzepts auf nationaler Datenebene war die Beobachtung von Diener, Diener und Diener (1995), dass trotz der hohen Korrelationen der nationalen Lebenszufriedenheit mit den Variablen Einkommen, Individualismus, Gleichheit und Menschenrechtsverwirklichung ostasiatische Länder überproportional schlechtere Zufriedenheitswerte aufweisen als viele südamerikanische Staaten.

Obwohl der Zusammenhang zwischen Wohlstand eines Landes und durchschnittlicher Lebenszufriedenheit hoch ist, erweisen sich manche Länder mit schlechten allgemeinen Lebensbedingungen als weit positiver in ihrer Einschätzung der Lebenszufriedenheit, verglichen mit Ländern mit mehr Wohlstand. So nimmt zum Beispiel das wirtschaftlich gut gestellte Japan in einer Rangreihe der Zufriedenheit von insgesamt 55 Ländern nur Platz 42 ein. Kolumbien dagegen gehört zu den ärmsten Nationen mit

▼

einem hohen Gewaltniveau und objektiv schlechten Lebensbedingungen, rangiert im Zufriedenheitsranking aber dennoch auf einem der vorderen Plätze (Platz 8 von 55, nach Diener et al., 2000). Klassische kulturelle Wertedimension, wie zum Beispiel Individualismus nach Hofstede (2001), erwiesen sich zur Erklärung dieser Befunde als ungeeignet. Sowohl Kolumbien als auch Japan zählt zu den eher kollektivistischen Ländern (Diener et al., 2000). Das sog. **Japan-Kolumbien-Paradox** zeigt damit, dass nationale Unterschiede in der Lebenszufriedenheit weder gänzlich durch objektive Lebensbedingungen noch durch klassische kulturelle Dimensionen zu erklären sind.

Diener et al. vermuten daher, dass Positivität als Tendenz zu positiven Bewertungen im Allgemeinen die unerwartet hohe Zufriedenheit der lateinamerikanischen Länder und die unerwartet geringe Zufriedenheit der asiatischen Länder des »Pacific Rim« erklären könnte. Damit wäre **Positivität eine entscheidende kulturelle Variable** zur Vorhersage der mittleren Lebenszufriedenheit eines Landes, aber wie Müller (2006) zeigen konnte, auch der Mitarbeiterzufriedenheit.

2.4 Ergebnisrückmeldung und Maßnahmenableitung

Ingela Jöns u. Karsten Müller

Die Rückmeldung der Ergebnisse stellt die eigentliche Schnittstelle der Datenerhebung zum Follow-up-Prozess dar. Mit den Ergebnisrückmeldungen beginnt der Prozess, in dem die erhaltenen Informationen der Mitarbeiterbefragung (MAB) zu Ableitung und Umsetzung von Aktionen führen sollen, sie bilden somit die Basis eines erfolgreichen Follow-up-Prozesses. Wir geben zunächst einen allgemeinen Überblick über den Prozess der Ergebnisrückmeldung und Maßnahmenableitung. Viele der hier angesprochenen Prozess- und Gestaltungsaspekte werden in den folgenden Kapiteln dieses Buches ausführlicher behandelt und sind durch entsprechende Verweise gekennzeichnet.

2.4.1 Gestaltungsaspekte der Ergebnisrückmeldung

Nach der Befragungsaktion legt die Art der Rückmeldung bzw. der Rückmeldeprozess den Grundstein für den Erfolg des Follow-up-Prozesses. Der Prozess der Ergebnisrückmeldung bestimmt u. a. inwieweit die MAB
- als Partizipationsinstrument durch die Mitarbeiter anerkannt wird
- den Ausgangspunkt für gemeinsame Verbesserungsprozesse bildet.

In der Praxis wird der Rückmeldung häufig noch nicht die Beachtung bei der Vorbereitung und Durchführung von MABs geschenkt, die erforderlich wäre, damit die Befragung nicht im Sande verläuft oder gar von den Mitarbeitern als Alibi-Veranstaltung oder Pseudo-Partizipation wahrgenommen wird.

Trotz der großen Bedeutung des Rückmeldeprozesses gibt es für dessen Gestaltung keine Patentlösung, sondern es ist ein spezifisches Feedbackkonzept vor dem Hintergrund der jeweiligen Situation und Kultur im Unternehmen sowie der jeweiligen Zielsetzung des MAB-Projektes zu entwickeln. Wenn man in die einschlägigen Ratgeber schaut, wird man schnell feststellen, dass jeder Autor oder Berater spezifische Konzepte favorisiert, für die keine wirklichen Nachweise erbracht werden können. Zunächst wird daher ein Überblick über Fragen und Formen gegeben, die bei der Konzipierung der Ergebnisrückmeldung zu berücksichtigen sind (▶ Übersicht).

Hier wird bei allgemeinen MAB-Projekten ein weitgehend selbstmoderierter Feedbackprozess favorisiert, wie er auch bei Trost, Jöns und Bungard (1999) ausführlich dargelegt wird. Damit wird im Gegensatz zu Borg (2003) ein etwas anderer Fokus gewählt (▶ Kap. 3.2). Borg (2003) geht von stärker themenfokussierten MAB-Projekten und gleichzeitig einer höheren Einbindung von Beratern oder Trainern aus.

Ausgangspunkte für die Überlegungen, in welcher Form eine Ergebnisrückmeldung im Anschluss an die Erhebung und Auswertung der MAB erfolgen

2.4 · Ergebnisrückmeldung und Maßnahmenableitung

> **Fragen und Formen der Ergebnisrückmeldung**
> (Jöns, 1997b, S. 171)
> Ziele der Rückmeldung
> - Information der Befragten über die Ergebnisse
> - gemeinsame Interpretation und Diskussion der Ergebnisse
> - Einleitung gemeinsamer Verbesserungsprozesse
>
> Zielgruppen der Rückmeldung
> - vom obersten Management bis zur untersten Mitarbeiterebene
> - Führungsmannschaft, Abteilungen und Gruppen
>
> Ablauf der Rückmeldung und Ableitung von Maßnahmen
> - Top-down-Feedbackprozesse und
> - Bottom-up-Entwicklungsprozesse
>
> In welcher Form erfolgt die Rückmeldung?
> - Publikation über betriebliche Medien (z. B. Zeitschrift, Rundbriefe)
> - Verteilung von Ergebnisberichten
> - Informationsveranstaltungen (z. B. Betriebsversammlung)
> - Feedbackgespräche/-workshops
>
> Durch wen erfolgt die Rückmeldung?
> - durch interne oder externe Berater
> - durch Vorgesetzte mit oder ohne neutraler Moderation
>
> Was wird zurückgemeldet bzw. wer erhält welche Ergebnisse?
> - alle oder ausgewählte Ergebnisse
> - Abteilungs-/Bereichsergebnisse oder Gesamtergebnisse
> - vertikale Vergleiche zu über- und/oder nachgeordneten Einheiten
> - horizontale Quervergleiche (internes Benchmarking)
> - Vergleichszahlen für ein externes Benchmarking

soll, bilden die **Ziele der Rückmeldung**. Neben der Information der Befragten – und dies sollte stets eine Selbstverständlichkeit sein – sind die gemeinsame Interpretation und Diskussion der Ergebnisse zu nennen. Da die eingesetzten Erhebungsinstrumente, so konkret die Fragen auch formuliert sein mögen, stets allgemein gehaltene Befunde liefern, können erst durch die gemeinsame Diskussion der konkrete Situationsbezug und die spezifische Bedeutung für die jeweilige Gruppe hergestellt werden. Damit verbunden ist die Identifikation der Ursachen und Gründe für die festgestellten Stärken und Schwächen, wodurch der angestrebte Verbesserungsprozess überhaupt erst möglich wird.

Unabhängig von diesem Hauptziel können je nach MAB-Projekt auch konkrete inhaltliche oder strategische Ziele des Managements mit den angestrebten Veränderungsprozessen verbunden sein. Für die **Konzeption der Rückmeldung** folgt hieraus zum Beispiel, dass spezifische Themen als Auftrag an die dezentralen Einheiten zur Bearbeitung vorgegeben und mögliche Projektgruppen entsprechend zusammengesetzt werden. Wichtig ist dabei, dass derartige Wünsche oder Vorgaben seitens des Managements von vornherein kommuniziert werden. Zudem ist es in diesem Falle empfehlenswert, dass neben der Bearbeitung dieser Managementthemen den Einheiten auch die Auswahl eigener Themen nicht nur freigestellt wird, sondern auch von ihnen erwartet – und später entsprechend anerkannt – wird. So lassen sich zentrale und dezentrale Interessen berücksichtigen (siehe hierzu ausführlich ▶ Kap. 3.2).

2.4.2 Zielgruppen der Rückmeldung

Hinsichtlich der **Zielgruppen der Rückmeldung** gilt neben der selbstverständlichen Rückmeldung an alle Befragten, dass sich bei unternehmensweit angestrebten Veränderungsprozessen ein Top-down-Vorgehen vom Management über die Führungsmannschaften bis zur untersten Gruppen- und Mitarbeiterebene empfiehlt. Auf diese Weise können auch die übergreifenden Themen und angestrebten Verbesserungen in diesen Kommunikationsprozess mit eingebunden werden. Die Zusammensetzung von spezifischen Workshops und Projektgruppen zur anschließenden Problembearbeitung und Maßnahmenableitung ist von den Themenschwerpunkten abhängig

Bezüglich des **Ablaufs der Rückmeldung und Maßnahmenableitung** ist wichtig, dass die Top-down-Information über die Ergebnisse möglichst zeitnah an alle Beteiligten erfolgt, und dass sich ein Bottom-up-Rückfluss über die identifizierten Probleme und abgeleiteten Maßnahmen anschließt, die dann wieder top-down beantwortet werden. Letztlich ist ein Kreislauf kontinuierlicher Kommunikation innerhalb und zwischen den Ebenen und Bereichen erforderlich. Die Sicherstellung dieser Kommunikation über die laufenden Maßnahmen und Fortschritte ist von entscheidender Bedeutung, um die Akzeptanz der Maßnahmen zu sichern, um Einzelaktivismus und Doppelarbeiten zu vermeiden, um die Verbindlichkeit angestrebter Veränderungen zu vermitteln usw.

Zur geeigneten **Form der Rückmeldung** lässt sich – wie bereits bei der Information im Vorfeld (▶ Kap. 2.1) – festhalten, dass die verschiedenen Medien und Wege der Information genutzt werden sollten. Hierbei sind die jeweiligen Vor- und Nachteile bzw. Kosten und Nutzen abzuwägen, die sich nach den Zielen und Inhalten sowie nach den Ebenen und Phasen durchaus unterscheiden können. So ist einerseits die persönliche Kommunikation deshalb vorzuziehen, weil sie Rückfragen ermöglicht, andererseits hat die schriftliche Information einen höheren Verbindlichkeitsgrad als das gesprochene Wort.

Schriftliche Rückmeldungen in Form von Zeitschriftenartikeln, Rundschreiben, Aushängen u. ä. stellen ebenso wie Präsentationen auf großen Abteilungs- oder auf Betriebsversammlungen lediglich eine Minimalbedingung dar. Abgesehen davon, inwieweit diese Quellen von Mitarbeitern tatsächlich genutzt werden, fehlt hierbei das Gespräch mit den Mitarbeitern über die Ergebnisse. **Informationsveranstaltungen** bieten zwar auch keine Diskussionsmöglichkeiten, doch im Vergleich zur schriftlichen Rückmeldung haben sie den Vorteil, dass hier eine verantwortliche Führungskraft die Ergebnisse präsentiert. Durch die persönliche Form werden Mitarbeiter zumindest eher den Eindruck gewinnen, dass man sich an verantwortlicher Stelle mit den Ergebnissen beschäftigt hat.

Für die Ergebnisrückmeldung auf den verschiedenen Ebenen sind **Workshops oder Gesprächsrunden** am besten geeignet, in denen Führungskräfte und Mitarbeiter in kleineren Gruppen über die Ergebnisse informiert werden und in denen ausreichend Möglichkeiten zur gemeinsamen Diskussion bestehen. **Feedbackworkshops** sind dabei das Herzstück der datengestützten Verbesserungsprozesse und werden in ▶ Kap. 4.2 ausführlicher behandelt.

In diesem Zusammenhang wird insbesondere die **Frage nach der Moderation** diskutiert, die abhängig von der Zielgruppe zu beantworten ist. Auf der Ebene des obersten Managements erfolgt die Rückmeldung zumeist durch externe Berater, da sie die Erfahrungen und Benchmarks aus anderen Unternehmen miteinbringen können. Auf allen nachfolgenden Führungsebenen können auch interne, neutrale Berater die Rückmeldung und Moderation übernehmen, wenn diese nicht von den jeweiligen Führungskräften selbst durchgeführt werden. Bevorzugt werden sollte jedoch die Rückmeldung durch die Führungskräfte selbst, u. a., um eine »Parallel-Organisation« zu vermeiden, die sich mit der Umsetzung der MAB beschäftigt. Für welche Form und Moderation man sich im konkreten Fall auch immer entscheidet: Bei der Konzeption sollte durch Rahmenvorgaben und Unterstützungsmaßnahmen (in Form von Trainings, Vorlagen und Materialien) auf eine möglichst hohe Qualität der Workshops geachtet werden.

Hinsichtlich der **Inhalte der Rückmeldung** lässt sich abgesehen von Gesamtergebnissen festhalten, dass alle Mitarbeiter und Führungskräfte über die Ergebnisse ihrer jeweiligen Einheiten informiert werden sollten. Auf die weiteren Präzisierungen wird bei der Erläuterung der Ergebnisberichte eingegangen (▶ Kap. 4.3).

2.4.3 Gesamtablauf von Feedbackprozessen

Bei der Konzeption eines unternehmensweiten Feedback- und Verbesserungsprozesses entlang der aufgezeigten Gestaltungsaspekte sind, wie gesagt, die unternehmensspezifische Struktur und Kultur zu berücksichtigen. Allgemein gilt, dass entsprechend der Hierarchie bzw. der Zielgruppen im Unternehmen ein **mindestens zwei- bzw. dreistufiges Vorgehen zur Ergebnisrückmeldung und Maßnahmenentwicklung** erforderlich ist.

Die erste Stufe betrifft die **Unternehmensleitung**, gefolgt von der **Ebene der Führungskräfte** bzw. der Führungsmannschaft; auf der dritten Stufe ist die **Ebene der Mitarbeiter** bzw. der einzelnen Arbeitsbereiche angesiedelt. Wie zuvor erläutert, wird die Rückmeldung zunächst top-down erfolgen, bevor die Entwicklung und Kommunikation der Maßnahmen bottom-up bzw. iterativ zwischen den verschiedenen Ebenen und Bereichen stattfindet (▶ Kap. 2.2). Ein möglicher Gesamtablauf, in dem die Phasen vor und nach der Ergebnisrückmeldung im engeren Sinne aufgeführt sind, ist exemplarisch in folgender Übersicht dargestellt.

Sieht man davon ab, dass die Information und Beteiligung von Beginn an in allen Phasen der MAB gewährleistet sein sollte, dann spiegelt der Gesamtablauf in etwa die zeitliche Reihenfolge wider, wobei insbesondere von der Auswertung bis Rückmeldung auf der untersten Ebene nicht viel Zeit verstreichen sollte. Umso wichtiger ist eine gute Planung im Vorfeld.

Ablauf und Bausteine des Feedbackprozesses
- Information der Führungskräfte und Mitarbeiter im Vorfeld der MAB
- Durchführung und Auswertung der schriftlichen Erhebung
- Präsentation der Ergebnisse auf der obersten Ebene, der Unternehmensleitung und der Arbeitnehmervertretung
- Publikation der Gesamtergebnisse und Information über das weitere Vorgehen
- Workshops/Tagung für Führungskräfte und Verteilung der Ergebnisberichte
  - Präsentation und Diskussion der Bereichsergebnisse
  - Planung des weiteren Vorgehens in den Bereichen
  - Ergebnisberichte und Leitfaden zur Durchführung von Feedbackgesprächen
- Vorbereitung der Führungskräfte auf die Feedbackgespräche
  - Analyse, Interpretation und Präsentation der Ergebnisse
  - Rolle von Führungskräften in Veränderungsprozessen
  - Durchführung von Feedbackgesprächen
- Feedbackgespräche mit den Mitarbeitern in den Bereichen
  - Information über das Gesamtprojekt
  - Präsentation und Diskussion der jeweiligen Ergebnisse
  - Ableitung und Planung von Maßnahmen
- Folge-Workshops für Führungskräfte
  - Erfahrungsaustausch über die Feedbackgespräche
  - Ableitung und Planung von übergreifenden Maßnahmen
- Information der Mitarbeiter über Ergebnisse des Folge-Workshops
- partizipative Weiterarbeit und Umsetzung des Verbesserungsprozesses
  - Projektgruppen zu verschiedenen Themen
  - Folge-Workshops mit den Mitarbeitern in den Bereichen
  - permanente Information aller Mitarbeiter und Führungskräfte
- Ergebnissicherung und Controlling von Feedback- und Verbesserungsprozessen
- Planung und Durchführung der nächsten MAB

Die Ergebnisrückmeldung beginnt nach der Auswertung der Daten im ersten Schritt mit der **Präsentation der Ergebnisse** auf der obersten Unternehmensebene. Dies wird häufig durch externe Berater oder MAB-Verantwortliche im Unternehmen übernommen. Manchmal sind hierbei auch die Arbeitnehmervertreter anwesend, wie z. B. der Betriebsratsvorsitzende, oder es werden eigene Präsentationen für die Arbeitnehmervertreter durchgeführt. Anschließend werden die Gesamtergebnisse **publiziert**, wobei wiederum verschiedene Informationskanäle genutzt werden. Meist wird dies mit einem Dank für die Beteiligung der Mitarbeiter an der Befragung verbunden. Eine Kommentierung der Ergebnisse aus Sicht der Leitung ist zu diesem frühen Zeitpunkt eher problematisch, weshalb häufig lediglich die auffälligen Themen nach dem Motto »Hier sind wir auf dem richtigen Weg« oder »Dieses Thema wollen wir aufgreifen, um an einer Verbesserung zu arbeiten« angesprochen werden. Nachdem im Vorfeld der Erhebung der Ablauf meist nur grob bzw. ohne genaue Termine kommuniziert wird, gilt es über das weitere Vorgehen konkreter zu informieren.

Nach den Gesamtergebnissen wird sozusagen in der Breite über die jeweils spezifischen Ergebnisse informiert, was stark von der Organisationsstruktur abhängt. Bei einer ersten MAB geht man oft zunächst mit **Workshops auf die Ebene der Führungskräfte**, bevor die einzelnen Führungskräfte mit ihren Mitarbeitern über die Ergebnisse diskutieren. Wenn MAB-Prozesse zum wiederholten Male durchlaufen werden, laufen die Diskussionen auf den verschiedenen Ebenen oft zeitlich parallel.

Nach der Information der Führungsmannschaft ist die **Vorbereitung der Führungskräfte** angezeigt, die ebenso nur im Falle der eigenen Moderation der **Workshops mit den Mitarbeitern** und bei der ersten MAB derart intensiv ausfallen wird. Da die Vorbereitung einerseits frühzeitig und andererseits zeitnah erfolgen sollte, ist an dieser Stelle die konkrete Vorbereitung anhand der vorliegenden Ergebnisse gemeint, die im Rahmen des Workshops für Führungskräfte stattfinden kann. In den sog. Folge-Workshops werden die Ergebnisse aus den dezentralen Workshops wieder zusammengeführt, um letztlich ein integriertes Vorgehen zu gewährleisten.

Die zentralen Bausteine der Information und Vorbereitung der Führungskräfte sowie der Mitarbeiterworkshops werden in den nachfolgenden Kapiteln ausführlich behandelt. Nach den ersten Workshops steht die **Weiterarbeit und Umsetzung der Maßnahmen** an, für die verschiedene Arbeitsformen eingesetzt werden.

Am Ende des ersten Ablaufs einer MAB steht die Ergebnissicherung und das Controlling der Veränderungsprozesse (▶ Kap. 4.8), die schließlich in die Planung der nächsten MAB münden.

Neben diesen direkten Beteiligungsbausteinen ist ein permanentes und integrierendes Informationskonzept entscheidend, das sicherstellt, dass die Informationen zwischen den einzelnen Stufen und den verschiedenen Arbeitsbereichen wechselseitig fließen.

2.4.4 Ergebnisberichte und -verteilung

Abgesehen von den Gesamtergebnissen stellt sich bei der Planung der Ergebnisrückmeldung die zentrale Frage, wer welche Ergebnisse erhält – sei es in schriftlicher Form oder bei der mündlichen Präsentation.

Die Basis für die Rückmeldeprozesse bilden die Auswertungen bzw. Ergebnisberichte (zur Gestaltung der Ergebnisberichte ▶ Kap. 4.3).

Ziel des Ergebnisberichts ist, dass sich jede Führungskraft zunächst mit den Ergebnissen für ihren Verantwortungsbereich auseinandersetzt und diese an die Mitarbeiter als Grundlage der Diskussion weiterkommuniziert. Innerhalb der Berichte hat es sich in der Praxis bewährt, zusätzlich neben den Werten der eigenen Einheit die Werte der nächsthöheren Einheit als Orientierungsgrundlage aufzunehmen sowie die Gesamtergebnisse mit externen Benchmarks zu vergleichen (▶ Kap. 4.4).

> **❗ Besonders wichtig ist es bei wiederholten MABs, die Vorjahresergebnisse in den Berichten darzustellen. Die Veränderung der Ergebnisse zum Vorjahr stellt einen Bezug zu den angestoßenen Veränderungsprozessen auf Grundlage der letzten MAB her. Ferner unterstreicht die Darstellung der Abweichungsergebnisse den kontinuierlichen Prozessgedanken der MAB (▶ Kap. 2.1).**

Neben der konkreten Gestaltung der Ergebnisberichte müssen diese den entsprechenden Führungskräften und Hierarchieebenen zugänglich gemacht werden.

Die einzelnen Standardberichte sollten nicht über die jeweilige Organisationseinheit hinaus verteilt werden, um den Fokus vor allem auf die **Interpretation der eigenen Ergebnisse** zu legen. Die Verfügbarkeit von Vergleichsergebnissen (z. B. externe Benchmarks, übergeordnete Einheiten) ist als Interpretationshilfe durchaus sinnvoll (▶ oben, bzw. ▶ Kap. 4.4)

2.4 · Ergebnisrückmeldung und Maßnahmenableitung

❗ Vergleiche auf der gleichen Hierarchieebene sind häufig kontraproduktiv, da dadurch Konkurrenzgedanken in den Vordergrund treten können.

Ebenso werden die Mitarbeiter keine Berichte erhalten, sondern nur die jeweiligen Führungskräfte. Die Mitarbeiter sollten aber Zugang zu den Einzelergebnissen ihrer Einheit erhalten, insbesondere wenn nicht alle Ergebnisse präsentiert werden konnten. Ferner benötigen sie den Einblick, um beispielsweise in kleineren Arbeitsgruppen Verbesserungsideen zu entwickeln.

Nachdem früher Ergebnisberichte zumeist in Papierform erstellt wurden, setzt sich heute zunehmend die **elektronische Form** durch. Damit keine Veränderungen vorgenommen werden können, wird die Erstellung als unveränderbare Datei (PDF-Format) empfohlen. PDF-Dateien eignen sich sehr gut zur Präsentation der Ergebnisse, es können aber auch Power Point- oder Excel-Dateien erstellt werden.

Unabhängig von den Inhalten und der Form sollten die Ergebnisberichte auch an Führungskräfte nicht ausschließlich auf postalischem Weg bzw. nicht ohne zusätzliche Erläuterungen verteilt werden. Damit ist nicht nur gemeint, dass Ergebnisberichte um schriftliche Hinweise zur Interpretation der Daten, zum Umgang mit den Ergebnissen, zur Durchführung von Workshops etc. zu ergänzen sind. Vielmehr ist zumindest bei der erstmaligen Durchführung einer MAB eine **Beratung oder Vorbereitung der Führungskräfte auf die Ergebnisrückmeldung** erforderlich und zwar in zweierlei Hinsicht: Erstens stellen die Ergebnisberichte selbst die Rückmeldung an die Führungskräfte dar, wenn keine spezifischen Veranstaltungen für Führungskräfte durchgeführt werden. Zweitens ist zu berücksichtigen, dass es sich in Abhängigkeit von der Auswertungseinheit um eine »persönliche« Rückmeldung handelt, die einer Vorgesetztenbeurteilung sehr nahe kommen kann.

2.4.5 Ergebnisinterpretation und -präsentation

Die Standardberichte zu einer MAB enthalten abgesehen von einer Einleitung keine weiteren Kommentare, sondern sind im Allgemeinen grafisch aufbereitete Tabellenbände. Damit stellt sich die Frage, wie die ermittelten Befunde interpretiert werden.

Gesucht werden Antworten auf folgende Fragen:
- Ist ein Wert gut oder schlecht? Welcher Wert ist erreichbar?
- Was folgt aus diesem Ergebnis? Was sind die Konsequenzen?
- Wovon hängt dieses Ergebnis ab? Was sind die Ursachen?
- Wie dringend besteht Handlungsbedarf? Was lässt sich tun?

Allgemeine Zugänge zur Interpretation der Ergebnisse

Nach Borg (2003, S. 76) lassen sich drei **Hauptzugänge für die Interpretation** unterscheiden:
- **Benchmarking:** Wie schneiden die MAB-Ergebnisse im Vergleich zu relevanten Vergleichszahlen (Benchmarks) ab? Diese Vergleiche, die bereits im Zusammenhang mit den Ergebnisberichten angesprochen wurden, sind für eine erste Orientierung sehr hilfreich. Sind 65% oder ein Mittelwert von 2,8 Zufriedenheit beim Entgelt ein guter Wert? Oder was ist überhaupt erreichbar?
- **Theoretische Einordnung:** Was besagen die MAB-Ergebnisse über das Funktionieren der psycho-sozialen Maschinerie, die Leistung und Zufriedenheit erzeugt? Erst durch Theorien, die Aussagen über die Zusammenhänge der verschiedenen Aspekte machen, entsteht ein Gesamtbild der MAB-Ergebnisse (▶ Kap. 2.2). Letztlich hängt dies auch mit der Konstruktion des Instruments zusammen, bei der Borg von einem spezifischen Zufriedenheitsmodell ausgeht. Weiterhin kann man bei spezifischen Befunden – z. B. einem schwachen Commitment – theoriegestützt nach spezifischen Treibern von Commitment suchen, um mögliche Lösungsansätze zu generieren.
- **Zielrelevanz:** Auf welche Probleme bzw. auf welche Chancen für das Erreichen operativer und strategischer Ziele verweisen die MAB-Ergebnisse? Dabei geht es darum, die MAB-Ergeb-

nisse mit den jeweiligen Plänen und Zielen der Einheit in Beziehung zu setzen, um Stärken und Schwächen bzw. Chancen und Risiken zu identifizieren. Letztlich schlägt Borg diesbezüglich vor, dass sich jede Führungskraft vor der Analyse der Ergebnisse ihre angestrebten oder festgestellten Leistungsgrade klar macht und mögliche Ursachen auflistet, um dann anhand der MAB-Ergebnisse zu prüfen, in wie weit diese zutreffen.

Zur Anwendung dieser drei Zugänge lässt sich Folgendes feststellen: Das Benchmarking bietet erste Orientierungspunkte sowohl für einen Berater als auch für eine Führungskraft, die ihre Ergebnisse betrachtet. Die theoretische Einordnung kann fundiert nur von psychologisch geschulten internen oder externen Experten vorgenommen werden. Die Zielrelevanz kann nicht durch externe MAB-Experten überprüft werden, wenn sie keine unternehmensbezogenen Kenntnisse besitzen bzw. wenn sie nicht als externe Berater generell mit dem Unternehmen zusammenarbeiten. Dieser zielbezogene Interpretationsansatz sollte nach Borg (2003) von den Führungskräften an die MAB angelegt werden. Die Interpretation der Ergebnisse muss gemeinsam mit den Mitarbeitern vorgenommen werden.

Erwartungsabfrage vor der Präsentation

Auf den oberen Führungsebenen stellt sich bei der Präsentation oft das Problem, dass Führungskräfte mit einer gewissen Arroganz, bzw. Abwehrhaltung reagieren: Die Ergebnisse seien nicht überraschend. Die Ergebnisse hätte man vorhersagen können. Das Meinungsbild der Mitarbeiter hätten sie auch ohne MAB gekannt. Dieser Reaktion kann man dadurch begegnen, dass man vor der Präsentation eine Erwartungsabfrage (Prognosebefragung) durchführt.

Diese kann man mittels eines schriftlichen Fragebogens durchführen, anhand dessen die Führungskräfte einschätzen sollen, wie viel Prozent der Mitarbeiter angeben, dass sie mit dem jeweiligen Aspekt zufrieden sind. Die **Fragebogen der Führungskräfte** kann man dann entsprechend auswerten und den erzielten Ergebnissen der Mitarbeiter gegenüberstellen (vgl. Borg, 2003). Diese sehr aufwendige Variante wird eher selten umgesetzt.

Eine einfache Variante, die man auch kurzfristig in einem Workshop anwenden kann, ist die Abfrage für die zehn bis zwölf Hauptthemen. Bei ca. 10 bis 15 teilnehmenden Führungskräften kann dies schnell erfasst und ausgewertet werden. Häufig wird man aber die Fragebogen gar nicht einsammeln und auswerten, sondern einfach die Führungskräfte bitten, die Antworten selbst einzuschätzen und später selbst zu vergleichen. Dadurch entfällt der offene Vorführeffekt, der eine Abwehrhaltung erzeugen kann, und es wird zumindest eine **individuelle Reflexion vor der Präsentation** gefördert.

Eine andere Variante besteht darin, dass der Moderator eine **offene Abfrage zu den Themen** durchführt und mit den Führungskräften ihr Erwartungsbild grob festhält. Dieses Vorgehen ist mit geringem Aufwand verbunden und regt zusätzlich zur individuellen Reflexion auch die gemeinsame Diskussion an. Zudem kann man das auch kurzfristig in die Präsentation einarbeiten, wenn die ersten Reaktionen von den Führungskräften kommen, die Ergebnisse seien bereits bekannt.

Gemeinsame Interpretation der Ergebnisse

Als geeignetes Forum für die Ergebnisrückmeldung sind Gesprächsrunden oder Workshops anzusehen, in denen Führungskräfte und Mitarbeiter in kleineren Gruppen über die Ergebnisse informiert werden und in denen ausreichend Möglichkeiten zur gemeinsamen Diskussion bestehen. Ein zentrales Argument für dieses Vorgehen ist, dass in vielen Fällen nur die Mitarbeiter selbst Auskunft darüber geben können, was mögliche Ursachen und Lösungen zu den einzelnen Fragen sind.

Zur Interpretation und Priorisierung der Ergebnisse hinsichtlich des Handlungsbedarfs können den Beteiligten über die Inhalte der Einzelberichte hinausgehend noch zusätzliche statistische Anhaltspunkte gegeben werden (vgl. Borg, 2003; vgl. auch Trost, Jöns & Bungard, 1999), letztlich aber müssen die Beteiligten selbst beurteilen, ob sie zu bestimmten Themen Handlungsbedarf sehen oder nicht.

Ein Vertreter des externen MAB-Instituts, wenn er nicht als inhaltlicher Berater im Unternehmen tätig ist, wird sich bei der Präsentation auf der obersten Ebene darauf beschränken, auf auffällige Ergebnisse hinzuweisen. Als auffällig können Ergebnisse aufgrund statistischer Analysen oder aufgrund von

2.4 · Ergebnisrückmeldung und Maßnahmenableitung

Erfahrungswerten eingestuft werden. Wenn man aber die konkrete Situation, vor deren Hintergrund die Antworten gegeben werden, nicht näher kennt, kann man nur allgemeine Interpretationsangebote auf Basis der eigenen Erfahrungen machen. Die Unternehmensleitung selbst muss letztlich ihre Schlüsse ziehen.

Durch wen erfolgt die Rückmeldung?

Warum in der Literatur und auch in den Betrieben oft davon ausgegangen wird, dass Feedbackworkshops bei MABs von externen Beratern, Trainern oder anderen neutralen Moderatoren durchgeführt werden sollten, hat drei Gründe:

1. Für externe Berater spricht ihre **Fach- und Methodenkompetenz**. Dies wird sicherlich immer dann zu diskutieren sein, wenn Befragungen im Kontext von spezifischen Projekten bzw. strategischen Ansätzen durchgeführt werden, die in Zusammenarbeit mit einem Beratungsinstitut eingeführt werden. Allerdings besitzen bekanntermaßen die externen Berater nicht die erforderliche Situationskompetenz, sodass sich die Frage stellt, ob nicht die inhaltsspezifischen Kenntnisse und Methoden ohnehin von den Führungskräften erworben werden müssen. Als eine weitere Variante wird die Moderation durch höhere Führungskräfte aus anderen Bereichen diskutiert, die über die unternehmensspezifische Kompetenz verfügen, in die strategischen Projekte eingebunden sind und entsprechend für die Workshopmoderation qualifiziert werden (vgl. Borg, 2002).
2. Für externe oder interne Trainer oder andere neutrale Personen, die hier von inhaltlichen Beratern im Sinne einer Prozessberatung bzw. -moderation abgegrenzt werden, spricht vor allem ihre vermeintliche **Moderationskompetenz** (vgl. Hofmann, 1995a). Allerdings ist dies eine Kompetenz, die Führungskräften zum Beispiel – ginge es um die Rückmeldung von Qualitätsdaten – durchaus zugetraut wird, sodass sich die Frage stellt, ob die bei Befragungsdaten spezifische Kompetenz nicht bei Führungskräften ebenfalls vorhanden sein könnte.
3. Damit bleibt letztlich als drittes Argument für die neutrale Moderation durch Berater oder Trainer bzw. gegen die Moderation durch die Führungskraft ihre **persönliche Betroffenheit**, die der erforderlichen Sachlichkeit und Neutralität entgegenstehen könnte. Die persönliche Betroffenheit variiert in Abhängigkeit des Feedbackinstruments und ist vor allem bei der Vorgesetztenbeurteilung von hoher Relevanz, jedoch bei MABs aufgrund der vielseitigen Thematik weniger kritisch.

Für die Rückmeldung durch Vorgesetzte sprechen insbesondere die hohe erforderliche Situations- und die anzunehmende Moderationskompetenz. Außerdem bleibt durch die Selbstmoderation die Besprechung und Diskussion der Ergebnisse im normalen Arbeitsprozess. Hierdurch wird der Aufbau einer Parallelorganisation, die ausschließlich mit der Umsetzung der Maßnahmen in Folge der MAB befasst ist, vermieden.

◘ Tab. 2.3 stellt verschiedene Vor- und Nachteile der Moderation durch neutrale Personen gegenüber.

Die Frage, durch wen die Rückmeldung erfolgen sollte, ist nur abhängig von den Zielgruppen zu beantworten. Zusammenfassend ist die Rückmeldung durch externe Berater zumindest auf der Ebene des obersten Managements zu empfehlen. Auf nachfolgenden Führungsebenen können auch interne Berater, am besten aber die Führungskräfte selbst, die Rückmeldung und Moderatorenrolle übernehmen. So wird die Akzeptanz der MAB bei den Führungskräften erhöht. Sie sind diejenigen, die letztlich die Maßnahmen initiieren und deren Umsetzung vorantreiben.

Eine andere Frage ist, ob die Vorgesetzten die Veranstaltungen **allein oder zusammen mit einem neutralen Moderator** durchführen sollen. Bezüglich der Rückmeldung an untere Führungskräfte und an Mitarbeiter wünschen sich die Mitarbeiter einerseits, dass ihre eigenen direkten oder nächsthöheren Vorgesetzten mit ihnen über die Ergebnisse sprechen, denn nur sie können gegenüber ihren Mitarbeitern die Verantwortung für Konsequenzen aus der MAB übernehmen und verbindliche Zusagen machen (vgl. Fettel, 1997). Wenngleich die Meinungen nicht immer einheitlich sind, so wünschen Mitarbeiter andererseits häufig, dass ein Moderator zumindest bei der ersten Veranstaltung hinzugezogen wird, während die Führungskräfte dies zumeist

Tab. 2.3. Vor- und Nachteile der Moderation durch neutrale Personen im Vergleich zur Moderation durch den Vorgesetzten. (Hofmann, 1995, S. 80)

Vorteile	Nachteile
– Entlastung des Vorgesetzten (Konzentration auf das Gespräch) – professionelle Moderation und zielorientierter Ablauf – konfliktbehaftete Themen können intensiver bearbeitet werden – bewusst umgangene Konfliktpunkte und unterbewusste Handlungsmuster können thematisiert werden – Vorgesetzter hat nicht alle Machtmittel zur Gesprächssteuerung in seiner Hand	– »künstliche/peinliche" Situation (entspricht nicht dem Alltag) – Moderation als Einmischung in interne Angelegenheiten – widerspricht der Erwartung anderer Personen und dem Selbstverständnis von Vorgesetzten, das Gespräch in Eigenregie durchzuführen – geringere Offenheit der Mitarbeiter – geringere Glaubwürdigkeit, Änderungsbereitschaft der Führungskraft – Verantwortung für den Prozess kann auf den Moderator geschoben werden – Moderator kostet zusätzlich Geld

nicht für erforderlich erachten. Oft ist es letztlich eine Zeit- und Kostenfrage, wenn beispielsweise binnen zwei Wochen in 500 Gruppen und Abteilungen über die Ergebnisse diskutiert werden soll.

> Wenn Vorgesetzte bereits die Rückmeldung der Ergebnisse alleine durchführen sollen, dann ist auf ihre **Vorbereitung** im Hinblick auf die Durchführung der **Mitarbeiterworkshops** und insbesondere auf ihre eigene Rolle in den angestrebten **partizipativen Veränderungsprozessen** besonderer Wert zu legen (▶ Kap. 3.4).

2.4.6 Workshops, Projektgruppen und Mitarbeiterbefragungs-Zirkel zur Maßnahmenableitung

Nach den Workshops für Führungskräfte bilden die Mitarbeiterworkshops das Kernstück des Feedbackprozesses. Hauptziele der Mitarbeiterworkshops sind folgende:
– Ergebnisrückmeldung für die Mitarbeiter und Information über die MAB als Gesamtprojekt
– Interpretation, Ergänzung und Diskussion der Ergebnisse als Grundlage für die Ableitung von bereichsspezifischen und übergreifenden Verbesserungsmaßnahmen
– Einstieg in einen offenen, gemeinsamen und kontinuierlichen Verbesserungsprozess im jeweiligen Arbeitsbereich.

Dabei wird davon ausgegangen, dass es im ersten Schritt bzw. Gespräch noch nicht um die Ableitung von konkreten Maßnahmen gehen kann. Für die Entwicklung von Maßnahmen bedarf es zumeist noch zusätzlicher Analysen und Informationen. Allerdings ist bei der Durchführung der Mitarbeiterworkshops insbesondere darauf Wert zu legen, dass die Gespräche nicht auf der Stufe des Beklagens der Vergangenheit und Jammerns über die derzeitige Situation – was sicherlich auch zu einem derartigen Gespräch gehört – stehen bleiben, sondern stets mit Blick auf die Zukunft und mit der **Festlegung von konkreten nächsten Schritten** enden.

Allgemeine Hinweise zur Organisation und Durchführung von Mitarbeiterworkshops

Neben der inhaltlichen Vorbereitung durch den jeweiligen Vorgesetzten ist die Durchführung des Workshops selbst zu planen und zu organisieren. Hierzu zählen z. B. die Reservierung von Räumen, die Bereitstellung der Medien und der Materialien, aber vor allem auch die Festlegung des Termins und der Dauer des Gesprächs sowie die Einladung der Teilnehmer.

Die Teilnehmerzahl pro Mitarbeiterworkshop sollte 15 bis 20 Personen nicht überschreiten, damit eine gemeinsame Diskussion noch möglich ist. Als **Zeitrahmen** für den ersten Workshop mit den Mitarbeitern sollten normalerweise ca. 3 Stunden ausreichen. In größeren Abteilungen sind gegebenenfalls mehrere Workshops durchzuführen. Eine ande-

2.4 · Ergebnisrückmeldung und Maßnahmenableitung

re Möglichkeit ist, die Rückmeldung im Plenum mit allen Mitarbeitern durchzuführen, anschließend in Kleingruppen zu arbeiten und die Ergebnisse der Kleingruppen wieder im Plenum zusammenzuführen. Dann sollte allerdings mehr Zeit eingeplant werden.

Die **Einladung der Teilnehmer** sollte frühzeitig sowie im Allgemeinen schriftlich und persönlich erfolgen. Durch eine schriftliche Einladung erhält das Gespräch einen offiziellen Charakter. Durch die persönliche Einladung wird der einzelne Mitarbeiter direkt angesprochen und damit der Wunsch bzw. das Interesse an einer Beteiligung jedes einzelnen Teilnehmers unterstrichen. Ein solches Einladungsschreiben sollte die Mitarbeiter über das Ziel und den geplanten Ablauf kurz informieren, damit die Mitarbeiter sich auf das Gespräch »einstellen« können.

Inhalte und Ablauf eines Mitarbeiterworkshops zur Ergebnisrückmeldung

Im Mittelpunkt steht im ersten Mitarbeiterworkshop Rückmeldung und Diskussion der Ergebnisse. Der bestehende Diskussionsbedarf ist nicht zu unterschätzen, denn die Ergebnisse vermitteln auch den Mitarbeitern neue Einsichten. Die Mitarbeiter erhalten zum einen ein Bild von der Gesamtsituation im eigenen Arbeitsbereich und zum anderen von den Einschätzungen durch die eigenen Kollegen. Von zentraler Bedeutung ist dabei, dass gerade bei abteilungsspezifischen Auswertungen die Mitarbeiter von den Ergebnissen direkt »betroffen« sind. Die Ergebnisse stellen ein Spiegelbild der eigenen Situation dar.

Ein Beispiel zum **Ablauf eines Mitarbeiterworkshops** gibt die folgende Übersicht:

> **Ablauf eines Mitarbeiterworkshops:**
> - Einführung
>   - Ziele und Durchführung der MAB als Gesamtprojekt
>   - Ablauf und Planungen im Workshop für Führungskräfte
>   - Ziel und Ablauf des Gesprächs
> - Hinweise und Vereinbarungen zu Beginn des Gesprächs
> ▼
> - eigene Bereitschaft und Offenheit für Veränderungen
> - gegenseitige Vertraulichkeit und Ermunterung zur Offenheit
> - nicht Suche nach Schuldigen, sondern nach Ursachen und Lösungen mit dem Ziel einer gemeinsamen Verbesserung
> - Darstellung der Ergebnisse im Überblick
>   - Erläuterung der Auswahl und der Zugänglichkeit der Berichte
>   - Präsentation der Ergebnisse (ohne eigene Interpretation)
>   - Diskussion der ersten Eindrücke
> - Erarbeitung und Diskussion von Themenschwerpunkten
>   - Präsentation von Ergebnissen zu einzelnen Themen
>   - Sammlung von Gründen, Problemen etc.
>   - Strukturierung und Gewichtung von Themen/Problemen für den Arbeitsbereich und für übergreifende Verbesserungen
> - Erarbeitung von Vorgehensweisen zur Ableitung von Maßnahmen
>   - Auswahl von ersten Problemen für die Bearbeitung
>   - Sammlung von Vorschlägen und Diskussion der nächsten Schritte zur Weiterarbeit an den Themen
>   - Bildung von Untergruppen bzw. Festlegung von Verantwortlichen
> - Vereinbarung von Zielen und Aktionsplänen für den Arbeitsbereich sowie Festlegung eines Termins für den nächsten Workshop

Die Einführung, in der über die bisherigen und weiteren Aktivitäten im Gesamtprojekt berichtet wird, dient vor allem dazu, die **Einordnung des Gesprächs in den Gesamtprozess der MAB** und die Bedeutung für den jeweiligen Arbeitsbereich herauszustellen. Nach der Erläuterung der Zielsetzung und des konkreten Ablaufs des Gesprächs schließen sich **Hinweise und Vereinbarungen zum Gespräch** und zur weiteren Zusammenarbeit an. Hierzu zählt zum Beispiel die Vereinbarung, dass die Ergebnisse, die Inhalte und der Verlauf des Gesprächs von allen vertraulich zu behandeln sind, d. h. sie im Raum bleiben. Nach außen wird nur das gegeben, was später in den Themenlisten und Aktionsplänen gemeinsam schriftlich festgehalten wird. Diese Vereinbarung gilt für den Vorgesetzten ebenso wie für die Mitarbeiter.

Anschließend folgt die schrittweise **Präsentation und Diskussion von Ergebnissen** sowie die Erarbeitung der weiteren Vorgehensweise, die in der Vereinbarung von Zielen, Aktionen, Verantwortlichkeiten und Terminen zum Schluss des Gesprächs münden.

Die Inhalte der Rückmeldung hängen von Art und Umfang der MAB ab. Als Einstieg in die Rückmeldung ist zunächst ein Überblick über die **Ergebnisse zu allen Themen der Befragung** zu empfehlen, zum Beispiel anhand eines Gesamtprofils, welches gleichzeitig den Vergleich zum Unternehmensprofil umfassen kann. Der Überblick vermittelt den Mitarbeitern einen Gesamteindruck, wo der jeweilige Arbeitsbereich insgesamt steht. Zudem kann vor diesem Hintergrund die Auswahl derjenigen Themen begründet werden, die anschließend vertiefend präsentiert werden, damit nicht der Eindruck einer gezielten Verheimlichung von einzelnen Ergebnissen entsteht.

Als ein Praxisbeispiel wird in der folgenden Übersicht der **Ablauf von Meetings im Rahmen des »Employee Commitment Surveys« (ECS)** bei der Continental AG wiedergegeben, in dem ein Moderator über Kernfragen den Diskussionsprozess steuert.

Standardablauf des Feedbacks im Rahmen des Employee Commitment Surveys (ECS) bei der Continental AG
(Dahms, 2005, S. 429)
1. Feedback statistischer Ergebnisse
   Vorstellung der statistischen Ergebnisse
2. Schieflage beschreibbar machen
   Kernfrage der Moderation: »Was ist bemerkenswert an dem Ergebnis. Was ist das Problem? Wie bzw. wodurch denken Sie ist das Ergebnis zustande gekommen?«
3. Bedeutung der Schieflage herausarbeiten
   Kernfrage der Moderation: »Welche Bedeu-
▼

   tung hat das Ergebnis bzw. haben die erkennbaren Probleme?«
4. Alternativszenarien diskutieren
   Kernfrage der Moderation: »Was kann anders werden? Welche prinzipiellen Alternativen gibt es aus der gegenwärtigen Situation heraus?«
5. Management-Feedback zusammenstellen
   Kernfrage der Moderation: »Welche Ergebnisse dieser Diskussion und insbesondere welche Forderungen sollen an das Management weitergegeben werden?«
6. Vereinbarung von Organisations- bzw. Personalentwicklungszielen zwischen Abteilungsmitgliedern und -management treffen
   Kernfrage der Moderation: »Was wollen wir in der nächsten Zeit gezielt anfassen und was wollen wir damit erreichen?«
7. Realisierungsverträge abschließen
   Kernfrage der Moderation: »Wer fasst was konkret an und wie soll das Follow-up dazu aussehen?«
8. Konsequenzen für die Vertragsparteien transparent machen
9. Kernfrage der Moderation: »Über was müssen wir uns im Klaren sein, wenn wir die verabredeten Veränderungen herbeiführen?«

Erarbeitung von Themenschwerpunkten und Vorgehensweisen im Mitarbeiterworkshop

Die Bearbeitung von einzelnen Themen erfolgt im Anschluss an die Präsentation der quantitativen Ergebnisse zumeist mithilfe der Metaplantechnik:
- Kartenabfrage bzw. Schreiben von Karten – während und nach der Ergebnispräsentation
- Erläuterung und Diskussion der Stichworte auf den Karten
- Gruppierung zu Problemfeldern bzw. Unterthemen
- Unterscheidung nach übergreifenden und bereichsspezifischen Themen
- Erstellung von zwei Themenlisten und Gewichtung der Unterthemen

2.4 · Ergebnisrückmeldung und Maßnahmenableitung

Die Erstellung und Gewichtung von Themenlisten kann ebenso später erfolgen, wenn alle Einzelthemen bearbeitet wurden, sodass man am Ende eine bzw. zwei Gesamtlisten erstellt. Bei der Gewichtung kann es sich anbieten, nach der Bedeutung der Themen einerseits und nach der Dringlichkeit bzw. der zeitlichen Reihenfolge andererseits zu unterscheiden. Hinsichtlich der **Auswahl von Problemfeldern**, die als erstes bearbeitet werden sollen, ist anzumerken, dass man sich nicht zu viele und im ersten Schritt auch nicht die schwersten Themen vornehmen sollte. Für den Einstieg in den Verbesserungsprozess ist es nämlich wichtig, dass einzelne Themen gründlich bearbeitet und relativ kurzfristig erste Erfolge erzielt werden können.

Wenngleich Problemlösungen und Maßnahmen im ersten Mitarbeiterworkshop noch nicht behandelt werden sollten, so werden sie doch häufig von Mitarbeitern und vor allem auch von Führungskräften direkt in die Diskussion eingebracht. Zum einen ist es Aufgabe der Moderation, auf die **Vermeidung von vorschnellen Lösungen** zu achten bzw. für die Vertagung ihrer Erarbeitung und Diskussion zu sorgen. Allerdings sollte man entsprechende Vorschläge als Diskussionsgrundlage für die spätere Weiterarbeit in eine gesonderte Rubrik aufnehmen, damit diese Ideen für Lösungsansätze festgehalten werden.

Zum anderen sollte die **Erarbeitung von Lösungen** selbst bereits Gegenstand des ersten Gesprächs sein. Dabei geht es um die Diskussion der Vorgehensweise, wie an den ausgewählten Themen weitergearbeitet werden sollte. Hierzu zählt beispielsweise auch, ob einzelne Themen im großen Kreis oder von kleineren Gruppen bearbeitet werden sollen und wer für die Weiterarbeit verantwortlich ist. Dies muss und sollte nicht immer der Vorgesetzte sein.

Ergebnisse des ersten Mitarbeiterworkshops

Ergebnis des ersten Mitarbeiterworkshops sollte ein Aktionsplan sein, der die ausgewählten Themen, die Verantwortlichen und Mitarbeiter sowie die Terminplanung zu den einzelnen Themen umfasst. Die Festlegungen zur Weiterarbeit können sich dabei im ersten Schritt darauf beschränken, dass von den jeweiligen Mitarbeitern das Problem, die erforderliche Informationsbeschaffung und Problemanalyse weiter präzisiert werden. Diese werden dann in einem **Folgeworkshop** vorgestellt und diskutiert, bevor die Verteilung der Aufgaben zur weiteren Lösung erfolgt. Dieses zweigeteilte Vorgehen ist vor allem aus zwei Gründen zu empfehlen: Erstens würde man ansonsten den ersten Mitarbeiterworkshop »überfrachten« bzw. für die eigentliche Ergebnis- und Problemdiskussion bliebe zu wenig Zeit. Zweitens haben die Mitarbeiter auf diese Weise in der Zwischenzeit die Möglichkeit, sich eingehender mit den Ergebnissen auseinanderzusetzen und sich darüber mit den Kollegen auszutauschen.

Weiterarbeit an den Themenschwerpunkten

Im Anschluss an die ersten Gespräche und Workshops zu den MAB-Ergebnissen wird an den ausgewählten Themen weitergearbeitet, wobei Verantwortlichkeiten und Zeithorizonte aus den Aktionsplänen hervorgehen. In welcher Form an den Themen gearbeitet wird, hängt von den Inhalten und der Reichweite bzw. der Ebene ab, auf der die Themen angesiedelt sind.

Grundsätzlich lassen sich drei Ebenen der Weiterarbeit unterscheiden:

Strategische Themen oder Aktivitäten, die das ganze Unternehmen oder weite Bereiche betreffen, für die bereits eine Infrastruktur bestehen kann oder die vom Management neu initiiert werden.
Häufig bestehen zentrale Projektgruppen oder Stäbe, die sich mit einzelnen Managementthemen wie zum Beispiel Qualitätsmanagement, Personalentwicklung oder Führungskultur auseinandersetzen. Sofern hierzu Daten erhoben werden, gehen die zentralen Analysen direkt an diese zentralen Einheiten. Wenn das Management zu diesen Themenfeldern Handlungsbedarf identifiziert, wird es im Allgemeinen die jeweils Verantwortlichen mit der Bearbeitung beauftragen. Im Hinblick auf die Integration der verschiedenen Veränderungsinitiativen ist hervorzuheben, dass der Informationsaustausch über zentrale Strategien und dezentrale Bedürfnisse und Aktivitäten sicherzustellen ist.

Darüber hinaus bestehen in Organisationen oft verschiedene Gruppen- oder Zirkelaktivitäten zu unterschiedlichen Themen. Typische Beispiele sind Qualitätszirkel, Sicherheits- oder Gesundheitszirkel, aber auch Projektgruppen zur Reorganisation von einzelnen Leistungsprozessen. Abgesehen davon, dass wiederum die Ergebnisse der MAB in die Arbeit dieser Gruppen einfließen sollten, ist auf die Abstimmung zu achten, um Parallelarbeiten oder gar gegenläufige Initiativen aus verschiedenen Einheiten zu vermeiden.

Übergreifende Themen oder Aktivitäten, beziehen sich auf Themengebiete, die auf der Ebene der Führungskräfte angesiedelt sind bzw. Anliegen der Führungsmannschaft selbst betreffen oder in die mehrere Abteilungen einzubinden sind.
Sofern es sich um übergreifende Themen handelt, wie z. B. Förderung von Führungsnachwuchs, wird man im Allgemeinen Projektgruppen bilden. Sie erarbeiten Vorschläge, die im Führungskreis diskutiert und schließlich den zuständigen Entscheidungsgremien vorgelegt werden. Hier gilt wie bei den strategischen Projektgruppen, dass der Informationsfluss über die Projektarbeiten sichergestellt sein muss.

Wenn es um Themen der Führungsmannschaft selbst geht, z. B. um die Effizienz von Leitungskreissitzungen, wird man am ehesten mit Workshops – vorbereitet durch kleinere Arbeitsgruppen – weiterarbeiten, weil die aktive Beteiligung aller Sitzungsteilnehmer gefragt ist.

Bei weiteren Themen, wie z. B. der Verbesserung der Koordination innerhalb der Führungsmannschaft stellt sich die Frage, ob dieses Thema ohne die Mitarbeiter bearbeitet werden kann, da sie häufig die Defizite der Koordination direkt erleben. Insofern wären sie in der Phase der Ergebnisanalyse und -interpretation mit einzubinden, während die konkreten Maßnahmen von den Führungskräften selbst zu erarbeiten und umzusetzen sind. Oft sind hiermit Änderungen verbunden, über die die Mitarbeiter wiederum informiert sein sollten.

Umgekehrt treten in den Workshops der einzelnen Abteilungen oft Themen auf, die nur in Zusammenarbeit mit zentralen Einheiten oder auf übergeordneten Ebenen bearbeitet werden können. Beispiele sind Fragen der Entlohnung und Arbeitszeitsysteme oder auch Fragen der Information über übergeordnete Angelegenheiten. Unabhängig davon, in welcher Form dann an den Themen gearbeitet wird, kommt diesbezüglich den jeweiligen Führungskräften eine zentrale Koordinations- und Integrationsfunktion zu. Solche Themen lassen sich erst in den dezentralen Workshops konkret identifizieren und definieren. Eine wichtige Konsequenz betrifft die zeitliche Reihenfolge der Workshops zur Maßnahmenableitung, die zu übergreifenden Veränderungen auf der Ebene der Führungskräfte sinnvollerweise erst durchgeführt werden sollten, wenn die dezentralen Workshops mit den Mitarbeitern stattgefunden haben, weil erst dann ein Überblick über den Veränderungsbedarf vorliegt.

Abteilungsspezifische Themen oder Aktivitäten, die in den Gesprächen mit den Mitarbeitern identifiziert wurden sowie Themen und Aktivitäten an Schnittstellen zu einzelnen anderen Abteilungen.
Abteilungsspezifische Themen betreffen nur die jeweilige Abteilung bzw. Einheit selbst und können eigenständig bearbeitet werden. Beispiele sind die Gestaltung interner Arbeitsabläufe oder Arbeitsplatzbedingungen. Insofern ergibt sich – abgesehen von internen Informations- und Koordinationsbedürfnissen aufgrund von gebildeten Arbeitsgruppen o. Ä. – auf den ersten Blick kein weiterer Abstimmungsbedarf in der Organisation. Allerdings würde man damit auf einen wichtigen Erfahrungspool verzichten, denn es werden sich bei vielen Einheiten durchaus ähnliche Probleme ergeben, sodass ein Austausch über die geplanten und ergriffenen Maßnahmen angestrebt werden sollte.

Sofern Problemfelder die Zusammenarbeit mit anderen Abteilungen bzw. Einheiten betreffen oder die Arbeit anderer Bereiche durch Veränderungen an den Schnittstellen beeinflusst wird, sind diese Einheiten in den Problemlösungsprozess mit einzubinden. Je nach »Betroffenheit« können Mitarbeiter der anderen Abteilung für die Analyse befragt werden, gemeinsame Arbeitsgruppen gebildet oder gemeinsame Workshops durchgeführt werden.

> ❶ Die Frage der **Zusammensetzung der Workshops und Projektgruppen**, d. h. inwieweit diese hierarchie- und/oder bereichsübergreifend zusammengesetzt sind, wird **je nach Themenschwerpunkt** zu entscheiden sein. Die **Planungen zur MAB** sollten aber bereits ein **begleitendes Informationskonzept** umfassen, dass die organisationsweite Information zu übergreifenden und strategischen Themen sicherstellt sowie den Erfahrungsaustausch zu einzelnen Problemlösungen unterstützt.

2.4 · Ergebnisrückmeldung und Maßnahmenableitung

Neben dieser allgemeinen Übersicht zur Gestaltung des Rückmeldeprozesses und Maßnahmenableitung werden in den folgenden Kapiteln viele der hier angesprochenen Themen und Aspekte vertieft und ergänzt. Zunächst wird die Bedeutung des Folge-Prozesses im Rahmen der MAB dargelegt (► Kap. 3.1). Daran anschließend werden Strategien zu Sicherung der Nachhaltigkeit diskutiert (► Kap. 3.2), die Bedeutung des Innovationsklimas als wichtige Grundlage erfolgreicher Maßnahmenumsetzung erörtert (► Kap. 3.3) und die Rolle der Führungskraft im Folge-Prozess beschrieben (► Kap. 3.4). Zum Abschluss des dritten Kapitels werden empirische Erkenntnisse zum Folge-Prozess der MAB vorgestellt (► Kap. 3.5).

► Kap. 4 schildert dann konkrete Instrumente zur Ausgestaltung und Sicherung des Follow-up-Prozesses der MAB.

3 Follow-up-Prozesse gezielt steuern

3.1 Mitarbeiterbefragungen – und was passiert dann? – 70
Walter Bungard
3.1.1 Theoretische Vorüberlegungen – 70
3.1.2 Erfahrungen aus der Praxis – 72
3.1.3 Defizite bei Führungskräften als zentrale Problematik – 74
3.1.4 MAB als Personal-Entwicklungs-Strategie – 77

3.2 Sicherung der Nachhaltigkeit von Mitarbeiterbefragungen – 78
Cathrin Niethammer u. Karsten Müller
3.2.1 Rahmenmodell zur Sicherung der Nachhaltigkeit – 78
3.2.2 Zielgrößen zur Sicherung der Nachhaltigkeit – 79
3.2.3 Resümee – 84

3.3 Feedbackkultur und Innovationsklima – 85
Ingrid Feinstein
3.3.1 Organisationsklima und Innovation – 86
3.3.2 Innovationsklima-Dimensionen und Erfolgsfaktoren für den Follow-up-Prozess – 90
3.3.3 Feedbackkultur als Einflussfaktor auf Innovation und Innovationsklima – 92
3.3.4 Innovationsklima als Gegenstand von MAB – 94
3.3.5 Resümee – 96

3.4 Rolle der Führungskräfte – 97
Ingela Jöns
3.4.1 Führung in Veränderungsprozessen – 97
3.4.2 Führungsaufgaben der verschiedenen Ebenen – 97
3.4.3 Erwartungen und Absichten von Führungskräften – 99
3.4.4 Führungsfunktionen in den einzelnen Phasen – 100
3.4.5 Übernahme der Führungsrolle im Folgeprozess – 102
3.4.6 Controlling und Coaching der Führungskräfte – 103

3.5 Empirische Befunde zur Wirkung und Ausgestaltung des Follow-up-Prozesses – 104
Markus Hodapp, Christian Liebig, Karsten Müller u. Walter Bungard
3.5.1 Allgemeine Wirkung der Mitarbeiterbefragung – 104
3.5.2 Wirkung und Ausgestaltung des Follow-up-Prozesses – 104

3.1 Mitarbeiterbefragungen – und was passiert dann?

Walter Bungard

3.1.1 Theoretische Vorüberlegungen

Wenn man einen Bekannten zufällig auf der Straße trifft, so wird häufig höflicherweise die floskelhafte Frage gestellt: »Wie geht's?«. Nach der rituell üblichen Gegenfrage »Gut. Und wie geht's Dir?«, kann man normalerweise zur »Tagesordnung« übergehen und je nach Alter bzw. Geschlecht die jeweils aktuellen Themen aus den beliebten Bereichen Sport, Gesundheit, Auto, Beziehungen usw. andiskutieren. Gestört wird ein derartiger Kommunikationseinstieg dann erheblich, wenn auf die Eingangsfrage überraschenderweise mit »Schlecht!« geantwortet wird. Dieses Signal fordert den Fragenden unmissverständlich dazu auf, sich nach den Gründen für dieses negative Befinden zu erkundigen. Die lapidare Begrüßungsfrage wurde offensichtlich als ernsthafte Frage interpretiert und die Antwort impliziert die Bereitschaft, über die Hintergründe des Unwohlseins Auskunft geben zu wollen. Es wäre in der Regel sehr irritierend, wenn jemand auf die Frage »Warum geht es dir schlecht?« abweisend mit dem Hinweis reagieren würde, dass das niemanden etwas angehe. Es ist sehr viel wahrscheinlicher, dass derjenige mit seinem Gegenüber über seine Sorgen sprechen möchte und darüber hinaus möglicherweise eine wie auch immer geartete Hilfe erwartet.

Dieses Beispiel zeigt, dass Fragen fast immer in einem spezifischen Kommunikationskontext eingebettet sind, und dass die Reaktionen auf Fragen Beziehungen zwischen Menschen konstituieren, fördern, stabilisieren, aber eben auch gelegentlich massiv stören können.

Der Brückenschlag zum Thema »Mitarbeiterbefragungen« mag auf dem ersten Blick etwas gewagt sein, weil im Arbeitskontext die Spielregeln der Kommunikation teilweise anders gehandhabt werden als im Alltag. Aber wenn es um das »Störungspotenzial« misslungener Kommunikationsprozesse geht, so sind die Probleme durchaus analog interpretierbar. Wenn z. B. im Rahmen einer Mitarbeiterbefragung (MAB) die Geschäftsführung auf der Basis eines anonym auszufüllenden Fragebogens der Belegschaft Fragen stellt, dann werden die Mitarbeiter sehr wohl darüber nachdenken, ob die Fragen ernst gemeint sind oder nicht.

Will die Geschäftsleitung tatsächlich von uns wissen, wie wir aus unserer Sicht verschiedene Prozesse im Unternehmen bewerten (weil wir als Experten vor Ort dazu auch kompetent etwas sagen können), oder handelt es sich um eine rituelle Zeremonie mit dem Ziel, Partizipationsbereitschaft zu suggerieren, die de facto nicht vorhanden ist? Ist die MAB ein ernstzunehmendes Angebot, in einen Dialog einzutreten, oder soll eine beschwichtigende Gelegenheit zum Dampfablassen gegeben werden, um auf der Basis eines solchen Katharsiseffektes einen diffusen Motivationsschub auszulösen?

Wenn eine MAB zum ersten Mal angekündigt wird, sind die Mitarbeiter angesichts solcher Fragen bei der Einschätzung der Ernsthaftigkeit des Vorhabens auf Spekulationen bzw. »versteckte« Hinweise angewiesen:

- Wie wird die MAB angekündigt?
- Wer wurde zum Projektleiter ausgewählt?
- Welche Fragen werden inhaltlich gestellt?
- Wird bereits mitgeteilt, ob und wann die Ergebnisse der MAB bekannt gegeben werden?
- Was wurde über die Bedeutung der MAB konkret publik gemacht?
- Welche Erfahrungen wurden bei anderen Projekten bezüglich der Glaubwürdigkeit der Geschäftsleitung gemacht?
- Wurde ein neutrales, vermeintlich »objektives«, externes Institut mit der Durchführung beauftragt, wenn ja, welches?
- Ist die Anonymität zu 100% gesichert?

Vor dem Hintergrund dieser Aspekte wird eine differenzierte Erwartungshaltung gegenüber der MAB als solche entwickelt und gegebenenfalls der Fragebogen ausgefüllt. Da man sich in seinem spekulativen Urteil bezüglich der Ernsthaftigkeit nicht sicher sein kann, wird in der Regel eine abwartende kritische Haltung bleiben, bis man im weiteren Verlauf des MAB-Prozesses seine Einstellung konkret überprüfen kann.

Spätestens, wenn die Ergebnisse der MAB auf dem »Präsentationstisch« liegen, kommt es zum entscheidenden MAB-Offenbarungseid: Reagiert die

Geschäftsleitung in einer Art und Weise, dass sich daraus im Nachhinein die Ernsthaftigkeit der Fragebogenaktion ableiten lässt?

Folgende Reaktionen spielen dabei u. a. eine zentrale Rolle:

- Nimmt sich die Geschäftsleitung ausreichend Zeit, sich über die Ergebnisse zu informieren?
- Initiiert sie eine dezentrale Informationsweitergabe bereichsspezifischer Ergebnisse?
- Bedankt sich die Geschäftsleitung für alle kritischen Rückmeldungen?
- Erliegt sie **nicht** der Versuchung, einzelne Kritiker aus der Masse der anonymen Befragten zu identifizieren und möglicherweise als Nestbeschmutzer zu verunglimpfen?

Signalisiert die Geschäftsführung im negativen Fall, dass sie den »mündigen« Mitarbeiter doch nicht anhören möchten, dann wird die ganze MAB-Aktion innerhalb kürzester Zeit in grandioser Form degradiert. Die Grundidee wird desavouiert und bewirkt oft sogar genau das Gegenteil. Der ohnehin wahrscheinlich schon vorhandene Graben zwischen Geschäftsführung und Belegschaft wird nur noch größer. Empirische Studien zeigen eindeutig, dass in solchen Fällen mittelfristig generell die Motivation bzw. das Commitment der Mitarbeiter niedriger ist, als wenn keine MAB durchgeführt worden wäre (Bungard, 2005). Man fühlt sich als Opfer eines kommunikativen Täuschungsmanövers und wird in Zukunft auch in anderen Arbeitssituationen auf konstruktives Feedback verzichten, da es offensichtlich nicht erwünscht ist. Die Quittung bekommen die MAB-Verantwortlichen spätestens bei einer Nachfolgebefragung. Denn dann wissen die Mitarbeiter rückblickend sehr genau, wie ernsthaft das MAB-Spektakel gemeint ist. Die Investition von 15 Minuten zum Ausfüllen des Fragebogens wird »mangels entsprechender Gegenleistung« unterlassen, die Rücklaufquote sinkt drastisch.

Um das Einstiegsbeispiel aus dem Alltag wieder aufzugreifen: Die ursprünglich gestellten Fragen der Geschäftsleitung haben aufgrund der Reaktionen auf die Antworten der Mitarbeiter im Nachhinein die MAB als bühnenreife Inszenierung und als rituelle Handlung ohne Wert demaskiert, sie hinterlässt eine gestörte Kommunikation. Die Obrigkeit hat einen Pseudo-Staatsstreich geduldet (Sprenger, 2002), so der bittere Beigeschmack. Es gibt aber darüber hinaus einen grundsätzlichen gravierenden Unterschied zwischen dem informellen Alltagsgespräch auf der Straße und der Befragungssituation im Betrieb. Die MAB repräsentiert ein zentrales Feedbacksystem in Organisationen, das für die mittel- bis langfristige Existenz genauso wichtig ist, wie z. B. Feedbackinformationen aus dem Markt bzw. von Kunden. Mit anderen Worten: Ein Unternehmen kann sich eine gestörte Kommunikation im oben beschriebenen Sinn gar nicht leisten, wenn es effizient funktionieren möchte. Aus dieser funktionalen Perspektive folgt weiterhin, dass es bei einer MAB keineswegs ausreicht, sich die Meinung der Mitarbeiter wohlwollend anzuhören und geduldig mit den Mitarbeitern zu diskutieren. Der zentrale Prüfstein für die Effektivität einer MAB und damit zugleich für die Ernsthaftigkeit ist der Grad der Umsetzung von Maßnahmen, die aus den Ergebnissen der Befragung abgeleitet werden. Es geht eben nicht um eine beiläufige höfliche Alltagsunterhaltung zwischen Personen, die vertraglich in keiner Weise miteinander verbunden sind, sondern um einen strategischen Prozess zur kontinuierlichen Verbesserung innerbetrieblicher Abläufe, bei dem die notwendige Teilnahmemotivation der Mitarbeiter entscheidend davon abhängt, dass die Realisierung von Ideen als zentrales Ziel der MAB angekündigt und aktiv angestrebt wird. Wenn in der Wahrnehmung der Mitarbeiter aus den MAB-Ergebnissen keine Konsequenzen gezogen werden bzw. gezogen werden dürfen, dann wird im Nachhinein die MAB-Aktion gleichfalls wieder als bewusste Irreführung der Mitarbeiter interpretiert.

Der Anspruch der Mitarbeiter ist diesbezüglich durchaus hoch, zumal sie im Arbeitsalltag all zu oft schon den Eindruck gewonnen haben, dass viel geredet aber selten gehandelt wird, vor allem dann, wenn es um die Interessen der Mitarbeiter geht.

Bei der Analogie zur Alltagssituation muss weiterhin berücksichtigt werden, dass der Appell bzw. die Erwartungshaltung der Mitarbeiter nicht darin besteht, dass die Geschäftsführung aufgrund ihrer Fragen quasi persönlich »hilft«. Im Sinn des MAB-Konzepts sollte die Geschäftsführung eine Coaching-Funktion für den Umsetzungsprozess übernehmen, d. h. sie sollte die notwendigen Rahmenbedingungen dafür schaffen, dass dezentral die Umsetzungsprozesse durch die MAB-Befunde induziert werden.

Im Mittelpunkt stehen dabei in hierarchischen Strukturen die Führungskräfte der mittleren und unteren Ebenen, die als Moderatoren bzw. Mediatoren den Verbesserungsprozess initiieren und steuern müssen, wobei teilweise auch Mitarbeiter im Sinn des Selbstorganisationskonzeptes in eigener Regie Ursachen analysieren und Lösungen generieren sollten. Neben einer höheren Qualität der Lösungen erwartet man von einer solchen Strategie ein stärkeres Commitment der Mitarbeiter als sekundären Gewinn.

Soweit eine eher theoretische Analyse der Bedeutung des Umsetzungsprozess bei Mitarbeiterbefragungen. Wie sieht angesichts dieser »Gewichtungen« der konkrete MAB-Prozess üblicherweise aus?

3.1.2 Erfahrungen aus der Praxis

Die Erfahrungen aus zahlreichen MAB-Projekten, bei denen der Autor (mit-) beteiligt war, und die Ergebnisse empirischer Untersuchungen zu diesem Aspekt weisen eindeutig daraufhin, dass wir in der MAB-Praxis fast überall eine eklatante Diskrepanz zu den oben berichteten konzeptionellen Rahmenbedingungen antreffen (Bungard, 2005). Der Professionalität der Datenerhebung steht oft eine Provinzialität in der Feedback- bzw. Umsetzungsphase gegenüber. Die Daten werden anspruchsvoll z. B. mithilfe von Online-Befragungen erhoben, die Ergebnisberichte aufwendig von Layout-Spezialisten gestaltet und unter Einsatz moderner (Multi-Media-)Technik präsentiert. Nur halbherzig erfolgt anschließend die Rückmeldung über die Ergebnisse und die eigentlich entscheidende Ableitung von Maßnahmen, ohne Verwendung spezifischer Problemlösungstechniken und ohne institutionell abgesichertes Protokollieren bzw. Dokumentieren. Ein rigoroses Maßnahmen-Controlling hat eher Seltenheitswert. Symptomatischerweise werden auch in der MAB-Literatur Methoden zur Planung der Aktionen kaum erwähnt (Borg, 2004; Futrell, 1994).

Das bedeutet unmissverständlich, dass MABs offensichtlich keine Selbstläufer sind, sie passen zumindest in den ersten Jahren nicht problemlos in die vorhandenen Organisationskulturen, in denen systematisches Aufwärtsfeedback eher ein Fremdkörper ist. Gerade deshalb wird eine MAB implementiert.

Eine Ursache für diese Diskrepanz ist oft die Tatsache, dass fast immer im Umgang mit den MAB-Ergebnissen die höchst ambivalente Rolle der Führungskräfte transparent wird: der Konflikt zwischen Implementeur und Betroffenem (Ridder & Bruns, 2000). Vorgesetzte fühlen sich oft persönlich angegriffen, versuchen, sich von Schuld freizusprechen, kritisieren Dritte, stellen die MAB als solche in Frage und verhalten sich zurückhaltend, abwartend und passiv.

Häufig demonstrieren Führungskräfte bei der Interpretation der Daten einen seltsamen Zahlenfetischismus ohne Konsequenzen, indem die Prozentzahlen und Mittelwerte peinlich genau erörtert werden, ohne auf die Ursachen näher einzugehen. Neuberger (2000) vermutet, dass es sich hierbei um die typischen Techniken des symbolischen Managements handelt: Durch quantitative Pseudoexaktheit soll die Akzeptanz des Verfahrens erhöht, Wissenschaftlichkeit und Professionalität dokumentiert werden, ohne dann weiter agieren zu müssen.

Der zuvor genannte Aspekt verweist auf einen weiteren, oft anzutreffenden Schwachpunkt in der Umsetzungsphase: Die (übergeordneten) Führungskräfte derjenigen, die ihrerseits als Führungskräfte die Ergebnisse der MAB präsentieren, nehmen ihre Coachingfunktion zu selten wahr. Dies beginnt bereits mit der Geschäftsführung: Wenn sie den MAB-Prozess nicht beobachtet, wenn keine Fragen zum Feedback-Prozess bzw. zur Ableitung konkreter Maßnahmen »nach unten« gestellt werden, dann wird dies in der unteren Führungsmannschaft als Desinteresse interpretiert, sodass in diesem Informations- und Kontrollvakuum die beschriebenen Immunisierungsstrategien angesetzt werden.

Auch die Mitarbeiter selbst tun sich im Übrigen nach der Präsentation der Befunde schwer, in der Diskussion die einzelnen Punkte zu interpretieren oder Ursachen zu benennen, da sie an dieser Stelle die Schutzmauer der Anonymität verlassen und kritische Punkte offen ansprechen müssten. Gesellschaftliche Höflichkeitskonventionen und konkrete Ängste vor subtilen Repressalien provozieren in dieser »Kommunikationsphase« Verklausulierungen und Beschönigungen, die nur schwer dechiffrierbar sind (Comelli, 1997; Neuberger, 2000).

3.1 · Mitarbeiterbefragungen – und was passiert dann?

Die Etablierung eines effektiven Mitarbeiterbefragungs-Konzepts beinhaltet also offensichtlich eine nicht zu unterschätzende Gratwanderung. Die bisherigen Erfahrungen zeigen, dass eine Organisation ohne vorherige »Feedback-Erfahrungen« erst lernen muss, mit diesem Instrument umzugehen. Der »kommunikative Quantensprung« findet am Anfang eher selten statt, die MAB wird unterlaufen und löst nicht weiter sanktionierte Gegenaktivitäten aus, an deren Ende die Gegner einer Mitarbeiterbefragung aufgrund des offensichtlichen Scheiterns dieser »basisdemokratischen Untriebe« als Sieger dastehen. Dieser fast zwangsläufige Prozess kann nur verstanden werden, wenn man sich vor Augen führt, dass im Rahmen der täglichen mikropolitischen Auseinandersetzungen in Verbindung mit den Gefahren für die eigene Machtposition für viele Vorgesetzte MABs ein enormes Bedrohungspotenzial ausstrahlen. Wer als Führungskraft in stark ausgeprägten hierarchischen Strukturen denkt, sieht in einer MAB grundsätzlich eine existenzielle Bedrohung.

Widerstände gegen MAB – und damit auch Boykottmaßnahmen im Hinblick auf den Umsetzungsprozess – können im Übrigen auch von Betriebsräten, Personalvertretern und Vertrauensleuten herrühren. Sie befürchten u. U., dass die Anonymität verletzt wird, die Ergebnisse politisch unerwünschte Maßnahmen nach sich ziehen, ==nicht nach Ursachen sondern in gewohnter Manier nach Schuldigen gesucht wird.== Vielleicht hat der eine oder andere auch Angst, dass seine Machtposition als Betriebsrat bzw. Personalvertreter geschmälert werden könnte, weil die Basis seiner Tätigkeit gerade aus der Unzufriedenheit der Mitarbeiter resultiert, die sich früher nicht in einer MAB manifestieren konnte, weil es keine gab. Einfacher ausgedrückt: Wenn durch MAB ein fruchtbarer Dialog zwischen Mitarbeitern und Führungskräften ausgelöst wird, könnte ein Teil der üblichen Funktionen von Personalvertretungen obsolet werden.

Fazit: Die Implementierung einer MAB impliziert eine massive Intervention im Sinne der Organisationsentwicklungsterminologie, sie löst eine Vielzahl von konfliktgeladenen Folgeprozessen aus, die bei der konzeptionellen Planung einer MAB antizipiert werden sollten. Der potenzielle Schaden bei Fehlentwicklungen begrenzt sich dabei nicht nur auf den MAB-Bereich. Wie bereits gesagt, bleibt eine von der Geschäftsleitung praktizierte Doppelmoral den betroffenen Mitarbeitern nicht verborgen. Im Gegenteil: Mitarbeiter erleben diese Diskrepanzen sehr intensiv und reagieren postwendend in ihrem generellen Arbeitsverhalten auf unterschiedliche Art und Weise auf diese »Sonderbehandlung«.

Die einen lassen nach außen keine direkte Reaktion erkennen: Da man in hierarchischen Strukturen lernt, derartige, nur schwer veränderbare Phänomene zu »erdulden«, zeigen diese Betroffenen typische Symptome erlernter Hilflosigkeit (wie z. B. Depression, Alkoholmissbrauch usw.) (vgl. Seligman, 1986).

Weitere »verdeckte« Reaktionen im Sog der erlernten Hilflosigkeit sind die innere Kündigung, hohe Fehlzeiten und wenn möglich Fluktuation. Die sukzessiv abgebaute Identifikation mit dem Arbeitsplatz bzw. mit der Firma führt im Laufe der Zeit nach und nach zu Innovationsblockaden. Nicht zuletzt die finanziellen Konsequenzen sind fatal: Frustrierte Mitarbeiter kosten aufgrund hoher Fehlzeiten und niedriger Produktivität die deutsche Wirtschaft jedes Jahr mehr als 220 Mrd. €, so eine Studie der Wirtschaftswoche (2003).

Die aggressive Variante der Mitarbeiterproteste mündet im Extremfall in kriminellen Reaktionen oder Sabotage. Man schätzt, dass Betrug, Veruntreuung und Unterschlagung durch Vertrauenspersonen in deutschen Unternehmen vor allem aus Rache an ungeliebten Vorgesetzten ca. 6 Mrd. € kosten. Diese Tendenz steigt fortlaufend an, wobei die Dunkelziffer extrem hoch ist.

In der Literatur (Reiß, 1995; Reiß & Zeydar, 1994) wird seit Jahren darauf hingewiesen, dass ein großes Problem unserer Wirtschaft darin besteht, dass neue Organisationsformen nur gegen den erheblichen Widerstand der Belegschaft implementiert werden könnten, und dass rund zwei Drittel der Reorganisationsprozesse an der mangelnden Akzeptanz der Mitarbeiter scheitern. Es drängt sich der Verdacht auf, dass hier ein unmittelbarer Zusammenhang mit der sonstigen Behandlung der Mitarbeiter besteht. Der »normale« Mitarbeiter weiß sehr genau – auch ohne wochenlanges TQM-Training –, dass letztlich die Kunden seinen Arbeitsplatz bezahlen. ==Das Problem ist, dass er einfach keine Lust hat, auf Kundenwünsche einzugehen, da auf seine Bedürfnisse auch keine Rücksicht genommen wurde.==

In diesem Kontext können MAB-Bauchlandungen leider eine unrühmliche Leitfunktion übernehmen.

Die vielleicht gravierendsten Auswirkungen dieser Demotivationsspirale reichen wahrscheinlich weit über die Arbeitswelt hinaus: Mitarbeiter lernen, in widersprüchlichen, schizoiden Strukturen leben zu müssen und distanzieren sich aus Selbstschutz gegenüber der eigenen Organisation, wobei dann dieser Zynismus auf andere Organisationen bzw. Institutionen generalisierend übertragen wird.

So ist es sicherlich kein Zufall, dass in der Öffentlichkeit das Vertrauen in Politik und Wirtschaft in den letzten Jahren dramatisch gesunken ist. Im Auftrag der Zeitschrift »Stern« wurde 2005 eine Forsa-Umfrage hierzu durchgeführt. Das Ergebnis war erschütternd und kann nicht mehr als Politikverdrossenheit verharmlost werden: Insgesamt 88% der Bundesbürger bezeichneten ihren Vertrauensverlust als groß oder sehr groß. Insgesamt 46% haben ihren Glauben in deutsche Manager verloren. Sie haben am Fernseher fast jeden Abend miterleben dürfen, dass offenbar eine neue Gattung von Managern existiert: Diese leiten nicht eine Firma, sondern organisieren primär ihre Karrieren, genauso wie die Politiker auf ihrem Interessensgebiet. Es gibt, nebenbei bemerkt, ein augenfälliges Pendant zur MAB-Problematik: Auch prominente Akteure aus der Politik stellen gute Fragen an die angeblich mündigen Bürger, deren Antworten aber offensichtlich selten zur Kenntnis genommen werden.

Abschließend sei nochmals angemerkt, dass all diese negativen Erscheinungen oftmals nicht zwangsweise die Folge von missratenen MAB sind. Es ist aber in der Praxis immer wieder zu beobachten, dass der Umgang mit MAB-Ergebnissen bei den Führungskräften hochgradig mit anderen Reaktionsmustern gegenüber Mitarbeitern übereinstimmt, sodass die Erfahrungen der Mitarbeiter bei MAB-Prozessen einen hohen »Wiedererkennungsgrad« haben und von daher als Symptome für generelle Führungsdefizite eine zentrale Rolle einnehmen.

3.1.3 Defizite bei Führungskräften als zentrale Problematik

Wie zuvor dargestellt, resultiert die Diskrepanz zwischen Theorie und Praxis beim MAB-Prozess primär aus den fehlenden mikropolitischen bzw. organisations-kulturellen Rahmenbedingungen. Es wurde dabei deutlich, dass die Führungskräfte eine zentrale Rolle einnehmen. Bei der Suche nach den Ursachen, warum offenbar vielen Führungskräften diese Rollenübernahme nicht gelingt, stößt man auf zwei von den zuvor thematisierten Punkten teilweise unabhängige Aspekte, die bei den Akteuren selber angesiedelt sind: Viele Führungskräfte wollen und oder können kein Feedback geben.

Zum ersten Punkt: In verschiedenen Studien konnte nachgewiesen werden, dass Vorgesetzte sich persönlich schwer tun, gerade ihren Mitarbeitern Feedback zu geben. Folgende Gründe werden dabei differenziert (Hillman, Schwandt & Bartz 1990; Hunt 1995):

- Sie glauben nicht, dass Feedback nützlich oder gar notwendig ist (»no news is good news«).
- Sie glauben, über andere nicht urteilen zu können und empfinden es als unangemessen, wenn ein Erwachsener das Verhalten oder die Leistung eines anderen beurteilt.
- Sie befürchten negative Reaktionen von ihren Mitarbeitern.
- Sie fühlen sich beim Geben von Feedback unwohl, besonders bei positivem Feedback.
- Sie befürchten, dass positives Feedback von den Mitarbeitern im Rahmen formaler Beurteilungen oder bei Gehaltsverhandlungen als Argumentationsgrundlage eingesetzt werden kann.

Vor dem Hintergrund dieser allgemeinen Feedbackabstinenz, tun sich Führungskräfte erst recht schwer, wenn sie ein Feedback zum Feedback der Mitarbeiter geben sollen und wenn sie selber als Vorgesetzter beurteilt wurden. Diese Feedback-Phobie führt zur Flucht aus dem MAB-Regelkreis: Je schneller man aus dem MAB-Prozess aussteigt, desto besser.

Zum zweiten Punkt: Die Frage stellt sich, ob typische Führungskräfte überhaupt in der Lage sind, optimal Feedback zu geben. Das Können setzt voraus, dass man die Bedeutung des MAB-Prozesses als Intervention versteht und über die notwendigen sozialen Kompetenzen verfügt, um mit den Mitarbeitern gemeinsam über die Ergebnisse diskutieren zu können. Es gibt zahlreiche Gründe, die dafür sprechen, dass Führungskräfte diese Kernkompetenzen nicht unbedingt von vorneherein besitzen.

Folgende Spirale kann beobachtet werden (vgl. hierzu Bungard, 2007):

Als erstes ist die Wahl einer bestimmten Berufsausbildung kein Zufallsereignis, sondern an dieser Stelle findet bereits eine erste Selbst-Selektion statt. Ein Techniker, Ingenieur, oder EDV-Spezialist wählt diese Ausbildungsrichtung, weil er u. U. keinen besonders großen Drang verspürt hat, intensiv mit Menschen zusammenzuarbeiten. Ob soziale Kompetenzen, über die man im Zusammenhang mit der MAB-Thematik verfügen sollte, überproportional häufig bei diesen Berufsgruppen vorhanden sind, sei einmal dahingestellt. Möglicherweise gilt hier und da eher das Gegenteil.

Wichtig ist in diesem Zusammenhang vor allem der Effekt der Ausbildung als solcher. Die sogenannten Linearisierungsinstanzen (wie Schule, Fachhochschule, Universität usw.) vermitteln vornehmlich eine Dominanz des Ursache-Wirkungs-Denkens. Die Gravitationstheorie von Newton ist quasi das Maß aller Dinge. Unterentwickelt bleibt dabei möglicherweise das Denken in Systemen. Verhängnisvoll ist dieses Paradigma dann, wenn es generalisierend zum Beispiel auf zwischenmenschliche Beziehungen übertragen wird: Bei Konflikten muss ein Schuldiger identifiziert werden, bei Motivationsdefiziten muss kurzfristig eine Maßnahme X umgesetzt werden, und das Problem muss danach auch »weg« sein. Es besteht also die Gefahr einer Instrumentalisierung der sozialen Beziehungen, weil auch diese mit linearen Denkmustern interpretiert werden.

Kurzum, bestimmte berufspezifische Denk- und Verhaltensmuster prädestinieren die Akteure nicht, die Botschaft, »den Mitarbeiter in den Mittelpunkt eines Kommunikationsprozesses zu stellen« glaubwürdig und authentisch umzusetzen und zu praktizieren. Die »MAB-Tragik« besteht darin, dass das obere bzw. mittlere Management in deutschen Unternehmen oft genau aus diesen hier angedeuteten Berufsgruppen rekrutiert wird.

Eine Analyse der Studienfächer der Vorstandsmitglieder der 100 größten deutschen Unternehmen ergab in diesem Zusammenhang, dass am häufigsten Juristen in den Chefetagen vertreten sind. Auch bei dieser Gruppe kann trotz aller Eloquenz nicht per se vorausgesetzt werden, dass soziale Kompetenzen zu den herausragenden Persönlichkeitseigenschaften gehören.

In den letzten Jahren dominierten im Übrigen aufgrund der wirtschaftlichen Turbulenzen sogenannte zahlenorientierte Führungskräfte. Sie sind eher daran orientiert, Leistung und Erfolg zu erzielen. Sie gehören zu dem von C. G. Jung beschriebenen »extravertierten Denktypus«, der analytisch geprägt ist. Solche Führungskräfte sind unabhängig von der Meinung anderer, schnell im Denken, sie treiben Projekte voran und arbeiten hart. Sie sind aber zugleich auch ungeduldig, hören nicht gern zu und konzentrieren sich in ihrer Arbeit lieber auf die Kontrolle ihrer Mitarbeiter. Sie sind die zurzeit überall anzutreffenden »Super-Sanierer«. Mitarbeiter fördern, motivieren, weiterentwickeln ist hingegen überhaupt nicht ihr Metier. Das heißt, dass mitarbeiter- oder beziehungsorientiertes Führen in ihrem Repertoire nicht unbedingt vertreten ist, weil sie es eigentlich weder wollen noch können. Wenn dieser Personenkreis in den MAB-Prozess involviert ist, braucht man wenig Phantasie, um sich auszumalen, welche Entwicklung ein MAB-Projekt nimmt.

Wenn man darüber hinaus grundsätzlich analysiert, warum Führungskräfte ausgewählt bzw. befördert werden, dann scheint in der Mehrzahl der Fälle die fachliche Qualifikation entscheidend zu sein. Wer fachlich gut ist, muss gehalten werden, und dies funktioniert nur mit einer höheren Bezahlung, was wiederum die Beförderung auf der Hierarchieleiter notwendig macht. Ob derjenige auch »führen« kann, wird bestenfalls dem Zufall überlassen. Angesichts einer so gearteten, systematischen Auswahl über alle Ebenen hinweg nach nur einem Kriterium (nämlich der fachlichen Qualifikation) ist die notwendige Konsequenz die, dass die in der Ausgangssituation u. U. noch zufällig verteilte soziale Kompetenzfähigkeit sukzessive weggefiltert wird.

Eine weltweite Untersuchung der Unternehmensberatung DDI (Development Dimensions International) bei über 4500 Führungskräften ergab, dass ca. ein Drittel aller internen Beförderungen auf Führungspositionen sich als falsch herausstellen. Hauptgrund dafür ist die fehlende soziale Kompetenz (Wirtschaft und Weiterbildung, 2005).

Damit noch nicht genug. Verstärkt wird dieser Selektionsprozess noch dadurch, dass innerhalb dieser Berufsgruppen bevorzugt jene befördert werden, die sogenannte kompetitive Selbstpräsentationstechniken »nach oben« perfektioniert haben, wobei diese Personen sich meistens gleichzeitig »nach unten« eher abgrenzen und autoritär auftreten. Lange Diskussionen mit Mitarbeitern über die Ergebnisse einer MAB wären für deren Image nach oben wahrscheinlich, zumindest aus deren Perspektive, eher schädlich.

In diesem Zusammenhang wird häufig auf sogenannte narzisstische Persönlichkeitstypen verwiesen. Das Wort »narzisstisch« wird hierbei inflationär gebraucht. Es dient umgangssprachlich zur Benennung von Verhaltensweisen im Sinne von »Sich-in-Szene-setzen«. Nach dieser Definition müsste man u. U. die Mehrzahl der Führungskräfte aufgrund ihrer Rolle der Kategorie »narzisstisch« zuordnen. Der psychologisch-diagnostische Begriff bezeichnet Menschen dann als narzisstisch, »wenn sie sich mit sich selber eher wohlfühlen, sozial meist erfolgreich sind und die umfassende innere Not ihrer Existenz kaum wahrnehmen.« (Wirtschaft und Weiterbildung, 2004). Im Gegensatz zum Alltagsgebrauch sind Narzissten generell nicht selbstbewusst oder von sich eingenommen. Sie sind im Gegenteil meistens stark verunsichert, tendenziell depressiv und labil. Sie leiden an mangelnder Bindung zu anderen Menschen. Im Alltag tritt ein schleichender Realitätsverlust in der Wahrnehmung der Umwelt ein, störende Elemente werden sukzessive ausgeblendet. Die fatale Folge ist, dass Rückmeldungen bzw. Feedback, die dem Selbstideal nicht entsprechen, kaum akzeptiert werden können. Konsequenterweise werden Kritiker ignoriert oder aus dem sozialen Netzwerk entfernt. Erlebte Kränkungen werden schwer verarbeitet: Ein Narzisst hat diesbezüglich ein Elefantengedächtnis. Eine weitere Konsequenz dieser Persönlichkeitsstruktur besteht darin, dass Hilfe von anderen kaum angenommen wird. Es bedarf kaum noch der Erwähnung, dass dieser nicht selten anzutreffende Typus nicht zu den tragenden Säulen eines erfolgreichen MAB-Umsetzungsprozesses zählen wird.

Nun könnte man meinen oder vielleicht hoffen, dass die praktische Tätigkeit als Führungskraft, also der tägliche Umgang mit Mitarbeitern, verborgene soziale Kompetenzen wieder aufleben lässt oder diesbezüglich verkümmerte Fähigkeiten zumindest teilweise reaktiviert werden. Die Erfahrung lehrt allerdings eher das Gegenteil. Dies hängt wiederum mit den spezifischen Interaktionsmustern zwischen Angehörigen verschiedener Hierarchieebenen zusammen. Ganz allgemein gilt, dass sich der Mensch als kybernetisches System über Feedback aus der Umwelt an variierende Situationen anpasst und dass diese »kybernetischen Fähigkeiten« für adäquates Verhalten von zentraler Bedeutung sind. Feedback von anderen Personen steht dabei natürlich im Vordergrund, es ist die Basis für unsere psychische Funktionsfähigkeit und zugleich Ansatzpunkt für individuelle Entwicklungs- bzw. Lernprozesse. Es dürfte klar sein, dass derartige kybernetische Fähigkeiten eng mit dem Konstrukt der sozialen Kompetenz verknüpft sind.

Dieser kurze Exkurs in die Grundlagen der Sozialpsychologie dürfte reichen, um den Teufelskreis der schrittweisen Einengung empathischer Fähigkeiten von Führungskräften deutlich zu machen: Die Gefahr in hierarchischen Strukturen besteht genau darin, dass Untergebene ihren Vorgesetzten tendenziell weniger und zumeist nur selektiv positiv gefärbtes Feedback zukommen lassen. Dieses Zurückhalten von Feedback wird seit der Kindheit in einem langen Sozialisierungsprozess gelernt, weil man die Erfahrung gemacht hat, dass Vorgesetzte mit Feedback häufig nicht gut umgehen können (Bungard, 2005; Jöns & Bungard, 2005).

In der Arbeitswelt revanchieren sich Führungskräfte oft sogar für offen ausgesprochenes, negatives Feedback mit ihren aufgrund ihrer Position zur Verfügung stehenden Mitteln, anstatt die Chance zu sehen, ihre eigenen (Führungs-) Fähigkeiten weiterzuentwickeln. Dieser Effekt einer systematischen Verdrängung von »Aufwärts-Feedback-Schleifen« in hierarchisch gegliederten Organisationen ist dafür verantwortlich, dass über Jahre hinweg und mit zunehmender Intensität in höheren Hierarchieebenen Führungskräfte aufgrund eines Feedback-Vakuums ihre sozialen Kompetenzen nicht weiterentwickeln, sondern eine schleichende soziale »Verstümmelung« eintreten kann. An dieser Situation wird nur selten etwas geändert und da in der Arbeitswelt eine berufliche Beziehung durch den »abhängigen«, untergebenen Mitarbeiter meistens nur schwer zu lösen ist, kommt es lediglich zu einer stummen innerlichen Distanzierung. In Extremfällen werden pathologische »Führungs-Fälle« über Jahre geduldet, weil man resignierend konstatiert, dass es eben normal ist, wenn höhere Vorgesetzte nicht immer ganz normal sind.

Es ist durchaus kein Widerspruch, dass auch solche Führungskräfte einen MAB-Prozess aus taktischen Gründen in Gang setzen, um dann anschließend in der Feedback- und Umsetzungsphase die Ergebnisse gegen die Betroffenen zu verwenden. Die MAB dient dann als Kommunikationsfalle zur Bloßstellung mikropolitischer Gegner. An dieser Stelle wird erneut deutlich, dass eine derartige »instrumentatisierte« MAB mehr Schaden anrichtet, als wenn sie nicht durchgeführt worden wäre.

Fazit: Die Überlegungen in diesem Abschnitt zusammenfassend wird eines deutlich: Wenn man dafür plädiert, dass in einer Organisation bei der Durchführung einer MAB die Mitarbeiter als zentrale Erfolgsfaktoren in den Mittelpunkt eines Feedbackprozesses gestellt werden, dann müssen dafür bei Führungskräften entsprechende Fähigkeiten vorhanden sein. Betrachtet man daraufhin die Situation, lassen sich verschiedene Selektions- und Sozialisationsprozesse identifizieren, die in ihrer Gesamtheit bzw. in ihrem Zusammenwirken darauf hinauslaufen, dass viele Führungskräfte für diese Rolle wenig prädestiniert sind. Die systematisch herausgefilterte soziale Kompetenz von Führungskräften in Kombination mit dem zunehmenden organisationalen »Autismus« bewirken letztendlich, dass genau diejenigen, die ein mitarbeiterorientiertes Führungsverhalten praktizieren sollten, nicht optimal für diesen Job ausgewählt, vorbereitet bzw. entwickelt werden.

3.1.4 MAB als Personal-Entwicklungs-Strategie

Die zuvor thematisierten Führungsdefizite als Bremsklötze im MAB-Umsetzungsprozess können neben den zunächst eintretenden negativen Effekten durchaus auch Chancen eröffnen. Sie verweisen nämlich auf Personalentwicklungs-Potenziale dieses Instruments. Die Durchführung und Auswertung einer MAB bietet Organisationen eine hervorragende Gelegenheit, ihren Führungskräften Fähigkeiten beizubringen, die sie in Zukunft angesichts der globalen Veränderungen in der Arbeitswelt dringend benötigen werden. In wenigen Jahren werden angesichts der Veränderungen der Altersstruktur Unternehmungen Mitarbeiter nur dann gewinnen bzw. halten können, wenn sie ihnen Arbeitsplätze anbieten können, die den Betroffenen ein hohes Commitment ermöglichen. In diesem Zusammenhang wird den Führungskräften eine zentrale Rolle zukommen, wobei soziale Fähigkeiten und u. a. auch Feedback-Fähigkeit zu den Kernkompetenzen gehören werden. Der Vorgesetzte von morgen muss motivieren können, sonst laufen die Untergebenen angesichts attraktiverer Alternativen davon. MAB und vor allem die Nachfolgeprozesse sind sicherlich eine ausgezeichnete Gelegenheit, genau diese Fertigkeit quasi »on-the-job« zu lernen. Dies gilt natürlich auch für die Mitarbeiter, die ihrerseits in den, in der Vergangenheit verkümmerten, Dialog mit Führungskräften aber auch den, horizontal betrachtet, Austausch mit Kollegen aus Nachbarabteilungen praktizieren können.

An dieser Stelle wird ein Paradoxon deutlich, dem man bei Personal- und Organisationsentwicklungsprojekten häufig begegnet: Man will ein neues Instrument einführen und die Zielsetzung impliziert, dass die Ursachen für das parzielle Scheitern genau mit dessen Zielen zusammenhängt. Man möchte ein Feedback-System implementieren, um innerbetriebliche Kommunikation zu fördern, die Probleme resultieren aber daraus, dass die notwendige Feedback-Kultur (als oberstes Ziel) nicht vorhanden ist. Die Konsequenz sollte angesichts dieses scheinbaren Widerspruchs nicht sein, die Flinte ins Korn zu werfen und den MAB-Prozess abzubrechen. Im Gegenteil: Wenn insbesondere bei einer Wiederholungsbefragung deutlich wird, dass der intendierte Umsetzungsprozess nur sehr halbherzig vorangeschritten ist, dann sollte dieses Symptom als Beleg dafür interpretiert werden, dass eine MAB mehr denn je sinnvoll ist, gerade weil sie nicht optimal funktioniert hat. Ein ähnliches Schicksal erleben z. B. typischerweise sog. Mitarbeiter-Jahres-Gespräche (vgl. Bungard & Liebig, 2005).

Dieses Interventions-Paradoxon lässt sich auch auf interpersoneller Ebene veranschaulichen: Es gehört zu den alltäglichen MAB-Erfahrungen, dass die aktivsten Führungskräfte, den MAB-Prozess im Sinn des Instruments aufgreifen, genau diejenigen sind, die ihn am wenigsten nötig hätten, da sie ohnehin auch in der Vergangenheit bereits das Feedback der Mitarbeiter konstruktiv verarbeitet haben. Hier gilt u. U. die Weisheit aus dem Marketing-Bereich bezüglich der Effizienz von Werbung: Nur 50% der Werbebotschaften sind wirklich erfolgreich, man weiß nur leider nicht vorher, welche 50% es genau sind. Bei den involvierten Führungskräften kennt man z. T. natürlich seine Kommunikations-Experten, entscheidend sind aber die Führungskräfte im mittleren Bereich des Kontinuums, nämlich diejenigen, die per Institutionalisierung in Form einer MAB »sanft« gezwungen werden, solche Feedbackprozesse aktiv zu gestalten und dabei einen Lernprozess zu durchlaufen. Bei einem (hoffentlich) kleinen Teil der Vorgesetzten kommt erfahrungsgemäß jede »Hilfe« zu spät. Sie sind, aus welchen Gründen auch immer, ungeeignet, an diesem Prozess zu partizipieren. Sie werden die MAB-Maßnahmen bis zum bitteren Ende boykottieren. Bei ihnen wird aber umso deutlicher die Frage virulent werden, ob sie auch in Zukunft den Führungsidealen entsprechen, wie man sie zur Bewältigung der zukünftigen oben geschilderten Motivationsaufgaben benötigt.

3.2 Sicherung der Nachhaltigkeit von Mitarbeiterbefragungen

Cathrin Niethammer u. Karsten Müller

3.2.1 Rahmenmodell zur Sicherung der Nachhaltigkeit

Ziel dieses Kapitels ist es, viele der bereits angesprochenen Aspekte der Mitarbeiterbefragung vor dem Hintergrund die Nachhaltigkeit der Prozesse zu sichern in einem Konzept zu integrieren. Kernfrage ist, wie die MAB und hierbei insbesondere die Follow-up-Prozesse der MAB gestaltet werden müssen, damit diese zu nachhaltigen positiven Veränderungen in der Organisation führen. Diese Frage der nachhaltigen Veränderung ist gleichbedeutend mit der Frage nach der dauerhaften Wirkung der MAB und der Implementierung überdauernder positiver Veränderungen. Klar ist auch, dass es nicht **den** einen Königsweg zur Erreichung dieser Zielsetzung gibt. Vielmehr umfasst die Sicherung der Nachhal-

tigkeit ein ganzes Bündel von einzelnen Maßnahmen, bestimmten Vorgehensweisen, möglichen Strategien und den Einsatz verschiedener Instrumente, die schließlich in ihrer Gesamtheit zu einem Erfolg des Follow-up-Prozesses führen.

Bei der Gestaltung eines **Follow-up-Prozesses** einer MAB handelt sich im weitesten Sinne um das Management eines Veränderungsprozesses. Deshalb lassen sich aus der Change Management Literatur Hinweise auf konkrete Maßnahmen, Vorgehensweisen, Strategien und Instrumente ableiten. Es gibt eine einfache, intuitiv verständliche und effektive Kategorisierung der Faktoren, die den Erfolg eines Veränderungsprozesses ausmachen. Dabei wird zwischen drei wichtigen Faktoren, die vorhanden sein müssen, unterschieden, damit organisationale Veränderungen letztlich zum gewünschten Erfolg führen: Veränderungsprozesse sind dann erfolgreich, wenn die involvierten Personen die Veränderungen umsetzen **wollen**, dies **können** und die Erlaubnis dazu haben, mit anderen Worten, dies auch **dürfen** (◘ Abb. 3.1).

Das **Wollen** zielt auf die Einstellungen der Betroffenen ab, das **Können** bezieht sich auf die Kompetenzen zur Umsetzung der angestrebten Ziele und das **Dürfen** umreißt die organisationalen Rahmenbedingungen, die letztlich die Umsetzung der Maßnahmen ermöglichen bzw. erlauben. Das Dürfen steht somit in starkem Zusammenhang zur Unternehmenskultur und zur grundsätzlichen Follow-up-Strategie. Dieses Modell lässt sich mit einigen Mo-

◘ **Abb. 3.1.** Wollen, Können und Dürfen

difikation und einer stärkeren Spezifizierung auf den Follow-up-Prozess der MAB als einen Spezialfall des Veränderungsmanagements betrachten. Somit ist der Follow-up-Prozess als wichtiger Teilprozess der MAB mit hoher Wahrscheinlichkeit erfolgreich, wenn die involvierten Personen, die auf den Ergebnissen basierend Veränderungen ableiten und umsetzen wollen, dies können und auch dürfen.

Die Feststellung, dass der Erfolg von Veränderungsprozessen von diesen drei Faktoren abhängt, ist an sich noch keine bahnbrechende Erkenntnis und gewinnt für die konkrete Ausgestaltung des MAB-Prozesses erst durch seine inhaltliche Spezifierung an Bedeutung.

Letztlich sind die Elemente Wollen, Können und Dürfen, respektive die damit verbundenen Einstellungen, Kompetenzen, die Unternehmenskultur und Follow-up-Strategie nur die zu beeinflussenden Zielgrößen. Die **konkreten Handlungsspielräume** ergeben sich aus Maßnahmen, Vorgehensweisen und Stellhebeln zur zielführenden Steuerung und positiven Beeinflussung dieser Faktoren. Das Rahmenmodell bietet somit die Möglichkeit, diese Handlungsspielräume vom Ende her zu betrachten.

3.2.2 Zielgrößen zur Sicherung der Nachhaltigkeit

Wollen – Einstellungen

Wie bereits beschrieben, bezieht sich der Faktor **Wollen** in erster Linie auf die **Einstellungen** der zentralen Akteure des Follow-up-Prozesses. Dieses sind die in erster Linie die Führungskräfte und die Mitarbeiter des Unternehmens. Positive Einstellungen sowohl der Mitarbeiter als auch der Führungskräfte gegenüber der MAB selbst sind die Basis, um Veränderungsprozesse in der Folge der Erhebung zu initiieren. Dies sind insbesondere das Vertrauen in Richtigkeit und Authentizität der Ergebnisse, die Akzeptanz des Instruments, die Überzeugung von der Nützlichkeit der Befragung und die Bereitschaft, aktiv an Veränderungen zu partizipieren. Diese Einstellungen stehen im konkreten Zusammenhang zur Implementierung und Durchführung der Befragung. So ist ein Ansatzpunkt zur Beeinflussung dieser zentralen Einstellungen die in allen Prozessabschnitten konsequente und glaubhafte Umsetzung der in ▶ Kap. 2.3 diskutierten Grundsätze der Durchführung einer MAB.

Die Maximen der Durchführung der Befragung **Anonymität, Freiwilligkeit, Transparenz und die Bereitschaft aller Beteiligten zur Veränderung** sollten sich in jedem Prozessschritt der MAB niederschlagen. Die glaubhaft wahrgenommene und erlebte Anonymität der Befragung sichert das Vertrauen in die Befragungsergebnisse. Die Freiwilligkeit der Teilnahme trägt zur Akzeptanz des Instruments bei. Die Transparenz in Bezug auf die Prozesse, die Ergebnisse und die Veränderung nach der durchgeführten MAB führt zur Überzeugung der Nützlichkeit der Befragung. Das Commitment und die Auslegung aller Prozesse mit dem Ziel, Veränderungen auf Grundlage der MAB-Ergebnisse umzusetzen, unterstützt die Bereitschaft zur aktiven Partizipation an den Veränderungsmaßnahmen. Die Verletzung dieser Grundsätze können erhebliche Einflüsse auf die Einstellungen aller Beteiligten haben und untergraben somit letztlich die Zielsetzung des Projektes (◘ Abb. 3.2).

Die Grundsätze werden im Prozess der MAB zum Teil »am eigenen Leib« spürbar. Sie sind jedoch auch Gegenstand der Informations- und Kommunikationspolitik. So können Veränderungen in der eigenen Abteilung aufgrund der letzten MAB zwar selbst erlebt werden, sie werden aber durch die Mitarbeiter oft nicht in originären Zusammenhang mit der MAB gebracht. Organisationsweite Veränderungen stehen für die Beteiligten noch weniger transparent im Zusammenhang mit den MAB-Ergebnissen. Somit ist ein weiterer zentraler Stellhebel zur positiven Beeinflussung der Einstellungen die **Kommunikations- und Informationspolitik**. Aber auch Trainings und die Gestaltung des Follow-up-Prozesses können erhebliche Einflüsse auf die Einstellungen der Beteiligten haben.

Ein anderer Einstellungsfaktor ist die **persönliche Relevanz der Befragungsergebnisse** für die Beteiligten, die stark von dem Befragungsinstrument abhängig ist. Besitzen die Themen der Befragung geringe Bedeutung für die Beteiligten, haben auch die Ergebnisse geringe Relevanz für die Mitarbeiter und Führungskräfte (▶ Kap. 2.2). Ferner müssen die Daten eine Grundlage zur wirklichen Analyse der Situation ermöglichen und Ernsthaftigkeit

Abb. 3.2. Grundsätze und Konsequenzen bei Mitarbeitern

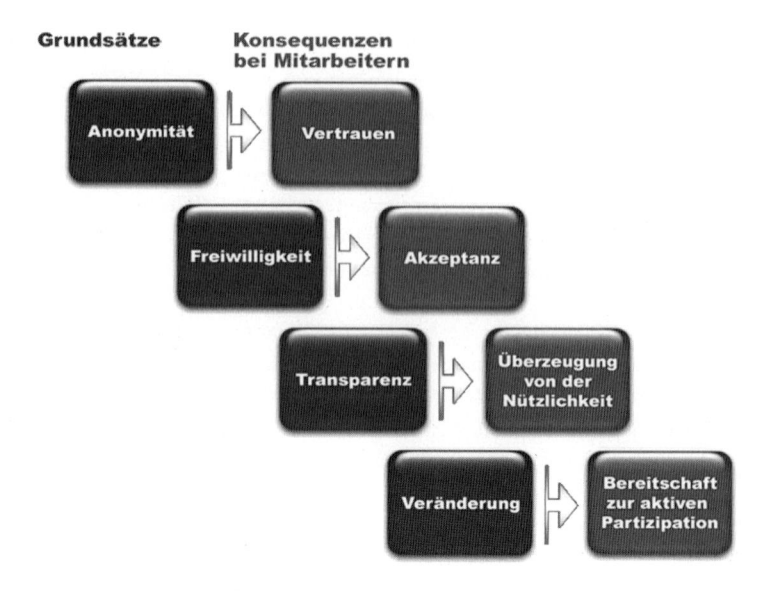

Grundsätze: Anonymität → **Konsequenzen bei Mitarbeitern:** Vertrauen

Freiwilligkeit → Akzeptanz

Transparenz → Überzeugung von der Nützlichkeit

Veränderung → Bereitschaft zur aktiven Partizipation

---

der Befragung signalisieren. Zu lange Fragebogen mit umfangreichen Detailfragen stellen eine Belastung beim Ausfüllen dar und sind nicht praktikabel. Enthält ein Fragebogen der MAB jedoch nur 3, 4 oder 12 Items, dann bietet dies kaum die Grundlage für eine Erfassung der aus Mitarbeitersicht relevanten Aspekte ihrer Arbeitssituation oder des Abteilungsklimas. Auch innerhalb der thematisierten Aspekte bleibt eine erschöpfende Analyse aus. Aus Sicht vieler Mitarbeiter vermittelt der Fragebogen somit bereits den Eindruck, die MAB erfülle eine kostengünstige Alibifunktion für das Management mit dem Ziel der Pseudopartizipation. Die wahrgenommene Authentizität des Interesses an der eigenen Einschätzung und der Glaube und die Bereitschaft zur Umsetzung von Veränderung infolge der MAB werden infolgedessen bereits zu Beginn der Erhebung erheblich infrage gestellt.

Ein weiterer Faktor, der im Zusammenhang mit der Bereitschaft zur Umsetzung von Veränderungen steht, sind die Ergebnisse selbst. Jöns (2000) konnte zeigen, dass die **Bereitschaft zur Umsetzung von Veränderungen** infolge der MAB auch durch die Ausprägung der Ergebnisse und der Abweichung der Ergebnisse von erwarteten Werten beeinflusst wird. So ist es wahrscheinlich, dass schlechte Ergebnisse, insbesondere dann, wenn sie nicht ohnehin erwartet werden, zu einer höheren Veränderungsbereitschaft führen können.

Die Einstellungen verschiedener Beteiligter beeinflussen sich auch wechselseitig. So sind die Einstellungen, d. h. z. B. der Glaube an die Nützlichkeit und die Bereitschaft zur aktiven Partizipation, auch von den **Einstellungen der eigenen Führungskraft** abhängig. Die Führungskraft ist einer der zentralen Akteure im Follow-up-Prozess. Sie präsentiert die Ergebnisse, moderiert häufig die Workshops mit den Mitarbeitern und muss letztlich für die Umsetzung der Maßnahmen in der Abteilung sorgen bzw. zum Teil zur Eskalation auf die nächst höhere Ebene beitragen. Von dieser zentralen Rolle der Führungskraft ausgehend ist eine Demotivation der Mitarbeiter aufgrund mangelnder Partizipationsbereitschaft der Führungskraft eine mehr oder minder logische Konsequenz. Letztlich sollte das Commitment und die Einstellung des Managements noch Erwähnung finden. Auch dies hat einen erheblichen Einfluss auf die wahrgenommene Nützlichkeit der Befragung für Veränderungen aufgrund der Befragungsergebnisse.

Können – Kompetenz

Der Faktor **Können** bezieht sich in erster Linie auf die **Kompetenz** der Beteiligten, die Maßnahmen umzusetzen. Diese Kompetenz ist abhängig von zahlreichen konkreten Merkmalen des Follow-up-Prozesses. Zum einen müssen die Führungskräfte den Mitarbeitern die vollständigen Ergebnisse ihrer

Abteilung zu Verfügung stellen. Die Ergebnisse müssen jedoch auch verständlich aufbereitet sein. Ferner sollen die Berichte Hilfestellungen leisten, um Stärken und Schwächen zu erkennen und entsprechenden Handlungsbedarf abzuleiten. Die Kompetenz zur richtigen Interpretation der Ergebnisse ist unter anderem von der Aufbereitung der Ergebnisse und deren handlungsimplikativer Darstellung in den Berichten (▶ Kap. 4.3) abhängig.

Handlungsportfolios (▶ Kap. 4.5) und **Benchmarks** (▶ Kap. 4.4) können darüber hinaus einen wichtigen Beitrag zur Identifikation der Themengebiete mit dringendstem Handlungsbedarf leisten. Ein wichtiger weiterer Faktor ist die **Vorbereitung und das Training der Führungskräfte** (▶ Kap. 4.2). Sie sind es, die aufgrund ihrer Position den Prozess von der Präsentation der Ergebnisse bis hin zur Umsetzung der Maßnahmen letztlich vorantreiben und für diesen verantwortlich sind. Entsprechende Trainings sind zumindest bei der erstmaligen MAB ein zentraler Faktor zur Kompetenzsicherung im Follow-up-Prozess.

Dürfen – Unternehmenskultur und Follow-up-Strategie

Der Faktor **Dürfen** steht in Bezug zur Unternehmenskultur und grundsätzlichen Follow-up-Strategie. Diese beiden wichtigen Aspekte des Dürfens werden in den folgenden Abschnitten in ihrer Bedeutung näher erläutert.

Unternehmenskultur

Kultur ist meist konzeptualisiert als im Kern aus den gemeinsamen Werten und Normen einer sozialen Gemeinschaft bestehend (Erez, 1994; Hostede, 2001; Schein, 1985). Normen und Werte bestimmen die Angemessenheit und soziale Sanktionierung bestimmter Verhaltensweisen innerhalb der Gemeinschaft. Gleiches gilt für die Konzeptualisierung der Unternehmenskultur: Durch die Werte und Normen des Unternehmens werden bestimmte Verhaltensweisen der Mitglieder der Organisation reglementiert und gesteuert. Die Unternehmenskultur hat in vielerlei Hinsicht einen prägenden Einfluss auf den Erfolg des Follow-up-Prozesses. Bungard (2005) umschreibt dies im Sinne einer **Feedbackkultur**.

Wird die Aufforderung zum Feedback bei den Mitarbeitern und der Erhalt von **Feedback bei Führungskräften** in manchen Unternehmen als Bedrohung erlebt, dann ist diese Reaktion nachvollziehbar, aber der eigentlichen Intention und dem wahren Nutzen der MAB gänzlich abträglich. Mitarbeiter in einem Unternehmen müssen Feedback geben dürfen, ohne dass dies mit der Erwartung negativer Konsequenzen assoziiert ist. Gerüchte oder tatsächliche Erfahrungen von Entlassung aufgrund der Ergebnisse von MABs, von Disziplinargesprächen und anderem, schaffen ein Klima der Verunsicherung und des Misstrauens. Feedback muss erlaubt sein und in erster Linie angstfrei angenommen werden können. Kritisch wird es erst dann, wenn Feedback nicht ernst genommen wird und Lernprozesse ausbleiben.

Mit der **Feedbackkultur** als Facette der Unternehmenskultur steht das Innovationsklima in engem Zusammenhang (▶ Kap. 3.3). Die Ausprägung des Innovationsklimas ist ebenfalls einen wichtiger Rahmenfaktor im Hinblick auf die Umsetzbarkeit von Veränderungen als Konsequenz aus der MAB. Ein positives Innovationsklima schafft die Grundlage der Bereitschaft zur Veränderung. Die Organisation ist geübt, Veränderungsprozesse zielgerichtet zu steuern und eine höhere Effektivität zu erzielen. Toleranz von Differenzen, die Unterstützung, wenn Ideen eingebracht werden sowie persönliches Commitment sind hierbei wichtige Dimensionen. Die Faktoren der Unternehmenskultur sind auf der einen Seite wichtige Faktoren zur Sicherung der Nachhaltigkeit der MAB, auf der anderen Seite sind dies aber auch Faktoren, die kaum im Rahmen der MAB zu steuern oder zu beeinflussen sind.

Aber gerade die MAB, als zentrales Feedback- und Partizipationsinstrument leistet bei erfolgreicher Umsetzung des Follow-up-Prozesses einen wichtigen Beitrag zur Schaffung einer offenen und nicht nur über die MAB formalisiert auferlegten Feedbackkultur und kann somit die Entwicklung hin zu einem ausgeprägten Innovationsklima fördern.

Follow-up-Strategie

Neben der Unternehmenskultur stellt die grundsätzliche Follow-up-Strategie einen weiteren wichtigen Faktor des Dürfens dar, da sie das grundsätzliche Ausmaß bestimmt, inwieweit in der Organisation Ressourcen für den Follow-up-Prozess bereitgestellt werden. Zusätzlich legt sie in gewissem Maße die

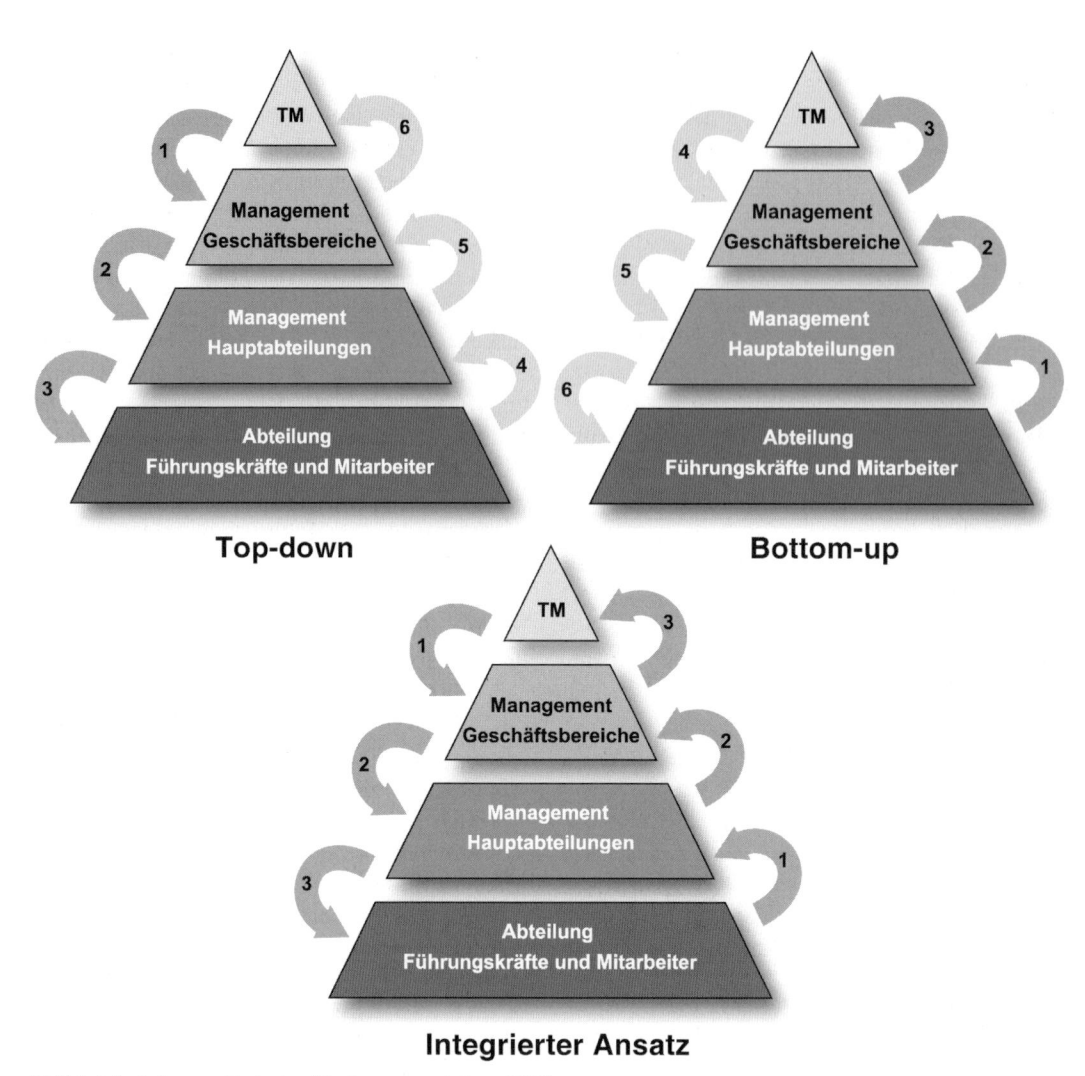

Abb. 3.3. Follow-up-Strategien. (Mod. u. erw. nach Borg, 2003)

Handlungsspielräume der Beteiligten fest. Man unterscheidet im Allgemeinen drei grundsätzliche Strategien zur Vorgehensweise: den **Top-down-, Bottom-up- und den Task-Force-Ansatz** (Abb. 3.3). Diese werden in den folgenden Abschnitten näher beschrieben.

Top-down-Ansatz

Der Top-down-Ansatz gilt als ökonomisch, besitzt die Möglichkeit der strategischen Ausrichtung durch das Topmanagement parallel zu anderen Managementsystemen und kann in einem straffen Zeitplan innerhalb der Organisation umgesetzt werden. Der Top-down-Ansatz beginnt mit der Präsentation der Ergebnisse auf höchster organisationaler Ebene und deren Interpretation durch das Topmanagement. In der Regel werden basierend auf der, innerhalb des begrenzten Personenkreises vorgenommenen Deutung der Ergebnisse, Themen der MAB als allgemeingültige Schwerpunktthemen für den weiteren Prozess identifiziert. Diese Themenfoci werden im ersten Kaskadenschritt (1) mit den Ergebnissen und ersten Ideen für Aktionen in die darunterliegender Hierarchieebene weitergegeben. Manche Autoren sehen vor, dass die Ergebnisse zwischen jeweiliger Führungskraft aus der höheren Hierarchieebene mit ihren Mitarbeitern der niedrigeren Hierarchieebene in Einzelgesprächen vertieft werden. Die Weitergabe der interpretierten Ergebnisse und Aktionsbündel über die Hierarchiestufe (2) bis zur operativen Ebene (3) hinweg, ist das charakteristische dieses strategischen Ansatzes.

Von der operativen Ebene werden dann im Umkehrprinzip Aktionspläne, deren Einhaltung, und Fortschritte aus den Aktionen in der Kaskade wieder nach oben gemeldet (4, 5, 6). Dieser Prozessschritt sieht auch vor, dass Probleme, die auf einer unteren Ebene nicht gelöst werden können, nach oben eskaliert werden. Dem Topmanagement kommt somit die Aufgabe der Fortschrittskontrolle und der Steuerung des Gesamtprozesses zu.

Jöns (1997) setzt den Akzent in diesem Ansatz auf den Rückfluss der Informationen als Bottom-up-Prozess in der Hierarchie. Der Inkaufnahme einer zeitlichen Verzögerung innerhalb des Prozesses setzt sie das fehlende Commitment der Basis für Veränderungen und Aktion bei fehlender Einbindung entgegen.

Genau dieses Prinzip der Partizipation steht bei einer weiteren strategischen Ausgestaltung der Follow-up-Prozesse im Vordergrund: der Bottom-up-Ansatz.

Bottom-up-Ansatz

Der Bottom-up-Ansatz begreift die inhaltliche Schwerpunktlegung in den Ergebnissen diametral zum eben beschriebenen Ansatz. Der Prozess beginnt an der operativen Basis. Dort werden die Ergebnisse präsentiert, interpretiert und adäquate Maßnahmen definiert. Diese werden dann in die nächst höhere Hierarchieebene gemeldet und mit dem korrespondierenden Vorgesetzten abgestimmt (Hinrichs, 1991). Die Problemlösung findet in der Hierarchieebene statt, in der die Probleme aufgetreten sind und werden nur bei zu geringem Lösungspotenzial in dieser Ebene nach oben getragen. Diese Ebenen haben dann die Möglichkeit, Probleme direkt zu lösen, zurück zu delegieren, Handlungskompetenzen zu schaffen oder die Probleme weiter nach oben zu geben. Ein gemeinsames Schwerpunktthema ergibt sich bei diesem Ansatz nur in dem Falle, wenn mehrere Abteilungen die gleichen Probleme identifizieren und diese nach oben verdichtet werden (Borg, 1995).

> **❶ Konkrete Aktionsbündel und Maßnahmen** sollten auf höheren Managementebenen in einer Organisation parallel oder erst **nach Auswertung der Rückmeldungen niedriger Hierarchieebenen** erfolgen, um eine Verzahnung der Aktionen und die Partizipation der Mitarbeiter zu gewährleisten.

Task-Force-Ansatz

Eine dritte existierende Strategie stellt der Task-Force-Ansatz dar. Dieser Ansatz der strategischen Ausgestaltung des Follow-up Prozesses sieht vor, dass das Management einer Organisationseinheit, die Ergebnisse interpretiert und darauf aufsetzend, Schwerpunktthemen benennt. Zusätzlich zu diesen Fokussierungen übernimmt das Management die Benennung von sog. »process owners«, die Verantwortungsträger für die Ausarbeitung von Aktionsplänen darstellen. An höchster Stelle einer meist ad hoc zusammengestellten Projektgruppe überwachen diese dann die Umsetzung der Aktionen. Ein Problem dieses durchaus ebenfalls wirtschaftlichen Ansatzes ist die stark eingeschränkte Partizipation der Basis, was zu **fehlendem Commitment bei der Umsetzung** der Aktionen führen kann (Burke, 1987) sowie die Loslösung der Ursachenforschung und Aktionsumsetzung von den alltäglichen Arbeitsprozessen und Arbeitsinhalten.

In der **vergleichenden Betrachtung** zeigt sich, dass jeder der drei Ansätze mehr oder weniger Stärken aber auch Unzulänglichkeiten aufweist. Die beiden zuerst beschriebenen Ansätze haben den Vorteil, dass der Prozess in der hierarchischen Linie bleibt und somit keine künstliche Verantwortungsstruktur parallel zu der, im Unternehmen existierenden, geschaffen wird. Diesen großen Nachteil weist der dritte Ansatz auf und zeigt somit oftmals keine Wirksamkeit in der Umsetzung der Aktionen, da die formierten Task-Forces nicht mit den nötigen Weisungsbefugnissen ausgestattet sind.

> **❶ Ein Aufsetzen einer virtuellen, kompetenzlosen Parallelstruktur zur Steuerung der Follow-up-Prozesse einer MAB** gilt es, unter allen Umständen zu verhindern.

Die Verantwortung, die Maßnahmen zur Veränderung auf Grundlage der MAB umzusetzen, muss in der Linie bleiben. Die Trennung in Top-down-, Bottom-up- und Task-Force-Ansatz scheint vor dem Hintergrund der Komplexität der Prozesse eher dogmatisch. Wie ▶ Kap. 2.4 zeigt, laufen viele der Prozesse parallel und mit leichten Verzögerung in unterschiedliche Richtungen, insbesondere dann, wenn eine Organisation schon Erfahrung mit der Durchführung der MAB hat. Aufgrund der Erfahrungen aus der Implementierung der drei beschriebenen Prozessgestaltungen und der Grundauffassung des Instrumentes MAB scheint eine Kombination der einzelnen Gestaltungskonzepte sinnvoll. Danach sollte die Strategie darin bestehen, einen Prozess aufzusetzen, der parallel verlaufend Top-down- als auch Bottom-up-Prozessschritte aufweist (◘ Abb. 3.3).

Zu Beginn der Follow-up-Prozesse steht die Präsentation der Ergebnisse an das Topmanagement (wie im Top-down-Ansatz). Gleichzeitig oder mit kurzer Verzögerung werden dezentral die Ergebnisse an der organisationalen Basis von Führungskraft und Mitarbeitern diskutiert und interpretiert (Bottom-up-Ansatz). Ziel ist es, Aktionen, deren Handlungs- und Wirkebene die Organisationseinheit ist, auch in der Organisationseinheit dezentral umzusetzen und Verbesserungen anzustoßen. Hierbei handelt es sich meist um Aktionen, die mit tätigkeitsnahen und abteilungsfokussierten Themen aus der MAB wie **Zusammenarbeit im Team, Arbeitsbedingungen** etc. zusammenhängen (▶ Kap. 2.4).

Sollten sich übergeordnet, über die Abteilungen und Ebenen hinweg, Themenfelder identifizieren lassen, die strategischer Natur sind, wie beispielsweise **Unternehmensziele, Vertrauen ins Topmanagement, Entwicklungsperspektiven**, so sind diese und daraus zu formulierende Aktionen in der Verantwortlichkeit des Topmanagements. Durch die Transparenz der jeweiligen Aktionen und Interpretationen innerhalb der Kaskade kann eine feinere Formulierung der Aktionen und Veränderungsrichtungen im Sinne von konstruktiven Feedbackschleifen erfolgen. Ein großer Vorteil dieses Ansatzes ist die Einbindung aller organisationaler Ebenen in den Interpretations- und Planungsprozess bei geringer zeitlicher Verzögerung, wie sie im klassischen Bottom-up-Ansatz auftritt und dort kritisiert wird.

Die Steuerung der **Informationszusammenführung** übernimmt die jeweilige Managementebene und so verbleibt der inhaltliche Prozess innerhalb der Hierarchiefolge. Die Prozesssteuerung, im Sinne einer Überprüfung der Kommunikation über den Prozess, und die Erfolgsmessung erfolgt über das Projektmanagement. Dieses übernimmt somit strategische Arbeitsinhalte der **Task-Forces** aus dem dritten hier beschriebenen Ansatz.

Dieser integrierte Ansatz stellt das Commitment aller organisationaler Ebenen für die Follow-up-Prozesse sicher. Durch das sofortige, nicht durch Vorgaben limitierte, Arbeiten mit den Ergebnissen und dem Ableiten von schnell wirksamen Aktionen im eigenen Handlungsbereich, steigt die Akzeptanz bei den unteren Hierarchieebenen. Durch die Verantwortungsübernahme des Topmanagements selbst von übergeordneten Problemstellungen wird auch von dieser Seite Engagement signalisiert und eine gemeinnützige Veränderungsbereitschaft demonstriert.

Als Fazit der Diskussion über die **Möglichkeiten in der strategischen Ausgestaltung der Follow-up**-Prozesse lässt sich festhalten, dass Aspekte wie Partizipation, Verantwortungsübernahme über alle hierarchischen Ebenen, Eingliederung der Follow-up-Prozesse in den alltäglichen Weisungsapparat (Linie) und ein überschaubarer Zeitrahmen der Umsetzung bei der Strategiemodellierung handlungsleitend sein sollten und es den Beteiligten erst erlauben, die entsprechenden Maßnahmen zielführend umzusetzen.

3.2.3 Resümee

Betrachtet man nun das anfangs diskutierte Modell des erfolgreichen MAB Follow-up-Prozesses, dann wird klar, dass die Größen Wollen, Können, Dürfen respektive Einstellungen, Kompetenz, Unternehmenskultur und grundsätzliche Follow-up-Strategie letztlich nur die zu beeinflussenden Zielgrößen der Gestaltung des MAB-Prozesses darstellen. Wie die Diskussion dieser Zielgrößen zeigt, sind ihre Stellhebel ein Bündel verschiedener Maßnahmen, Vorgehensweisen und Veränderungsprozesse. Nur die gelungene Ausgestaltung der Elemente des Bündels sichert, vor dem Hintergrund der Unternehmenskultur, den Erfolg und die Nachhaltigkeit der MAB.

Die verschiedenen Maßnahmen, Vorgehensweisen und Stellhebel sind die Instrumente, die im Rahmen des Projektmanagements der MAB im Sinne

Abb. 3.4. Wollen, Können und Dürfen mit verschiedenen Gestaltungsaspekten der MAB

der Zielerreichung das Können, Wollen und Dürfen gestalten und beeinflussen (◘ Abb. 3.4). Dies sind neben **Aspekten der Durchführung** der Befragung insbesondere die **Kommunikations- und Informationsmaßnahmen** (▶ Kap. 4.1), **das Training der Führungskräfte** (▶ Kap. 4.2), **die Gestaltung der Berichte** (▶ Kap. 4.3), **die Verwendung von Benchmarks** (▶ Kap. 4.4) **und Portfolios** (▶ Kap. 4.5), **die Vernetzung mit anderen Kennzahlensystemen** (▶ Kap. 4.6); **aber auch die Verwendung qualitativer Informationen** (▶ Kap. 4.7). Ein weiteres zentrales Instrument zu Sicherung der Nachhaltigkeit ist das **Controlling** (▶ Kap. 4.8) der eingeleiteten Follow-up-Prozesse und deren Konsequenzen (Jöns, 2000).

Bevor die Rolle und Gestaltung dieser Instrumente in ▶ Kap. 4 näher dargestellt wird, wird zunächst in den folgenden drei Kapiteln auf den Zusammenhang des Innovationsklimas und den Erfolg der MAB eingegangen. Aufgrund ihrer zentralen Stellung wird anschließend die Führungskraft und deren besondere Rolle im Follow-up-Prozess diskutiert und ein Überblick über empirische Erkenntnisse über Erfolgsmessung und Erfolgsfaktoren der MAB gegeben.

3.3 Feedbackkultur und Innovationsklima

Ingrid Feinstein

Eine Mitarbeiterbefragung (MAB) ist als Organisationsentwicklungsmaßnahme zu verstehen, mit der in der Phase des Follow-up ein Verbesserungsprozess und im weitesten Sinne ein Innovationsprozess eingeleitet wird. Innovation bedeutet dabei, dass etwas (relativ) Neues entwickelt, implementiert und angewendet wird. Das Ziel einer MAB ist hauptsächlich in der sog. Prozessinnovation zu sehen, die die Verbesserung interner Abläufe fokussiert (im Gegensatz zu der Produktinnovation, die sich auf das Kerngeschäft eines Unternehmens bezieht). Um solche Innovationsprozesse im Rahmen von MAB erfolgreich in Gang zu setzen und aufrechtzuerhalten, ist es wichtig, die Faktoren zu kennen, die Innovationsprozesse allgemein und speziell im Hinblick auf MAB erleichtern und unterstützen.

Bedingungen, die von den Organisationsmitgliedern als förderlich für die Entwicklung und Implementierung von Innovationen wahrgenommen werden, sind unter dem Konzept des Innovationsklimas zu subsumieren. Ein gutes Innovationsklima ist damit auch als eine wichtige Voraussetzung für ein erfolgreiches Follow-up und insgesamt für den MAB-Prozess zu sehen. Auch für die erfolgreiche und vor allem nachhaltige Durchführung anderer Feedbackprozesse, d. h. für die Feedbackkultur eines Unternehmens insgesamt, ist das Innovationsklima ein entscheidender Erfolgsfaktor.

Zwischen Innovationsklima und Feedbackkultur allgemein besteht allerdings eine wechselseitige Beziehung, wie ◘ Abb. 3.5 verdeutlicht. Auf der einen Seite wirkt sich ein starkes Innovationsklima als unabhängige Variable positiv auf die Feedbackkultur als abhängige Variable aus. Auf der anderen Seite wirkt sich eine starke Feedbackkultur im Sinne von nachhaltigen formalen und informellen Feedbackprozessen positiv auf das Innovationsklima und Innovationsprozesse allgemein aus (vgl. Frey, 1998). Eine starke Feedbackkultur bedeutet, dass

Innovationsklima ⇄ **Feedbackkultur**

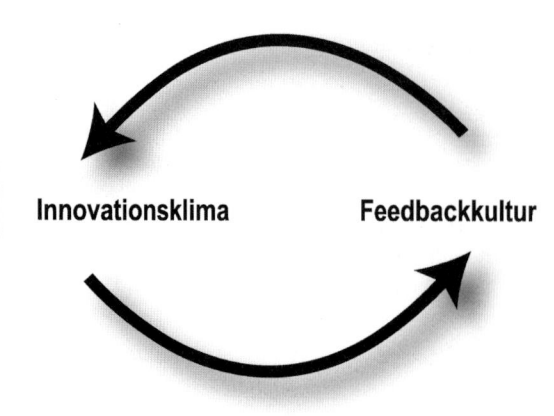

Abb. 3.5. Wechselwirkung zwischen Innovationsklima und Feedbackkultur

sich Mitglieder offen für das Infragestellen der eigenen Leistung, der bestehenden Rahmenbedingungen, der Arbeitsabläufe usw. zeigen, dass Feedback diesbezüglich gesucht und gegeben wird, und dass in der Konsequenz gegebenenfalls Maßnahmen zur Verbesserung eingeleitet werden. Diese Grundhaltung gegenüber Feedback und den Konsequenzen daraus wirkt sich positiv auf das Innovationsklima aus.

Ganz konkret werden die Auswirkungen von Feedback(-kultur), wenn durch die Offenlegung von Soll-Ist-Differenzen in verschiedenen Bereichen des Unternehmens Innovationsprozesse überhaupt erst angestoßen werden. Im Rahmen einer MAB geschieht dies in der Phase des Follow-up. Feedback hilft aber auch, laufende Innovationsprozesse zu steuern, indem zu verschiedenen Zeitpunkten im Prozess immer wieder Informationen über den Verlauf und die Zielerreichung gegeben werden.

Nicht zuletzt können aber auch das Innovationsklima an sich und die bedingenden Faktoren selbst Gegenstand eines Feedbackprozesses werden. In einem globalisierten und sehr dynamischen Markt stellt die Innovationskraft eines Unternehmens einen entscheidenden Wettbewerbsfaktor dar. Unternehmen sind aufgrund des hohen Konkurrenzdrucks gezwungen, ihre Produkte und vor allem auch ihre internen Prozesse ständig und in immer kürzeren Abständen zu verbessern und effizienter zu gestalten. Es müssen Bedingungen geschaffen und aufrechterhalten werden, die Innovationen ermöglichen bzw. Innovationsprozesse erleichtern. Vor allem, weil sich Innovationen schlecht planen lassen, was Scholl (2004) als Innovationsparadox beschreibt, muss eine Organisation ein fruchtbares Innovationsklima herstellen, um Innovationen nicht nur dem Zufall zu überlassen. Eine gezielte Verbesserung des Innovationsklimas kann durch eine MAB eingeleitet werden.

In diesem Kapitel wird zunächst die Wechselwirkung zwischen Innovationsklima und Feedbackkultur betrachtet. Dabei werden zunächst die Begriffe Organisationsklima und Innovation geklärt, die grundlegend für das Verständnis des Begriffs Innovationsklima sind. Anschließend werden die wichtigsten Innovationsklima-Dimensionen und damit die entscheidenden Erfolgsfaktoren für einen nachhaltigen Follow-up-Prozess herausgearbeitet. Danach werden bei der Betrachtung des Zusammenhangs in die andere Richtung, nämlich der Auswirkung von Feedbackkultur auf das Innovationsklima, die Voraussetzungen für eine gute Feedbackkultur herausgearbeitet. Zuletzt werden Gestaltungsempfehlungen für die Durchführung einer MAB mit Innovationsklima als Gegenstand gegeben.

3.3.1 Organisationsklima und Innovation

Um sich dem Konzept des Innovationsklimas zu nähern, werden zunächst die Begriffe Innovation und Organisationsklima im einzelnen betrachtet. Beides sind Begriffe, die im unternehmerischen Kontext inflationär verwendet werden. Innovation ist dabei ein Schlagwort, mit dem vor allem neue Produkte angepriesen werden. Organisationsklima auf der anderen Seite drückt in Anlehnung an den meteorologischen Begriff die gemittelte Wahrnehmung bestimmter interner Bedingungen vonseiten der Mitarbeiter und Führungskräfte aus. Vor allem in den 80er-Jahren erlebte der Begriff einen regelrechten Boom, der aber weniger zu einer Präzisierung als zu einer zunehmenden Verwischung der inhaltlichen Bedeutung geführt hat.

In den folgenden Punkten wird eine kurze Übersicht über den Stand der Forschung zum Organisationsklima- und dem Innovationskonzept gegeben, bevor auf konkrete Faktoren für ein erfolgreiches Innovationsklima eingegangen wird.

3.3 · Feedbackkultur und Innovationsklima

Organisationsklima

Organisationsklima ist ein zentraler Begriff in der Organisationspsychologie, dessen Ursprünge in der Forschung Lewins zu sehen sind. In seinen frühen Feldstudien zu Führungsverhalten entstanden die Begriffe »social climate« oder »social atmosphere« um psychologische Bedingungen zusammenzufassen, die durch verschiedene Führungsstile ausgelöst werden (Lewin, Lippitt & White, 1939). Im deutschen Sprachraum entwickelte sich der Begriff des Betriebsklimas, der oftmals gleichbedeutend mit Organisationsklima verwendet wird (siehe Exkurs »Abgrenzung der Begriffe Organisationsklima und Betriebsklima«).

Organisationsklima ist als gedankliches Konstrukt zu verstehen, mit dem wahrgenommene Muster in Erfahrungen und Verhalten von Mitgliedern einer Organisation beschrieben werden. Drei Definitionsansätze werden in der Literatur unterschieden:

1. In einem **strukturellen Ansatz** beschränkt sich Klima vor allem auf die Betrachtung struktureller und vor allem objektiv beobachtbarer Gegebenheiten in einer Organisation (z B. Zentralität usw.). Allerdings ergibt die Forschung kaum eindeutige Belege dafür, dass die Struktur einer Organisation tatsächlich auch das Klima bestimmt (Schneider & Reichers, 1983).
2. In einem **subjektivistischen Ansatz** vertreten Forscher den Standpunkt, dass Klima hauptsächlich eine persönliche Sicht der Dinge in einer Organisation wiedergibt (das sog. »psychologische Klima«, James & Jones, 1974). Es zeigt sich allerdings, dass Klimaunterschiede weniger auf individuelle Merkmale als auf Kontextfaktoren zurückzuführen sind (Schneider, 1975).
3. Der **kognitivistische Ansatz** vertritt die Annahme, dass eine sozial geteilte Auffassung über organisationale Bedingungen, Verhaltensregeln usw. vorherrscht, die sich aus der Interaktion der Organisationsmitglieder über Selektions- und Sozialisationsprozesse ergibt (Schneider & Reichers, 1983). Dieser Ansatz, der sich in der Forschung weitgehend durchgesetzt hat, rechtfertigt aufgrund dieser Annahme der geteilten Wahrnehmung die Aggregation von Daten, sodass sich ein Gruppen-, Bereichs- oder Organisationsklima berechnen lässt.

Definition

Organisationsklima lässt sich zusammenfassend definieren als

> Summe von Wahrnehmungen organisationaler Bedingungen durch die Organisationsmitglieder, die im wesentlichen deskriptiv sind, sich auf die Gesamtorganisation oder Teilsysteme beziehen und Auswirkungen auf Verhalten haben. (Bögel 2003, S. 709)

Mit dieser Definition werden vor allem Probleme methodischer Art aus dem Weg geräumt. Dies betrifft z.B. das Problem der Aggregierung von Daten und der Reliabilität dieser Aggregate, da die Organisationsklimadaten hauptsächlich auf der individuellen Ebene erhoben werden, um später zu einem Gruppen-, Bereichs- oder Organisationsklima gemittelt zu werden (Schneider et al., 2000).

Abgrenzung der Begriffe Organisationsklima und Betriebsklima

Rosenstiel (2003) nennt zwei Wurzeln für das Klimakonzept:

> »… die Thematisierung des Betriebsklimas durch die deutsche Industriesoziologie in den späten 1930er-Jahren und die Untersuchungen des sozialen Klimas durch den […] Psychologen Kurt Lewin …« (Rosenstiel, 2003, S. 24).

Die Begriffe Betriebsklima und Organisationsklima wurden in der Folge oftmals gleichbedeutend verwendet. Die Forschung um das Konzept des Organisationsklimas entwickelte sich aber vor allem in angelsächsischer Tradition. Klima wird hier als ein im Wesentlichen eine Organisation beschreibendes soziales Aggregat definiert.

Das Betriebsklima hingegen, das sich vor allem im deutschsprachigen Raum durchsetzte, geht speziell auf die Qualität der sozialen Beziehungen in einer Organisation ein (Neuberger,
▼

1980). Es handelt sich hierbei um ein überwiegend evaluatives Konzept.

Abgrenzung der Begriffe Organisationsklima und Arbeitszufriedenheit
Die inhaltliche Nähe zum Konstrukt der Arbeitszufriedenheit führt dazu, dass Kritiker des Klimakonstruktes den Standpunkt vertreten, Klima sei nichts anderes als Arbeitszufriedenheit. Organisationsklima kann allgemein wie das Konstrukt der Arbeitszufriedenheit auch als Einstellung gegenüber der Organisation definiert werden (Neuberger, 1980). Es stellt sich die Frage, was das Klima über das dominierende Konzept der Arbeitszufriedenheit hinaus erklären kann.

Vor allem auf theoretischer Ebene lassen sich die beiden Konstrukte gut voneinander unterscheiden. Folgt man dem facettenanalytischen Ansatz von Payne und Pugh (1976) so lassen sich Organisationsklima und Arbeitszufriedenheit vor allem auf den Dimensionen Analyseeinheit, -element und Art der Messung differenzieren. Die zentralen Unterschiede ergeben sich dabei daraus, dass Organisationsklima im Wesentlichen eine Beschreibung der Organisation als soziales Aggregat wiedergibt. Die Arbeitszufriedenheit hingegen stellt eher eine Bewertung der Arbeit und der Arbeitsbedingungen auf individueller Ebene dar.

In der Praxis wird diese Trennung selten so präzise vorgenommen und es vermengen sich Aspekte der Arbeitszufriedenheit mit solchen des Organisationsklimas, vor allem, weil die gleichen Dimensionen für bedeutsam angesehen werden (z. B. Aspekte der Zusammenarbeit, der Führung usw.). Vor allem die Art der Messung der Konstrukte mithilfe von Fragebogen, die aus meist geschlossenen Items bestehen, ist identisch. In der praktischen Anwendung sind allerdings andere Aspekte viel entscheidender als die Befriedigung theoretischer Ansprüche. Evaluative Aspekte sind ebenso wichtig, wie beschreibende, um den vollen Informationsgewinn zu erreichen und Ergebnisse sinnvoll interpretieren zu können.

Inhaltlich fällt es insgesamt zunehmend schwer zu präzisieren, was genau nun Organisationsklima ist und welche Dimensionen bedeutsam sind. Dieses Problem ergibt sich zum Teil daraus, dass Organisationsklima auf der einen Seite als Bedingung für alle möglichen Leistungsfaktoren eines Unternehmens herangezogen wird. Zum anderen werden Befragungen in Forschung und Praxis eher unternehmens- und situationsspezifisch konzipiert, sodass auch immer andere inhaltliche Dimensionen als bedeutsam angesehen werden.

Experten aus Forschung und Praxis plädieren dafür, das Organisationsklima facettenspezifisch zu betrachten (Schneider et al., 2000), d. h. als Klima in Bezug auf etwas, z. B. Innovation, Führung usw. Nur durch diese spezifische Betrachtung kann das Konzept im ersten Schritt präzise und sinnvoll operationalisiert werden und Ergebnisse dann auch sinnvoll interpretiert und Handlungsimplikationen abgeleitet werden.

Auch Bemühungen im Rahmen von »linkage research« (hierzu ▶ Kap. 4.6) sind unter Beachtung dieses Aspektes erfolgversprechender. Erfahrungen zeigen, dass der Versuch, allgemeine Kennwerte, wie z. B. ein allgemeines Klima oder eine allgemeine Gesamtzufriedenheit, in Bezug zu Leistungsmerkmalen der Organisation zu setzen, selten aussagekräftige Ergebnisse liefert und damit den Anschein erweckt, dass kein Zusammenhang vorliege. Je spezifischer aber der jeweilige Kennwert gewählt wird, desto besser sind die Chancen, einen sinnvollen Zusammenhang aufzudecken.

Wenden wir uns nun dem zweiten Teil des Begriffes Innovationsklima zu, der Innovation:

Innovation und Innovationsprozess
Wenn in der Literatur Innovationsprozesse behandelt werden, liegt ein Schwerpunkt auf der Betrachtung und Analyse von Prozessen, die hauptsächlich Produktinnovationen betreffen, die im Rahmen von Forschungs- und Entwicklungsbemühungen eines Unternehmens entstehen. Das ist mehr als verständlich, da sich für Unternehmen gerade hier entscheidet, wie es in Zukunft weitergehen wird.

Anderen Arten von Innovationen, die in allen möglichen Bereichen einer Organisation entstehen können, muss aber die gleiche Bedeutung beigemessen werden. Schließlich ist die Innovationsbe-

3.3 · Feedbackkultur und Innovationsklima

mühung jeden Mitarbeiters in jeglicher Hinsicht von entscheidender Bedeutung für den Unternehmenserfolg und muss somit erkannt und gefördert werden.

> **Definition**
>
> Mit Innovation ist in Anlehnung an West (1990) die
> - absichtsvolle Einführung und Anwendung von
> - Ideen, Prozessen, Produkten oder Verfahren
> - innerhalb einer Rolle, Gruppe oder Organisation
>
> gemeint.
> Dabei kommt es nicht darauf an, dass etwas absolut neu ist, sondern lediglich neu für die relevante Einheit, die die betreffende Innovation einführt.
> Ganz entscheidend am Innovationsbegriff aber ist die Absicht des Nutzens für eine breitere Öffentlichkeit. Dies ist vor allem in Abgrenzung zu Veränderung und Kreativität zu nennen.

Es lassen sich also verschiedene Arten von Innovationen identifizieren. West (1990) unterscheidet Prozess-, Produkt- und Verfahrensinnovationen. Eine Idee ist dabei immer der Ausgangspunkt für eine Innovation, kann aber für sich allein genommen nicht als Innovation bezeichnet werden. Diese unterschiedlichen Arten von Innovationen erfordern teilweise unterschiedliche Voraussetzungen für die erfolgreiche Generierung und Implementierung. Der Grad der Komplexität wird weiterhin erhöht, wenn man notwendigerweise Innovation nicht als statisches Phänomen, sondern als dynamischen Prozess betrachtet, mit unterschiedlichen Phasen, die ebenfalls wieder unterschiedlicher Kontextfaktoren zur erfolgreichen Bewältigung bedürfen.

Ein Innovationsprozess lässt sich allgemein und in Übereinstimmung mit den meisten Modellen aus der Literatur in die Phasen Problemstellung oder -initiierung, Ideengenerierung bzw. Suche nach Lösungen, Implementierung und schließlich Evaluation (Abb. 3.6) einteilen. Der Exkurs zum Innovationsprozess erläutert die jeweiligen Herausforderungen in den einzelnen Phasen.

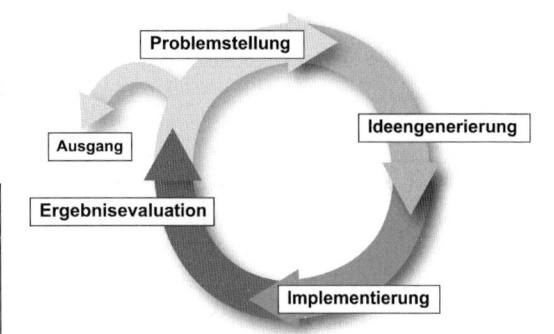

Abb. 3.6. Innovationsprozess

Der Innovationsprozess

In der Anfangsphase kommt es sehr stark darauf an, ein stimulierendes Umfeld zu schaffen, das unterschiedliche Standpunkte und Lösungsansätze zulässt, in dem konstruktiv und problemorientiert diskutiert wird und in dem vor allem die zeitlichen und räumlichen Gegebenheiten so gestaltet sind, dass Mitarbeiter Ideen generieren können. Die Akzeptanz von Dissonanzen und die Bereitschaft, diese aufzudecken muss, im Unternehmen insgesamt hoch sein.

In den weiteren Phasen der Konkretisierung und Planung ist es wichtig, dass unterstützende Rahmenbedingungen vorzufinden sind, z. B. die Führungskraft, die den jeweiligen Mitarbeiter bei der Realisierung eines Innovationsvorhabens unterstützt oder andere formale Strukturen im Unternehmen, wie z. B. ein funktionierendes Vorschlagswesen. Die anfängliche Offenheit sollte hier aber einer zunehmenden Konkretisierung und Planung der Maßnahmen weichen. Da Innovationen oftmals in der Gruppe bzw. unter der Einwirkung verschiedener Personen entstehen, ist es wichtig, dass Entscheidungen getroffen und konsequent verfolgt werden. Hier wird deutlich, dass Faktoren, die anfänglich positiv wirken, im weiteren Verlauf negative Auswir-

▼

kungen haben können, z. B. wenn in einer Gruppe zu viel Dissonanz entsteht und zu viel diskutiert wird, obwohl es an der Zeit ist, Entscheidungen zu treffen und eventuell Kompromisse einzugehen.

Am Ende, aber auch währenddessen, muss sich der Innovationsprozess einer Evaluation stellen, um eventuell nachbessern zu können, wenn der Prozess aus dem Ruder gelaufen ist und gar nicht mehr das ursprünglich definierte Ziel erreicht wird bzw. um zu überprüfen, ob das Ziel überhaupt erreicht wurde. An dieser Stelle ist der sogenannte »Pro-Innovations-Bias« zu nennen, nämlich die Grundannahme, dass Innovationen per se und immer gut und nicht in Frage zu stellen sind. Die anfängliche Absicht, Gutes zu tun, kann sich aber manches mal im Laufe des Prozesses in sein Gegenteil verkehren, wenn z. B. die Betroffenen gar keinen Nutzen in der Innovation sehen. Daher ist es wichtig, von Anfang an die Betroffenen mit einzubeziehen und an frühzeitigen Evaluationsprozessen teilhaben zu lassen.

◘ Abb. 3.6 deutet an, dass nach erfolgreicher Evaluation der Innovationsprozess abgeschlossen ist. Der Ausgang ist allerdings in Klammern gesetzt, da ein Innovationsprozess selten so scharf umrissen ist, dass ein Ende wirklich zu bestimmen ist. Vor allem im unternehmerischen Kontext sind Verbesserungs- und Veränderungsbestrebungen als kontinuierlich anzusehen.

Außerdem suggeriert die klare Trennung und Aneinanderreihung der einzelnen Phasen, dass es sich tatsächlich um einen linearen Verlauf handelt. In Wirklichkeit verlaufen Innovationsprozesse meist chaotischer. Verschiedene Phasen können dabei parallel laufen oder es treten Sprünge in frühere oder weit spätere Phasen auf (King & Anderson, 1995). Das Prozessmodell, wie es in ◘ Abb. 3.6 dargestellt wird, kann somit nur als Heuristik angesehen werden und beschreibt nicht unbedingt die Realität organisationaler Innovationsprozesse.

Zusammenfassend lässt sich festhalten, dass es sich bei dem Organisationsklima um ein soziales Aggregat handelt, das die allgemeine Wahrnehmung organisationaler Bedingungen seitens der Organisationsmitglieder einfängt. Um Organisationsklima inhaltlich sinnvoll operationalisieren und interpretieren zu können, sollte es facettenspezifisch definiert werden. Das Innovationsklima stellt eine solche Facette des Organisationsklimas dar und bedeutet demnach, dass Bedingungen betrachtet werden müssen, die die Generierung, Einführung und Anwendung von Prozess-, Produkt oder Verfahrensinnovationen erleichtern und unterstützen.

Im Folgenden werden diese Bedingungen, wie sie sich in der bisherigen Forschung und Praxis abzeichnen, und Implikationen, die sich daraus für den Follow-up-Prozess ergeben, betrachtet.

> **Innovationsklima wird als Facette des Organisationsklima bzw. als Klima in Bezug auf Innovation definiert. Innovationen sind als relativ neue Prozesse, Produkte und Verfahren. in Bezug auf eine Person, Gruppe oder Organisation zu verstehen.**

3.3.2 Innovationsklima-Dimensionen und Erfolgsfaktoren für den Follow-up-Prozess

Die Bedeutung von Klima und Kultur als Bedingungen für Innovation in Organisationen ist unumstritten. In der Literatur findet sich eine lange, doch längst nicht erschöpfende, Liste an Klimafaktoren, die sich positiv wie negativ auf Innovationsprozesse auswirken können. Die Befundlage ist alles andere als konsistent und es lassen sich kaum pauschale Rezepte daraus ableiten, welches nun letztendlich die Arbeitsbedingungen sind, die Innovationsprozesse erleichtern. Vor allem die Überlappung der verschiedenen Konstrukte Klima und Kultur auf der einen Seite und Innovation, Kreativität und Veränderung i. S. von »organizational change« auf der anderen Seite ist groß und erschwert damit die Akkumulierung von Wissen auf diesem Gebiet enorm.

Der Begriff Innovationsklima versucht nun trotz oder gerade angesichts dieser Komplexität des Gegenstandes auf einem höheren Abstraktionsniveau Bedingungen einzufangen, die unabhängig von der Innovationsart und -prozess als förderlich anzusehen sind. Nur wenige Modelle erklären explizit die inhaltliche und funktionale Bedeutung von Innovationsklima. Ein häufig zitiertes Innovationsklima-Modell ist das **Vier-Faktoren-Modell von West (1990).**

Der Faktor **Vision** wird näher definiert über die Dimensionen Klarheit und Wertschätzung, des Weiteren, ob die Vision oder das Ziel verhandelt wurde und von allen geteilt wird und ob die Ziele als erreichbar wahrgenommen werden. Verschiedene Studien weisen darauf hin, dass Organisationen mit klar umschriebenen Zielen, mit denen sich die Mitglieder auch identifizieren, leistungsstärker und innovativer sind als andere (vgl. Peters & Waterman, 1982; Pinto & Prescott, 1987).

Aufgabenorientierung bzw. »climate for excellence«, wie es im Original heißt, beschreibt ein ausgeprägtes Streben nach hohen Leistungen und Qualität sowie die kontinuierliche Reflexion der eigenen Arbeitsprozesse. Dazu gehört vor allem das regelmäßige Feedback über die individuelle, aber auch über die Gruppenleistung. Dieser Wert der Aufgabenorientierung sollte ebenfalls wie die Vision Konsens in der jeweiligen Gruppe finden. West (1990) weist hierbei auf die Problematik einer zu ausgeprägten Kohäsion hin. Hier sei z. B. auf die Arbeit von Janis (1972) zum Phänomen des »group think« hingewiesen, die die zunehmende Blindheit einer Gruppe gegenüber abweichenden Meinungen und Tatsachen beschreibt. Tatsächlich zeigen weitere Studien, dass vor allem die Auseinandersetzung mit der abweichenden Meinung einer Minderheit und die Konfliktbereitschaft in der Gruppe zu Innovationen führen (vgl. Moscovici, Lage & Naffrechoux, 1985).

Als **partizipative Sicherheit** bezeichnet West (1990) Bedingungen, die die Investition eigener Ressourcen wie Ideen und Wissen verstärken. Dies kann erreicht werden, indem Partizipation an Entscheidungsprozessen gefördert wird und gleichzeitig eine unterstützende und wertschätzende Atmosphäre herrscht. Forschungsergebnisse (Peters & Waterman, 1982) zeigen, dass Beteiligung dazu führt, dass Betroffene in Veränderungsprozessen weniger Widerstand zeigen und mehr Innovationen entstehen.

In der Organisation sollten schließlich explizite wie implizite Formen der **Unterstützung für Innovationen** vorliegen. Hier unterscheidet West (1990) artikulierte (z. B. in Form verbaler Unterstützung) und tatsächlich durchgeführte Unterstützungsmaßnahmen (in Form von Kooperation und Investition von Zeit und anderen Ressourcen). Beide Formen von Unterstützung sollten ausgeprägt sein, um Innovationsprozesse zu fördern (vgl. Peters & Waterman, 1982).

West (1990) postuliert dabei unterschiedliche Auswirkungen der Faktoren auf Innovationsquantität und -qualität derart, dass vor allem Vision und aufgaben- und leistungsorientierte Zusammenarbeit zu einer hohen Qualität und partizipative Sicherheit und Unterstützung für Innovationen zu einer hohen Anzahl an Innovationen führen.

Der Aspekt der **Führung** wird in dem Vier-Faktoren-Modell von West (1990) weitgehend vernachlässigt. Indirekt wird die Thematik der Führung in einer Gruppe über den Faktor partizipative Sicherheit mitangesprochen, da vor allem die Führungskraft maßgeblich dazu beiträgt bzw. evtl. vorgibt, ob Partizipation an Entscheidungs- und Innovationsprozessen gefordert und gefördert wird.

In einigen anderen Ansätzen spielt Führung explizit eine zentrale Rolle. So beschreiben z. B. Kauffeld et al. (2004) einen Faktor »Aktivierende Führung«, der hauptsächlich das Innovationsklima in einer Gruppe bestimmt. Damit ist die Unterstützung, Förderung und Forderung der Mitarbeiter durch die Führungskraft gemeint. Auch im **»Center of Excellence«-Ansatz nach** Frey (1998) wird die Bedeutung der Führungskraft für Innovationsprozesse hervorgehoben. Frey (1998) nennt unterschiedliche »Kulturen«, die bedeutsam für Innovationen und exzellente Leistung im allgemeinen sind. Führungskultur deutet die zentrale Rolle der Führungskraft im Innovationsprozess an, die den Mitarbeiter wertschätzt und ernst nimmt, fordert und fördert. Er nennt weiterhin eine generelle Unternehmenskultur, die sich u. a. durch eine entsprechende Problemlöse- und Refexionskultur auszeichnet.

Der Ansatz von Frey (1998) lässt sich von dem Vier-Faktoren-Modell außerdem im Hinblick auf die fokussierte Einheit unterscheiden. West (1990) spricht vor allem das Klima in der Gruppe an, Frey (1998) hingegen postuliert Bedingungen auf Organisationsebene. Weitere Forscher, die auch Innovationsklima auf Organisationsebene untersucht haben, sind Ekvall (1996) und Siegel und Kaemmerer (1978).

Ekvall (1996) greift in seinem **11 Dimensionen** umfassenden Modell des Organisationsklimas für

Kreativität und Innovation ebenfalls Aspekte auf wie Herausforderung im Hinblick auf Ziele, Freiheit im Hinblick auf Informationen und Entscheidungen, Unterstützung der Ideen, Vertrauen und Offenheit, aber auch solche, welche die Zeit betreffen, die den Mitarbeitern für neue Ideen zur Verfügung steht. In diesen Dimensionen unterscheiden sich innovative von stagnierenden Unternehmen, was empirisch nachgewiesen wurde.

Im Ansatz von Siegel und Kaemmerer (1978) werden hauptsächlich **drei Faktoren** genannt: Unterstützung für Kreativität, Toleranz von Differenzen und persönliches Commitment, d. h. inwiefern sich jemand für eine Idee verantwortlich fühlt.

Zusammenfassend lässt sich festhalten, dass eine aufgabenorientierte Zusammenarbeit, ein fordernder und fördernder Führungsstil, konkrete Unterstützung vonseiten der Organisation, aber auch der Führungskraft in Form von Ressourcen wie Zeit und Informationen ein gutes Innovationsklima schaffen können.

Was bedeutet das für den Follow-up-Prozess? Zunächst sollten die Prozesse während der gesamten MAB transparent gemacht werden. Das signalisiert Offenheit für die Auseinandersetzung mit Feedback und den daraus resultierenden Differenzen. Im Besonderen sollten die Ergebnisse leicht und für alle zugänglich gemacht werden. Damit wäre die erste entscheidende Ressource für einen Innovationsprozess bereitgelegt: die Information über einen bestehenden Bedarf in Form einer Soll-Ist-Differenz. Im Laufe des Follow-up-Prozesses sollte stets die Partizipation durch die Führungskraft gefordert und gefördert werden. Das schafft persönliches Commitment und Motivation, eigene Ressourcen in den anstehenden Follow-up-Prozess zu investieren. Die Führungskraft kann aber auch durch die Bereitstellung konkreter Ressourcen wie Hilfestellung bei Problemen und Unterstützung bieten. Von der Organisation sollten vor allem Ressourcen wie Zeit, Informationen oder geeignete Instrumente, wie sie auch in diesem Buch vorgestellt werden (siehe hierzu ▶ Kap. 4) bereitgestellt werden.

Herrscht in einem Bereich ohnehin ein starkes Innovationsklima, ist davon auszugehen, dass sich Mitarbeiter bereits offen erstens gegenüber den Ergebnissen einer MAB und zweitens gegenüber den Maßnahmenableitungen im Follow-up zeigen. Hier ist zu erwarten, dass mit Dissonanzen in Bereichen, Abteilungen oder Gruppen konstruktiv umgegangen und nicht mit der Suche nach Schuldigen begonnen wird. Weiterhin sind bei einem guten Innovationsklima bereits unterstützende Strukturen vorhanden, die bisherige Innovations- und Veränderungsmaßnahmen begleitet haben. Hier gilt es, diese Stärken weiterauszubauen und aufrechtzuerhalten.

Bereiche, in denen das Innovationsklima weniger stark ausgeprägt ist, müssen dafür um so intensiver von den Führungskräften und der Organisation unterstützt werden, da sonst ein erfolgreicher Follow-up-Prozess nicht zu erwarten ist. Hier muss im Besonderen auf eben genannte Aspekte geachtet werden:

- Verläuft der MAB-Prozess transparent?
- Werden die Ergebnisse leicht und gut verständlich bereitgestellt?
- Werden die Mitarbeiter am Follow-up-Prozess beteiligt bzw. motivieren sich zu beteiligen?
- Werden Verantwortlichkeiten im Rahmen des Follow-Up geschaffen?
- Werden ausreichend Ressourcen und Instrumente zur Bewältigung des Follow-up-Prozesses bereitgestellt?

Es sollte deutlich geworden sein, was Innovationsklima für Feedbackprozesse und den Follow-up-Prozess im Speziellen bedeutet. Im Folgenden wird die Wechselwirkung zwischen Innovationsklima und Feedbackkultur von der anderen Seite betrachtet: Wie wirkt sich Feedbackkultur auf das Innovationsklima aus?

3.3.3 Feedbackkultur als Einflussfaktor auf Innovation und Innovationsklima

> **Definition**
> Feedbackkultur kann entsprechend des Kulturbegriffs nach Schein (1995) definiert werden als Grundannahmen und Werte zu Feedback in einer Organisation. Die formalen und informellen Feedbackprozesse sind als Ausdrucksformen dieser Kultur zu sehen. Laut London und
> ▼

3.3 · Feedbackkultur und Innovationsklima

> Smither (2002) zeichnet sich eine starke Feedbackkultur dadurch aus, dass »Individuen kontinuierlich Feedback erhalten, ersuchen und formales und informelles Feedback nutzen um ihre Leistung zu verbessern« (London & Smither, 2002, S. 84).

London und Smither (2002) unterscheiden formales und informelles Feedback. Eine MAB stellt ein formales Feedbackinstrument dar, im Rahmen dessen zu vorgegebenen Themen Feedback erbeten wird. **Formale Feedbackprozesse** laufen in regelmäßigen Abständen und sind meist als feste Institution in Organisationen etabliert (z. B. die regelmäßigen Mitarbeitergespräche). In der Folge können Innovationen und Veränderungen angestoßen werden. Im Rahmen einer MAB geschieht dies in der Phase des Follow-up.

Informelle Feedbackprozesse umfassen die Gespräche in der Mittagspause, beim Kaffeeautomaten oder bei anderen Gelegenheiten, in denen Zeit und Raum für Rückmeldung in der Dyade oder auch in einer Gruppe zur Verfügung stehen. In solchen Situationen können ganz nebenbei wichtige Innovationsprozesse angestoßen werden. Gerade wenn es um Innovationen geht, wenn etwas anders und ganz neuartig werden soll, leuchtet es ein, dass diese Ideen im Tagesgeschäft wenig Platz finden, um entwickelt zu werden. Schließlich geht es dann ja darum, alles wie immer zu machen. Außer natürlich man arbeitet in einem Bereich, in dem man ausdrücklich immer alles neu machen soll, wie z. B. im Bereich Forschung und Entwicklung (F&E).

Die Bereitstellung und Erleichterung beider Arten von Feedback führen zu einer guten Feedbackkultur, in deren Folge die Ausgangslage für Innovationen, nämlich die Offenlegung von Soll-Ist-Differenzen, verbessert wird.

Feedbackkultur impliziert eine gewisse Wertehaltung gegenüber Kritik, Dissonanz, Lernen und Veränderung. Zur **Stärkung einer allgemeinen Feedbackkultur** nennen Smither und London (2002) drei Gruppen von Maßnahmen und Interventionen auf Organisationsebene, die eine entsprechende Feedbackkultur schaffen:

— Maßnahmen, die die Qualität von Feedback erhöhen bzw. verbessern (z. B. Vorgesetztentrainings, wie nützliches Feedback erteilt werden kann),
— Maßnahmen, die die Wichtigkeit von Feedback (für und) innerhalb der Organisation betonen (z. B. das Wirken des Topmanagements als Vorbild für die Suche nach Feedback und seine Aufnahme sowie Umsetzung.
— unterstützende Maßnahmen zur Nutzung von Feedback (z. B. Führungskräfte als Coaches trainieren und belohnen).

Formelle und informelle Feedbackprozesse können in jeder Phase eines Innovationsprozesses unterstützend einwirken. Wie ◘ Abb. 3.7 verdeutlicht, üben Feedbackprozesse vor allem am Anfang als Auslöser für Innovationen und am Ende als Evaluationsinstrument eine wichtige Funktion aus.

Feedback kann ein Problem überhaupt erst aufdecken, indem eine **Soll-Ist-Differenz** offengelegt wird, und damit einen Innovationsprozess initiieren. Das beschreibt Gebert (1987) auch in seinem Modell zur Situationswahrnehmung von Führungskräften als Bedingung innovationsbezogener Verhaltensweisen. In Anlehnung an die Stress-Coping Theorie von Lazarus (1966) wird eine Situation zunächst als veränderungsbedürftig bewertet, wenn eine Differenz zwischen einem Soll- und einem Ist-Zustand in der betrieblichen Praxis wahrgenommen wird. In einer zweiten Einschätzung wird die

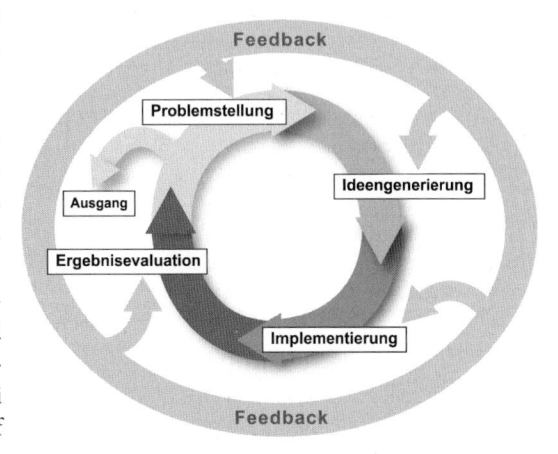

◘ **Abb. 3.7.** Einfluss von Feedback auf den Innovationsprozess.

Situation auch im Hinblick auf die Veränderungsfähigkeit eingestuft. Diese Bewertung ergibt sich aus der Einschätzung der Kontrollierbarkeit einer Situation (Krause, 2005). Diese Annahmen wurden bereits in einer Reihe von Studien erfolgreich bestätigt (Krause, 2005).

Am Ende des Prozesses übernimmt Feedback eine **evaluative Funktion**. Je nachdem, wie das Ergebnis ausfällt, muss erneut in die Phase der Problemstellung und Initiierung eingetreten werden, weil möglicherweise keine Verbesserung oder aber nicht in dem gewünschten Bereich stattgefunden hat. Formale Feedbackprozesse wie eine MAB können dann detaillierte Informationen liefern, woran dies liegen kann und die nächsten Schritte vorschlagen. Es kann davon ausgegangen werden, dass ein perfekter Zustand so gut wie nie erreicht wird, sodass der Ausgang bzw. das Ende eines Innovationsprozesse nur der Form halber aufgeführt wird.

In den Phasen zwischen Generierung und abschließender Evaluation kann Feedback kontrollierend wirken, indem im Sinne einer **Prozessevaluation** in verschiedenen Feedbackschleifen überprüft werden kann, ob der Prozess auch weiterhin in die richtige Richtung läuft, ob die Implementierung unproblematisch stattfindet usw. Damit kann frühzeitig in einen Prozess eingegriffen und er gegebenenfalls optimiert werden, bevor er aus dem Ruder läuft.

> ❶ Die erfolgreiche Etablierung formaler Feedbackprozesse mit entsprechender Betonung der Nachbearbeitung bzw. des Follow-up ist ein wichtiger Einflussfaktor für das Innovationsklima.

Im folgenden wird auf die besonderen Herausforderungen eingegangen, wenn Innovationsklima explizit Gegenstand einer MAB ist.

3.3.4 Innovationsklima als Gegenstand von MAB

Bisher wurden die wechselseitigen Wirkmechanismen von Feedbackkultur auf Innovationsklima und umgekehrt dargestellt. Eine MAB kann sich darüber hinaus unmittelbar auf das Innovationsklima auswirken, indem es selbst zum Gegenstand der MAB gemacht wird und somit gemessen und in der Folge verbessert werden kann.

In ▶ Kap. 2 wird umfassend die Planung und Durchführung von MAB dargestellt. An dieser Stelle werden wichtige Aspekte des Themas Innovationsklima im Rahmen von MABs erläutert.

Zielfindung

Innovationsklima ist wie eingangs beschrieben ein Thema, das für beinah jedes Unternehmen von Bedeutung ist. Daher sollte im Vorfeld einer MAB in Erwägung gezogen werden, Innovation zu einem Thema der Befragung zu machen. Im Zielfindungsprozess zu Beginn einer MAB kann sich aus bestimmten Gründen herausbilden, dass die Stärkung des Innovationsklimas ein wichtiges Problemfeld im Unternehmen ist, sei es z. B., weil im Unternehmen Innovationsprozesse zum Tagesgeschäft gehören und daher ständig einer Qualitätsprüfung unterzogen werden müssen, sei es, weil ein bestimmter Innovations- bzw. Veränderungsprozess ansteht und Bedingungen für eine erfolgreiche Bewältigung überprüft werden sollen.

> ❶ Allein die Aufnahme des Themas Innovationsklima übt bereits eine Signalwirkung auf die Mitarbeiter aus: »Dieses Thema scheint wichtig zu sein für das Unternehmen.«

Operationalisierung

Im nächsten Schritt muss überlegt werden, über welche Items Innovationsklima erfasst werden soll. In der Literatur finden sich bereits einige Instrumente, die explizit Innovationsklima erfassen (z. B. »Team-Klima-Inventar«, Brodbeck, Anderson & West, 2000; »Fragebogen zum Innovationsklima (INNO)«, Kauffeld et al., 2004). Will man aber das Innovationsklima im Rahmen einer MAB behandeln, ist es sinnvoll, sich auf einige wenige Kernfragen zu beschränken (s. Beispiele für Innovationsklimafragen). Damit kann unnötige Länge des Fragebogens und Redundanz vermieden werden, da wahrscheinlich auch an anderer Stelle Rahmenbedingungen abgefragt werden, die ebenfalls förderlich für das Innovationsklima sind. Beispielsweise können Aspekte, die sowohl die Zusammenarbeit mit der Führungskraft als auch das Innovationsklima betreffen, einmalig unter einem der beiden Themenfelder abgefragt werden.

> **Beispiele für Innovationsklimafragen aus dem Mannheimer Organisationsdiagnose Instrument (MODI, Trost, Jöns & Bungard, 1999):**
> Ist man in Ihrem Arbeitsbereich gegenüber neuen Ideen aufgeschlossen?
> Machen Sie in Ihrem Arbeitsbereich Veränderungs- und/oder Verbesserungsvorschläge?
> Setzen Sie Ideen, die zur Verbesserung der Situation beitragen, selbst um?
> Werden Ihre Vorschläge und Ideen ernst genommen?
> Werden in Ihrer Abteilung neue Ideen schnell umgesetzt?
> Ist man in Ihrer Abteilung bereit, bei der Umsetzung neuer Ideen Risikobereitschaft zu zeigen?
> Haben Sie in Ihrem Arbeitsbereich ein Klima, das neue Ideen fördert?

❗ Es ist sinnvoll, sich auf wenige Kernfragen zu beschränken, um das Innovationsklima im Rahmen einer MAB abzufragen.

Ergebnisanalyse und Darstellung

Neben der Analyse der üblichen Kennwerte zu den Einzelitems ist die Bildung eines Index über entsprechende Innovationsklimafragen sinnvoll. Dieser Index erfüllt mehrere Funktionen: Erstens hat man einen greifbaren Wert, dessen Verlauf man in Folgebefragungen nachzeichnen kann. Zweitens ist die testtheoretische Güte des Wertes höher als die von Einzelitems. Drittens kann dieser Index herangezogen werden um sog. Treiberanalysen durchzuführen.

In einer Treiberanalyse können sonstige Arbeitsbedingungen identifiziert werden, die förderlich für Innovationsklima sind. Ein Beispiel für die Durchführung einer solchen Treiberanalyse für den Bereich Produktion wäre die Untersuchung des Einflusses der unabhängigen Variablen Zeit, Information und Kommunikation sowie Zusammenarbeit auf die abhängige Variable Innovationsklima mittels einer Regressionsanalyse.

Das Ergebnis könnte zeigen, dass der Faktor Arbeitszeit den größten Einfluss auf das Innovationsklima in diesem Bereich zu haben scheint, weil es den größten eigenständigen Varianzanteil aufklärt. Bei der Interpretation der Ergebnisse sollte man allerdings Vorsicht walten lassen, denn sie kann nur bei genauer Betrachtung der organisationalen Gegebenheiten Sinn ergeben. Außerdem könnte der Einfluss anderer Aspekte aufgrund der Methode geschmälert werden, obwohl sie durchaus einen wichtigen Einfluss haben. Beispielsweise kann der zusätzliche Effekt, den der Aspekt der Zusammenarbeit hat, nur deswegen geringer ausfallen, weil der Faktor Zusammenarbeit einen hohen Zusammenhang zu den anderen Faktoren aufweist und daher der eigenständige Varianzanteil kleiner wird.

Eine solche Analyse kann allerdings erste Hinweise auf mögliche Stellhebel für Verbesserungen im Hinblick auf das Innovationsklima geben. Diese Analysen können auf der Gesamtebene der Organisation, d. h. mit allen Daten, durchgeführt werden. Dadurch können Informationen über Faktoren, die auf organisationaler Ebene wichtig sein können, gewonnen werden. – Oder auf Basis einer Auswahl, z. B. einzelner Bereiche. Hierbei sollte allerdings beachtet werden, dass noch genügend Daten in der Auswahl übrigbleiben, um solche statistischen Methoden sinnvoll anwenden zu können. Eine Daumenregel besagt, dass mindestens 10- bis 20-mal so viele Fälle wie Variablen vorliegen sollten.

Nimmt man eine Treiberanalyse nach Bereichen getrennt vor, kann auf die speziellen Unterschiede zwischen Bereichen eingegangen werden. Es ist intuitiv verständlich, dass sich ein Bereich wie Forschung und Entwicklung stark von Produktion oder Verwaltung unterscheidet, was Treiber von Innovationsklima anbelangt. Solche Analysen zeigen immer wieder, dass bestimmte Faktoren zwar für alle eine ähnliche Gewichtung vorweisen, andere Faktoren aber nur für bestimmte Bereiche wichtig sind (z. B. Zeit für den Produktionsbereich). In jedem Fall deuten sich hier bereits die Handlungsimplikationen klar an.

Diesen Unterschieden zwischen den Bereichen muss auch bei der weiteren Ergebnisdarstellung Rechnung getragen werden. Hier ist auf eine sinnvolle Wahl der Vergleichsebene zu achten. Vergleicht man einen Innovationsklima-Index z. B. aus dem F & E-Bereich mit dem eines Produktionsbereichs, ist der Informationsgewinn nicht sehr hoch, da es fast selbstverständlich ist, dass dieser Index für den F & E-Bereich höher ausfallen wird als für die Produktion. Aussagekräftiger ist es dann z. B. einzelne Abteilungen aus diesem Bereich miteinander zu vergleichen. Hieraus lässt sich sofort ein Handlungsbedarf erkennen, wenn einige Abteilungen deutlich unter dem Durchschnitt liegen. Hier sei auch wieder auf Gestaltungsempfehlungen von MAB-Analysen in ▶ Kap. 2.4 und den Beitrag zum Reporting in ▶ Kap. 4.3 hingewiesen.

Des Weiteren können auch externe Benchmarks zur Interpretation der Ergebnisse herangezogen werden. Gerade wenn es um das Thema Innovation geht, ist es sehr interessant, sich anzuschauen, wo andere Mitstreiter stehen. Zur näheren Erläuterung ▶ Kap. 4.4.

Maßnahmenableitung und Umsetzung

Nachdem anhand der Ergebnisanalyse entsprechende Handlungsfelder identifiziert worden sind, folgt die Ableitung konkreter Maßnahmen mit Zuweisung verpflichtender Verantwortlichkeiten, Einbeziehung der Betroffenen bei größtmöglicher Transparenz und eine zeitnahe und konsequente Umsetzung der Maßnahmen.

Wie bei anderen Themen wird sich auch im Hinblick auf Innovationsklima zeigen, dass es Handlungsfelder gibt, die zentral bei der Unternehmensspitze oder entsprechenden Stäben aufgestellt sein müssen und eher strategischer Natur sind (z. B. stärkere Ausrichtung des Be- und Entlohnungssystems auf Innovationsaktivitäten) und andere, die bereichs- oder sogar gruppenspezifisch angegangen werden müssen (z. B. vereinzelte Unstimmigkeiten in der Zusammenarbeit in bestimmten Gruppen). Die besagte Treiberanalyse kann bereits erste Anknüpfungspunkte für Verbesserungsmaßnahmen liefern.

Das Paradoxe an der Situation ergibt sich daher, dass eben solche Bereiche oder Gruppen, in denen ein Handlungsbedarf in Bezug auf Innovationsklima vorliegt, in denen also das Feedback über Bedingungen für die erfolgreiche Bewältigung von Innovationsprozessen unzureichend ausfällt, nun vor eben diese Herausforderung gestellt werden, erfolgreich einen Innovationsprozess in Gang zu setzen. Gerade hier ist eine umfassende Unterstützung und Begleitung nötig. So kann z. B. mit einem zentralen Maßnahmen-Controlling (hierzu ▶ Kap. 4.8) verhindert werden, dass in einzelnen Bereichen in der Follow-up-Phase der MAB nichts geschieht. Mit einem geeigneten Controlling-Instrument können solche Bereiche identifiziert werden, es kann gezielt nachgefasst und gegebenenfalls Unterstützung angeboten werden.

❶ **Gerade solche Bereiche, in denen das Innovationsklima unzureichend ausgeprägt ist, müssen im Rahmen des Follow-up-Prozesses besonders intensiv begleitet und unterstützt werden.**

3.3.5 Resümee

Zwischen Innovationsklima und Feedbackkultur besteht eine sich gegenseitig befruchtende Wechselwirkung. Eine MAB als Organisationsentwicklungsinstrument stößt Veränderungsprozesse an, die im besten Fall auch einen Innovationsprozess darstellen. D. h. aus den Ergebnissen einer MAB können relativ neue Ideen, Prozesse usw. innerhalb einer Rolle, Gruppe oder der gesamten Organisation resultieren, die einen Nutzen für die Betroffenen schaffen. Bedingungen, die die Generierung, Einführung und Anwendung von Innovationen in einer Organisation erleichtern, werden im Allgemeinen als Innovationsklima zusammengefasst. Innovationsklima wird dabei als Facette des allgemeinen Organisationsklimas definiert und ist damit als soziales Aggregat über Wahrnehmungen der Mitglieder von Organisationsmerkmalen zu verstehen.

Ein starkes Innovationsklima bildet die Grundlage für einen erfolgreichen MAB- und insbesondere einen nachhaltigen Follow-up-Prozess. Die wichtigsten Erfolgsfaktoren beziehen sich auf Aspekte der Zusammenarbeit und der Führung. Hier sollte eine Atmosphäre der Aufgabenorientierung und des gegenseitigen Vertrauens herrschen. Die Führungskraft sollte ihre Mitarbeiter im Hinblick auf kreative und innovative Leistung fördern und fordern.

Ebenso ist eine starke Feedbackkultur ein wichtiger Aspekt des Innovationsklimas. Als Teil einer Feedbackkultur ist auch die Etablierung formaler Feedbackprozesse im Unternehmen zu verstehen. Eine MAB kann damit Innovationsprozesse durch das Aufdecken von Soll-Ist-Differenzen nicht nur anstoßen, sondern durch die regelmäßige Durchführung den Fortschritt des Innovationsprozesses auch kontrollieren und steuern.

Da das Innovationsklima für eine Organisation nicht nur in Bezug auf einen nachhaltigen MAB-Prozess grundlegend ist, sondern allgemein die Innovativität stärkt, kann es als Gegenstand einer MAB ebenfalls regelmäßig überprüft werden. Im Anschluss können datenbasiert Maßnahmen zur Stärkung des Innovationsklimas eingeleitet werden. Ganz besonders sensibel müssen dabei Verbesserungsmaßnahmen in den Bereichen angegangen werden, in denen sich ein schwaches Innovationsklima zeigt. Vor allem hier gilt es, das Innovationsklima zu stärken, bevor weitere Maßnahmen, die andere Themen betreffen, umgesetzt werden.

> **Elemente einer zeitgemäßen Führungspraxis**
> (nach Doppler, 2006)
> 1. konsequentes Delegieren
> 2. nachhaltiges Führen durch Ziele
> 3. Cockpit-Informationssystem als Hilfe zur Selbststeuerung
> 4. aktivierende MAB
> 5. auf Unternehmertum zielende Personalauswahl und -entwicklung
> 6. Energie mobilisierende Workshops
> 7. am Ertrag orientierte Bezahlung und Beteiligung
> 8. von ständiger Anpassung hin zu kontinuierlicher Innovation
> 9. Hierarchie übergreifende Steuerungshilfen

3.4 Rolle der Führungskräfte

Ingela Jöns

3.4.1 Führung in Veränderungsprozessen

Unbestritten kommt der Führung in Veränderungsprozessen eine zentrale Bedeutung zu. In der Studie von Greif, Runde und Seeberg (2005) wird die »Führung und Einbeziehung der Mitarbeiter« als erster von acht Erfolgsfaktoren des Change Management ermittelt. In Zeiten permanenter Veränderungen werden insgesamt neue Anforderungen an die Führung gestellt, zu denen Doppler (2006) neun Elemente einer zeitgemäßen Führungspraxis anführt (siehe Übersicht). Bei der Umsetzung dieser Führungsmethoden bildet den Dreh- und Angelpunkt eine lebendige innerbetriebliche Kommunikation, in der die Führungskräfte persönlich als Kommunikatoren auftreten.

In den vorherigen Kapiteln wurde der Gesamtprozess der MAB von der Zieldefinition über die eigentliche Befragung bis zum Controlling der Maßnahmen beschrieben. Vergleicht man hiermit die Elemente einer zeitgemäßen Führungspraxis, dann sind neben dem vierten Element der aktivierenden MAB mindestens das nachhaltige Führen durch Ziele (2), Energie mobilisierende Workshops (6) sowie von ständiger Anpassung hin zu kontinuierlicher Innovation (8) in unserem Zusammenhang von Interesse. Dieser Vergleich unterstreicht den erforderlichen Führungswandel, der letztlich dazu beitragen soll, dass Führungskräfte als persönliche Kommunikatoren die permanenten Veränderungen und notwendigen Innovationen nachhaltig fördern und zielorientiert steuern (vgl. auch Rosenstiel & Comelli, 2004).

So viel von Führung in Theorie und Praxis die Rede ist, so wenig wird über die Führungskräfte gesprochen, die diese neue Führung umsetzen und leben sollen. Auch bei der Durchführung der MAB und der Steuerung der Folgeprozesse kommt den Führungskräften eine zentrale Rolle zu. Die Führungskräfte mit ihren verschiedenen Aufgaben, mit ihren eigenen Interessen, Hoffnungen und Befürchtungen sowie mit den zahlreichen Erwartungen verschiedener Anspruchsgruppen stehen im Mittelpunkt dieses Beitrags.

3.4.2 Führungsaufgaben der verschiedenen Ebenen

Die Aufgaben der verschiedenen Führungsebenen und -kreise bei MABs unterscheiden sich zunächst nicht von anderen Veränderungsprozessen (vgl.

Ridder & Bruns, 2000). Vereinfachend lassen sich die Führungskräfte drei Ebenen zuordnen:

- **Top Management oder oberste Führungskräfte**, die im Wesentlichen die strategischen Ziele und Handlungsfelder der Veränderungsprozesse bestimmen. In die Aktivitäten der Veränderungsprozesse selbst sind sie nicht eingebunden, sondern an sie wird durch die nächste Führungsebene im Lenkungskreis berichtet und bei ihnen liegt die Entscheidung über Konzepte und Strategien.
- **Obere und mittlere Führungsebene**, die primär für die Planung und Steuerung der strategischen Veränderungsprozesse und für ihre Durchführung in den jeweiligen Bereichen verantwortlich sind. Die konkrete Umsetzung delegieren sie an die nachgelagerte Ebene. Da sie die Gesamtverantwortung gegenüber dem obersten Management tragen, haben sie an dieses zu berichten bzw. Rechenschaft über die Prozesse abzulegen.
- **Untere und unterste Führungsebenen**, die letztlich für die konkrete Durchführung der Veränderungsprozesse in den einzelnen Einheiten und damit für die operative Umsetzung im alltäglichen Leistungserstellungsprozess zuständig sind. Sie sind als direkte Führungskräfte die Schnittstelle zur Mitarbeiterebene, die sie für die Veränderungen gewinnen müssen. Aufgrund ihrer eingeschränkten Entscheidungskompetenzen können sie selbst abteilungsspezifische Interessen gegenüber anderen Abteilungen und höheren Führungskräften schwer allein durchsetzen.

Die Besonderheit der Rolle der Führungskräfte bei MABs resultiert aus zwei zentralen Merkmalen:
1. Die intensive Beteiligung der Mitarbeiter beginnt bereits mit der Ankündigung der ersten Befragung und wird in der gemeinsamen Weiterarbeit in den Folgeprozessen fortgesetzt. Sie erfordert von den Führungskräften ein Abwägen, Bündeln und Steuern der vielfältigen Meinungen, Interessen und Erwartungen der Mitarbeiter und der Führungsebenen im Hinblick auf die strategischen Ziele. Dabei müssen sie zwischen verschiedenen Interessengruppen vermitteln und die verschiedenen mikropolitischen Prozesse integrieren. Da nicht alle Ziele berücksichtigt und nicht alle Interessen befriedigt werden können, werden Führungskräfte immer wieder Konzepte und Maßnahmen auch gegen die Interessen einzelner Gruppen durchsetzen müssen. Auf der Ebene der Führungskräfte sind dies häufig Interessenkonflikte zwischen Abteilungen; auf der Ebene der Mitarbeiter handelt es sich um Konflikte zwischen strategischen Konzepten und Mitarbeiterinteressen.
2. Die persönliche Betroffenheit der Führungskräfte resultiert aus zweierlei Aspekten (vgl. ausführlich Jöns, 1997a): Erstens sind alle Führungskräfte – abgesehen vom Top Management – selbst in der Rolle eines Mitarbeiters in die Veränderungsprozesse involviert. Zweitens bedeutet eine MAB für die Führungskraft der jeweiligen Berichtseinheit immer auch eine Beurteilung ihres Verantwortungsbereichs und insbesondere bei unteren Führungskräften auch eine Beurteilung ihres Führungsverhaltens. Die Führungskräfte werden für die Ergebnisse verantwortlich gemacht. Insbesondere bei wiederholten Befragungen werden diese Ergebnisse auch herangezogen, um die Steuerung der Folgeprozesse und die Umsetzung von Maßnahmen zur Verbesserung der Mitarbeiterzufriedenheit zu beurteilen.

Unter Berücksichtigung dieser Besonderheiten lässt sich für die drei Hierarchieebenen mit Blick auf die gezielte Steuerung der Folgeprozesse festhalten:

Top Management als Strategen mit geringer persönlicher Betroffenheit
Für das Top Management stellen die Daten der MAB eine Informations- und Entscheidungsgrundlage dar, aus denen sie strategische Ziele ableiten, die Zielerreichung beurteilen und ihre Konsequenzen für zukünftige Strategien ziehen. Die Ergebnisse werden dabei zumeist anhand von Benchmarks aus anderen Unternehmen verglichen (▶ Kap. 4.4). Die Situation ist für das Top Management vergleichbar der Präsentation und Diskussion von Ergebnissen aus Marktanalysen oder Kundenbefragungen. Lediglich Ergebnisse zur Zufriedenheit mit dem obersten Management mögen eine gewisse Betroffenheit auslösen. Negative Befunde können sie leicht auf die undankbaren Funktionen des Managements

attribuieren. Positive Befunde sind sowieso angenehm und werden oft als persönliches Feedback freudig aufgenommen.

Mittlere Führungskräfte als Politiker mit mittlerer Betroffenheit bei hoher persönlicher Verantwortung
Auf den mittleren Ebenen spielen sich die Interessenkämpfe zwischen den Ebenen und Bereichen sowie damit verbunden die Konkurrenzkämpfe zwischen Führungskräften mit Blick auf die eigenen Karrieren ab. MABs bieten hierfür eine umkämpfte Plattform, da die jeweiligen Führungskräfte die Befragungsergebnisse nach oben zu vertreten haben oder sich mit ihnen nach oben profilieren können. Vergleichbar dem Management erhalten die mittleren Führungskräfte keine persönliche Beurteilung, aber sie tragen die Verantwortung für den Bereich, was letztlich mit persönlichen Konsequenzen verbunden sein kann.

Untere Führungsebenen als operativ Beteiligte und persönlich Betroffene
Da sich die Befragungsergebnisse auf der untersten Ebene direkt den einzelnen Führungskräften zuordnen lassen, kommt eine MAB einer Vorgesetztenbeurteilung sehr nahe (vgl. Jöns, 1997a). Die Befragungsergebnisse sind daher mit einer hohen persönlichen Betroffenheit verbunden. Soweit es allerdings nicht das persönliche Führungsverhalten betrifft, liegen viele andere Ergebnisse außerhalb ihres Einflussbereichs. Häufig hängt es dann von ihrem Verhältnis zu ihren Mitarbeitern ab, inwieweit diese ihre Vorgesetzten für die Situation verantwortlich machen. Hinsichtlich der Folgeprozesse ist der begrenzte Entscheidungsspielraum dieser Ebene zu beachten, sodass sie vor allem stellvertretend für die übergeordneten Führungskräfte auf ihrer Ebene die Konzepte umsetzen sollen und vielleicht noch abteilungsspezifisch ausgestalten können.

Zusammenfassend handelt es sich um einen fließenden Übergang von geringerem Einfluss- und Verantwortungsbereich bei hoher persönlicher Betroffenheit von den Befragungsergebnissen und abgeleiteten Veränderungen auf der untersten Ebene bis hin zur höchsten Ebene mit geringer persönlicher Betroffenheit bei hoher Entscheidungsmacht.

Wo im Einzelfall die Grenzen liegen, hängt von der Unternehmensgröße sowie vom Befragungskonzept (Art der Führungsfragen, Größe der Auswertungseinheiten) ab.

3.4.3 Erwartungen und Absichten von Führungskräften

Auf theoretischer Basis und aufgrund einer explorativen Studie konzipieren Ridder und Bruns (2000) die Rolle von Führung im Prozess der MAB, wobei sie das Verhalten jeweils auf die zugrunde liegenden Erwartungen bzw. Absichten zurückführen. Die Entscheidungen der verschiedenen Führungsebenen und -kreise werden nicht isoliert getroffen, sondern die MAB und die Aktivitäten in den Folgeprozessen sind Aktivitäten in einem mehrstufigen Prozess wechselseitiger Beeinflussung. Führung kann nicht als einfacher, situationsbedingter Zusammenhang zwischen Vorgesetzten und Mitarbeitern angesehen werden. Führung wird als Prozess des Organisierens betrachtet. Danach gehen Führungsinterventionen auch bei MABs von subjektiven Ursachenzuschreibungen aus, die Führungsprozesse in einem Unternehmen verändern oder stabilisieren können. Die drei Typen von Führungskräften mit ihren Erwartungen und Verhaltensweisen sind in ◘ Tab. 3.1 aufgeführt.

Zu den Typen, die Ridder und Bruns (2000) in ihrer explorativen Studie identifizieren, ist folgendes anzumerken:

Reformer
Es handelt sich um die relativ kleine Gruppe von Führungskräften, die als Initiatoren und Prozesspromotoren die MAB aktiv gestaltet, sich von den Feedbackprozessen eine Reflexion des Führungsverhaltens verspricht und schließlich eine Änderung der Führungskultur anstrebt. Diese Erwartungen oder Ziele sind ihre »heimliche« Agenda, die sie nicht offen zur Diskussion stellen, sondern die durch die spezifischen Interventionen, durch die eine Gesprächs- und Feedbackkultur gefördert wird. Auf diesem Wege erhoffen sie sich diesen Wandel. Die konkrete Umsetzung bzw. Wirkung dieser Kommunikationsmaßnahmen hängt allerdings stark von den bisherigen Führungsbeziehungen ab.

◘ **Tab. 3.1.** Erwartungen und Verhalten von Führungskräften (nach Ridder & Bruns, 2000, S. 36)

	»Reformer«	»Konservative«	»Betroffene«
Ergebnis-erwartung	Anpassung der Führungs-kultur	Diagnose des Führungsverhaltens	Diagnose der Führungs-situation
Zielsetzung bezüg-lich der Befragung	Feedback als Modell	Befragung als Instrument	Feedback als Instrument
Vorgehensweise bezüglich der Befragung	aktive Mitwirkung der Führungskräfte Einbeziehung von Mitarbeitern Stärkung der Kommunikation durch Gruppengespräche	keine spezifischen bereichsbezo-genen Ziele Diagnose des Organisationsklimas nach Veränderungsmaßnahmen niedrige Bereitschaft zu Feedback-Aktivitäten	Schwachstellen identifi-zieren und Ursachen für Führungs- und Kommunikationsprobleme analysieren Rechtfertigung
Absicht im Folgeprozess	»neue Signale setzen«	»Aufgaben delegieren«	»Probleme erledigen«
Organisations-maßnahmen	Einführung dauerhafter Steuerungssysteme	Anpassung der organisatorischen Abläufe	Neuregelung der Führungs-organisation
Führungsmaß-nahmen	Einführung »fester« Abteilungsgespräche; von Führungskraft-Feedback	Dezentralisierung der Führungs-verantwortung	Aufteilung von Verantwor-tungsbereichen

Konservative

Diese (mittlere) Führungsgruppe ist zumeist nicht an der Konzeption der Befragung beteiligt. Ihre Erwartungen und Ziele sind eher allgemeiner Natur und beschränken sich auf den instrumentellen Charakter der Befragung. So erhoffen sie sich vor allem, durch die Diagnose die Ursachen für bestehende, oft bekannte Leistungsprobleme identifizieren zu können. Die Interventionen sind problembezogen und einheitsspezifisch. Ihre Umsetzung wird dann an die nächsten Ebenen delegiert.

Betroffene

Diese (unteren) Führungskräfte werden erst eingebunden, wenn die Ergebnisse bereits veröffentlicht sind. Für sie rückt der Beurteilungs- und Feedbackcharakter in den Vordergrund, der positiv mit der Identifikation von Schwachstellen und der Analyse von Ursachen verbunden wird. Gleichzeitig werden immer auch verschiedene Rechtfertigungsstrategien verfolgt. Entsprechend wird später die Liste vereinbarter Maßnahmen abgearbeitet, ohne die Führung insgesamt zu reflektieren.

Daneben wird eine weitere Gruppe von Führungskräften mit nicht klar identifizierbaren und heterogenen Erwartungen beschrieben, die sich mehr oder weniger offen gegen eine MAB aussprechen. Ähnlich wie die Gruppe der »Betroffenen« werden sie dann eher weniger an der Problemabarbeitung mitwirken oder sich den Aktivitäten ganz entziehen.

Bei der Wahrnehmung der Führungsaufgaben lässt sich das sogenannte MAB-Paradoxon beobachten: Diejenigen Führungskräfte und Bereiche, die eine Analyse und Veränderungen am nötigsten haben, akzeptieren die MAB am wenigsten und zeigen das geringste Engagement bei den Anschlussprozessen.

Soweit ein kurzer Blick in die konkrete Praxis mit den typischen Verhaltensmustern.

3.4.4 Führungsfunktionen in den einzelnen Phasen

Der Erfolg von MABs hängt vom Engagement aller Führungskräfte ab. Die Führungsebenen sind zwar in den einzelnen Phasen unterschiedlich stark gefordert, mit den jeweiligen Schwerpunkten müssen jedoch alle Führungskräfte von Beginn an den Prozess fördern. Die Hauptfunktionen sind das Initiieren, die Steuerung und das Ingang halten der gemein-

3.4 · Rolle der Führungskräfte

Tab. 3.2. Führungsaufgaben entlang der Phasen einer MAB. (Jöns, 1997b)

Phasen / Aufgaben	Funktion der Führungskräfte
Ausgangspunkt: Zieldefinition, Projektplanung und -organisation	strategische Ausrichtung der MAB und politische Platzierung in der Organisation, insbesondere durch personelle Ausstattung des Projektes und Lenkungskreises
Vorbereitung: Information der Mitarbeiter, Schulung der Führungskräfte	glaubhaftes Interesse an Mitarbeitermeinung und ernsthafte Veränderungsabsicht, Vorbildfunktion höherer Führungskräfte hinsichtlich dieser Kommunikatorenrolle
Befragung: Durchführung, Auswertung	Motivierung der Mitarbeiter zur Beteiligung durch eigenes Engagement und glaubhaftes Interesse auf allen Führungsebenen
Rückmeldung: Präsentation und Diskussion	intensive Ergebnisauswertung auf strategischen Ebenen und Weiterbearbeitung in Projekten; dezentrale Ergebnispräsentation mit der gemeinsamen Identifikation von Problemfeldern mit Einleitung von Anschlussaktivitäten
Maßnahmen: Ableitung und Umsetzung	Energie mobilisierende Workshops, Projektgruppen und Anschlussaktivitäten, Vorleben kurzer Entscheidungswege und ernsthafter Veränderungsabsichten, Sicherstellung der Kommunikation zwischen allen Ebenen und Bereichen, Engagement bei der konkreten Umsetzung von Veränderungen
Controlling: Prozess und Ergebnis	Coaching von Führungskräften und Mitarbeitern während des Veränderungsprozesses, Controlling von Vereinbarungen und Ergebnissen; Feiern von Erfolgen und Nachhalten bei Hemmnissen; Verbindliches und nachhaltiges Führen durch Ziele von der strategischen bis zur operativen Ebene

samen Veränderungsprozesse, und zwar immer mit Blick auf die Mitarbeiter und auf die Zielausrichtung (vgl. Jöns, 1997b). Entlang der typischen Phasen einer MAB sind die Aufgaben und Funktionen der Führungskräfte in Tab. 3.2 schlaglichtartig wiedergegeben.

Im Unterschied zu anderen, technischen oder fachlichen Projekten liegt die Schwierigkeit darin, dass es nicht nur um die Erfüllung und Überprüfung der faktischen Aufgaben geht, sondern, dass der Schwerpunkt in der Motivierung der Mitarbeiter zur aktiven Mitarbeit an diesen Veränderungsprozessen liegt. Dabei reichen einfache Absichtserklärungen zumeist nicht aus, sondern die Führungskräfte müssen top-down das vorleben, was sie von allen nachgeordneten Ebenen erwarten.

Neben der persönlichen Betroffenheit, die eine »sachliche« Steuerung der Prozesse kaum möglich macht, resultiert die Schwierigkeit für die Führungskräfte im Anschluss an MABs daraus, dass sich die Folgeprozesse überwiegend nicht auf technische Themen, sondern auf organisatorische und verhaltensbezogene Probleme beziehen. Derartige Probleme aktiv aufzugreifen und zu steuern, gehört für viele Führungskräfte noch nicht zu ihren Standardkompetenzen. Derartige »weiche« Veränderungsprozesse zielgerecht zu lenken, erfordert mehr als typische Projektmanagementtechniken, und zwar soziale Diagnose-, Kommunikations- und Konfliktlösungsfähigkeiten.

Während zu Beginn der MAB die Kommunikation im Mittelpunkt steht, rücken in den Folgeprozessen die Veränderungen in den Blickpunkt der Mitarbeiter. Erst wenn den Worten auch die Taten folgen, werden die Mitarbeiter von dem tatsächlichen Interesse an ihrer Meinung und den ernsthaften Veränderungsabsichten der Führungskräfte überzeugt werden können. Dies setzt allerdings voraus, dass die Führungskräfte selbst von der Sinnhaftigkeit und Notwendigkeit von Mitarbeiterbeteiligungen über Befragungen, Workshops und Projektgruppen überzeugt sind. Ein wichtiger Baustein ist nicht nur das Engagement und Vorleben des Top Managements, sondern insbesondere auch die Beteiligung der nachgeordneten Führungskräfte – als Betroffene.

In den Folgeprozessen lassen sich zunächst eher kleinere Verbesserungen erzielen, während größere oder tiefgreifendere Veränderungen meist mehr Zeit benötigen. Auch kleinere Verbesserungen sollten angemessen gefeiert werden, um das Engagement der Mitarbeiter gebührend anzuerkennen. Gleichzeitig gilt es, insbesondere im Rahmen der Wiederholung von MABs darauf zu achten, dass man nicht bei kleinen Veränderungen stehen bleibt, denn letztlich geht es um die strategischen Ziele und Prozesse zur langfristigen Erhaltung der Wettbewerbsfähigkeit.

3.4.5 Übernahme der Führungsrolle im Folgeprozess

Der Erfolg von MABs hängt maßgeblich davon ab, inwieweit Führungskräfte als »change manager« die Folgeprozesse aktiv und zielgerecht steuern.

Dies setzt erstens voraus, dass Führungskräfte überhaupt bereit sind, die Rolle oder Aufgaben im Folgeprozess zu übernehmen. Die Übernahme dieser Rolle lässt sich z. B. daran festmachen, ob sie überhaupt die Ergebnisse ernst nehmen, ob sie mit ihren Mitarbeitern über die Ergebnisse sprechen, ob sie weitere Aktivitäten zum Verbesserungsprozess einleiten, ob sie mit ihren Mitarbeitern Maßnahmen gemeinsam ableiten und schließlich deren Umsetzung und die Zielerreichung überprüfen.

Im zweiten Schritt hängt der Erfolg von der Qualität der Rollenübernahme bzw. der Prozesssteuerung durch die Führungskräfte ab. Die Qualität betrifft z. B., inwieweit die Präsentation und Diskussion der Ergebnisse als glaubwürdig und motivierend von den Mitarbeitern erlebt wird, wie die abgeleiteten Maßnahmen auch die zentralen Probleme bzw. die strategischen Ziele abdecken und in welchem Maße die Umsetzung und Wirkung der Folgeprozesse nachhaltig gefördert und verfolgt werden.

Zur Beantwortung der Frage, ob und wie Führungskräfte überhaupt die Ergebnisrückmeldung durchführen, muss man die jeweilige Konzeption der Befragung und Folgeprozesse in der Praxis berücksichtigen: Erfolgt die Rückmeldung mit neutralen Moderatoren oder allein durch die Führungskräfte? Ist die Ergebnisrückmeldung verbindlich festgelegt oder wird sie nur empfohlen? Handelt es sich um die erste Befragung oder haben die Führungskräfte bereits Erfahrungen mit den Folgeprozessen sammeln können? Bei einer ersten Befragungsaktion mit verbindlicher Vorgabe (aber ohne klare Konsequenzen) informieren ungefähr 70% der Führungskräfte ihre Mitarbeiter über die Ergebnisse. Wenn man nach der Ableitung von Maßnahmen und der Umsetzung von Veränderungen in den Folgeprozessen durch die Führungskräfte fragt, sinkt dieser Prozentsatz kontinuierlich (hierzu auch ▶ Kap. 3.5).

Den bisherigen Forschungsstand zusammenfassend lassen sich folgende Einflussfaktoren auf die Übernahme der Aufgaben für den Folgeprozess festhalten (vgl. Jöns, 2000):

Art und Güte des Feedback
Die nahe liegende Erwartung lautet: Je schlechter die Ergebnisse bzw. je kritischer die Beurteilung, um so weniger neigen Führungskräfte dazu, die Rolle zu übernehmen. Allerdings lässt sich ein derartiger Zusammenhang nicht feststellen. So neigen zum Beispiel auch Führungskräfte mit sehr guten Ergebnissen dazu, die Rückmeldung und die für nicht erforderlich erachteten Folgeprozesse zu vernachlässigen. Schlechte Gesamtergebnisse sind nur dann problematisch, wenn sie sich auf die Führungsbeurteilung beziehen, nicht aber, wenn sie andere Aspekte der Unternehmenssituation und der Mitarbeiterzufriedenheit betreffen. Aus Projekten zum Führungsfeedback lässt sich aufzeigen, dass die Führungskräfte bei hoher Kritik durchaus ebenso die Chance der Gespräche mit den Mitarbeitern suchen und nicht kategorisch ablehnen.

Erfahrungen und Einstellung zum Feedbackprozess
Wenn Führungskräfte positive Erfahrungen in anderen Feedback- oder vergleichbaren Veränderungsprozessen sammeln konnten, entwickeln sie eine positive Grundeinstellung und werden entsprechend auch ihre Führungsrolle im Folgeprozess übernehmen. So zeigt sich beispielsweise, dass Führungskräfte, die ihren Mitarbeitern regelmäßig im Arbeitsalltag und/oder durch jährliche Mitarbeitergespräche Rückmeldungen geben, häufiger die Feedback- und Folgeworkshops durchführen als ihre Kollegen ohne regelmäßige Feedbackpraxis.

Erfahrungen und Kompetenzen für die Feedback- und Folgeprozesse
Neben der positiven Einstellung ist für die Qualität der Folgeprozesse die Kompetenz von Führungskräften zur Steuerung von Veränderungsprozessen bedeutsam. Erstens handelt es sich um Projektmanagementkompetenzen, einschließlich der Moderation von gemeinsamen Workshops, um Probleme zu identifizieren und Maßnahmen abzuleiten. Die erforderlichen Techniken können vergleichsweise einfach vermittelt werden. Daneben bedarf es zweitens spezifischer Führungskompetenzen, die vor allem durch gezielte Trainings und durch eigene Erfahrungen erworben werden können. Dies betrifft zum Beispiel die Motivierung trotz erlebter Rückschläge oder die Vermittlung zwischen verschiedenen Interessengruppen.

Vorleben durch höhere Führungskräfte
Erfahrungen können Führungskräfte natürlich auch als Betroffene bzw. als Beteiligte an den Veränderungsprozessen auf den übergeordneten Ebenen sammeln. Hier spielt das Vorleben durch die eigenen Vorgesetzten eine bedeutende Rolle. Sie können nicht nur Kompetenzen vermitteln, sondern durch ihr Vorleben unterstreichen sie die Glaubwürdigkeit der Kommunikation, dass wirklich Veränderungen angestrebt werden, und dass von den Führungskräften eine aktive Rolle erwartet wird, usw.

Verbindlichkeit und Anerkennung von Folgeprozessen
Hieran schließt sich das Argument an, dass die Steuerung der Folgeprozesse für die Führungskräfte verbindlich sein muss. Allein auf freiwilliger Basis wird man nur einen Teil der Führungskräfte erreichen. Durch die verbindliche Vorgabe von Zielen und Modulen von Folgeprozessen werden Führungskräfte nicht nur motiviert, sondern der Veränderungsprozess insgesamt erhält eine gemeinsame Basis. Verbindlichkeit wird man aber nur dann glaubhaft vermitteln können, wenn man die Übernahme der Rolle und die Ergebnisse der Folgeprozesse überprüft. Ein solches Controlling kombiniert mit einem Coaching bei Problemen hat sich in vielen Fällen bewährt. Letztlich muss sich auch für Führungskräfte ihr Engagement lohnen, sodass die Einbindung in Zielvereinbarungen einen weiteren Ansatz zur Förderung der Anschlussaktivitäten darstellt.

Professionalität des Projektmanagements
Die Qualität der Folgeprozesse setzt zudem ein professionelles Projektmanagement voraus, das über die MAB hinaus alle Anschlussaktivitäten einschließlich des Controllings umfasst. Dadurch, dass verschiedene Instrumente zur Unterstützung und Steuerung der Prozesse zur Verfügung gestellt werden, kann der Aufwand der Führungskräfte diesbezüglich erheblich reduziert werden und sie können sich auf ihre eigene Führungsaufgabe im Folgeprozess konzentrieren. Ebenso von zentraler Bedeutung ist die Vermeidung von Doppel- und Parallelarbeiten durch entsprechende Kommunikations- und Dokumentationskonzepte, denn sie führen oft nicht nur zu einer Mehrbelastung, sondern sind oft mit erheblichem Frust verbunden, wenn andere ähnliche Ideen bereits hatten und man dann die eigenen Vorstellungen nicht mehr realisieren kann.

Bei all diesen Einflussfaktoren darf man die eigene Betroffenheit der Führungskräfte nicht vergessen. Wenn sie selbst nicht beteiligt werden, wenn sie selbst um ihre Positionen fürchten, wenn sie selbst nicht an übergreifende Veränderungen glauben, dann werden sie die Prozesse in den eigenen Einheiten kaum fördern, dann werden sie ihre negativen Einstellungen an ihre Mitarbeiter vermitteln, dann werden sich ihre Mitarbeiter auch nicht engagieren. Damit schließt sich der Kreis im Sinne sich selbsterfüllender Prophezeihungen.

3.4.6 Controlling und Coaching der Führungskräfte

Wenngleich man die verschiedenen Erwartungen und Befürchtungen, die individuellen Interessen und Taktiken aller Führungsebenen nicht vermeiden kann, so lassen sich doch durch verschiedene Ansätze das Engagement und die Kompetenz der Führungskräfte für die Folgeprozesse fördern. Neben den Einzelaspekten, die bei den Einflussfaktoren im vorherigen Abschnitt bereits angeklungen sind, gilt es die Führungskräfte selbst als Betroffene und Beteiligte in den übergeordneten Prozessen, als Umsetzer und Gestalter in ihren dezentralen Einheiten ernst zu nehmen (vgl. ausführlich Jöns, 1997b).

In Trainings können nicht nur die Techniken vermittelt werden, sondern hier bietet sich auch Raum für die Aufarbeitung von persönlichen Unsicherheiten und Befürchtungen (ausführlich ▶ Kap. 4.2). Darüber hinaus bieten Workshops auf den Führungsebenen die Chance, die jeweiligen Erwartungen und Interessen zu erörtern, um bereits im Prozess der MAB mit der offenen Kommunikation zu beginnen. Ansätze des Coachings können in der Form genutzt werden, dass höhere Führungskräfte, interne Berater oder professionelle Trainer im Veränderungsprozess mit einzelnen Führungskräften oder -gruppen die Vorgehensweisen, mögliche Hemmnisse und Lösungsansätze reflektieren. Hier wird Hilfe angeboten, ohne die Führungskräfte aus ihrer eigenen Verantwortung zu entlassen.

Abschließend wird noch einmal auf das Controlling hingewiesen (ausführlich ▶ Kap. 4.8). Im positiven Sinne wird hierdurch die Steuerung der Veränderungsprozesse mit all ihren Schwierigkeiten organisatorischer, kultureller und individueller Art zielorientiert unterstützt. Damit wird den Führungskräften auch noch einmal die Bedeutung ihrer Rolle kommuniziert, und zwar in Kombination mit konkreten Erwartungen, an denen sie ihr Verhalten ausrichten können. Engagierten Führungskräften wird dadurch auch die Unsicherheit und die Befürchtung negativer Konsequenzen genommen.

3.5 Empirische Befunde zur Wirkung und Ausgestaltung des Follow-up-Prozesses

Markus Hodapp, Christian Liebig, Karsten Müller u. Walter Bungard

3.5.1 Allgemeine Wirkung der Mitarbeiterbefragung

Angesichts der zahlreichen Literatur über Mitarbeiterbefragungen und trotz des vielfältigen Einsatzes dieses Instruments in der Praxis verwundert es, dass nur wenig empirische Untersuchungen über dessen Wirksamkeit vorliegen. Dies mag an zwei wesentlichen Ursachen liegen:

Zum einen stehen mikropolitische Hindernisse einer fundierten Analyse im Weg. Sollte sich das Instrumentarium als ungeeignet erweisen, machen sich die Evaluatoren – meist in Personalunion mit denjenigen Personen, die mit dem Instrument betraut sind – selbst hinfällig (vgl. auch Porras & Kerry, 1979). Zum anderen ist es schwierig, die Kriterien, anhand derer der Erfolg bemessen werden soll, im Voraus festzulegen und klar zu definieren. Demzufolge münden diese Hürden häufig in der Aussage, ein Erfolgsnachweis von MABs sei im Grunde nur argumentativ zu führen (Borg, 2000).

Beabsichtigt man nun trotz dieser Schwierigkeiten die empirische Überprüfung der Effekte einer MAB, so hängt dies von der Konzeption und der Zielsetzung, die mit dem Instrument verbunden sind, ab. Ist die Zielsetzung eine bloße Abfrage von Befindlichkeiten oder Stimmungen der Mitarbeiter, dann sind die Erfolgskriterien andere, als wenn die MAB als Interventionsinstrument aufgefasst wird. Eine MAB, welche die die Zielsetzung der positiven Beeinflussung organisationaler Einstellungen, Prozesse und Leistungsfähigkeit beinhaltet (vgl. insbesondere Bungard, 1997; Domsch & Schnebele, 2003), erfordert umfassendere Kriterien zur Bestimmung ihres Erfolgs. Analog zu den unterschiedlichen Konzeptionen von MABs unterscheiden sich die Ansätze, inwiefern ihr Erfolg bzw. ihre Effektivität überprüft werden muss. Der Erfolg des Instruments muss sich natürlich daran bemessen lassen, inwieweit es seinen intendierten Zielen und Ansprüchen genügt.

Der nachfolgende empirische Überblick fokussiert daher die Frage, in welchem Ausmaß eine MAB als Interventionsinstrument positive Veränderungen in der Organisation bedingt.

3.5.2 Wirkung und Ausgestaltung des Follow-up-Prozesses

Zum Nachweis der Effektivität einer MAB lässt sich zwischen einem **implizit-statusorientierten** und einem **explizit-prozessorientierten** Ansatz unterscheiden.

Zu dem statusorientierten Ansatz existieren viele Studien, die einen Zusammenhang zwischen den im Rahmen der MAB erfassten Themen und Einstellungen und andere, für die Leistung der Organisation wichtigen, Kennzahlen aufzeigen (hierzu ▶ Kap. 4.6). Die implizite Logik hinter diesem Gedanken besteht darin, dass Einstellungen zu bestimmten Handlungen führen, und diese Handlungen mittelbar wiederum den Unternehmenserfolg beeinflussen können.

So zeigen diverse Studien einen **Zusammenhang der Mitabeitereinstellungen** (in der Regel Arbeitszufriedenheit oder organisationales Commitment) **mit monetär bewertbaren Ergebnissen** (z. B. Return on Investment, Total Shareholder Return, Erlös, Gewinne oder Gewinnzuwachs) oder individuellen Kennziffern, wie z. B. individuelle Leistungskenngrößen, Erlös pro Beschäftigtem, Vertriebserfolg pro Beschäftigtem etc. (vgl. Iaffaldano & Muchinsky, 1985; Ostroff, 1992; Ryan, Schmit & Johnson, 1996; Schleicher, Watt & Greguras, 2004; Sheridan & Slocum, 1975; Judge et al., 2001). Weitere empirische Studien stellen den Zusammenhang zwischen Einstellungen der Mitarbeiter und externer Kunden her. Koop (2004), Winter (2005) und Schneider (1973) demonstrieren, dass bestimmte Facetten der Einstellung die Kundenzufriedenheit und -loyalität positiv beeinflussen. Darüber hinaus liegen starke empirische Evidenzen vor, die von einem substanziellen Einfluss von Einstellungen auf leistungsrelevante Variablen wie Fluktuation, Kündigungsabsicht, Krankenstand oder kontraproduktives Arbeitsverhalten ausgehen (vgl. z. B. Koys, 2001; Richter & Liebig, 2006; Schöpf & Liebig, 2006; Tett & Meyer, 1993).

Die zitierten Untersuchungen haben allerdings einen gewichtigen nachteiligen Aspekt gemein: Sie zeigen letztlich »nur« die Existenz oder den Status eines Zusammenhangs zwischen den in einer MAB thematisierten Aspekten (z. B. Arbeitszufriedenheit, Commitment etc.) und anderen leistungsrelevanten Daten der Organisation. Unter der Annahme, dass eine MAB prinzipiell zu einer positiven Beeinflussung der erfassten Sachverhalte führt, lässt sich aus diesen statusorientierten Untersuchungen zwar die Relevanz einer MAB folgern; allerdings ist bereits die Annahme nicht unzweifelhaft bewiesen.

Wie in ▶ Kap. 2.1 ausgeführt, stellt die MAB zwar stets eine soziale Intervention dar, auf die die Mitarbeiter und somit die Organisation reagiert. Es kann aber nicht von Vornherein angenommen werden, dass die Reaktionen der Mitarbeiter bzw. des Gesamtsystems **automatisch** zu spezifischen positiven Veränderungen – wie z. B. zur Verbesserung der Partizipation, zur Erhöhung der Arbeitszufriedenheit oder des Commitments – beitragen (Domsch & Reinecke, 1982, S. 131 f.). Ein solcher Selbstläufer mag zwar durchaus beabsichtigt und auch wünschenswert sein, ist aber nur in einem sehr naiven Verständnis die automatische Konsequenz einer MAB. Weiterhin unterbleibt allzu häufig die Spezifizierung, weshalb eine MAB (über diverse Zwischenschritte) den Unternehmenserfolg positiv beeinflussen soll. Insofern ist der Fokus, wenn er sich auf statusorientierte Überlegungen richtet, falsch gesetzt. Möchte man das Instrument bzw. seine Effektivität beurteilen, müssen die eigentlichen **Prozesse** als Kriterien zur Bewertung fungieren. Entscheidend ist also der Folgeprozess im Anschluss an die Befragungs- und Reportingphase einer MAB. Dieser soll Veränderungsmaßnahmen bzw. ein ganzes Bündel an Interventionen anstoßen, die wiederum in gezielten Veränderungen – üblicherweise in diesem Kontext ein Synonym zu Optimierungen bzw. Verbesserungen – der organisationalen Prozesse und Strukturen resultieren. Als Folge, so das Konzept, werden dadurch auch die Einstellungen der Mitarbeiter positiv beeinflusst. Im Übrigen gelten in der kompletten Change Management-Literatur die affektiven Reaktionen der von den Veränderungsmaßnahmen betroffenen Mitarbeiter als zu minimierender Kollateralschaden aufgrund unzureichender Kommunikation der Interventionen. Diese Sichtweise greift zu kurz, wenn die Effektivität des Interventionsinstruments beurteilt werden soll.

Erste wissenschaftlich fundierte Hinweise auf die Wichtigkeit eines gesteuerten Folgeprozesses gibt eine historisch frühe Studie, die sich als einschlägige Referenz zur Verknüpfung zwischen Interventionsinstrument und ihren Effekten etabliert hat. Bowers (1973) schätzt in einem Literaturüberblick den Beitrag von unterschiedlichen Faktoren auf den **Erfolg eines Organisationsentwicklungsinstruments** ein. Den Erfolg der Organisationsentwicklungsinstrumente bemisst er mit dem Survey-of-Organizations-Fragebogen. Seine Ergebnisse verfehlen zwar zum Teil die Signifikanzgrenze (zumal die Stichprobe mit insgesamt 23 Organisationen nicht eben groß ist), geben jedoch hinreichend den Trend wieder.

Survey-Feedback-Instrumente ohne Nachfolgeprozesse und ohne nachfolgende Interventionen haben einen signifikant nachteiligen Effekt. Es ergeben sich aber schrittweise positivere Effekte, wenn nach der Befragung die Daten zurückgespiegelt werden (was dort unter dem Label »Data Handbook« läuft), bzw. wenn sich zusätzlich weitere Nachfolge- und Nachverfolgungsprozesse anschließen. In diesen Ergebnissen spiegelt sich das in ▶ Kap. 2.1 angesprochene Bonmot von Viteles (1953) wider, dass eine MAB einer entsicherten Handgranate gleiche – dass sie nämlich nicht unbeschadet bei Seite gelegt werden könne. Die frühe Studie von Bowers (1973) belegt somit empirisch die Bedeutung und den **positiven Effekt der Rückspiegelung** sowie der sich daran anschließenden Interventionen als **zentralen Erfolgsfaktor der MAB** (vgl. auch Jöns, 2001).

Bowers und Hausser (1977) konnten die Ergebnisse der Studie von 1973 replizieren; sie bezeichnen darüber hinaus folgende Faktoren als erfolgskritisch:
- Management und Mitarbeiter heißen das Instrument gut
- sie fühlen sich dem Instrument gegenüber verpflichtet
- sie zeigen Veränderungsbereitschaft.

Unter diesen Vorzeichen haben Survey-Feedback-Instrumente positive Auswirkungen auf die Identifikation mit dem Unternehmen. Sie leisten darüber hinaus einen wesentlichen Beitrag zur Intensivierung der innerbetrieblichen Kommunikation und bedingen ein höheres Involvement, ein besseres Klima und eine höhere Arbeitsmoral der Belegschaft.

Eine analoge Interpretation erlaubt ein Teilergebnis einer Längsschnittstudie von Conlon und Short (1984). Auch bei dieser Untersuchung beeinflussen Nachfolge- und Kommunikationsprozesse maßgeblich den Effekt von Survey-Feedback-Instrumenten. Diese Untersuchung wurde – trotz ihres aufwendigen Designs – aufgrund methodologischer Mängel (ungenügendes Datenmaterial, fehlende Berücksichtigung konkurrierender Modelle) jedoch stark kritisiert.

Die Existenz eines Folgeprozesses sagt gleichwohl noch wenig über dessen Qualität und bedeutende Elemente innerhalb dieses Prozesses aus (▶ Kap. 3.2). So betrachten die bislang zitierten Studien Organisationsentwicklungs- bzw. Survey-Feedback-Instrumente so, als ob sie überall gleich gut implementiert seien. In diesem Zusammenhang weisen Born und Mathieu (1996) darauf hin, dass:

> it is important to note that the meta-analytic summaries [...] have treated all survey-guided OD studies uniformly, as if they were all implemented equally well. Certainly the quality of the change efforts is difficult to gauge from readily available articles, making it virtually impossible to include such a factor as a moderator variable in quantitative reviews. Nevertheless, the impact that the quality of the implementation of the OD effort has on its subsequent effectiveness remains an un_answered question. Furthermore, any given survey-guided feedback intervention is not likely to be implemented uniformly within a given setting. (Born & Mathieu, 1996, S. 390)

Insofern sind generelle (oder übergeneralisierte) Aussagen mit Vorsicht zu interpretieren. Ein und dieselbe Befragung kann je nach Setting auch innerhalb eines Unternehmens differieren. Um also Erfolgsfaktoren für eine MAB bestimmen zu können, sind die einzelnen Prozessschritte differenziert zu analysieren. Wissenschaftliche Untersuchungen zu spezifischen Erfolgsfaktoren innerhalb des Follow-up-Prozesses (▶ Kap. 2.2), die diesem Sachverhalt Rechnung tragen, sind selten, insbesondere da das Untersuchungsdesign hierzu recht komplex ist. Eine Ausnahme stellt die Studie von Liebig (2006) dar, in welcher auf Grundlage von auf vier bzw. fünf Jahre angelegten Längsschnittuntersuchungen der Einfluss **spezifischer Merkmale** des Follow-up-Prozesses auf die Effektivität einer MAB untersucht wurde.

Ferner zeigen empirische Befunde der Universität Mannheim, dass die Organisation über die Zeit eine **zunehmende Kompetenz** im Umgang mit dem Instrument MAB gewinnt und ebenso die **Akzeptanz** des Instruments im Zeitverlauf zunimmt. Steigende Rücklaufzahlen sind ein Indiz für diese Entwicklung. Während in Erstbefragungen überwiegend nur knapp die Hälfte der Mitarbeiter an der Befragung teilnehmen, steigt – bei entsprechender Konzeption und Verankerung des Instruments sowie bei geeigneter Kommunikation – auf Werte von 66%

3.5 · Empirische Befunde zur Wirkung und Ausgestaltung des Follow-up-Prozesses

Die Ergebnisse zeigen, dass die MAB immer dann zu einer deutlichen Verbesserung der Mitarbeitereinstellungen und wahrgenommener Verbesserung organisationaler Prozesse führt, wenn folgende Merkmale des Prozesses erfüllt sind:
- Durchführung einer differenzierten Ergebnisrückmeldung,
- dezentrales Feedback mit Ergebnisdiskussion,
- durch das Projektteam unterstützte, dennoch dezentrale Ableitung der Maßnahmen und deren Umsetzung
- Existenz eines konsequenten Maßnahmenmonitorings und -controllings.

Hat Ihr Vorgesetzter mit Ihnen über die Ergebnisse der letzten Befragung gesprochen?

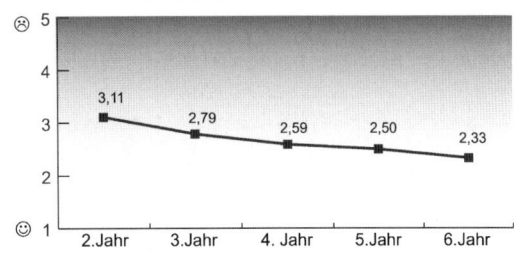

[Diagramm: 2. Jahr: 3,11; 3. Jahr: 2,79; 4. Jahr: 2,59; 5. Jahr: 2,50; 6. Jahr: 2,33]

Haben die aus der letzten Mitarbeiterbefragung abgeleiteten Maßnahmen in *Ihrer* Abteilung zu (…) Veränderungen geführt?

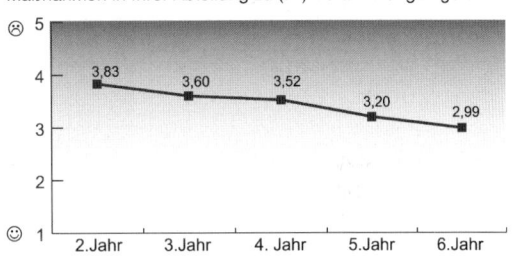

[Diagramm: 2. Jahr: 3,83; 3. Jahr: 3,60; 4. Jahr: 3,52; 5. Jahr: 3,20; 6. Jahr: 2,99]

Abb. 3.8. Effektivität einer MAB im Längsschnitt (1= positiv, 5 = negativ)

bis zu knapp 80% in Folgebefragungen. Ebenso wird der Rückmeldeprozess sowie die Ergebnisdiskussion, Maßnahmenableitung und Wirksamkeit der abgeleiteten und umgesetzten Maßnahmen zunehmend positiver bewertet. Insbesondere dem direkten Vorgesetzten kommt hier eine Schlüsselposition zu; die Zusammenarbeit mit dem Vorgesetzten sowie sein Führungsverhalten bestimmen maßgeblich die Effektivität und Effizienz der Nachfolgeprozesse. In diesem Fall bestätigt sich das Bonmot, der Fisch stinke vom Kopf her. Im Übrigen ist auch ein Interaktionseffekt beobachtbar: Nicht allein werden die Follow-up-Prozesse positiver bewertet, wenn die Führungskraft die Rückmelde- und Veränderungsmaßnahmen aktiv und kontinuierlich vorantreibt, sondern zusätzlich erwirbt sie mehr und mehr Kompetenzen bezüglich ihres Führungsverhaltens. Betrachtet man die Bewertung des Instruments selbst, so zeigt sich eine anfängliche Euphorie – nicht zuletzt, da diesem Instrument zu Beginn ein fast allglückseligmachender Nutzen zugeschrieben wird. Diese Euphorie dem Instrument gegenüber verfliegt mit der Zeit, weicht einer realistischen Betrachtung (eingeschlossen aller Vor- und Nachteile, die mit einer MAB verknüpft sind) und erreicht den Grad guter Akzeptanz (**Abb. 3.8**).

Weitere Untersuchungen betrachten den Einfluss spezifischer **organisationaler Rahmenbedingungen** bzw. Spezifika zurzeit der Befragung auf den Umsetzungsgrad von im Folgenden eingeleiteten Veränderungen. Diese Untersuchung wurde über den Zeitraum von vier Jahren durchgeführt. Die Ergebnisse zeigen, dass insbesondere drei Faktoren einen prädominanten Einfluss auf den Umsetzungsgrad der Maßnahmen besitzen. Als **größter Einflussfaktor** erweist sich »**Information und Kommunikation**« innerhalb der Organisation. Weiterhin sind die Faktoren »**Verhalten des Vorgesetzten**« sowie der »**allgemeine Umgang mit Veränderungen**« von maßgeblichem Belang. Die Bedeutung dieser Faktoren nimmt über die Zeit signifikant zu.

> **In Abteilungen mit einer ausgeprägten Feedbackkultur** wird der Follow-up-Prozess effektiver umgesetzt. Information und Kommunikation der Veränderungen, basierend auf den MAB Ergebnissen, leisten einen wichtigen Beitrag zur **Beurteilung der Effektivität** der MAB.

Die Bedeutung des Folgeprozesses einer MAB als zentralem Faktor ihrer Wirksamkeit zeigt sich auch, wenn man die dokumentierten Maßnahmenaktivitäten analysiert. Es findet sich eine deutlich positive Korrelation zwischen Maßnahmenaktivitäten und Bewertung der Wirksamkeit einer MAB. Im Rahmen

Abb. 3.9. Wahrgenommene Effektivität von MABs in Abhängigkeit von der Ableitung von Maßnahmen. (1=negativ, 5=positiv; **p<=0,01, *p<=0,05)

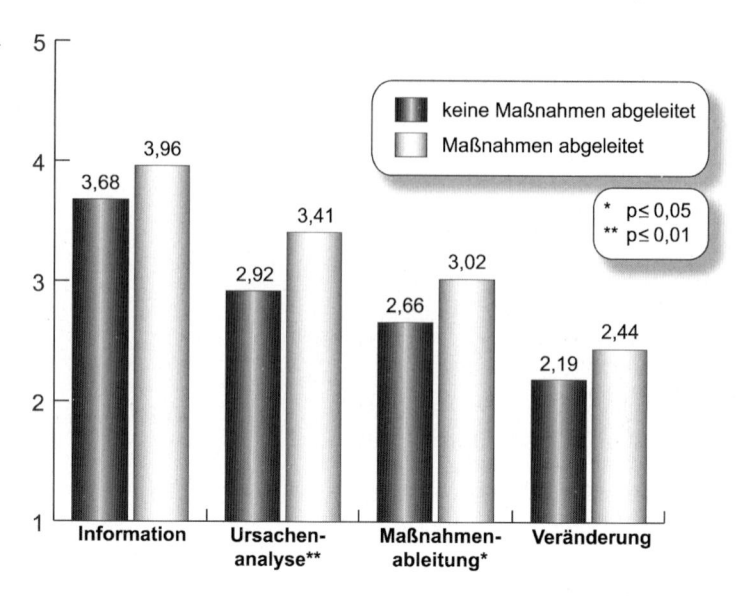

einer Untersuchung der Universität Mannheim bei einem internationalen Automobilzulieferer konnte dieser Zusammenhang bestätigt werden. Die wahrgenommenen Effekte der Mitarbeiterbefragung wurden von Abteilungen **mit** dokumentierten Maßnahmen signifikant effektiver bewertet als von anderen Abteilungen **ohne** dokumentierte Maßnahmen (Abb. 3.9).

Interessanterweise war der Unterschied bezüglich der Information durch den Vorgesetzten nicht signifikant, was für eine anfänglich eher gleichwertige Gestaltung des Informationsprozesses spricht. Die Befunde zeigen jedoch deutliche Unterschiede in der Beurteilung des Ausmaßes der Maßnahmenableitung und -umsetzung. Dies bedeutet, dass in Abteilungen mit hoher Maßnahmenaktivität der MAB-Folgeprozess auch signifikant besser bewertet wurde. Auch die Frage nach positiven Veränderungen auf Grundlage der MAB fiel positiver aus für Abteilungen mit hoher Aktivität. Hierbei sollte noch der kurze Abstand zwischen der MAB und der Kontrolle beachtet werden. Die Controlling-Daten wurden bereits drei Monate nach der MAB erhoben. Hier ist fraglich, ob in der kurzen Zeit die angestoßenen Veränderungen bereits ihre volle Wirkung zeigen konnten, sodass von einer Steigerung der beobachteten Unterschiede ausgegangen werden kann.

Berücksichtigt man zusätzlich den Stand der Umsetzung der Maßnahmen, also ob sie erst abgeleitet, bereits umgesetzt wurden oder schon abgeschlossen sind, so erweist sich auch hier ein signifikanter Einfluss:

> **Mit steigendem Umsetzungsgrad** steigt auch die durch die Mitarbeiter **wahrgenommene Nützlichkeit** der Befragung.

Ingesamt zeigen die empirischen Ergebnisse, dass die Wirksamkeit der MAB in erheblichem Maße von der Ausgestaltung der Folgeprozesse abhängt. Erfolgreiche Folgeprozesse führen zur Verbesserung der Mitarbeitereinstellung und zu einer Optimierung organisationaler Bedingungen und Prozesse. Die Befunde unterstreichen die Bedeutung folgender konkreter Faktoren für die erfolgreiche Ausgestaltung des Folgeprozesses:
- Feedbackkultur
- Innovationsklima
- Rolle des Vorgesetzten

Die zielgerichtete Beeinflussung dieser Faktoren bildet somit in der Praxis einen wichtigen Ansatzpunkt zur erfolgreichen Ausgestaltung des Follow-up-Prozesses und der Steigerung der Effektivität des Instruments Mitarbeiterbefragung.

4 Follow-up-Prozesse konkret gestalten: Follow-up-Instrumente

4.1 Mitarbeiterbefragungs-Marketing – 111
Karsten Müller u. Tammo Straatmann
4.1.1 Überblick – 111
4.1.2 Product – Mehr als nur Mitarbeiterbefragung – 113
4.1.3 Price – Mehr als nur Kosten – 113
4.1.4 Place – Wo und wie soll die Mitarbeiterbefragung durchgeführt werden? – 114
4.1.5 Promotion – Die Wege zum Mitarbeiter – 116
4.1.6 Resümee – 120

4.2 Training für Führungskräfte – 120
Sabine Racky
4.2.1 Training zur Planung und Durchführung der Mitarbeiterbefragung – 121
4.2.2 Training zur Rückmeldung der Ergebnisse und Ableitung der Maßnahmen – 123
4.2.3 Training zum Controlling – 131
4.2.4 Resümee – 132

4.3 Handlungsimplikatives Reporting – 132
Beate Bladowski
4.3.1 Allgemeine Grundsätze der Ergebnisrückmeldung – 132
4.3.2 Aufbau von Ergebnisberichten – 133
4.3.3 Darstellung der Ergebnisberichte – 136
4.3.4 Sonderberichte und -analysen – 139
4.3.5 Resümee – 139

4.4 Mitarbeiterbefragungsspezifisches Benchmarking und Vergleichswerte – 140
Karsten Müller
4.4.1 Interpretierbarkeit von Daten – Ableitung von Maßnahmen – 140
4.4.2 Begriffsdefinition mitarbeiterbefragungsspezifisches Benchmarking und andere Vergleichswerte – 141
4.4.3 MAB-spezifisches Benchmarking und allgemeine Durchschnittswerte – 143
4.4.4 Wahl angemessener Vergleichswerte – 145
4.4.5 Resümee – 146

4.5 Das Portfolio – 146
Virginia Madukanya
4.5.1 Hintergrund und Einführung in den Portfolio-Ansatz – 146
4.5.2 Aufbau des Portfolios – 148
4.5.3 Varianten des Portfolios – 150
4.5.4 Resümee – 154

4.6 Linkage Research: Zusammenhangsanalysen als Ansatzpunkt für Veränderungsprozesse – 155
Stefanie Winter
4.6.1 Problematik – 155
4.6.2 Nutzbare Kennzahlen der organisationalen Leistungsfähigkeit – 156
4.6.3 Methodische und praktische Probleme bei der Verknüpfung von Daten – 157
4.6.4 Gestaltungsempfehlungen für die Durchführung von Linkage Research – 162
4.6.5 Resümee – 165

4.7 Unterstützung des Follow-ups durch qualitative Verfahren und Daten – 165
Stefanie Jonas-Klemm
4.7.1 Einleitung – 165
4.7.2 Einsatzmöglichkeiten qualitativer Verfahren im Follow-up-Prozess – 166
4.7.3 Resümee – 170

4.8 Maßnahmen-Monitoring und -Controlling – 170
Markus Hodapp
4.8.1 Monitoring, Controlling und Evaluation – 171
4.8.2 Ansätze zur Evaluation – 172
4.8.3 Instrumente des Maßnahmen-Monitorings und -Controllings – 176
4.8.4 Resümee – 178

4.1 Mitarbeiterbefragungs-Marketing

Karsten Müller u. Tammo Straatmann

4.1.1 Überblick

Das MAB-Marketing ist ein umfassender Ansatz, um die Akzeptanz der Befragung zu sichern und die Nützlichkeit des Instruments zu steigern. Im Sinne des Marketings stellt die MAB eine »Dienstleistung« dar, bei der die Mitarbeiter als »Kunden« der MAB auftreten, deren Erfolg auch von der internen »Vermarktung« abhängt. Der Begriff Marketing bezieht sich hierbei nicht nur auf die Ausarbeitung eines umfassenden Informationskonzeptes, sondern auch auf die Gestaltung des Befragungsinstruments, die Kosten und den Nutzen für die Mitarbeiter und auf die Leichtigkeit der Teilnahme. Zunächst wird hier das Konzept des MAB-Marketings näher erläutert, bevor in den folgenden Abschnitten die verschiedenen Punkte des MAB-Marketings ausführlich betrachtet werden.

> **Definition**
> **MAB-Marketing** kann definiert werden als ... eine Grundhaltung der konsequenten Ausrichtung aller, die MAB betreffenden Prozesse und Entscheidungen, an den Erfordernissen interner Interessengruppen.

Die Interessengruppen der Mitarbeiter und Führungskräfte sind die wichtigsten »Kundengruppe« der MAB. Daneben stellen, mit gewissen Akzentverschiebungen, das Management und der Betriebsrat weitere wichtige Interessengruppen der MAB dar.

Wie ◘ Tab. 4.1 zeigt, lassen sich die Kotler'schen Axiome des Marketings (Schulze, 1992, S. 102) auf den Kontext der MAB übertragen.

Ziel des MAB-Marketings ist eine Effizienz- und Akzeptanzsteigerung des Instruments MAB. Zurückgreifend auf existierende Marketingtechniken umfasst das MAB-Marketing somit die modifizierte Anwendung der Produkt-, Preis-, Kommunikations- und Distributionspolitik. Diesen, als die 4Ps des Marketings bezeichneten, Säulen eines umfassenden Marketings lassen sich bestimmte Aspekte der MAB zuordnen (◘ Abb. 4.1).

Für Anwendung der 4Ps auf den Kontext der Mitarbeiterbefragung ist zu beachten, dass es sich bei der MAB, wie oben bereits festgestellt, im eigentlichen Sinne um eine Dienstleistung handelt. Gerade aber beim Marketing von Dienstleistungen ergeben sich eine Reihe von speziellen Herausforderungen. Diese resultieren aus den besonderen Eigenschaften von Dienstleistungen als dem Gegenstand der Vermarktung. Nach Homburg & Krohmer (2003) können Dienstleistungen wie Waren und Güter auch als Produkte verstanden werden, doch sie unterscheiden sich von diesen in folgenden wichtigen Merkmalen:

◘ **Tab. 4.1.** Exkurs: Übertragung der Kotler'schen Axiome (nach Schulze, 1992, S. 102) auf das MAB-Marketing

1. Marketing bezieht sich auf Interaktionsbeziehungen zwischen Institutionen und/oder menschlichen Individuen.	Mit der MAB liegt eindeutig eine Interaktion zwischen dem Unternehmen und den Mitarbeitern vor.	✓
2. Eine soziale Einheit ist Marketingtreibender und erwartet von einer weiteren sozialen Einheit eine Reaktion bzw. versucht, ein erwünschtes Verhalten zu bewirken.	Das Unternehmen erwartet von den Mitarbeitern die Beantwortung des Fragebogens und die Beteiligung am Follow-up-Prozess und versucht, dieses Verhalten zu bewirken.	✓
3. Die Reaktion ist unbestimmt, kann aber durch den Marketingtreibenden beeinflusst werden.	Die Beantwortung des Fragebogens und die Beteiligung am Follow-up-Prozess sind als Reaktion unbestimmt, können aber durch verschiedene Faktoren beeinflusst werden.	✓
4. Das Erreichen der erwünschten Reaktion soll durch das Angebot von Werten, die für den Adressaten von Nutzen sind, bewirkt werden.	Das Unternehmen wird versuchen, die erwünschte Beteiligung am gesamten Prozess der MAB, durch die Vermittlung von Sinn und Nutzen sowie durch spezielle Anreize und Methoden zu bewirken.	✓

Abb. 4.1. Vier Ps des MAB-Marketings

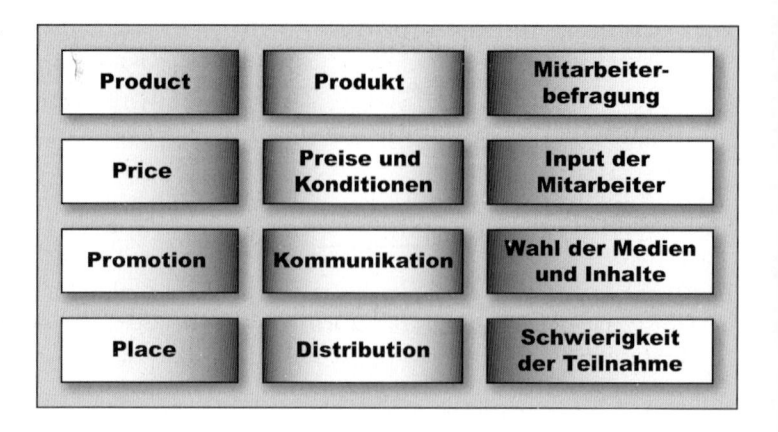

Product	Produkt	Mitarbeiterbefragung
Price	Preise und Konditionen	Input der Mitarbeiter
Promotion	Kommunikation	Wahl der Medien und Inhalte
Place	Distribution	Schwierigkeit der Teilnahme

- Immaterialität – nicht direkt anfassbar
- Nicht-Lagerbarkeit – nicht auf Vorrat produzierbar
- Zentrale Stellung des Kunden im Prozess – Mitwirken des Kunden an der Leistungserstellung
- Gesteigertes wahrgenommenes Kaufrisiko – verursacht durch die Immaterialität
- Hohes Maß an Individualität – hohe Anpassung an den Kunden

Auch bei der MAB lassen sich diese Merkmale ebenfalls finden. Der komplexe Prozess der Mitarbeiterbefragung ist immateriell, d. h. er ist für die Beteiligten nicht direkt fassbar bzw. anfassbar. Der hohe Grad an Individualität und die zentrale Stellung des Kunden zeigen sich in der notwendigen Anpassung der MAB an die spezifischen Verhältnisse der Organisation und darin, dass die Kunden, hier die Beteiligten und Teilnehmer der MAB, selbst unverzichtbarer Faktor der Leistungserstellung sind.

Für die Vermarktung der Mitarbeiterbefragung im Sinne einer Dienstleistung müssen vor allem die Aspekte der Immaterialität und die hohe Anpassung an den Kunden, bzw. dessen Mitwirken an der Leistungserstellung besondere Beachtung finden. So ergeben sich für das Marketing von Mitarbeiterbefragungen aufgrund der besonderen Eigenschaften von Dienstleistungen drei direkte Implikationen:

1. Es ist beim Marketing von Dienstleistungen besonders wichtig, dem Kunden zu ermöglichen, eine konkrete Vorstellung der Dienstleistung zu entwickeln. Die immaterielle, nicht fassbare Leistung muss möglichst **konkret und anfassbar gemacht** werden. Hier spielen transparente Prozesse eine große Rolle.
2. Da das eigentliche »Produkt« bzw. die Leistung und der Prozess schwer greifbar sind, haben die tangiblen, d. h. die greifbaren und fassbaren Elemente eine wichtige Funktion zur Beurteilung der Qualität des Gesamtprozesses bzw. der Gesamtleistung. In der Wahrnehmung der Qualität der Mitarbeiterbefragung kommt diesen Elementen eine zentrale Rolle als **Ersatzindikatoren** zu, insbesondere dann, wenn noch keine eigenen Erfahrungswerte über bisherige MABs vorliegen.
3. Bei der Planung und Erbringung der Dienstleistung, des gesamten Prozesses der MAB, müssen die **individuellen Bedingungen** der Organisation und die **Bedürfnisse** der Beteiligten in starkem Maße berücksichtigen werden. Die Beteiligten müssen als bedeutender Faktor der Leistungserbringung in den Prozess **eingebunden** werden und sich der zentralen Stellung bewusst sein.

Der Einsatz von Ersatzindikatoren hat vor allem in der Phase vor und während des Befragungszeitpunktes einen wichtigen Platz. Ersatzindikatoren der Qualität sind zunächst alle Elemente der Mitarbeiterbefragung, die direkt sichtbar und anfassbar sind. Einfache Beispiele sind die Ankündigungsschreiben und -plakate, Werbematerialien, aber auch der Fragebogen selbst. Im Follow-up-Prozess muss der **Nutzen der Mitarbeiterbefragung** für den einzelnen Mitarbeiter und das Unternehmen konkret und deutlich gemacht werden (▶ Abschnitt Promotion). Ein gelungener Follow-up-Prozess legt über die Erfahrung der persönlichen und organisationalen Relevanz der Mitarbeiterbefragung die Grundlage für die Bereitschaft zur Partizipation bei folgenden Maßnahmen und Befragungen.

Auf Basis des Rahmenmodells und unter Berücksichtigung der Besonderheiten des Marketings von Dienstleistungen lassen sich aus dem klassischen Marketing-Mix der 4Ps verschiedene konkrete Handlungsanweisungen und Gestaltungsempfehlungen für die MAB ableiten. Sie werden im Folgenden für jeden der Teilaspekte diskutiert:

4.1.2 Product – Mehr als nur Mitarbeiterbefragung

Nach Homburg & Krohmer (2003, S. 14) umfasst die Produktpolitik alle Entscheidungen, die sich auf die marktgerechte, d. h. an Kundenbedürfnissen orientierte Gestaltung des Produktangebotes unter besonderer Berücksichtigung unternehmerischer Zielsetzungen beziehen. Für die MAB heißt dies, dass sämtliche Aspekte der Mitarbeiterbefragung an den Bedürfnissen aller Beteiligten und an den Zielen der Organisation ausgerichtet werden müssen. Diese spezifische Ausrichtung wurde in den bisherigen Ausführungen mehrfach erwähnt. Beispiel hierfür ist u. A. die Berücksichtigung eines Bottom-up-Prozesses in der Erstellung des Fragebogeninstruments. Wie in ▶ Kap. 2.3 ausführlich dargestellt bedeutet dies, dass bei der Konstruktion des Befragungsinstruments neben theoretischen und strategischen Überlegungen auch die Mitarbeiter miteinbezogen werden müssen.

Ein anderes, in der Praxis übliches, Beispiel ist die bedürfnisgerechte Konstruktion von Fragebogen, bei der berufsgruppenspezifische oder standortspezifische Fragen berücksichtigt werden. Hierbei besteht das Fragebogeninstrument aus einem Teil, der für alle Mitarbeiter des Unternehmens gleich ist. Dieser Teil ergibt sich häufig aus theoriegeleiteten Fragen und Fragen mit besonderem strategischem Interesse für das Unternehmen. Daneben enthält der Fragebogen einen zweiten, variablen Teil, in dem standort- bzw. berufsspezifische Themen oder Problemfelder abgefragt werden. So finden sich in der Luftfahrtindustrie gelegentlich, neben einem allgemeinen Teil, unterschiedliche Fragen für die Piloten, die Kabine, das Bodenpersonal, die Verwaltung und den Vertrieb. Auch Befragungen in Krankenhäusern beinhalten oft variable Fragebogenelemente abhängig von der Berufsgruppe (Ärzte, Pflegepersonal, Verwaltung etc.). Neben dem Anstieg der Komplexität in der Erfassung und Verarbeitung der Daten zeigen Erfahrungen **positive Auswirkung auf die Akzeptanz** des Instruments bei den Mitarbeitern und Führungskräften. Ein weiteres Feld der bedürfnisspezifischen Ausrichtung von MAB Prozessen bezieht sich auf das Format der Datenerhebung (mehr dazu siehe Abschnitt »Place«).

Ein anderer Aspekt in Bezug auf die Gestaltung des Produkts ergibt sich aus der oben angesprochenen besonderen Bedeutung greifbarer Elemente der MAB als Ersatzindikatoren. Die Qualität der greifbaren, d. h. materiellen Aspekte der MAB (z. B. Inhalt und Gestaltung des Befragungsinstruments, Informationsmaterialien, Onlineauftritt, Ergebnisberichte, Trainingsmaterialien) spielt insbesondere beim Fehlen einschlägiger Erfahrung mit dem Instrument im Sinne der Ersatzindikatoren eine zentrale Rolle, um den Gesamtprozess und somit die Qualität der MAB zu beurteilen. Diese Elemente müssen in jeder Hinsicht professionell, kundenspezifisch, fehlerfrei und ansprechend gestaltet sein. Allerdings sollten die Materialen nicht den Eindruck erwecken, zu teuer zu sein und keine verschwenderische Grundhaltung signalisieren (z. B. Hochglanzbroschüren).

4.1.3 Price – Mehr als nur Kosten

Unter Preispolitik sind diejenigen absatzpolitischen Maßnahmen zu verstehen, die die Gegenleistung für die vom Unternehmen angebotenen Sach- und Dienstleistungen betreffen.
(Böcker, 1982, S. 1)

Die Mitarbeiter als Kunden der MAB stehen auch bei der Betrachtung der Kosten im Fokus. Jedoch geht es in erster Linie nicht um Geldeinheiten, sondern viel mehr um den Zeitaufwand und die Mühen, die die Mitarbeiter für die Teilnahme an der MAB auf sich nehmen.

Die Zeit, die die Mitarbeiter für die Beantwortung des Fragebogens benötigen, kann je nach Planung Freizeit oder Arbeitszeit des Mitarbeiters sein. In beiden Fällen ist es möglich, dass dem Mitarbeiter seine Zeit zu wertvoll ist, um sie für eine MAB zu investieren.

Die Zeit der Mitarbeiter sollte folglich nicht unnötig beansprucht werden. Möglichkeiten, die Zeitkosten zu steuern, liegen in der Länge und Verständlichkeit des Fragebogens sowie in der Zugänglichkeit der MAB. So kann ein möglichst einfach gehaltener Prozess des Zugangs und der Rückgabe des Fragebogens erheblich zur Senkung des sogenannten »passive nonresponse« beitragen.

Die Länge des Fragebogens ist ein entscheidender Punkt. Auf der einen Seite sollen die Zeitkosten der Mitarbeiter möglichst gering sein und auf der anderen Seite darf man den Fragebogen nicht zu kurz gestalten. Ein zu kurzer Fragebogen verliert nicht nur seine Glaubwürdigkeit, sondern auch seine Aussagekraft. Es gilt also, das empfindliche Gleichgewicht zwischen dem »Nutzen der MAB« und dem »Aufwand der Mitarbeiter« zu berücksichtigen.

Ein weiterer Aspekt, der bei der Gestaltung des Fragebogens eine kritische Rolle spielt, ist die Schwierigkeit und Anzahl der Items. Wie in ◘ Abb. 4.2 zu sehen ist, hängen die Anzahl der Fragen, die Beteiligung, die Frageformulierung und die Differenziertheit der Ergebnisse eng zusammen.

Rationalen Modellen zufolge werden die Mitarbeiter ihre Entscheidung, sich an der MAB zu beteiligen, letztlich an dem wahrgenommenen Input-Output-Vergleich festmachen. Dies gibt dem MAB-Marketing Handlungsmöglichkeiten, da eine Verbesserung der durch die Mitarbeiter wahrgenommenen Input-Output-Relation zu einer stärkeren Beteiligung und damit zu einem größeren Nutzen der MAB führt. Um den, von den Mitarbeitern wahrgenommenen, Output zu erhöhen, gibt es zwei Ansätze:
1. Verringerung des Inputs (z. B. einfacher Zugang)
2. Erhöhung des Outputs (z. B. Aufzeigen von Verbesserungen)

Um den Output konkret und greifbar zu machen, muss der Sinn einer MAB vermittelt werden. Ein unerlässlicher Schritt dabei ist die Offenlegung des gesamten Prozesses der MAB (◘ Abb. 4.3). Nur wenn der Gesamtprozess transparent ist, wissen die Mitarbeiter, mit welchem Output sie rechnen können.

4.1.4 Place – Wo und wie soll die Mitarbeiterbefragung durchgeführt werden?

Bei der Beantwortung der Fragen nach dem »Wo?« und dem »Wie?« muss vor allem die Herstellung der Nähe zum Kunden eine zentrale Rolle spielen. Beim MAB-Marketing gehört dazu in erster Linie die Zugänglichkeit der Mitarbeiterbefragung für alle Beteiligten. Wie in ▶ Kap. 2.3 ausgeführt, stehen insbesondere zwei Durchführungsformate zur Wahl, einmal die klassische Paper-Pencil-Befragung und der Online-Befragung. Die Ausstattung mit internetfähigen Computern ist bei Weitem noch nicht so weit vorangeschritten, als dass man von einer flächen-

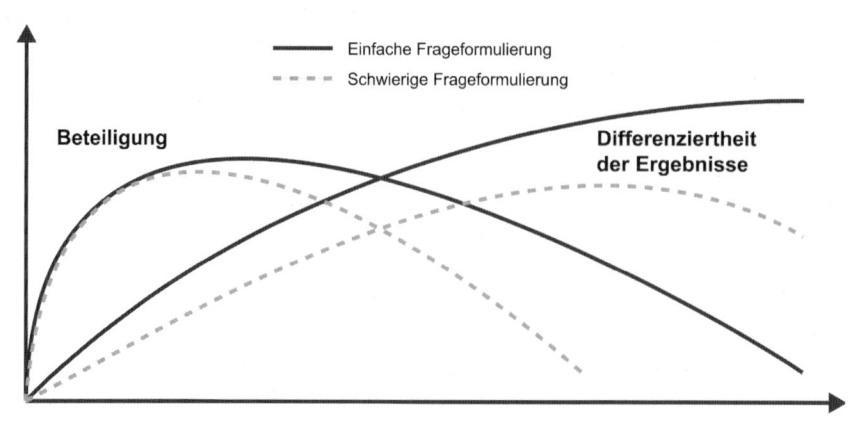

◘ **Abb. 4.2.** Gestaltung des Fragebogens

4.1 · Mitarbeiterbefragungs-Marketing

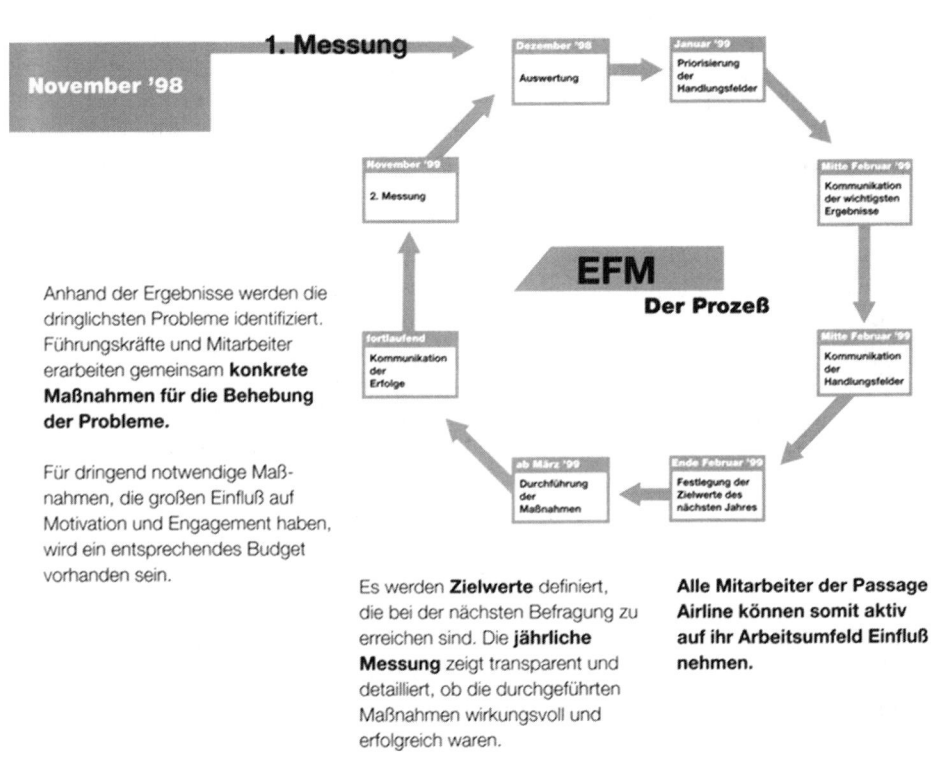

Servicekultur / EFM

EFM – Der Prozeß

- **November '98** – 1. Messung
- **Dezember '98** – Auswertung
- **Januar '99** – Priorisierung der Handlungsfelder
- **Mitte Februar '99** – Kommunikation der wichtigsten Ergebnisse
- **Mitte Februar '99** – Kommunikation der Handlungsfelder
- **Ende Februar '99** – Festlegung der Zielwerte des nächsten Jahres
- **ab März '99** – Durchführung der Maßnahmen
- **fortlaufend** – Kommunikation der Erfolge
- **November '99** – 2. Messung

Anhand der Ergebnisse werden die dringlichsten Probleme identifiziert. Führungskräfte und Mitarbeiter erarbeiten gemeinsam **konkrete Maßnahmen für die Behebung der Probleme.**

Für dringend notwendige Maßnahmen, die großen Einfluß auf Motivation und Engagement haben, wird ein entsprechendes Budget vorhanden sein.

Es werden **Zielwerte** definiert, die bei der nächsten Befragung zu erreichen sind. Die **jährliche Messung** zeigt transparent und detailliert, ob die durchgeführten Maßnahmen wirkungsvoll und erfolgreich waren.

Alle Mitarbeiter der Passage Airline können somit aktiv auf ihr Arbeitsumfeld Einfluß nehmen.

◘ **Abb. 4.3.** Beispiel: Offenlegung des Prozessablaufs

deckenden Verfügbarkeit sprechen könnte. In der Befragungsforschung wird dieser Punkt intensiv unter dem Stichwort Auswahleffekte als methodisches Problem diskutiert (vgl. z. B. Bosnjak, 2002; Deutschmann, 1999). Als Behelfslösungen, um die komplette Grundgesamtheit, meist die komplette Belegschaft, auszuschöpfen, finden sich verschiedentlich Vorschläge wie z. B. ein temporäres Aufstellen von »MAB-Terminals« (d. h. von öffentlichen Computern, die allein der Datenerhebung bei einer MAB dienen) oder ein Ausweichen auf Computer in Büros von Kollegen bzw. Vorgesetzten. Neben den organisatorischen Problemen, Wartezeiten zu vermeiden, etc. müssen die Antworten an einem bestimmten Ort (eben den Terminals) zu einer bestimmten Zeit (während der Anwesenheit im Betrieb) ausgefüllt werden. Ein solches Prozedere kann zum einen zu einer erheblichen Senkung der Beteiligungsrate führen. Zum anderen treten durch das Ausfüllen im »öffentlichen Raum« unerwünschte Effekte wie etwa soziales Monitoring auf – Kollegen oder Vorgesetzte können nicht nur sinnbildlich beim Ausfüllen »über die Schulter schauen«. Im Übrigen müssen die Befragten sich für die Zeit der Befragung von ihrem Arbeitsplatz entfernen – für Personen, die einen Computer am eigenen Arbeitsplatz haben, stellt sich die Teilnahme an der Befragung als wesentlich einfacher dar als für Personen, bei denen das Unterbrechen der Arbeit eine Störung des Betriebsablaufs nach sich zieht.

Da gerade die leichte Zugänglichkeit zu einem Medium im Sinne des MAB-Marketings wesentlich die Akzeptanz und Nutzung des Mediums beeinflusst (Scholl, Pelz & Rade, 1996), ist vom heutigen Stand in vielen Fällen eine Mixed-Mode-Strategie die beste Wahl.

4.1.5 Promotion – Die Wege zum Mitarbeiter

»Aufgabe der Kommunikationspolitik ist die planmäßige Gestaltung und Übermittlung von Informationen, die die Adressaten der Kommunikation im Bereich Wissen, Einstellung, Erwartungen und Verhaltensweisen im Sinne der Unternehmensziele beeinflussen sollen.« (nach Homburg & Krohmer, 2003, S. 623)

Der schon sprichwörtlich gewordene Satz »The medium is the message«, stellt im Zusammenhang mit dem MAB-Marketing nur die halbe Wahrheit dar. Nicht nur die geeigneten Medien müssen gefunden werden, gleichzeitig muss den Mitarbeitern auch die wesentliche Information vermittelt werden. ◻ Tab. 4.2 zeigt Kernbestandteile auf, die in den verschiedenen Prozessphasen Inhalte der Kommunikation sein können und teilweise sein müssen.

Besonders wichtig in der Vorbereitungsphase ist die hinreichende **Information über die Ziele und den Ablauf** der MAB (hierzu auch ▶ Kap. 2.2). Dieses Vertrautmachen mit dem neuen Instrument nimmt den Mitarbeitern unnötige Ängste und baut gleichzeitig Akzeptanz auf. Weiterhin sollten durch die Kommunikation des Handlungsspielraums Grenzen des Umsetzbaren aufgezeigt werden. Ohne das Aufzeigen der Grenzen kann die MAB für einige Mitarbeiter unglaubwürdig wirken (»Die können das ja eh nicht alles ändern!«). Bei anderen Mitarbeitern kann es zu überhöhten Erwartungen und entsprechender Frustration am Ende des Prozesses kommen.

Der wahrgenommene Handlungsspielraum ist dabei nicht zuletzt mit dem Commitment des Vorstands verknüpft. Sollte der Vorstand nach außen nicht geschlossen hinter der MAB stehen, kommen bei den Mitarbeitern auch schnell Zweifel an der Konsequenz bei der Maßnahmenumsetzung, also am Nutzen der MAB, auf.

Es empfiehlt sich, dass der Vorstand und die Führungskräfte nicht nur die Wichtigkeit des Instruments, sondern vor allem auch die Bedeutsamkeit der einzelnen Stimme für den Prozess betonen. Durch eine persönliche Ansprache kann eine Steigerung der Partizipationsbereitschaft der Mitarbeiter erzielt werden, jedoch darf die Anonymität nicht gefährdet sein.

Auch bei der Erinnerung an die Teilnahme während der Erhebungsphase ist es von großer Wichtigkeit, dass die Anonymität gewahrt bleibt, so sollten Erinnerungen immer an alle Beteiligten erfolgen.

In der Nachher- bzw. der Follow-up-Phase wird über die Kommunikation der Ergebnisse der erste Nutzen für die Mitarbeiter geschaffen, da viele Mitarbeiter ein Interesse an den Ergebnissen der eigenen Abteilung, übergeordneter Abteilungen und des Gesamtunternehmens hegen. Eine Stellungnahme der Unternehmensleitung kann eine Würdigung der Mitarbeiter darstellen und gleichzeitig das Erreichen eines ersten Zwischenziels symbolisieren. Nach dieser ersten Etappe müssen die Problemfelder benannt, Lösungen entwickelt und Maßnahmen abgeleitet werden. Die Ankündigung der entsprechenden Workshops oder anderer Schritte ist wie der gesamte Informationsfluss während des Follow-up-Prozesses besonders wichtig. Durch

◻ **Tab. 4.2.** Wichtige Inhalte des MAB-Marketings

— Aufklärung über die MAB — Definition strategischer und operativer Ziele — Erwartungsmanagement — Commitment der Unternehmensleitung — Resultate der letzten MAB	Vorher
— Rücklauf-Ralley — Erinnerung an die Teilnahme — Ankündigung der weiteren Schritte	Während
— Zentrale Ergebnisse — Benchmarking — Linkage Resultate — Stellungnahme der Unternehmungsleitung — Akzeptanz-Darstellung/Modul MAB — Ankündigung der Workshops — Checkbefragung — Kommunikation wichtiger Veränderungen	Nachher

4.1 · Mitarbeiterbefragungs-Marketing

Abb. 4.4. Beispiel: Mitarbeiterbefragung bei Siemens

Abb. 4.5. Beispiel: Mitarbeiterbefragung Lufthansa CityLine

einen guten Informationsfluss kann bei den Mitarbeitern nicht das Gefühl aufkommen, dass die MAB im Sand verläuft.

Viele Dinge passieren aus Mitarbeitersicht »hinter den Kulissen« bzw. in anderen Abteilungen und Bereichen. Es gilt, diese Konsequenzen der Mitarbeiterbefragung für alle transparent zu machen. Über die Kommunikation von eingeleiteten Veränderungen und insbesondere deren Bezug zur MAB wird letztlich der wahrgenommene Nutzen der MAB geprägt.

An dieser Stelle ergibt sich oft ein prinzipielles Problem, denn viele interne Projektbeauftragte im Bereich der MAB sehen ihre primäre Aufgabe, die häufig zusätzlich zum Tagesgeschäft betrieben wird, darin, die Befragung der Mitarbeiter möglichst reibungslos zu gewährleisten. Mit dem Abschluss der Befragung sinkt die Priorität und der Elan – das Projekt ist dann im Großen und Ganzen mental »abgehakt«. Der Informationsprozess zur Kommunikation der Veränderungen knüpft aber genau an dieser Stelle an und muss aktiv betrieben werden. Die Sicherstellung und Betreuung dieser Aufgabe muss also über die Erhebungsphase hinausgehend gesichert und angelegt sein. Dafür ist es wichtig, dass die Projektbeauftragten ein Verständnis für den gesamten Prozess und die zu den Phasen gehörenden Aufgaben entwickeln.

Die erbrachte Leistung ist, so wie in anderen Dienstleistungsbereichen auch, der wohl wichtigste Kommunikationsinhalt, um die Gesamtqualität zu beurteilen und zukünftige Einstellungen gegenüber der Dienstleistung zu beeinflussen. Die Nachkommunikation bzw. -information sollte nicht den Eindruck von Jubelpropaganda oder Selbstbeweihräucherung erwecken. Vielmehr geht es darum, die aufgrund der MAB umgesetzten bzw. angestoßenen Veränderungsmaßnahmen in einem transparenten Prozess für die Mitarbeiter nachvollziehbar zu machen. Dieses wiederum steht in engem Zusammenhang zu einem soliden Controlling der Follow-up-Prozesse, das als Datengrundlage solcher Kommunikations- und Informationsmaßnahmen dienen kann (▶ Kap. 4.8).

Insgesamt leisten die Kommunikations- und Informationsmaßnahmen einen wichtigen Beitrag zur oben angesprochenen Konkretisierung der MAB und sind selbst wiederum, insbesondere im Vorfeld der Befragung, ein Ersatzindikator der Qualität des Gesamtprozesses.

Neben den Inhalten der Information stellt sich die Frage nach der Wahl der geeigneten Kommunikationsmedien.

◘ **Abb. 4.6.** Systematische Übersicht möglicher Kommunikationskanäle

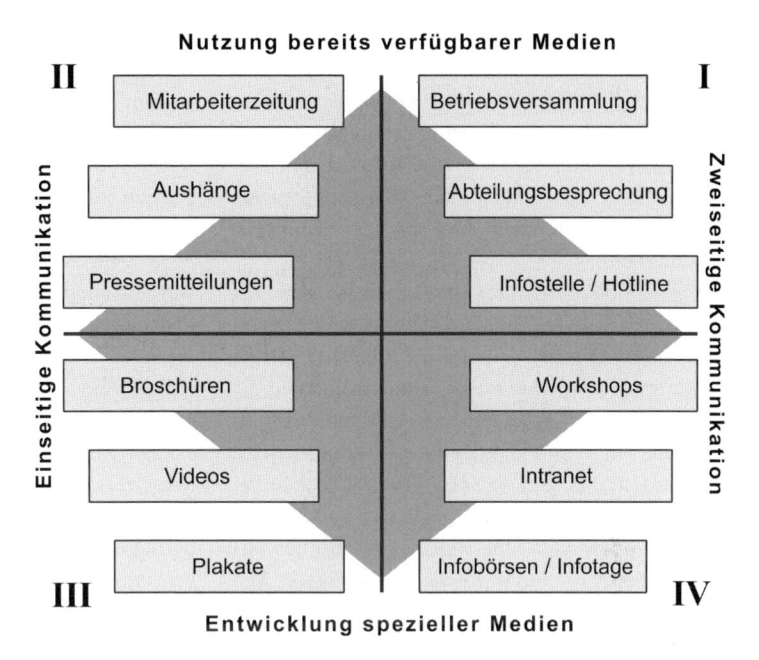

Nutzung bereits verfügbarer Medien

	II		I	
Einseitige Kommunikation	Mitarbeiterzeitung		Betriebsversammlung	**Zweiseitige Kommunikation**
	Aushänge		Abteilungsbesprechung	
	Pressemitteilungen		Infostelle / Hotline	
	Broschüren		Workshops	
	Videos		Intranet	
	Plakate		Infobörsen / Infotage	
	III		IV	

Entwicklung spezieller Medien

An die Medien sind dabei sechs Anforderungen zu stellen:
1. Sie müssen Information in ausreichendem Maße vermitteln.
2. Sie müssen Informationen allen Mitarbeitern zukommen lassen.
3. Sie müssen Interesse wecken.
4. Sie müssen den Status der MAB im Unternehmen kommunizieren.
5. Sie müssen an die Phase der Befragung angepasst sein.
6. Sie müssen an das Unternehmen und die Kultur angepasst sein.

◘ Abb. 4.6 zeigt eine Auswahl von Kommunikationskanälen, die einer Organisation potentiell zur Verfügung stehen.

Um das Ziel einer gelungenen Kommunikation und damit eine ausreichende Information aller Mitarbeiter zu erreichen, empfiehlt es sich möglichst viele der in ◘ Abb. 4.6 dargestellten Kommunikationswege zu beschreiten.

Die Entwicklung spezieller Medien für die Mitarbeiterbefragung betont ihren Stellenwert im Unternehmen und hebt sie aus der Masse heraus, damit wird nicht nur die dritte, sondern auch gleich die vierte Anforderung erfüllt. Beispiele für solche Medien sind die in Quadranten drei und vier dargestellten Kommunikationskanäle.

Die Medien sollten den jeweiligen Phasen der MAB entsprechend ausgewählt werden. Hinter der Forderung an die Phasenanpassung steht die Anpassung an das Informationssuchverhalten der Mitarbeiter. Dies ist besonders in der Phase der eigentlichen Befragung ausgeprägt. Information in dieser Phase ist auch als »demand information« zu bezeichnen, da die Mitarbeiter von sich aus Informationen zum Prozess oder zum Fragebogen suchen. Besonders geeignet sind als Kommunikationskanäle dann Informationsstellen und Hotlines sowie die anderen Medien der Quadranten eins und drei. Die Phase vor und nach der MAB sind erfahrungsgemäß weniger von ausdrücklichem Informationssuchverhalten geprägt. In diesen Phasen ist von »push information« zu sprechen, da es vor allem auf die Anstrengung des Unternehmens ankommt, die Information allen Mitarbeitern mitzuteilen. Für »push information« sind generell alle Medien geeignet, doch heben sich vor allem die Quadranten zwei und vier in der Anwendung hervor.

Eine Kombination aus einseitiger und zweiseitiger Kommunikation ist eine notwendige Voraussetzung für eine erfolgreiche Umsetzung. So kann mit der einseitigen Kommunikation zunächst eine

Wissensgrundlage geschaffen werden, während mit der zweiseitigen Kommunikation bestehende Fragen und Ängste effektiv ausgeräumt werden können. Den sogenannten Promotoren der MAB, also den Vermittlern und Ansprechpartnern sowie den Führungskräften, kommt demnach die Aufgabe zu, den zweiseitigen Kommunikationsprozess erfolgreich umzusetzen.

Neben den formellen Strukturen und Kommunikationswegen des Unternehmens sollten auch die informellen Strukturen berücksichtigt und genutzt werden. Persönliche Gespräche und Mund-zu-Mund-Werbung sind dafür von besonderer Bedeutung. Die Mitwirkung und das Commitment der Führungskräfte sind hierbei wichtige Eckpfeiler, denn sie führen nicht nur persönliche Gespräche, sondern üben auch eine Modellfunktion aus und prägen die Kultur und somit die Einstellung der Mitarbeiter bzgl. der MAB.

Zu den informellen Strukturen gehören neben der Unternehmens- bzw. der Abteilungskultur, in einem größeren Zusammenhang auch die kulturellen Gepflogenheiten, in die das Unternehmen eingebettet ist. Es empfiehlt sich auf kulturelle Eigenheiten einzugehen, so sind z. B. »I voted«-Broschen in den USA ein durchaus adäquates Mittel zur Steigerung der Beteiligungsrate.

4.1.6 Resümee

Damit eine MAB erfolgreich und wirksam ist, müssen alle Beteiligten die MAB akzeptieren, von ihrer Nützlichkeit überzeugt sein und aktiv an der Umsetzung von Veränderungen partizipieren. Diese Einstellungen der Beteiligten können im Sinne der Zielsetzung des MAB-Marketings durch eine konsequente Ausrichtung der Befragung auf die Bedürfnisse der Befragten positiv beeinflusst werden. Die Perspektive des MAB-Marketings stellt die Beteiligten der MAB in das Zentrum der Überlegungen und leitet aus Erkenntnissen des Marketings von Dienstleistungen Empfehlungen zu verschiedenen Aspekten der MAB ab. MAB-Marketing bezieht sich hierbei nicht nur auf Kommunikations- und Informationsmaßnahmen, sondern wird, im umfassenderen Sinne des klassischen Marketing-Mixes, auch auf Aspekte der Fragebogengestaltung, des Aufwands und Nutzens für die Befragten und die Administration der Befragung bezogen.

Für die Praxis heißt dies, dass bei der Durchführung einer MAB das MAB-Marketing als Herausforderung erkannt und als klare Aufgabe definiert werden muss. Aus der Aufgabendefinition müssen konkrete Maßnahmen und Gestaltungsempfehlungen für die Durchführung der MAB abgeleitet werden. Hierbei muss bei der Planung und Ressourcenbereitstellung sichergestellt werden, dass sich die Marketingmaßnahmen nicht nur auf die Vorbereitung und Durchführung der Erhebung beziehen, sondern auch zum Follow-up-Prozess und zu den erzielten Veränderungen in Bezug stehen. Schließlich bleibt festzuhalten, dass das beste MAB-Marketing wenig nützt, wenn das Instrument »Mitarbeiterbefragung« nicht glaubwürdig ist und keinen wahrgenommenen Nutzen für die Beteiligten hat. Ein gutes Instrument hat durch ein gelungenes MAB-Marketing die Chance, besser akzeptiert und integriert zu werden sowie dem Unternehmen einen größeren Nutzen zu stiften.

4.2 Training für Führungskräfte

Sabine Racky

Der Erfolg einer Mitarbeiterbefragung hängt im hohen Maße von den Prozessen nach der Datenerhebung ab, die je nach Unternehmens- und Feedbackkultur unterschiedlich zu gestalten sind.

> Zentrale Bedeutung kommt hierbei dem oberen Management zu, das Nachfolgeprozesse konsequent initiieren, betreuen und die Führungskräfte der mittleren und unteren Hierarchieebenen einbinden muss (vgl. Trost, Jöns & Bungard, 1998; Bungard, 2005).

Diese Führungskräfte, welche maßgeblich dafür verantwortlich sind, ob eine **proaktive Feedbackkultur** im Unternehmen gelebt wird und somit auch im Rahmen einer Mitarbeiterbefragung zum Tragen kommt, müssen über Fähigkeiten verfügen, die den spezifischen Anforderungen eines Follow-up-Prozesses gerecht werden. Hierbei werden sie zu Verantwortlichen, die die mit der Mitarbeiterbefragung verbunden Absichten des Managements vertreten sollen. Zugleich müssen sie jedoch, um einem erfolgreichen Follow-up-Prozess gerecht zu werden, die Veränderungswünsche ihrer Mitarbeiter beim Management erläutern und durchsetzen.

Hierbei geraten Führungskräfte der mittleren und unteren Ebene häufig in ein **Spannungsfeld** zwischen Eigeninteressen, Vorgaben des oberen Managements und Wünschen und Vorstellungen ihrer eigenen Mitarbeiter (Borg, 1995).

> Um Führungskräfte optimal auf ihre Aufgaben vorzubereiten, sind Trainings und Workshops zu verschiedenen Aspekten und Bausteinen einer Mitarbeiterbefragung hilfreich, wenn nicht sogar notwendig. Dies ist vor allem deswegen so wichtig, als es hauptsächlich in der Verantwortung der Führungskräfte liegt, ob der Follow-up-Prozess erfolgreich verläuft und somit die mit einer Mitarbeiterbefragung verbundenen Erwartungen an Verbesserungen erfüllt werden.

Aufgaben der Führungskräfte

Die Aufgaben einer Führungskraft ergeben sich aus den einzelnen Prozessschritten einer Mitarbeiterbefragung und lassen sich daher verschiedenen Phasen zuordnen. So haben Führungskräfte im Vorfeld und während der Befragung die Aufgabe, ihre Mitarbeiter über Sinn und Zweck und über die Durchführung der MAB an sich zu informieren. Zudem sollten sie Ansprechpartner bei Fragen sein und Unsicherheiten seitens der Mitarbeiter beseitigen. Hierdurch wird deutlich, dass der Führungskraft eine **zentrale motivationale Rolle** und Überzeugungsarbeit zukommt. In einem weiteren Prozessschritt obliegt es ihr, die Ergebnisse zurückzumelden und gemeinsam mit den Mitarbeitern Maßnahmen abzuleiten und umsetzen. Um den schlussendlichen Erfolg der Mitarbeiterbefragung zu sichern, liegt es weiterhin im Verantwortungsbereich der Führungskraft, Controllingprozesse zu implementieren und gegebenenfalls bei Umsetzungsproblemen korrektiv einzugreifen (► Kap. 3.4).

All diese an die Führungskraft gestellten Aufgaben erfordern ein spezifisches Know-how, welches den Führungskräften im Vorfeld einer Mitarbeiterbefragung vermittelt werden muss. Selten reichen hierzu Informationsmaßnahmen wie Leitfäden, Handbücher oder Scripts aus. Den größten Erfolg sichern **aufgabenbezogene Trainings**, die den Führungskräften prozessbezogen konkrete Informationen, Übungen und Instrumente zur Verfügung stellen.

Aufgabenbezogene Trainings

Im Folgenden werden verschiedene Trainingsformen analog zu den zuvor skizzierten Aufgaben erläutert, die je nach Zeitpunkt der Mitarbeiterbefragung zu einer optimalen Vorbereitung der Führungskräfte beitragen (◘ Abb. 4.7).

In diesem Beitrag sind die Trainings zu einzelnen Schritten einer Mitarbeiterbefragung zusammengefasst (Planung und Durchführung einer Befragung; Ergebnisrückmeldung, Maßnahmenableitung und -Umsetzung). Dies ist eine Variante, um inhaltlich zusammenhängende Aspekte in einem Training aufgreifen und somit auch effizient bzgl. des Zeitaufwandes vorgehen zu können. Möglich sind natürlich auch andere Varianten und Trainingszusammenstellungen, die je nach Unternehmenskultur, Zeitressourcen und Bedürfnissen der Führungskräfte sinnvoll sind.

Auch wenn der Fokus dieses Beitrages auf dem Prozess nach der Datenerhebung liegt, werden zunächst **vorbereitende Trainings** kurz beschrieben, da diese die Grundlage für den Gesamtprozess einer Mitarbeiterbefragung bilden und daher die Voraussetzung für weitere Trainings vornehmlich im Rahmen des Follow-up-Prozesses bilden.

4.2.1 Training zur Planung und Durchführung der Mitarbeiterbefragung

Um die Führungskräfte über die bevorstehende MAB zu informieren und deren Rolle und Aufgaben zu verdeutlichen, ist es ratsam, zu Beginn einer MAB bereits einen Workshop mit den verantwortlichen Führungskräften durchzuführen. Welche Führungskräfte hierfür infrage kommen, hängt von den jeweiligen Rahmenbedingungen des Unternehmens und dessen Ressourcen ab. Am besten ist es natürlich, alle Führungskräfte zu Workshops einzuladen. Oftmals ist das aufgrund der Unternehmensgröße jedoch nicht realisierbar. In diesem Fall können nur

◘ Abb. 4.7. Trainingsinhalte abhängig vom Prozessschritt

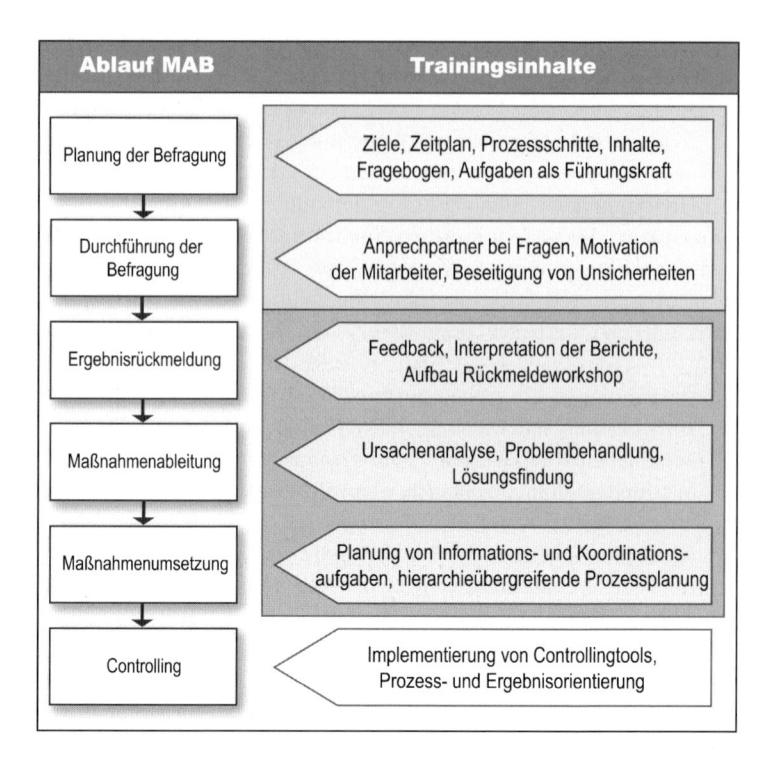

Ablauf MAB	Trainingsinhalte
Planung der Befragung	Ziele, Zeitplan, Prozessschritte, Inhalte, Fragebogen, Aufgaben als Führungskraft
Durchführung der Befragung	Anprechpartner bei Fragen, Motivation der Mitarbeiter, Beseitigung von Unsicherheiten
Ergebnisrückmeldung	Feedback, Interpretation der Berichte, Aufbau Rückmeldeworkshop
Maßnahmenableitung	Ursachenanalyse, Problembehandlung, Lösungsfindung
Maßnahmenumsetzung	Planung von Informations- und Koordinationsaufgaben, hierarchieübergreifende Prozessplanung
Controlling	Implementierung von Controllingtools, Prozess- und Ergebnisorientierung

die Führungskräfte der obersten Hierarchieebenen eingeladen werden, die im Sinne einer Multiplikatorenfunktion wiederum die ihnen unterstellten Führungskräfte einweisen und die gewonnen Informationen weiterleiten.

In diesem Workshop werden die mit der Befragung verbundenen unternehmensweiten Ziele erläutert und Verknüpfungen zu anderen eventuell vorhandenen Survey-Feedback-Instrumenten dargestellt. Hierbei kann ersichtlich werden, dass die MAB in ein übergeordnetes Innovationsmanagement integriert ist und somit als Baustein eines umfassenden Organisationsentwicklungskonzeptes zu verstehen ist (Jöns, 1997). Diese aufgedeckten Zusammenhänge verdeutlichen den Führungskräften die mit der Befragung verbundenen Ziele und ihr notwendiges Engagement für eine erfolgreiche Durchführung.

Neben der Information bzgl. der Einbettung in unternehmensweite Managementprozesse ist es notwendig, konkrete Informationen über den Ablauf und die Durchführung der MAB zu geben. Hierzu zählen Zeitpläne, Inhalte des Fragebogens, Form und Umfang der Datenauswertung und Verantwortlichkeiten der Führungskräfte. Sind vom oberen Management für die Führungskräfte Zielvorgaben, die sich auf laufende Zielvereinbarungen auswirken, beschlossen worden, sollten auch diese erläutert und eventuelle monetäre Auswirkungen explizit dargestellt werden.

Dieser erste Workshop bildet die Grundlage für alle weiteren Aktivitäten der Führungskraft und deren Rollenverständnis. Werden Führungskräfte zu spät in den Prozess eingebunden und relevante Informationen unterschlagen, wird die Nachhaltigkeit einer MAB insofern gefährdet, als dass die Führungskräfte mangels Commitment gegenüber der Befragung ihre Aufgaben vernachlässigen. Dies hätte vor allem in Hinblick auf motivationsförderliche Verhaltenweisen gegenüber den Mitarbeitern Auswirkungen, die bis zu einem Unterlaufen der MAB führen können (vgl. Trost, 2005).

Die folgenden Trainingskonzeptionen beziehen sich auf den Prozess nach der Befragung im Sinne des Follow-up-Prozesses. Wurde das Einstiegstraining zum Gesamtablauf der Mitarbeiterbefragung erfolgreich abgeschlossen, liegt der Fokus des Trainings unter den ▶ Kap. 4.1.2 und ▶ Kap. 4.1.3 inhaltlich auf

> **Inhalte des Trainings zur Planung und Durchführung der Mitarbeiterbefragung**
> - Was sind die übergeordneten Unternehmensziele im Rahmen der Mitarbeiterbefragung?
> - Welche Schnittstellen/Verbindungen bestehen zu anderen Survey-Feedback-Instrumenten?
> - Wie gestaltet sich konkret der Ablauf der Mitarbeiterbefragung (Zeitpläne, Fragebogen, Datenauswertung, Verantwortlichkeiten)?
> - Schlägt sich der Erfolg der Mitarbeiterbefragung in Zielvereinbarungen nieder?
> - Wie lautet das Rollenverständnis der Führungskräfte?

der Vermittlung von Moderations-, Problemlöse- und Feedbacktechniken. In diesem Stadium ist davon auszugehen, dass den Führungskräften ihre Rolle innerhalb des Gesamtprozesses deutlich ist und sie die Notwendigkeit eines partizipativen Führungsstils innerhalb des durch die MAB initiierten Veränderungsprozesses erkannt haben und diesen auch leben können.

4.2.2 Training zur Rückmeldung der Ergebnisse und Ableitung der Maßnahmen

Sind alle Daten ausgewertet, erfolgt die Rückmeldung der Ergebnisse an die Mitarbeiter im Rahmen eines Workshops. Hierbei kommen der Führungskraft zwei Hauptfunktionen zu. Zum einen muss sie den Workshop für die Rückmeldung der Ergebnisse organisieren und sich mit den Ergebnissen der Mitarbeiterbefragung für ihren Bereich vertraut machen. Zum anderen muss sie innerhalb des Workshops die Rolle des Präsentators und zudem Moderators übernehmen. Hierzu empfiehlt es sich, dass die Führungskräfte ein entsprechendes Training erhalten, welches analog zu den Bestandteilen des Rückmeldeworkshops Übungen und Erläuterungen bietet.

Formale Gestaltungsaspekte des Trainings

Bei der Konzeption eines Trainings ist zunächst nicht nur den inhaltlichen Aspekten Rechnung zu tragen. Vielmehr ist es für das Gelingen eines Trainings ebenso notwendig, äußere Rahmenbedingungen zu schaffen, die einen reibungslosen Ablauf garantieren und eine entspannte, arbeitsfreundliche Atmosphäre schaffen. Daher werden in den folgenden Unterkapiteln Tipps und Anregungen zu formalen Gestaltungsaspekten angeführt.

Zeitpunkt

Es ist hilfreich, die Trainings für die Rückmeldung der Ergebnisse und Ableitung von Maßnahmen nach Auswertung der Gesamtergebnisse durchzuführen. Hierdurch können Übungen anhand echter Ergebnisse durchgeführt und das Szenario des Rückmeldeworkshops mit den Mitarbeitern real durchgespielt werden, indem die Führungskräfte selbst in die Rolle versetzt werden, über die Ergebnisse zu diskutieren und Maßnahmen auf übergeordneter Ebene ableiten zu müssen. Weitere Vorteile bestehen darin, dass die Trainingsinhalte den Führungskräften bei dem eigentlichen Rückmeldeworkshop mit ihren Mitarbeitern noch präsent sind, da nicht zu viel Zeit dazwischen liegt, und dass das Training und die Rückmeldung der Ergebnisse an Führungskräfte kombiniert in einem Treffen stattfinden. So muss keine Zeit für zwei Veranstaltungen eingeplant werden.

Ort und Dauer

Die Wahl des Ortes sollte korrespondierend zu allgemeinen Empfehlungen bzgl. Trainings außerhalb des Unternehmens stattfinden. Hotels oder unternehmenseigene Schulungsstätten schaffen eine Umgebung, die es den Teilnehmern erlaubt, sich ungestört vom Tagesgeschäft auf das Training zu konzentrieren und beim gemeinsamen Essen oder bei Abendveranstaltungen Gespräche mit anderen Trainingsteilnehmern zu führen, die einen Erfahrungsaustausch oder Kooperationen ermöglichen.

> ❗ Ein umfassendes Training, welches genügend Raum für Übungen, Kleingruppenarbeit und Informationsaustausch bietet, nimmt 1,5 bis 2 Tage in Anspruch.

Diese Empfehlungen sind in der Praxis häufig nicht gänzlich umzusetzen. Je nach finanziellen und zeitlichen Ressourcen, können die Trainings an die Bedürfnisse des jeweiligen Unternehmens angepasst werden. So ist es möglich, das Training im Unternehmen selbst durchzuführen. Hierbei sollte jedoch darauf geachtet werden, dass Räume zur Verfügung stehen, die eine ruhige Arbeitsatmosphäre schaffen und somit die Teilnehmer nicht mit dem operativen Tagesgeschäft konfrontiert werden. Ebenso ist eine Reduzierung der Trainingsdauer möglich. In diesem Fall muss der Fokus auf die für das Unternehmen relevanten Trainingsinhalte gelegt werden und weiter reichende Informationen den Teilnehmern in Form von umfassenden Unterlagen zur Verfügung gestellt werden. So haben Führungskräfte die Möglichkeit, sich nicht besprochene Trainingsinhalte selbst anzueignen.

Moderation und Gruppenzusammensetzung

Korrespondierend zu den einzelnen Bausteinen des Trainings ist es ratsam, dass sowohl interne als auch externe Moderatoren und Vertreter des oberen Managements anwesend sind. Aufgabe des Managements ist es, die Bedeutung des Follow-up-Prozesses hervorzuheben und den Führungskräften zu signalisieren, dass der Gesamtprozess der MAB vom oberen Management unterstützt und gefördert wird. Dies erhöht das Commitment und die Einsatzbereitschaft der Führungskräfte. Zudem kann hierbei das Training durch eine Begrüßungsrede des Managements begonnen werden. Analog hierzu empfehlen sich nach Ende des Trainings abschließende Worte durch das Management mit gleichzeitigem Dankeschön an die Führungskräfte für bereits Geleistetes und für die zukünftig anstehenden Aufgaben im Rahmen des Follow-up-Prozesses. Oftmals ist es zweckmäßig, dass das Management nach der Begrüßungsrede das Training verlässt, damit die Führungskräfte offen Probleme oder Kritik äußern, ohne Angst vor Restriktionen haben zu müssen.

Sowohl die Gesamtmoderation als auch das Training der verschiedenen Inhalte sollte einem externen Berater übertragen werden, der von den Führungskräften als neutral angesehen wird. Zudem können interne Moderatoren die Aufgabe der Präsentation der Gesamtergebnisse übernehmen und bei inhaltlichen Fragen, die im Laufe des Trainings entstehen, als Experten zur Seite stehen. Diese internen Moderatoren sind Mitglieder des internen Projektteams der MAB oder aber der Gesamtverantwortlichen der Projektgruppe (vgl. Trost, Jöns & Bungard 1999).

Trainingsinhalte

Um den angeführten Aspekten gerecht zu werden, ist es zweckmäßig das Training modular aufzubauen (◘ Abb. 4.8). Den Auftakt des Trainings bildet eine kurze Erläuterung der **Ziele des MAB-Gesamtprozesses**. Hat das erste Training zum MAB-Gesamtprozess stattgefunden, stellt dies eine Wiederholung dar, um die Führungskräfte für die Vorhaben des oberen Managements erneut zu sensibilisieren.

Direkt im Anschluss daran ist es sinnvoll, die einzelnen Schritte des **Follow-up-Prozesses** zu erläutern. Hierbei werden die Führungskräfte mit der Zeitplanung, den unternehmensinternen Zielvorgaben und den Managementkonzepten vertraut gemacht. Daraus ergeben sich bestimmte Aufgaben für Führungskräfte, für deren erfolgreiche Umsetzung sie selbst verantwortlich sind, und wofür sie sich innerhalb ihres Arbeitsablaufes Freiräume schaffen und eventuell zusätzliche Humanressourcen für Koordinationstätigkeiten bereitstellen müssen.

Somit ist es ratsam, die einzelnen **Aufgaben einer Führungskraft** analog zum Follow-up-Prozess zu erläutern. Hierzu sind Grafiken behilflich, die auf einen Blick die Prozessschritte und die dazugehörigen Aufgaben darstellen.

Die kurze Schilderung der **Ziele und Inhalte des Trainings** erleichtert den Einstieg in das eigentliche Training. Hierbei wird den Führungskräften erläutert, dass dieses Training eine Vorbereitung für die Workshops mit den jeweiligen Mitarbeitern ist, in denen für jeden Unternehmensbereich durch die Führungskräfte die Ergebnisse präsentiert und Maßnahmen abgeleitet bzw. umgesetzt werden. Daran anschließend kann mit dem eigentlichen Training begonnen werden.

Zunächst sollten die für den Workshop notwendigen Rahmenbedingungen im Sinne der **Planung und Vorbereitung** aufgezeigt werden.

4.2 · Training für Führungskräfte

1. Einführung: Ziele MAB-Gesamtprozesses
2. Ablauf des Follow-up Prozesses

3. Aufgaben einer Führungskraft

4. Ziele und Inhalte Training

5. Planung und Vorbereitung des Rückmeldeworkshops
6. Ablauf und Inhalte des Rückmeldeworkshops mit den Mitarbeitern
7. Aufbau der Ergebnisberichte
8. Interpretationstechniken
9. Rückmeldung der Ergebnisse
10. Erstellung Ergebnispräsentation (Kleingruppenarbeit)
11. Ableitung von Maßnahmen (Kleingruppenarbeit)
12. Umsetzung von Maßnahmen (Kleingruppenarbeit)

13. Präsentation Gesamtergebnisse Mitarbeiterbefragung
14. Diskussion der Ergebnisse und Ableitung von Maßnahmen
15. Integration der abgeleiteten Maßnahmen in unternehmensweite Strategien

16. Planungen und Absprachen bzgl. des weiteren Gesamtprozesses

18. Moderationstechniken
19. Gesprächsführung

17. Diskussion: Bedenken und Risiken bei dem Workshop für die Ergebnisrückmeldung

20. Arbeitsmaterialien

21. Verteilung Ergebnisberichte

◘ **Abb. 4.8.** Trainingsablaufplan

> **Rahmenbedingungen**
> - Wann findet der Workshop statt?
> - Wer ist der Ansprechpartner für die Raumreservierung?
> - Über welche Ausstattung muss der Raum verfügen?
> - Wie viel Zeit ist einzuplanen?
> - Auf welchem Weg werden die Mitarbeiter eingeladen?
> - Wie habe ich mich als Führungskraft inhaltlich vorzubereiten?
> - ...

Folgend ist der **Ablaufplan** für den Workshop zu erläutern (optionaler Ablaufplan vgl. Übersicht).

> **Ablaufplan Rückmeldeworkshop mit den Mitarbeitern**
> 1. Begrüßung und Einführung
> 2. Ablauf und Zeitplan des Workshops
> 3. Ergebnisrückmeldung
> 4. Mittagspause
> 5. Gruppendiskussion
> 6. Maßnahmenableitung
> 7. Kaffeepause
> 8. Erstellung Aktivitätenplan
> 9. Feedbackrunde
> 10. weiteres Vorgehen

Eine mögliche Gestaltung des Rückmeldeworkshops beginnt nach der Einführung und der Erläuterung des Ablaufs mit der Darstellung der Ergebnisse. Sind die Ergebnisse durch die Führungskraft vorgestellt worden, beginnt die Gruppendiskussion. Die Führungskraft sollte in dieser Phase die Rolle des Moderators übernehmen und den Mitarbeitern die Chance einräumen, eigenständig und ohne Vorgaben zu diskutieren und Ursachen zu analysieren. Ebenso ist es wichtig, dass bei der daran anschließenden Maßnahmenableitung keine Vorgaben durch die Führungskraft gemacht werden. Vielmehr bietet sie den Mitarbeitern Unterstützung an und entscheidet abschließend gemeinsam mit ihnen, welche Maßnahmen ergriffen werden. Zur Protokollierung der Maßnahmen eignet sich ein für alle Bereiche gültiger und gleich gestalteter Aktivitätenplan, der Verbindlichkeit für die Maßnahmen und die jeweiligen Verantwortlichkeiten schafft. Auch stellt dieser Aktivitätenplan eine gute Möglichkeit dar, den Umsetzungsgrad im Follow-up-Prozess zu überprüfen. Den Abschluss eines Rückmeldeworkshops bilden eine Feedbackrunde und die Planung des weiteren Vorgehens.

In einem weiteren Schritt wird der **Aufbau der Ergebnisberichte** besprochen. Hierzu sollte ein Ergebnisbericht verwendet werden, der reale Zahlen enthält und dem endgültigen Berichtsformat entspricht. Der Vorteil von realen Berichten liegt in der Transfermöglichkeit. Hierbei bekommen die Führungskräfte einen ersten Eindruck von den Ergebnissen und können leichter abschätzen, was auf sie zukommt. Für einen ersten Überblick empfiehlt es sich, den Gesamtaufbau des Ergebnisberichtes zu erläutern (Reihenfolge der Auswertungen, Jahresvergleich, Benchmark etc.). Im Anschluss daran werden die einzelnen Grafiken mit deren Inhalten besprochen. Wichtig ist, dass den Führungskräften ein allgemeines Verständnis über die Berichte vermittelt wird.

> **Aufbau der Ergebnisberichte**
> - Wozu dienen die Vergleichseinheiten?
> - Welche Ergebnisse bieten einen ersten zusammenfassenden Eindruck?
> - Wo finde ich Detailergebnisse?
> - ...

In diesem Zusammenhang ist es ebenso relevant, dass den Führungskräften **Interpretationstechniken** vermittelt werden, anhand derer sie die Ergebnisse ihrer eigenen Bereiche besser verstehen und analysieren können. Hierzu werden im Training exemplarisch einzelne Ergebnisse aus dem Bericht herangezogen, die gemeinsam oder in Kleingruppen interpretiert werden, nachdem der Moderator/Trainer einzelne Interpretationstechniken aufgezeigt hat. Ist dies erfolgt, können die Führungskräfte einfacher ihre eigenen Berichte lesen und interpretieren.

> **Interpretationstechniken**
> - Ab wann ist ein Mittelwert eher kritisch zu hinterfragen?
> - In welcher Situation sind Vergleichswerte hilfreich?
> - Welche Benchmarks eignen sich zur besseren Interpretation?
> - Wie sieht die prozentuale Verteilung der Antworten bei einer bestimmten Frage aus?
> - …

Nachdem der Aufbau der Ergebnisberichte dargestellt wurde, erfolgt der Input zur **Rückmeldung der Ergebnisse**. Hierbei wird den Führungskräften aufgezeigt, wie sie strukturiert und verständlich im Workshop mit ihren Mitarbeitern die Ergebnisse für ihren Bereich präsentieren.

> **Rückmeldung der Ergebnisse**
> - Welche Ergebnisse sollten in welcher Reihenfolge präsentiert werden?
> - Zu welchen Grafiken und / oder Ergebnissen sind weitere Erklärungen notwendig?
> - Wie viel Zeit ist für die Ergebnisrückmeldung einzuplanen?
> - …

Ein weiterer wichtiger Aspekt ist in diesem Zusammenhang die Frage nach dem Medium, mit dem die Ergebnisse am besten visualisiert und an die Mitarbeiter zurückgemeldet werden. Dies ist abhängig von den äußeren Rahmenbedingungen und somit von der technischen Ausstattung vor Ort. Generell ist es am praktikabelsten, die Ergebnisse in Form einer Power Point Präsentation aufzubereiten. Hierbei können leicht Grafiken aus den Ergebnisberichten integriert, Animationen eingefügt – welche bestimmte Ergebnisse hervorheben – und weitere unternehmensinterne Vorlagen integriert werden.

Daher ist es vorteilhaft, in einem weiteren Prozessschritt des Trainings auf die **Erstellung einer Ergebnispräsentation** einzugehen. In der Regel ist es nicht von Nöten, den Führungskräften Instruktionen bzgl. der Handhabung von Power Point zu geben, sondern vielmehr einen möglichen Aufbau und Umfang einer Präsentation aufzuzeigen. Um einen praxisnahen Bezug herzustellen, erarbeiten die Führungskräfte in Kleingruppen anhand des realen Gesamtberichtes eine Präsentation und stellen diese danach im Plenum vor. Abschließendes Feedback und Diskussionen erlauben eine kritische Auseinandersetzung mit den unterschiedlichen Ideen und Vorhaben.

Nachdem die Führungskräfte alle relevanten Informationen für die Ergebnisrückmeldung und die dazu notwendigen Kenntnisse über Berichtsaufbau, Interpretationsmöglichkeiten und Präsentationserstellung erhalten haben, können nun Inhalte zu einer erfolgreichen **Ableitung von Maßnahmen** vermittelt werden. In der Regel werden den Führungskräften von Unternehmensseite die Anzahl und die Art der Maßnahmen vorgegeben. Im Allgemeinen empfiehlt es sich, wenige Maßnahmen abzuleiten, damit die einzelnen Bereiche nicht den Überblick verlieren und sich besser auf einzelne Aktivitäten konzentrieren können. Hinsichtlich der zeitlichen Differenzierung erscheinen 2–3 kurzfristige und 1–2 langfristige Maßnahmen völlig ausreichend. Ebenso ist zwischen der Art der Maßnahmen zu unterscheiden, sollen diese nur bereichsspezifisch oder auch bereichsübergreifend sein. Sinnvoller Weise überwiegen die bereichsspezifischen Maßnahmen, sodass 2–3 bereichsspezifische und maximal 2 bereichsübergreifende Maßnahmen gewählt werden können. Des Weiteren können Maßnahmen inhaltlich unterschieden werden. Zum einen gibt es Maßnahmen hinsichtlich technisch-organisatorischer oder fachlicher Probleme, zum anderen Maßnahmen hinsichtlich sozialer Verhaltens- bzw. Interaktionsproblemen. Erstere sind in der Regel leichter abzuleiten, da diese im Rahmen von Projektarbeiten den Führungskräften häufig vertraut sind und zudem keine persönlichen Angriffsmöglichkeiten bieten. Letztere gestalten sich schwieriger. Maßnahmen hierzu bedingen meistens eine Verhaltensänderung der betroffenen Personen und zielen zudem auf das zwischenmenschliche Verhalten ab. Eingefahrene Verhaltensmuster und Handlungsweisen müssen aufgebrochen werden. Bedingung hierfür ist konstruktive Kritik und die Bereitschaft der Betroffenen, sich dieser Kritik zu stellen.

Zur Übung von Maßnahmenableitungen scheint auch hier wieder die Kleingruppenarbeit geeignet,

◘ Abb. 4.9. Phasen eines Problemlöseprozesses

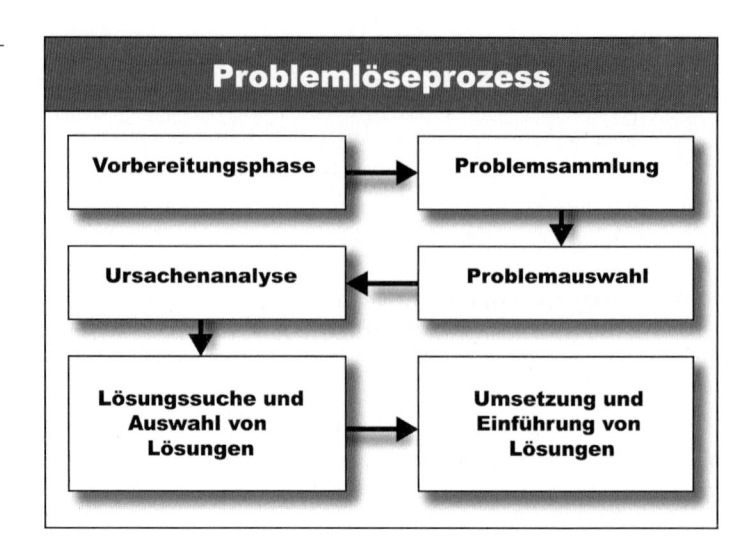

◘ Abb. 4.10. Ishikawa-Diagramm

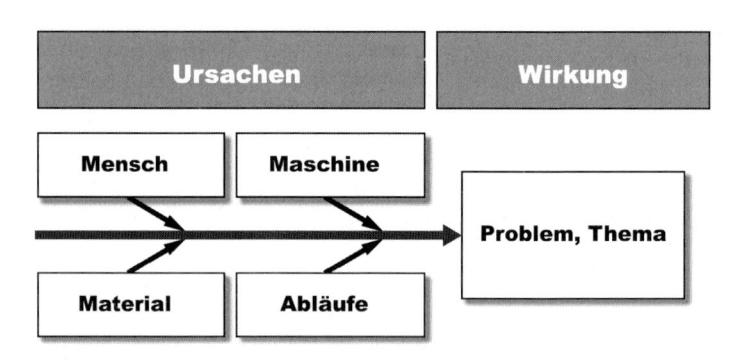

in welcher die Führungskräfte anhand der zuvor erstellten Präsentation und auf Basis des Ergebnisbereichtes Maßnahmen ableiten mit anschließender Präsentation im Plenum und Diskussion. Nach Beendigung der Präsentation skizziert der Trainer das optimale Vorgehen bei einer Maßnahmenableitung und erläutert die Phasen eines Problemlöseprozesses (◘ Abb. 4.9).

Bei einem Problemlöseprozess müssen zunächst alle Probleme identifiziert werden, bevor man sich auf die dringlichsten Problemfelder, welche bearbeitet werden sollen, einigt. Im Anschluss muss für diese Problemfelder eine umfassende Ursachenanalyse durchgeführt werden. Nur wenn die Ursachen der identifizierten Probleme exakt bestimmt wurden, können adäquate Lösungen diskutiert und schlussendlich ausgewählt werden.

Entsprechend den einzelnen Phasen des Prozesses ist es für Führungskräfte häufig hilfreich, wenn zudem Problemlösemethoden, wie z.B. die Ein-Punkt-Abfrage (◘ Tab. 4.3) oder das Ishikawa-Diagramm (◘ Abb. 4.10) erläutert werden.

Wie bereits skizziert, sollten – durch die im Unternehmen festgelegten Kriterien zum Follow-up – Prozess – der Führungskraft Rahmenbedingungen für die Auswahl von Problemen und Maßnahmenableitungen aufgezeigt werden. Dazu zählen eine eventuell vorab festgelegte Mindestanzahl an Maß-

◘ Tab. 4.3. Ein-Punkt-Abfrage

Problem	Dringlichkeit	Lösbarkeit durch das Team
Schichtübergabe	6	
Mitarbeitersitzung	4	
Pausenregelung	2	

nahmen, die Unterstützungsmöglichkeiten durch das Unternehmen (evtl. in monetärer Form) und die Art der Maßnahmen in Abhängigkeit ihrer Umsetzbarkeit (kurz- oder langfristig, bereichsspezifisch oder bereichsübergreifend und technisch-organisatorische /fachliche Probleme oder soziale Verhaltens- bzw. Interaktionsprobleme).

Den Anschluss bilden Informationen über die **Umsetzung von Maßnahmen**. Hierbei werden wiederum in Kleingruppenarbeit Vorschläge ausgearbeitet, wie eine optimale Umsetzung stattfinden kann und welche Hilfsmittel die Führungskräfte aus ihrer Sicht hierzu benötigen. Nach der Präsentation der Ergebnisse ist es Aufgabe des Trainers, Arbeitsmaterialien, die die Umsetzung der Maßnahmen erleichtern, zu erläutern. Hierzu zählen Zeitpläne, Namen von Ansprechpartnern bei Umsetzungsproblemen oder auch veranschlagte Erfahrungsaustauschworkshops für die Führungskräfte. Ebenso sollte den Führungskräften ein durch das Unternehmen verabschiedeter Aktionsplan vorgestellt werden, in dem die Führungskräfte die im Workshop mit ihren Mitarbeitern beschlossenen Maßnahmen, Umsetzungszeitpunkt und Verantwortliche festhalten.

Nachdem der Trainingsinput zur Maßnahmenableitung abgeschlossen ist, beginnt die Ergebnisrückmeldung im Sinne einer **Präsentation der Gesamtergebnisse** der Mitarbeiterbefragung an die Führungskräfte. Die Ergebnisrückmeldung zu diesem Zeitpunkt des Trainings hat zwei Vorteile: Zum einen durchlaufen die Führungskräfte genau denjenigen Prozess, den sie selbst bei dem Workshop mit ihren Mitarbeitern gestalten müssen und können den Trainer oder Moderator dabei beobachten und sich eventuell nützliche Tipps abschauen. Zum anderen müssen sie selbst nach der Präsentation die Ergebnisse kritisch diskutieren und Maßnahmen für Ihre eigenen Ergebnisse ableiten. Hierdurch antizipieren sie Probleme, die im Workshop mit ihren Mitarbeitern bei der Maßnahmenableitung auftreten und entwickeln zudem ein Verständnis für eventuelle Befürchtungen vor offen ausgesprochener Kritik.

In einem weiteren Schritt **integrieren** die Führungskräfte nun die erarbeiteten **Maßnahmen** in die **unternehmensweiten Strategien** und **treffen Absprachen** bzgl. des weiteren **Gesamtprozesses**. Dies sind keine Arbeitsschritte, die im Workshop mit ihren Mitarbeitern stattfinden, dennoch ist es für die Führungskräfte hilfreich, wenn ihnen bekannt ist, welche Maßnahmen unternehmensweit initiiert werden und wie weitere Schritte des Follow-up-Prozesses aussehen. So sind sie in der Lage, wertvollen Input im Workshop bei der Maßnahmenableitung zu geben und schätzen die Notwendigkeit für bereichsspezifische Maßnahmen besser ab.

Unternehmensweite Maßnahmen
- Wird diese Maßnahme bereits unternehmensweit umgesetzt?
- Ist die Maßnahme sinnvoll, da eventuell Umstrukturierungen stattfinden?
- ...

Nachdem diese einzelnen Schritte durchlaufen wurden, empfiehlt es sich, den Führungskräften einige **Moderationstechniken** zu vermitteln. Sicherlich haben die meisten Führungskräfte bereits Übung im Moderieren. Dennoch ist es nützlich, Techniken abgestimmt auf die anstehenden Aufgaben im Rahmen der Workshops mit den Mitarbeitern zu geben. Zudem müssen auch die Mitarbeiter teilweise mit diesen Techniken arbeiten, wenn es z. B. um die Problemdiskussion bzw.- Lösung und Maßnahmenableitung geht. Hierzu zählen der Umgang mit Kartenabfrage, Brainstorming, Brainwriting und den entsprechenden Arbeitsmaterialien wie Flipchart, Metaplanwand oder Overheadprojektor (vgl. Lipp & Will, 2004). Zudem sollten Kriterien, die vom Moderator aber auch von allen Workshopteilnehmern einzuhalten sind, vermittelt werden, wie z. B. Kriterien der Problemauswahl, der Ursachenanalyse, Lösungssuche und -Auswahl (Tab. 4.4).

Neben den Moderationstechniken ist es wichtig, dass die Führungskräfte auf eventuelle Reaktionen oder Verhaltensweisen der Mitarbeiter im Workshop vorbereitet werden (vgl. Decker, 1998). Vor allem die Ergebnisdiskussion und Problemanalyse stellen ungewohnte Situationen für die Mitarbeiter da. Während diese bei der Beantwortung der Fragen während der MAB den Schutz der Anonymität genossen, müssen sie nun im Sinne eines effektiven Follow-up-Prozesses Feedback zu einzelnen Ergebnissen geben und ihre Meinung zu Ursachen und Problemen äußern (Bungard, 2000). Dies führt mitunter zur Infragestel-

Tab. 4.4. Kriterien der Problemdiskussion und Lösungsfindung

Kriterien der Problemauswahl	Kriterien der Ursachenanalyse	Kriterien der Lösungssuche/Auswahl
– abgrenzbares Thema – erfolgversprechend – kontrollierbare Lösungen	– Problem genau definieren – Informationen sammeln – Erfahrungen austauschen – Hypothesen aufstellen/prüfen – alle Ursachen aufschreiben – nicht schon zu Beginn nach Lösungen suchen	– Lösungsalternativen sammeln – Lösungsvorschläge diskutieren – Bewertungskriterien festlegen

lung der Ergebnisse oder deren Beschönigung. Auch ist es möglich, dass die Mitarbeiter Hemmungen haben, offen zu diskutieren und der Workshop durch allgemeines Schweigen gekennzeichnet ist (vgl. Neuberger, 2000). Um diesen und weiteren Verhaltensweisen begegnen zu können, sind Reaktionstechniken im Sinne eines Kommunikationsinstrumentariums für die Führungskräfte sehr hilfreich. Eine kurze Darstellung möglicher Techniken im Rahmen einer **Gesprächsführung** finden Sie in ◘ Tab. 4.5.

Daran anschließend muss den Führungskräften die Chance eingeräumt werden, innerhalb einer Diskussionsrunde ihre **Bedenken und befürchteten Risiken bzgl. des Workshops** für die Ergebnisrückmeldung mit ihren Mitarbeitern auszutauschen. Hierdurch ist es möglich, weitere Aspekte zu diskutieren, die bisher nicht im Training angesprochen wurden. Zudem bietet diese Diskussion die Möglichkeit, alle gewonnen Erkenntnisse und Eindrücke des Trainings Revue passieren zu lassen und ein Fazit zu ziehen.

Gegen Ende des Trainings können, falls noch nicht im Vorfeld geschehen, die **Ergebnisberichte** für die jeweiligen Bereiche den Führungskräften direkt überreicht werden.

Zudem werden schließlich den Führungskräften alle notwendigen **Arbeitsmaterialien**, die sie zur Gestaltung des Follow-up-Prozesses und für den Workshop mit ihren Mitarbeitern benötigen, ausgehändigt. Gerade wenn Führungskräfte zum ersten Mal den Gesamtprozess einer Mitarbeiterbefragung durchlaufen, ist es hilfreich, nicht nur Arbeitsmaterialien für den Workshop, sondern auch die Inhalte des Trainings in schriftlicher Form zur Verfügung zu stellen. Üblich sind Informationsmappen oder Ordner mit allen relevanten Unterlagen, die einheitlich

Tab. 4.5. Gesprächsführung

Aussagen Mitarbeiter	Antworten Führungskraft
»Da haben doch zu wenige ihre Antworten abgegeben, das gibt nicht die Meinung von allen wider.«	»Diese Ergebnisse sollen keine Komplettbeurteilung sein, sondern Hinweise liefern. Jedem Hinweis wird nachgegangen, auch wenn er nicht die Mehrheitsmeinung sein sollte.«
»Die Fragen waren doch so überhaupt nicht zu beantworten! Keine der vorgegebenen Antworten passte. Ich wusste nicht, was ich ankreuzen sollte.«	»Dann machen wir mit den Ergebnissen so wie sie gemeint sind weiter. Was haben Sie denn beantwortet/gemeint mit der Antwort?«
»Eigentlich ist das doch gar nicht so schlecht. Die anderen haben doch auch keine besseren Ergebnisse.«	»Wenn alle ein schlechtes Ergebnis haben, bedeutet das noch lange nicht, dass wir daran nichts ändern sollten.«
»Es wird/lässt sich sowieso nichts ändern.«	»Es liegt an uns selbst, was wir in unserer eigenen Einheit ändern. Wollen wir doch erst einmal versuchen, wann wir an Grenzen stoßen, und ob wir nicht auch diese ausräumen können.«/»Wollen wir deshalb diese Chance, jetzt etwas zu verändern, vorbeiziehen lassen?«

im Layout und in der Aufbereitung allen Führungskräften übergeben werden.

> **Inhalt der Informationsmappen**
> Arbeitsmaterialien:
> - Foliensatz zur Vorstellung des MAB-Gesamtprozesses
> - Foliensatz zu den Zielen des MAB-Gesamtprozesses
> - beispielhaftes Einladungsschreiben an die Mitarbeiter
> - beispielhafter Ablaufplan für den Rückmeldeworkshop mit den Mitarbeitern
> - Vorlage für den Aktivitätenplan
> - Zeitplan für den Follow-up-Prozess
>
> Trainingsinhalte:
> - Ziele des MAB-Gesamtprozesses
> - Ablauf des Follow-up-Prozesses
> - Aufgaben der Führungskräfte
> - Ablauf und Inhalte des Rückmeldeworkshops mit den Mitarbeitern
> - Aufbau der Ergebnisberichte
> - Interpretationstechniken
> - Erstellung der Ergebnispräsentation
> - Ableitung und Umsetzung von Maßnahmen
> - Moderationstechniken
> - Gesprächsführung
> - Kontaktadressen
> - ...

4.2.3 Training zum Controlling

In einem weiteren Prozessschritt wird ein Training zum Controlling der Maßnahmenumsetzung angeschlossen, wodurch die Wichtigkeit eines nachhaltigen Controllingprozesses verdeutlicht wird. Häufig gerät gerade der Prozess nach der Maßnahmenableitung in den Hintergrund und Maßnahmenplanungen verlaufen ohne die entsprechenden Umsetzungen im Sande. Um dieses zu vermeiden, sind Instrumente, die den Controllingprozess unterstützen bzw. koordinieren, einzusetzen. Im Rahmen eines Trainings werden diese Instrumente den Führungskräften erläutert. Je nach Unternehmenskultur und Rahmenbedingungen empfehlen sich unterschiedliche Controllingtools. So ist zu unterscheiden, ob umfassende Controllingsysteme implementiert werden, die webbasiert den Verantwortlichen Zugriffs- und Bearbeitungsmöglichkeiten bieten, oder ob zentral gesteuert durch ein internes Projektteam Umsetzungsstand, Anzahl der Maßnahmen, Verantwortlichkeiten etc. kontrolliert werden. Gerade wenn umfangreiche Controllingtools zur Anwendung kommen, müssen die Führungskräfte in das System eingewiesen werden. Zudem sind in einem Training formale Aspekte zu erläutern.

> **Formale Aspekte**
> - Bis wann müssen die Maßnahmen umgesetzt sein?
> - Was ist zu tun, wenn Maßnahmenumsetzungen ins Stocken geraten?
> - Welche Konsequenzen ergeben sich bei Nichterfüllung?
> - ...

In der Regel reichen 2–3 Stunden für ein solches Training aus. Wichtig ist, dass entsprechend räumliche Ausstattungen vorhanden sind, um die jeweiligen Controllingtools zu demonstrieren und einzelne Features gemeinsam durchzuspielen. So sollte bei einem webbasierten Controllingtool jeder Teilnehmer einen eigenen Rechner mit Netzzugang haben und zudem entsprechende Schulungsunterlagen erhalten. Findet ein zentral gesteuertes Controllingtool Anwendung, sind Informationsmaterialien zu erläutern und auszuhändigen, in welchen das genaue Vorgehen und einzelne To-Does der Führungskräfte aufgeführt sind. Ebenso sind die Namen der Projektverantwortlichen und Terminierungen zu nennen.

Über die Wissensvermittlung hinsichtlich der verschiedenen Controllingtools hinaus, müssen Führungskräfte zudem darauf vorbereitet werden, wie sie innerhalb ihres eigenen Bereiches die Maßnahmenumsetzung kontrollieren sollten, um diese anschließend in den jeweiligen Tools vermerken zu können. Dazu zählt vornehmlich die Definition der Rolle der Führungskraft. Sie beinhaltet zum einen die inhaltliche Bearbeitung von Umsetzungsproblemen und deren Lösungsfindung. Zum anderen muss die Führungskraft ihren Mitarbeitern als Coach zu Verfügung stehen und somit regelmäßige Meetings zu den verschiedenen Veränderungsprozessen organisieren und moderieren. Daher sollten in einem Training zum Controlling neben den systembedingten Schulungsbausteinen auch inhaltliche Aspekte vermittelt werden.

4.2.4 Resümee

Der Follow-up-Prozess wird maßgeblich von den Führungskräften bestimmt und mit Leben gefüllt. Zur erfolgreichen Gestaltung dieses Prozesses müssen Führungskräfte von ihrem bisherigen Rollenverständnis absehen und die Funktionen eines Moderators, Coachs und Motivators übernehmen. Häufig befinden sie sich in einer Situation, in welcher sie zwischen den Interessen des oberen Managements und Bedürfnissen ihrer eigenen Mitarbeiter abwägen müssen. Dies führt nicht selten zu Unsicherheiten und Überforderung und damit zur Passivität, was wiederum negative Auswirkungen auf das Klima in ihren eigenen Bereichen hat. Um dies zu vermeiden und um Führungskräfte optimal auf ihre Aufgaben vorzubereiten, sind Trainingsmaßnahmen zu verschiedenen Meilensteinen des Follow-up-Prozesses hilfreich. Generell gibt es nicht das allumfassende Trainingskonzept, welches universell angewendet werden kann. Sowohl die Unternehmenskultur als auch das Commitment des oberen Managements hinsichtlich der Maßnahmenumsetzung spielen bei der Ausgestaltung der Trainings eine entscheidende Rolle.

4.3 Handlungsimplikatives Reporting

Beate Bladowski

Wie bereits in den vorangegangenen Kapiteln beschrieben wurde, besteht die Grundidee einer Mitarbeiterbefragung (MAB) darin, einen Organisationsentwicklungsprozess zu initiieren bzw. aufrechtzuerhalten (Bungard, 2005b). Das Reporting bildet hierbei die Schnittstelle zwischen zwei Phasen im kontinuierlichen Veränderungs- und Verbesserungsprozess eines Unternehmens – der Datenerhebung und der Maßnahmenableitung. Dadurch wird das Hauptziel der Ergebnisrückmeldung im Rahmen des Follow-up-Prozesses festgelegt: die **Ableitung und Umsetzung** von Verbesserungsmaßnahmen zu fördern. Dieser Prozess kann durch handlungsimplikatives Reporting effektiv unterstützt werden. In diesem Kapitel wird aufgezeigt, wie Ergebnisberichte handlungsleitend aufgebaut und gestaltet werden können. Zunächst wird auf allgemeine Anforderungen eingegangen, denen die Ergebnisrückmeldungen gerecht werden müssen.

4.3.1 Allgemeine Grundsätze der Ergebnisrückmeldung

Oberstes Prinzip für alle Arten der Ergebnisrückmeldung ist die **Null-Fehler-Toleranz**: Selbst kleinste Unstimmigkeiten in den Ergebnissen führen schnell dazu, dass alle Auswertungen angezweifelt werden. Der Verdacht, die Ergebnisse könnten nicht den Antworten der Mitarbeiter entsprechen, unterminiert jeden Versuch, Maßnahmen abzuleiten und umzusetzen: (vermeintlich) falsche Daten führen zu (vermeintlich) falschen Maßnahmen, die weder akzeptiert noch umgesetzt werden.

Das zweite Prinzip ist die **zeitnahe Rückmeldung** der Ergebnisse. Verzögerungen bei der Auswertung der Daten oder der Verteilung der Ergebnisberichte sowie der Ausrichtung der Workshops erschweren im einfachsten Fall die Interpretation der Daten, weil sich die Beteiligten nicht mehr an ihre Antworten erinnern können. Im schlimmsten Fall entspricht die Datengrundlage nicht mehr den aktuellen Gegebenheiten und führt dazu, dass inadäquate Maßnahmen eingeleitet werden.

Das dritte Prinzip der Ergebnisrückmeldung ist die **verständliche Darstellung** der Berichte. Wissenschaftliche Studien zielen darauf ab, einen Sachverhalt ausführlich zu beschreiben und methodisch anspruchsvoll zu prüfen. Im Unterschied dazu sollen die Ergebnisse einer MAB dafür verwendet werden, einen Handlungsbedarf zu erkennen und die Umsetzung von Verbesserungen zu fördern. Die Zielgruppe einer MAB (Mitarbeiter und Führungskräfte) verfügt jedoch in der Regel nicht über eine Ausbildung in den Methoden der Sozialwissenschaften. Deshalb ist es unbedingt notwendig, dass die Berichte kunden-

4.3.2 Aufbau von Ergebnisberichten

Beim Aufbau der Ergebnisberichte steht man einem grundsätzlichen Konflikt gegenüber. Auf der einen Seite ist es ratsam, die Auswertungen zu allen Fragen zu berichten. So kann verhindert werden, dass bei den Befragten der Eindruck erweckt wird, ein Teil der Ergebnisse werde absichtlich zurückgehalten. Auf der anderen Seite sollte ein Ergebnisbericht eine handlungsspezifische Selektion aufweisen, damit die Führungskräfte und Mitarbeiter die Ergebnisse schnell und effektiv analysieren können und sich nicht mühsam und möglicherweise vergeblich durch einen »Zahlenfriedhof« durcharbeiten müssen. Ein **hierarchischer Aufbau** des Reportings **vom Allgemeinen ins Spezielle** ermöglicht, dass die Beteiligten schnell einen Überblick über die zentralen Ergebnisse erhalten und gleich zu Beginn auf die wichtigsten Probleme aufmerksam gemacht werden. Gleichzeitig bleibt aber auch die Möglichkeit bestehen, Stärken oder Schwächen im Detail zu analysieren, da alle Einzelfragen zurückgemeldet werden. Das Inhaltsverzeichnis für einen hierarchisch aufgebauten Ergebnisbericht ist in folgender Übersicht dargestellt. Hierbei wird deutlich, dass eine schrittweise Präzisierung der Ergebnisse erfolgt.

> **Inhaltsverzeichnis eines Ergebnisberichts**
> - Vorbemerkungen zur Ergebnisdarstellung
> - Angaben zum Rücklauf
> - Indizes
> - Überblick über die Themenbereiche
> - Portfolio zum Handlungsbedarf
> - Commitment-Umfeld-Analyse
> - Top-Flop-Ranking
> - Detaillierte Ergebnisse zu allen Einzelfragen
> - Auswertung offener Fragen

Die Berichte beginnen mit den **Vorbemerkungen zur Ergebnisdarstellung**. Hier werden sämtliche notwendigen Anmerkungen an zentraler Stelle des Berichtes gebündelt. Dadurch wird vermieden, dass der Bericht durch Fußnoten, Erklärungssätze usw. überladen wird. Die Vorbemerkungen enthalten zum einen Hinweise, die für das grundlegende Verständnis der Auswertungen erforderlich sind. Hierzu gehören Informationen zur Skalierung und Kodierung der Items, vorgenommene Umpolungen, Maßnahmen zur Wahrung der Anonymität usw. Zum anderen dienen sie als Orientierungs- und Interpretationshilfe. Sie erläutern den Aufbau des Berichts sowie die Bedeutung und Besonderheiten der einzelnen Teilbereiche. Anhand von Beispielen wird kurz die Vorgehensweise bei der Interpretation der verschiedenen Ergebnisteile erklärt. Diese »Regieanweisungen« decken nochmals die wesentlichen Punkte ab, die die Führungskräfte ausführlich im Training zur Maßnahmenableitung anhand der Ergebnisberichte gelernt haben (▶ Kap. 4.2).

Im Anschluss an die Vorbemerkungen wird die **Rücklaufquote** berichtet. Diese gibt einen Überblick über die Datenbasis, auf die sich die Beurteilungen beziehen. Sie ist somit ein Indikator für die Interpretierbarkeit der nachfolgenden Ergebnisse.

> ❗ Als Faustregel gilt, dass erst Rücklaufquoten ab 50% repräsentativ sind und zu aussagekräftigen Ergebnissen führen.

Die Rücklaufquote spiegelt aber nicht nur allgemein die Teilnahmebereitschaft wider, sondern kann schon erste Hinweise auf mögliche motivationale Probleme geben. Hier erweist sich der Vergleich mit anderen/übergeordneten Einheiten als sinnvoll, um zu sehen, ob es allgemeine Probleme gibt, die z. B. auf ein unzureichendes MAB-Marketing (▶ Kap. 4.1) zurückzuführen sind, oder ob sich hier bereits einheits- oder bereichsspezifische Probleme bzgl. der Motivation oder Akzeptanz durch die Mitarbeiter zeigen.

Die zusammenfassenden Ergebnisse beginnen mit den **Indizes** (▶ Exkurs). Indizes sind Mittelwerte oder Summenscores über mehrere Items zu übergeordneten Themenbereichen oder strategischen Zielsetzungen (z. B. Führung, Umsetzung des Unternehmensleitbildes, Commitment). Die Vorteile von Indizes sind, dass diese komplexe, übergreifende Gesichtspunkte zu einem Wert zusammenfassen und dadurch robuster gegen Zufallsschwankungen und Stichprobeneffekte sind als einzelne Items. Dadurch eignen sie sich besonders für Vergleiche und zur Analyse von Trends im Jahresvergleich. Welche Indizes berechnet werden, ist von der strategischen Zielsetzung der MAB abhängig.

> **Bildung von Indizes**
> Die Auswahl der Items zur Indexbildung kann empirisch, inhaltlich oder inhaltlich-empirisch erfolgen (Borg, 2003b).
> Beim **empirischen** Ansatz werden die Items aufgrund der Analyse der Antwortmuster ausgewählt. Items, die signifikant positiv miteinander korrelieren, können als Indikatoren einer psychologischen Dimension angesehen werden und somit zu einem Index zusammengefasst werden.
> Der **inhaltliche** Ansatz zur Bildung eines Indexes orientiert sich am Fragentext. Zunächst werden Facetten festgelegt, die ein Konstrukt, wie z. B. Innovation, haben soll. Anschließend werden diejenigen Items, die diese Merkmale abdecken, zu einem Index zusammengefasst. Korrelationsmuster werden bei dieser Art der Indexbildung außer Acht gelassen.
> Die **inhaltlich-empirische** Variante verknüpft die beiden zuvor genannten Methoden. Hier werden zunächst die Facetten festgelegt und die entsprechenden Items ausgewählt. Anschließend wird die Facettenstruktur anhand der Antwortmuster überprüft. Die Indizes werden dann entsprechend der Struktur der erhobenen Daten gebildet.

Die Bildung von Indizes ist auch eine Möglichkeit, um sich einen Überblick über **zentrale Themenbereiche** zu verschaffen, die im Rahmen einer MAB erhoben werden (z. B. Tätigkeit, Arbeitsbedingungen, Gehalt usw.). Eine weitere Möglichkeit besteht darin, **zusammenfassende Zufriedenheitsfragen** zu jedem Themenblock zu stellen, was aber bereits bei der Fragebogenentwicklung berücksichtigt werden muss (▶ Kap. 2.3). Die Entscheidung für die eine oder andere Variante ist eine strategische. Scarpello und Campbell (1983) konnten zeigen, dass aggregierte Zufriedenheitsurteile nicht globalen Messwerten der Arbeitszufriedenheit entsprechen. Globale Messwerte enthalten im Gegensatz zu den Messungen spezifischer Sachverhalte affektive Komponenten, die in das Urteil mit eingehen. Borg (2003a) bezeichnet die Tatsache, dass die Zufriedenheit mit einzelnen Facetten der Arbeit von der Gesamtzufriedenheit positiv überstrahlt wird, als affektiven Halo. Diese »Verzerrungen« können aber auch dahin gehend interpretiert werden, dass die Gesamturteile pro Modul wesentliche Aspekte der Mitarbeiterzufriedenheit umfassen, die bei der Fragebogenkonstruktion außer Acht gelassen wurden (Scarpello & Campbell, 1983).

Zusätzlich zur Zufriedenheit empfiehlt es sich, den **Verbesserungsbedarf** einzelner Themenbereiche zu erfassen. Nicht jeder Themenbereich, mit dem die Mitarbeiter unzufrieden sind, bedarf der Verbesserung. Umgekehrt gibt es einen solchen Bedarf oft bei Themen, mit denen die Mitarbeiter nicht unbedingt unzufrieden sind. Sie erachten diese Themen aber als so wichtig, dass aus Ihrer Sicht durchaus noch viel getan werden muss, um ein optimales Niveau zu erreichen. Die Darstellung solcher Ratings relativ zu Beginn eines Berichtes ermöglicht es nicht nur, die Stärken und Schwächen eines Bereiches zu ermitteln, sondern diese auch nach ihrer Priorität zu ordnen.

Ein weiteres zentrales Element des handlungsimplikativen Reportings zur Priorisierung der Problemfelder ist die grafische Gegenüberstellung des Verbesserungsbedarfs und der zusammenfassenden Zufriedenheitsurteile zum jeweiligen Themenblock in Form eines **Portfolios** (▶ Kap. 4.5). Anhand dieses Vier-Felder-Schemas können die Themenbereiche mit dem größten Handlungsbedarf identifiziert werden. Mittels der Ergebnisse zu den Einzelfragen am Ende der Ergebnisberichte kann eine detaillierte Ursachenanalyse und Maßnahmenableitung im Rahmen der Workshops erfolgen. Diese Vorgehensweise vermeidet Aktionen ohne Handlungsbedarf, die betriebswirtschaftlich nicht sinnvoll sind (Borg, 2003b).

> ❶ Mit Hilfe eines Portfolios lassen sich die Themenbereiche mit dem größten Handlungsbedarf auf einen Blick erfassen.

Neben der Mitarbeiterzufriedenheit und dem wahrgenommenen Verbesserungsbedarf ist das Commit-

4.3 · Handlungsimplikatives Reporting

ment ein weiterer Ansatzpunkt zur Einleitung von Verbesserungsmaßnahmen. Im Rahmen einer **Commitment-Umfeld-Analyse** können beispielsweise über Pfaddiagramme Einflussfaktoren auf das Commitment (▶ Kap. 2.3) identifiziert und Maßnahmen zur Steigerung der Verbundenheit mit dem Unternehmen abgeleitet werden. Voraussetzung hierfür ist jedoch eine große Stichprobe, sodass diese Analysen meist nur auf der Ebene des Gesamtunternehmens bzw. der Funktionsbereiche durchgeführt werden können.

Den Abschluss des Ergebnisüberblicks bildet ein **Ranking**, das die fünf am besten und die fünf am schlechtesten bewerteten Items beinhaltet. So kann sichergestellt werden, dass einzelne Problemstellen, die zuvor im Überblick über die Themenbereiche nicht identifiziert werden konnten, bei der Maßnahmenableitung nicht übergangen werden.

Im Anschluss an die zusammenfassenden Analysen werden die **detaillierten Ergebnisse** zu allen Einzelfragen in der Reihenfolge dargestellt, in der sie im Fragebogen vorkommen. Dadurch wird direkt ersichtlich, dass alle Befunde berichtet werden. Auswertungen von **Zusammenarbeitsanalysen** können je nach Erhebungsmethode entweder im Rahmen der zusammenfassenden Ergebnisse (Totalmethode oder Oscarmethode) oder der Detailanalysen (Selektionsmethode) dargestellt werden (▶ Exkurs).

Sollten **offene Fragen** gestellt worden sein, so werden die Antworten darauf am Ende des Ergebnisberichtes wörtlich wiedergegeben. Einzige Ausnahme hierbei sind Verletzungen der Anonymität (z. B. durch die Nennung von Namen) oder beleidigende Äußerungen. Sortiert nach Themenschwerpunkten bieten offene Kommentare einen weiteren Ansatzpunkt für die Interpretation der Ergebnisse und die Maßnahmenableitung.

Neben dem hierarchischen Aufbau der Ergebnisberichte ist vor allem eine anschauliche und intuitive Darstellung der Auswertungen für handlungsimplikatives Reporting wesentlich.

Zusammenarbeitsanalysen

Die Kooperation zwischen verschiedenen Abteilungen ist für Unternehmen in vielerlei Hinsicht von Bedeutung, beispielsweise im Rahmen von übergreifender Gruppenarbeit. Nach Trost, Jöns und Bungard (1999) kann diese Zusammenarbeit als Netzwerk paarweiser Beziehungen gesehen werden. Für differenzierte Aussagen müssen diese erhoben werden. Hierzu gibt es drei Methoden: die Totalmethode, die Selektionsmethode und die Oscarmethode.

Bei der **Totalmethode** bekommt jeder Mitarbeiter die Möglichkeit, jede andere Abteilung bzgl. der Zusammenarbeit zu beurteilen. Die Ergebnisse dieser Ratings können in Form einer Zusammenarbeitsmatrix wiedergegeben werden. Vorteil dieser Methode ist, dass alle Schnittstellen eines Unternehmens abgebildet werden können. Allerdings kann hierbei die Beurteilung lediglich anhand einer Frage erfolgen, da ansonsten der Umfang der Befragung zu groß wird. Gleiches gilt für die Anzahl der Abteilungen, die beurteilt werden sollen. Bei einem Unternehmen mit mehr als 20 Abteilungen ist zu überlegen, ob wirklich jeder jeden beurteilen sollte und kann.

Eine Alternative zur Totalmethode ist die **Selektionsmethode**. Hier kann der Befragte eine begrenzte Anzahl an Kooperationspartnern/Schnittstellen auswählen und diese beurteilen. Bei dieser Methode können in die Beurteilung mehrere Dimensionen einfließen, wie z. B. wechselseitige Erwartungen, Zufriedenheit mit den Arbeitsergebnissen, Abstimmung der Aufgaben usw.

Bei der **Oscarmethode** haben die Mitarbeiter die Möglichkeit, jeweils einer Abteilung einen »Oscar« (positive Bewertung) bzw. eine »goldene Himbeere« (negative Bewertung) zu verleihen. Die Auswertung der Daten erfolgt über das Auszählen der »Preise« pro Abteilung. Eine Analyse der Beziehungsstrukturen ist mit dieser Methode nicht möglich, jedoch erhält man Hinweise auf die Zentralität der verschiedenen Abteilungen und deren Leistungen.

4.3.3 Darstellung der Ergebnisberichte

Bei der Darstellung der Ergebnisberichte stellt sich zum einen die Frage, welche statistischen Kennzahlen berichtet werden sollten und welche Hilfestellungen zur Interpretation dieser Werte zur Verfügung gestellt werden müssen. Zum anderen ist zu klären, wie diese Kennzahlen grafisch aufbereitet werden sollten, damit sie handlungsleitend sind, und welches Dateiformat für die Ergebnisberichte günstig ist.

Statistische Kennzahlen

Aus der Fülle der statistischen Kennzahlen bietet sich der **Mittelwert** als Grundlage der Auswertungen an. Mittelwerte ermöglichen einerseits den Vergleich von verschiedenen Fragen/Einheiten und sind andererseits allgemein bekannt und intuitiv verständlich und benötigen daher keine ausführlichen Erläuterungen.

Allerdings genügt es nicht, lediglich die Mittelwerte zu berichten. Zu jeder Frage sollten auch die Anzahl der Antworten sowie die Verteilung dieser auf die jeweiligen Antwortkategorien dokumentiert werden. Diese Informationen sind für die Diskussion der Ergebnisse wichtig: die **Anzahl der Antworten** gibt Aufschluss über die Interpretierbarkeit der jeweiligen Frage und die **Antworthäufigkeiten pro Kategorie** spiegeln die Varianz der Urteile innerhalb der Organisationseinheit wider. Auf weitere nützliche, aber komplexe statistische Kennzahlen, die ohne entsprechende Vorkenntnisse nur schwer interpretiert werden können (z. B. Varianz und Standardabweichung), sollte zugunsten der Einfachheit der Berichte verzichtet werden.

Dennoch sind Mittelwerte und Antworthäufigkeiten allein von begrenzter Aussagekraft. Was bedeutet es, wenn 30% der Mitarbeiter mit der Zusammenarbeit mit ihren Kollegen sehr zufrieden sind? Ist ein Mittelwert von 2,2 auf einer fünfstufigen Antwortskala mit 1=»sehr zufrieden« und 5=»sehr unzufrieden« bei der Tätigkeit tatsächlich besser als ein Wert von 2,5 bei der Entlohnung? Besteht bei der Entlohnung Handlungsbedarf?

Diese Fragen können per se nicht beantwortet werden. Das Antwortverhalten der Befragten ist nicht nur von den zu beurteilenden Bedingungen abhängig, sondern auch von der Formulierung der Frage, sodass verschiedene Fragen nicht einfach anhand ihrer Mittelwerte miteinander verglichen werden können. Darüber hinaus werden manche Themenkomplexe (z. B. Tätigkeit) prinzipiell besser bewertet als andere (z. B. Entlohnung). Aus genannten Gründen sind daher Vergleichseinheiten als Interpretationshilfe zur Identifikation der Problembereiche für die Maßnahmenableitung unerlässlich. Der Handlungsbedarf kann ermittelt werden, indem die Werte der Berichtseinheit mit übergeordneten Standards (interne und externe Vergleiche) hinsichtlich positiver und negativer Abweichungen verglichen werden.

❗ Eine Interpretation der Ergebnisse und somit die Ermittlung des Handlungsbedarfs ist nur durch den Vergleich der Fragen mit übergeordneten Standards möglich.

Welche Vergleichsmöglichkeiten gibt es? Wie viele Vergleiche sollte ein Ergebnisbericht bieten? Sind alle Vergleichsmöglichkeiten gleich sinnvoll? Diese Fragen werden im Folgenden beantwortet.

Vergleiche als Interpretationshilfe

Als Vergleichsstandards bieten sich übergeordnete Organisationseinheiten, Jahresvergleiche, die Ergebnisse anderer Unternehmen (Benchmarks) sowie unter- und nebengeordnete Organisationseinheiten an.

Welche Vergleichseinheiten in einen Bericht aufgenommen werden sollten, hängt von der Berichtseinheit ab. Bei Präsentationen auf der **Ebene der Unternehmensleitung** sind externe Firmenvergleiche zur Einordnung der Unternehmenswerte unerlässlich (▶ Kap. 4.4). Darüber hinaus ist es sinnvoll die untergeordneten Einheiten (Standorte, Werke, Funktionsbereiche) separat zu betrachten, um hieraus differenzierte Strategien ableiten zu können.

Beim Reporting auf **Abteilungs- und Bereichsebene** sind derartige Vergleiche problematischer, da sie zuviel zusätzliche Information enthalten und auch unerwünschte Effekte haben können. Bei Vergleichen zu untergeordneten Einheiten besteht beispielsweise die Gefahr, dass insbesondere bei schlechten Ergebnissen die Suche nach Schuldigen Vorrang hat vor der Identifikation der Ursachen für die Unzufriedenheit der Mitarbeiter in der eigenen

Einheit. Nebengeordnete Vergleiche verleiten dazu, den Blick von der Ursachenanalyse und Maßnahmenableitung abzulenken und sich lediglich mit seinen Mitstreitern im Sinne eines Rankings zu vergleichen. Ziel des Reportings sollte es aber sein, dass die Führungskräfte und Mitarbeiter sich mit den Ergebnissen ihres eigenen Bereiches auseinandersetzen. Daher sollten die Vergleiche in Abteilungsberichten auf übergeordnete Vergleichseinheiten als Orientierungshilfe beschränkt werden. Hierfür eignet sich insbesondere die nächsthöhere Organisationseinheit, da sie meist vergleichbare Bedingungen aufweist und so die notwendige Akzeptanz durch die Betroffenen gewährleistet ist (► Exkurs). Darüber hinaus sollten die Gesamtergebnisse und die externen Benchmarks zur Information berichtet werden. Bei **Wiederholungsbefragungen** ist es erforderlich, den Vergleich zur letzten Befragung darzustellen. So kann neben der Diagnose aktueller Probleme eine Evaluation der Veränderung (z. B. Verbesserungen durch bereits eingeleitete Maßnahmen) erfolgen.

Neben der Art und Anzahl der Vergleichseinheiten als Interpretationshilfe ist die grafische Aufbereitung der Ergebnisse für die erfolgreiche Maßnahmenableitung entscheidend.

Grafische Aufbereitung der Ergebnisse

Grafische Darstellungen in Ergebnisberichten sind eine Voraussetzung für handlungsimplikatives Reporting, um die Fülle von Daten schnell und effektiv zu analysieren. Bei den Grafiken ist besonders darauf zu achten, dass diese **intuitiv** gestaltet werden. Dies kann zum einen durch die **Farbgebung** innerhalb der Grafiken (z. B. rot = »unzufrieden«, grün = »zufrieden«), zum anderen durch die Verwendung von **Piktogrammen** (z. B. Smileys) über den Skalen erreicht werden.

Die Form der Darstellung ist abhängig von der Art und Zielsetzung der Analyse. **Zentrale Ergebnisse** können mit Hilfe von Mittelwertsprofilen überblicksartig zusammengefasst werden. ◘ Abb. 4.11 zeigt ein Beispiel für einen Überblick über die Zufriedenheit mit den verschiedenen Themenbereichen, die im Rahmen einer MAB erfasst werden können. Anhand dieser Grafik kann auf einen Blick festgestellt werden, welche Themenbereiche in der Berichtseinheit besonders gut bzw. schlecht bewertet werden und wie diese Themen in anderen Bereichen/Unternehmen abschneiden.

Bei den **detaillierten Auswertungen zu den Einzelfragen** können die Mittelwerte oder Jahresvergleichsdifferenzen über Säulendiagramme oder einfache Balkendiagramme visualisiert werden. Für die

---

Kriterien zur Auswahl von übergeordneten Vergleichseinheiten

Nach (Trost et al., 1999) lässt sich die optimale Größe von Berichtseinheiten über die Kriterien Anonymität und Homogenität bestimmen. Zur Bestimmung der übergeordneten Vergleichseinheiten kommen noch die Kriterien Unabhängigkeit und Identifikation hinzu. Hierbei definieren Anonymität und Unabhängigkeit die Mindestgröße der Einheit und Homogenität und Identifikation ihre Maximalgröße. Die Wahrung der **Anonymität** beinhaltet nach Bungard (2005a) zum einen, dass keine Angaben zur Person (Geschlecht, Alter, Dauer der Betriebszugehörigkeit usw.) miterhoben oder berichtet werden, und zum anderen, dass bei einem Rücklauf von unter fünf Befragten keine Auswertung erfolgt. Somit wird gewährleistet, dass anhand der Ergebnisberichte nicht auf das Antwortverhalten Einzelner geschlossen werden kann. **Unabhängigkeit** der übergeordneten Vergleichseinheit von der Berichtseinheit bedeutet, dass die Ergebnisse dieser nicht von der Berichtseinheit beeinflusst werden. Dies kann dadurch gewährleistet werden, dass die Vergleichseinheit wesentlich größer ist als die Berichtseinheit. Dadurch wird gleichzeitig die Anonymität von Einheiten gewahrt, deren Ergebnisse aufgrund zu geringen Rücklaufs nur in die übergeordnete Einheit einfließen. Dennoch darf die Vergleichseinheit nicht zu groß sein (z. B. ausschließlich die Gesamtorganisation), um die **Homogenität** der Einheiten zu gewährleisten. Diese bezieht sich auf die Art der Aufgaben und der Arbeitsergebnisse innerhalb der Organisationseinheit und verhindert, dass die Auswertungen aufgrund gegenläufiger Bedingungen zur Mitte regredieren. Die Homogenität ist die Basis für die **Identifikation** der Mitarbeiter mit der Vergleichseinheit und somit auch für die Akzeptanz dieses Standards.

Abb. 4.11. Beispieldarstellung für einen Überblick über zentrale Themen einer MAB

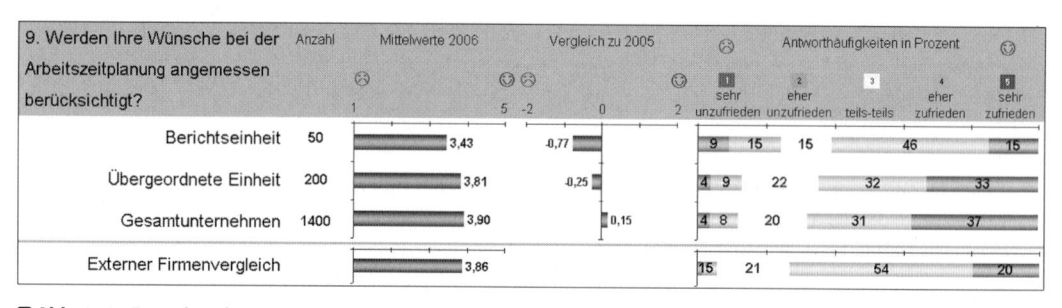

Abb. 4.12. Exemplarische Darstellung einer detaillierten Auswertung mit Jahresvergleich und übergeordneten Standards

Darstellung der Antworthäufigkeiten pro Kategorie bieten sich gestapelte Balkendiagramme an. Werden diese Informationen zusätzlich für die Vergleichseinheiten geboten, so kann ein Ergebnis relativ schnell und ohne Informationsverlust von den Beteiligten selbst analysiert und interpretiert werden. Ein Beispiel einer sehr ausführlichen Darstellung mit Vergleichen zu übergeordneten Einheiten und Jahresvergleichen zeigt ◘ Abb. 4.12.

Neben der grafischen Aufarbeitung der Ergebnisberichte kann auch das Dateiformat einen Einfluss darauf haben, wie schnell und erfolgreich die Maßnahmenableitung erfolgt.

Berichtsformat

Es gibt eine Vielzahl von Programmen und somit auch von Formaten, mit deren Hilfe die Ergebnisrückmeldungen erstellt und an die Organisationseinheiten weitergeleitet werden können. Im Folgenden sollen exemplarisch die Vor- und Nachteile des Papier-, Excel-, Powerpoint- und PDF-Formats dargestellt werden.

Papierbasierte Ergebnisberichte haben den Vorteil des Haptischen. Sie können überall bequem gelesen werden, man kann schnell vor und zurückblättern, Anmerkungen hineinschreiben usw. Jedoch haben sie auch Nachteile: Neben hohen Druck- und

Versandkosten ist die Aufbereitung der Ergebnisse für einen Workshop mit immensem Arbeitsaufwand verbunden. Dies führt oft dazu, dass die Berichte schnell in der Schublade verschwinden und nur ein sehr begrenzter Teil der Ergebnisse diskutiert wird.

Im Vergleich dazu hat das **Excel-Format** den Vorteil, dass die Ergebnisse bereits als Datei vorliegen und durch die Funktionen Kopieren und Einfügen relativ schnell für Workshops usw. bearbeitet werden können. Ähnliches gilt für Ergebnispräsentationen im **Powerpoint-Format**. Dennoch ist es nicht ratsam, diese Dateiformate zu verwenden. Ihr Vorteil ist gleichzeitig ihr Nachteil: durch die Möglichkeit der Bearbeitung sind sie leicht zu manipulieren. Unter Umständen führt dies dazu, dass die Mitarbeiter den Daten nicht vertrauen, was den gesamten Follow-up-Prozess gefährdet.

Das **PDF-Format** bietet hingegen alle Vorteile der oben genannten elektronischen Formate, verzichtet aber auf den Nachteil der Manipulierbarkeit. PDF-Dokumente lassen sich zudem auf zahlreichen Plattformen originalgetreu anzeigen und ausdrucken ohne ungewollte Änderungen von Schriftarten, Seitenumbrüchen usw. Je nach Layout des PDF-Berichts ist dieser auch als Präsentation verwendbar. Darüber hinaus können die kompakten PDF-Dateien meist ohne Probleme direkt per E-Mail versendet werden.

❗ PDF-Berichte im Querformat können auch für die Präsentation im Workshop verwendet werden.

Anhand des Berichtsaufbaus und der Darstellung der berichteten Kennzahlen wurde aufgezeigt, welche Auswertungen für eine erfolgreiche Maßnahmenableitung notwendig sind und wie diese dargestellt werden können. Darüber hinaus gibt es andere nützliche Analysen, die nicht Teil der Standardergebnisrückmeldungen sein sollten. Diese werden im Folgenden kurz angesprochen.

4.3.4 Sonderberichte und -analysen

Gezielte Fragestellungen, die nach der Durcharbeitung der Ergebnisberichte noch offen sind, können möglicherweise durch Sonderanalysen geklärt werden. Beispielsweise können Analysen getrennt nach Standorten, Werken, Beschäftigungsart oder für Mitarbeiter mit und ohne Führungsfunktion für die Ursachenanalyse und Maßnahmenableitung von Nutzen sein. Derartige Sonderanalysen können in Form von Sonderberichten oder alternativ auch über interaktive Software erzeugt werden.

Interaktive Analysesoftware bietet die Möglichkeit, beliebige Einheiten bzgl. bestimmter Fragen/Themen miteinander zu vergleichen. Je nach Programmierung können über auf Ebene der Abteilungen/Organisationseinheiten z. B. Standortanalysen oder Analysen nach Berufsgruppen erfolgen. Zu beachten ist jedoch, dass nur analysiert werden kann, was auch gefragt wurde. Neuberger (1996) hat hierfür den Begriff »Ostereier-Effekt« geprägt, d. h. man kann nur diejenigen Eier finden, die man (im Fragebogen) versteckt hat (▶ Kap. 2.3).

Für das Management kann außerdem ein Vergleich aller Abteilungen über alle Fragen hinweg interessant sein. Solche Analysen sind in Form von Sonderberichten nur schwer zu leisten. Dies ermöglichen jedoch **Gesamtdatenmatrizen** mit Rankingfunktion. Anhand von Filterfunktionen (Abteilungsgröße, Hierarchiestufe, Rücklauf in Prozent) können so organisatorische Rahmenbedingungen identifiziert werden, die möglicherweise einen Einfluss auf die Ergebnisse der MAB haben.

Auch durch das Verknüpfen der MAB-Daten mit Kennzahlen aus anderen Befragungen/Quellen (z. B. Kundenbefragungen, Produktivitätskennzahlen, Statistiken zu Fehlzeiten) durch »Linkage Research« (▶ Kap. 4.6) können Stellhebel für die verschiedenen Faktoren des Unternehmenserfolges identifiziert und entsprechende Maßnahmen abgeleitet werden.

4.3.5 Resümee

Die Ergebnisrückmeldung hat eine zentrale Bedeutung im Veränderungsprozess einer Organisation. Sie bildet die Schnittstelle zwischen der Datenerhebung und der Maßnahmenableitung und ist somit die Basis für einen erfolgreichen Follow-up-Prozess im Rahmen einer MAB. Entscheidend ist hierbei die zielgruppenspezifische Aufbereitung der Ergebnisse. Die Mitarbeiter und Führungskräfte eines Unternehmens sind in der Regel keine Statistiker, weshalb eine MAB obsolet wird, wenn eine Schwachstellenanalyse ohne Statistikausbildung nicht möglich ist. Zudem ist es auch betriebswirtschaftlich nicht sinnvoll, wenn die Identifikation der Problembereiche mehr Ressourcen bindet als die Maßnahmenableitung und -umsetzung. Daher liegt das Hauptziel eines handlungsimplikativen Reportings darin, dass alle Beteiligten sich schnell einen Überblick über die wesentlichen Ergebnisse verschaffen, sie anhand von Detailinformationen interpretieren und so Maßnahmen ableiten können. Dies kann zum einen durch einen hierarchischen Aufbau der Ergebnisdarstellungen vom Allgemeinen ins Spezielle unterstützt werden. Dieser beinhaltet einen Überblick über verschiedene Themenschwerpunkte, den Verbesserungsbedarf und eine Gegenüberstellung dieser Informationen in einem Portfolio. Darüber hinaus werden auch weitere Ansatzpunkte zur Problemanalyse geboten, wie z. B. das Commitment. Eine detaillierte Rückmeldung aller Einzelfragen unterstützt die Ursachenanalyse und Maßnahmenableitung. Dieser Prozess kann zum anderen durch eine intuitive und anschauliche Darstellung der Ergebnisrückmeldungen gewährleistet werden. Hierzu gehört auch, dass Vergleiche als Interpretationshilfe angeboten werden, um Methodenartefakte von echten Problemen zu unterscheiden. Außerdem können und sollten nicht alle möglichen Auswertungen in Standardabteilungsberichte oder Vorstandspräsentationen integriert werden. Stattdessen können spezifische Fragestellungen, die sich im Laufe der Interpretation und Diskussion der Ergebnisse ergeben, im Einzelfall in Form von Sonderberichten oder mit Hilfe interaktiver Software differenziert analysiert werden.

Zusammenfassend kann festgestellt werden, dass die Art der Ergebnisaufbereitung ausschlaggebend für das Ziel einer MAB ist, die Ableitung und Umsetzung von Verbesserungsmaßnahmen zu fördern.

4.4 Mitarbeiterbefragungsspezifisches Benchmarking und Vergleichswerte

Karsten Müller

4.4.1 Interpretierbarkeit von Daten – Ableitung von Maßnahmen

Innerhalb des Follow-up-Prozesses sind die Ressourcen zur Umsetzung von Veränderungsmaßnahmen in aller Regel begrenzt. Vor diesem Hintergrund muss eine effiziente Identifikation der dringendsten und notwendigsten Veränderungsmaßnahmen erfolgen. Ein zentrales Problem der Follow-up-Phase ist somit die korrekte **Identifikation von Problemfeldern mit dem höchsten Handlungsbedarf**.

Ein möglicher Ansatz, diese dringendsten Problemfelder zu identifizieren, ist die Fokussierung auf Themenbereiche, die innerhalb einer Mitarbeiterbefragung die schlechtesten Bewertungen erhalten haben. Ein solches, naheliegendes Vorgehen wird jedoch, wie im Folgenden dargelegt, der Komplexität der Realität nicht in ausreichendem Maße gerecht und schöpft das Potenzial der Mitarbeiterbefragung (MAB) nicht voll aus.

Ein anderer Ansatz zur Ableitung von Maßnahmen ist die zielgerichtetere Analyse des Handlungsbedarfs, durch Instrumente wie zum Beispiel die in ▶ Kap. 4.5 diskutierte **Portfolio-Analyse**.

Grundsätzlich muss jedoch zunächst eine **richtige Interpretation der Befragungsergebnisse** erfolgen. Die Interpretation der Daten ist jedoch mit einigen Schwierigkeiten verbunden. Diese resultieren z. B. aus der Tatsache, dass bestimmte Themen generell negativer bewertet werden als andere Themengebiete, wiederum andere werden generell eher positiv bewertet. Durch diese unterschiedliche »Kalibrierung« verschiedener Themen variieren die entsprechenden Zufriedenheitsäußerungen auf unterschiedlichen Grundniveaus. Erfahrungsgemäß ist z. B. die Zufriedenheit mit den eigenen Kollegen (relativ unabhängig von den jeweiligen tatsächlichen Bedingungen) eher positiv bewertet, während Fragen zum Informationsfluss oder zum Management prinzipiell eher schlechter ausfallen. ◘ Abb. 4.13 zeigt einen typischen Profilverlauf klassischer The-

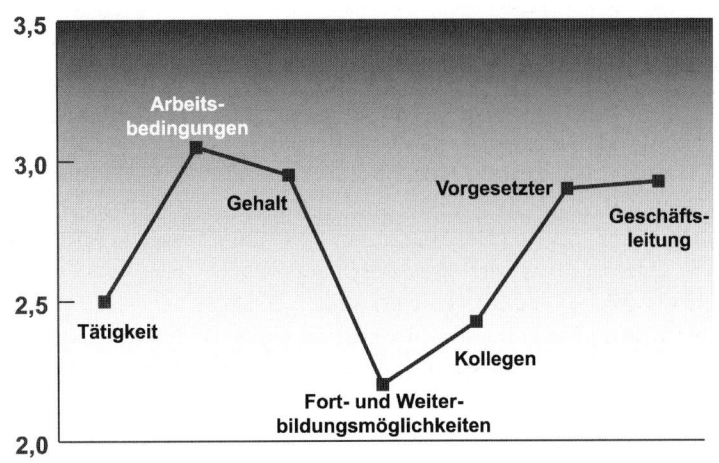

4.4 · Mitarbeiterbefragungsspezifisches Benchmarking und Vergleichswerte

Abb. 4.13. Profilverlauf klassischer Themen der MAB

men der MAB und Arbeitszufriedenheitsforschung basierend auf mehr als 500.000 Befragten.

Die Unterschiede im Mittelwertprofil basieren auf bestimmten Häufigkeitsverteilungen der Zufriedenheitsurteile einzelner Themen. Ist es vor diesem Hintergrund für ein Unternehmen ein guter Wert, wenn 70% der befragten Mitarbeiter mit Ihrem direkten Vorgesetzten zufrieden sind? Muss die Kommunikation verbessert werden, wenn 25% der Mitarbeiter die Unternehmensziele und dessen Strategie nicht kennen? Besteht Handlungsbedarf, wenn 40% der Befragten die Umsetzung neuer Ideen für unzureichend halten? Ist das Weiterbildungsangebot angemessen, wenn es für 60% der Befragten ihren Bedürfnissen entspricht?

Die Beantwortung dieser Fragen ist ohne **Beurteilungsmaßstab** kaum möglich. Die reine Betrachtung absoluter Ergebnisse kann somit zu irreführenden und wenig effektiven Ableitungen von Maßnahmen führen. Es zeigen sich jedoch nicht nur typische Unterschiede bezüglich der Zufriedenheit mit verschiedenen Themen, auch die verschieden Zielgruppen in der Organisation sind schwer zu vergleichen. So stellt sich die Frage, ob zum Beispiel die Ergebnisse für die Produktionseinheit nicht gänzlich anders zu deuten sind als diejenigen für den Vertrieb oder ob Ergebnisse eines Geschäftsgebietes aus den USA mit denen aus Deutschland oder Indien vergleichbar sind (▶ Kap. 2.3).

Insgesamt zeigt sich eine **typische Variation der** Zufriedenheitsprofile über die Themengebiete im Allgemeinen und der Profile für unterschiedliche Zielgruppen im Speziellen, welche bei der Interpretation der Ergebnisse und insbesondere in der Festlegung der Dringlichkeit bestimmter Maßnahmen berücksichtigt werden müssen. Ein einfacher Ansatz hierzu ist die Abfrage der Dringlichkeit von Veränderungen aus Sicht der Mitarbeiter (▶ Kap. 4.5).

Zur Einschätzung der eigenen Schwächen und Stärken ist es darüber hinaus notwendig, die Ergebnisse einer MAB in einen Bezugsrahmen zu setzen. Ein Ansatz ist in diesem Zusammenhang die Verwendung von **mitarbeiterbefragungsspezifischen Benchmarks und anderen Vergleichswerten**. Benchmarks und andere Vergleichswerte stellen unter bestimmten Bedingungen eine wichtige Hilfe zur Interpretation der Daten dar und leisten somit einen Beitrag zur Angemessenheit abgeleiteter Maßnahmen, da sie die Wahrnehmung der Dringlichkeit von Veränderungen durch die Beteiligten selbst um eine externe Perspektive erweitern.

4.4.2 Begriffsdefinition mitarbeiterbefragungsspezifisches Benchmarking und andere Vergleichswerte

— **Definition** —
Benchmarking im ursprünglichen Sinne bedeutet den systematischen Vergleich bestimmter Eigenschaften einer Organisation mit
▼

> den gleichen Aspekten in einer anderen Organisation, die in diesem Aspekt als führend gilt. In diesem Sinne bedeutet Benchmarking soviel wie das Setzen von »Maßstäben« durch den Vergleich mit den Besten.

Die Ziele von Benchmarking sind die Identifikation von Schwächen und Stärken eines Unternehmens oder einer Abteilung, das Aufzeigen der eigenen Positionierung und die daraus folgende Ableitung von Handlungsbedarf für Maßnahmen der Leistungsverbesserung.

Die **Popularität der Benchmarkingpraxis** geht auf den amerikanischen Kopiergerätehersteller Xerox zurück. Durch einen konsequenten Vergleich mit dem führenden japanischen Konkurrenten Canon, sowohl in Bezug auf die Produktbeschaffenheit, als auch in Bezug auf Prozessorganisation, konnten erhebliche Probleme in Vertrieb und Logistik entdeckt sowie die entsprechenden Strukturen und Prozesse optimiert werden. Mit diesem Vorgehen sicherte Xerox langfristig die Konkurrenzfähigkeit der eigenen Produkte und steigerte seinen Marktanteil erheblich.

Die ursprüngliche Bedeutung von Benchmarking im Sinne eines **»Best in class«-Vergleichs** hat sich in der Literatur und betrieblichen Praxis erheblich ausdifferenziert. So gibt es, wie weiter unten beschrieben, zahlreiche Formen des Benchmarkings.

Es lässt sich aber auch gleichzeitig ein Trend zur Verwässerung des Benchmarkingkonzeptes erkennen. Dieser resultiert daraus, dass in der Praxis häufig jede Art des Vergleichs mit anderen als Benchmark bezeichnet wird. In vielen Fällen ist dabei der Benchmark-Geber nicht im Sinne eines »Best in class«-Vergleichs durch überragende Leistungen qualifiziert. Auch beim Benchmarking im Bereich der MAB ist es wichtig, dass überragende Eigenschaften des Benchmarks durch eine Topposition im Markt oder auch durch besonders hohe Arbeitszufriedenheit in der Organisation gegeben sind.

> ❗ **Fehlt dem Vergleichsgeber die Eigenschaft des »Best in class«, dann wird der Begriff des Benchmarking durch den einfachen Begriff des**
> ▼

Vergleichs ersetzbar. Des Weiteren wird ein solch beliebiger Vergleich der funktionalen Ausrichtung des Benchmarking im Sinne der eigenen Leistungsoptimierung nicht gerecht.

Auch beim Benchmarking in der Praxis der MAB (**MAB-spezifisches Benchmarking**) handelt es sich wohl kaum um die klassische Form des Benchmarkings. Es ist zwar prinzipiell denkbar, dass die Befragungsergebnisse mit den Ergebnissen eines »Best practice« einer anderen Firma verglichen werden; in der Realität wird dies jedoch selten praktiziert. Bei diesem Vorgehen stellt sich zunächst die Frage, durch welches Kriterium der Benchmark-Geber definiert wird. Ist der Benchmark-Geber durch eine herausragende Marktposition gekennzeichnet oder durch besonders zufriedene Mitarbeiter oder z. B. durch ein »Best practice«-Vorgehen bei der Mitarbeiterbefragung? Aber selbst nach Klärung dieser Frage und der Bestimmung des Auswahlkriteriums ist es mehr als fraglich, ob die Mitarbeiterbefragungsdaten der ausgewählten Firma zugänglich sind. In der MAB Praxis erfolgt das Benchmarking häufig an Hand der besten Mitarbeiterbefragungsergebnisse. Hierzu werden z. B. in Bezug auf die verschiedenen Themengebiete die Ergebnisse der 10% oder 25% besten Vergleicheinheiten dargestellt. Die Bestimmung der 10% oder 25% besten Einheiten erfolgt in aller Regel anhand der Mitarbeiterbefragungsergebnisse. Hierbei anzumerken ist, dass dieser MAB-spezifische Benchmarkwert nicht mehr eine singuläre Einheit (bei internem Vergleich) oder eine Organisation (bei externem Vergleich) darstellt, sondern eine Aggregation über mehrere Einheiten bzw. Organisationen darstellt. Bei diesem Vorgehen ist der Benchmark-Geber letztlich eine virtuelle Einheit. Diese virtuelle Einheit besteht aus den 10% oder 25% besten Einheiten innerhalb der Organisation oder aus den 10% oder 25% besten Einheiten von externen Organisationen.

Neben dem MAB-spezifischen Benchmarking zur Interpretation und Ableitung von Maßnahmen ist auch der **Vergleich mit allgemeinen Durchschnittswerten** einer bestimmten Thematik möglich. Diese Art des Vergleichs wird gelegentlich als Durchschnitts-Benchmarking bezeichnet. Diese Begrifflichkeit ist jedoch höchst missverständlich, denn ein Vergleich mit **allgemeinen Durchschnittswer-**

ten ist kein Benchmarking im Sinne eines »Best in class«-Vergleichs, da es sich bei allgemeinen Durchschnittswerten um Vergleichswerte handelt die sozusagen den jeweiligen Mittelwert aller verfügbaren Vergleichseinheiten darstellen. Ein solcher Vergleich mit allgemeinen Durchschnittswerten, ist bei der Interpretation von MAB Ergebnissen hilfreich und daher eine wichtige Ergänzung des MAB-spezifischen Benchmarkings.

Neben der Unterscheidung zwischen MAB-spezifischem Benchmarking und allgemeinen Durchschnittswerten der MAB-Ergebnisse existieren weitere Dimensionen, nach denen unterschieden werden muss. So stellt sich zum einen die Frage nach einem internen oder externen Vergleich sowie nach einem branchenorientierten oder funktionsorientierten Vergleich. Diese **Differenzierungsdimensionen** werden anhand der Vergleichsquelle und der -art kategorisiert:

- **Vergleichsquelle**
  - interne Vergleiche:
    Vergleich innerhalb eines Unternehmens
  - externe Vergleiche:
    Vergleich mit Partnern, die außerhalb des eigenen Unternehmens stehen.
- **Vergleichsart**
  - branchenorientierte Vergleiche:
    Vergleich innerhalb einer bestimmten Branche
  - funktionsorientierte Vergleiche:
    Vergleich bestimmter Funktionen unabhängig von der Branche oder bestimmten Konkurrenz- oder Kooperationsbeziehungen (generische Vergleiche).

Zusammenfassend zeigt ◘ Abb. 4.14 die wichtigsten Arten der Vergleichsdimensionen, die bei MAB Daten unterschieden werden:

Die verschiedenen Vergleichsformen werden im Folgenden in Bezug auf die MAB näher erläutert:

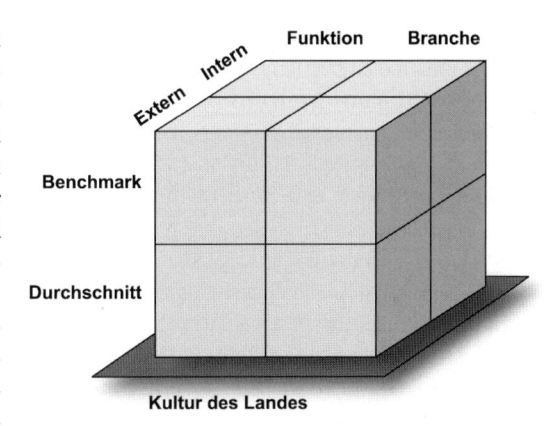

◘ **Abb. 4.14.** Benchmarkingdimensionen

4.4.3 MAB-spezifisches Benchmarking und allgemeine Durchschnittswerte

Unterscheidung nach der Vergleichsquelle

Interne Vergleichswerte (Lateraler und Vertikaler Vergleich)

Die Ergebnisse der MAB sollten in Bezug zu internen Vergleichswerten gesetzt werden. Hierzu dienen die Daten von geeigneten internen Vergleichseinheiten. Dies sind zum Beispiel Durchschnittswerte eines bestimmten Geschäftsgebiets oder einer funktionalen Einheit, bzw. die Werte von Einheiten, die innerhalb dieser Gebiete als Beste abgeschnitten haben. Beim internen MAB-spezifischen Benchmarking und internen Durchschnittswerten kann nochmals zwischen einem vertikalen und einem lateralen Vergleich unterschieden werden. Beim **lateralen Vergleich** wird die Berichtseinheit mit Einheiten der gleichen Hierarchie- bzw. Organisationsebene verglichen. Beim **vertikalen Vergleich** erfolgt der Vergleich mit übergeordneten Gesamteinheiten. Interne Vergleichswerte haben den Vorteil, dass die Daten im Rahmen der MAB einfach verfügbar sind und die Ergebnisse aufgrund des Ursprungs in der gleichen Organisation in diesem Bezug valide vergleichbar sind.

Externe Vergleichswerte

Beim externen MAB-spezifischen Benchmarking und externen Durchschnittswerten werden die Befragungsergebnisse zu Daten außerhalb des Unternehmens in Beziehung gesetzt. Der externe Vergleich erlaubt die Einordnung der Ergebnisse in Relation zu anderen Organisationen, bzw. Konkurrenten.

Dieses setzt natürlich die Verfügbarkeit externer Vergleichsdaten voraus. Daneben spielt ihre **Qualität und das Format** eine ganz entscheidende Rolle. Zum einen muss es sich bei den externen Vergleichsdaten um für die befragte Organisation relevante Daten handeln, d. h. die Daten müssen sich auf die gleichen Befragungsthemen und Frageninhalte beziehen. Liegen Vergleichsdaten auf Basis eines anderen Befragungsinstrumentes mit anderen Themen und Frageinhalten vor, sind ernstzunehmende Vergleiche kaum möglich. Auch sollten die Antwortformate und die Fragenskalierung dem Format der eigenen Befragung entsprechen. Ferner müssen die externen Vergleichsdaten auf einer soliden und umfangreichen Datenbasis basieren.

Je nach Zielsetzung des Vergleichs müssen die externen Daten auf adäquaten Vergleichseinheiten basieren, d.h. die externen Durchschnittswerte und Benchmarks müssen auf Basis von anderen Firmen der gleichen Branche oder Einheiten der gleichen funktionalen Ausrichtung berechnet sein. Der Unterschied zwischen funktionalen und branchenspezifischen Durchschnitts- und Benchmarkwerten wird im nächsten Abschnitt näher erläutert.

Unterscheidung nach der Vergleichs-Art

Branchenspezifische Vergleiche

Empirische Befunde der Universität Mannheim im Rahmen von MABs zeigen deutliche Unterschiede der Befragungsergebnisse in Abhängigkeit der Branchenzugehörigkeit des Unternehmens (◘ Abb. 4.15).

Funktionale Vergleiche

Forschungsergebnisse demonstrieren in ähnlicher Weise generelle Unterschiede der Mitarbeiterzufriedenheit in Abhängigkeit der funktionalen Ausrichtung der Arbeit bzw. funktionalen Zugehörigkeit der eigenen Abteilung. Auch hier zeigen sich, in Ab-

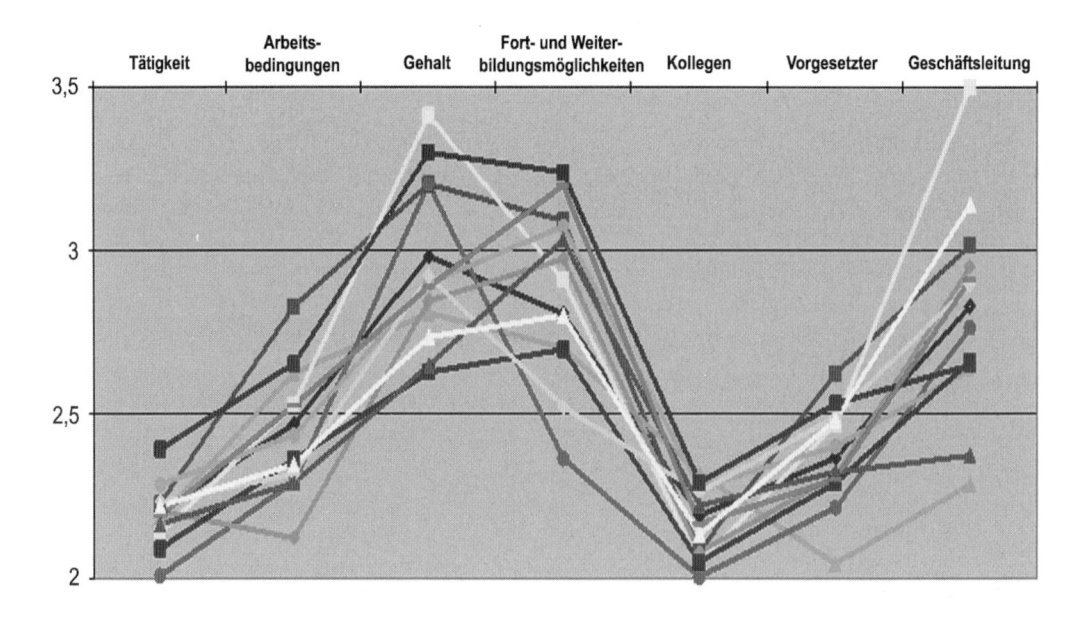

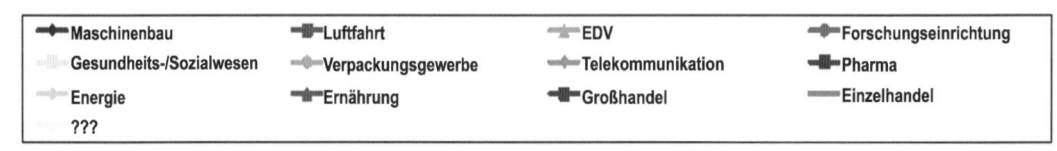

◘ **Abb. 4.15.** Profilverlauf für verschiedene Branchen

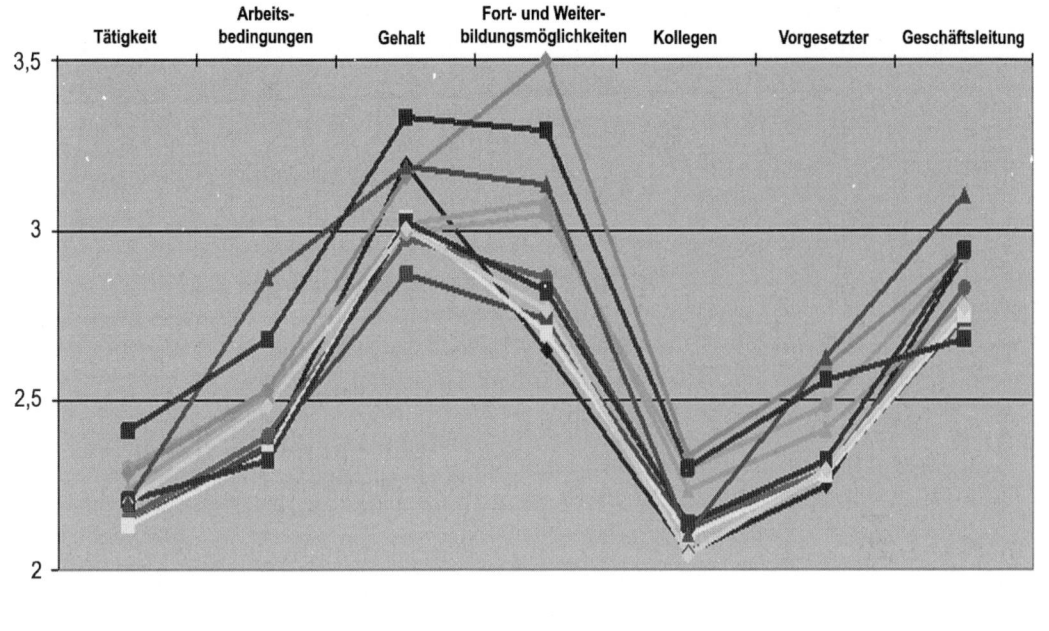

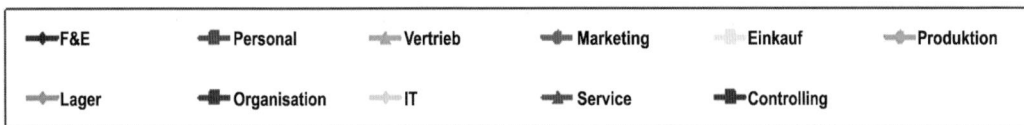

4.4 · Mitarbeiterbefragungsspezifisches Benchmarking und Vergleichswerte

Abb. 4.16. Profilverläufe für verschiedene Funktionen

hängigkeit der Funktion, typische Profilverläufe über die verschiedenen Befragungsthemen hinweg (Abb. 4.16).

4.4.4 Wahl angemessener Vergleichswerte

Ein zentraler Aspekt bei der Verwendung von Vergleichsdaten ist die Auswahl adäquater Vergleichswerte. Diese Auswahl innerhalb der oben vorgestellten »MAB-Vergleichstaxonomie« ist abhängig von der Zielsetzung des Vergleichs und den Eigenschaften der Einheit bzw. Einheiten, für die die Interpretation der Ergebnisse erfolgen soll.

In Bezug auf die Auswahl angemessener Vergleichswerte können folgende acht Leitsätze formuliert werden:

1. Für eine jeweilige Berichtseinheit sollten als interne Vergleichswerte mindestens die Vergleichsergebnisse der direkt übergeordneten Einheit und der Gesamtunternehmenswert vorliegen (vertikaler interner Vergleich).
2. Interne Quervergleiche allgemeiner Durchschnittswerte (lateraler Vergleich) sollten auf den Ebenen der dezentralen Einzelberichte nicht ausgewiesen werden.
3. Interne laterale Vergleiche sind in Berichten an übergeordnete Führungskräfte durchaus sinnvoll, da dies die Identifikation problematischer Themen einzelner Einheiten erleichtert.

▼

4. Externe MAB-spezifische Benchmarks und allgemeine Durchschnittswerte sollten prinzipiell branchenspezifisch vorliegen.
5. Externe MAB-spezifische Benchmarks und allgemeine Durchschnittswerte sind vor allem bei größeren Einheiten, Geschäftsgebieten und insbesondere auf Ebene der ganzen Organisation von Bedeutung.
6. Je spezieller die Einheit (Einheiten auf niedrigem Niveau der Organisationsstruktur), desto geringer ist die Aussagekraft externer MAB-spezifischer Benchmarks.
7. Bei stark funktionaler Ausrichtung der Organisationseinheiten sollten innerhalb der externen Branchenwerte weiter ausdifferenzierte funktionale Vergleichswerte verwendet werden.
8. Stärken-Schwächen-Analysen sollten auf Grundlage der größten Diskrepanz zu vorliegenden MAB-spezifischen Benchmarkwerten und allgemeinen Durchschnittswerten erfolgen. Die Benchmarkwerte fungieren hierbei im Sinne von anzustrebenden Zielvorgaben (z. B. Incentive-Regelung).
9. Bei der Interpretation von Ländervergleichen ist die Verwendung von länderspezifischen Durchschnittswerten dringend anzuraten (hierzu ▶ Kap. 2.3).

4.4.5 Resümee

MAB-spezifische Benchmarks und Durchschnittswerte können einen wichtigen Beitrag zur richtigen Interpretation und der Identifikation von Handlungsfeldern im Rahmen der Maßnahmenableitung leisten. MAB-spezifische Benchmarks und Durchschnittswerte erlauben eine externe Perspektive (in Bezug auf die Abteilung) zur Interpretation der Ergebnisse einer MAB. Neben der wahrgenommenen Dringlichkeit von Veränderungen in bestimmten Bereichen durch die Mitarbeiter (▶ Kap. 4.5), kann der Vergleich mit anderen Daten einen wichtigen Beitrag zur Identifikation der eigenen Schwächen und Stärken leisten. Diese Stärken-Schwächen-Analyse bringt im Rahmen der Diskussion zur Maßnahmenableitung wichtige Hinweise. Der Qualität der verwendeten Benchmarks und der Auswahl adäquater Durchschnittswerte in bezug auf die Vergleichsquelle und -art kommt hierbei ein zentraler Stellenwert zu. Die Auswahl der adäquaten Vergleichseinheiten sollte nach Maßgabe bestimmter Grundregeln erfolgen.

4.5 Das Portfolio

Virginia Madukanya

4.5.1 Hintergrund und Einführung in den Portfolio-Ansatz

Die Identifikation relevanter Problem- und Handlungsfelder ist von zentraler Bedeutung für den Follow-up-Prozess im Rahmen einer MAB. Vor dem Hintergrund der Fülle an Informationen, die die Ergebnisse einer MAB mit sich bringen, stellt diese jedoch häufig eine (zu) große Herausforderung an Führungskräfte und Mitarbeiter dar. Die Schwierigkeit, sich in dem Zahlendickicht zurechtzufinden sowie daraus die richtigen Schlüsse zu ziehen, verschärft sich vor allem, wenn auf Unternehmensebene und/oder Personenebene nur wenige Erfahrungen im Umgang mit MABs vorhanden sind, beispielsweise bei Erstbefragungen.

> **Definition**
> Das Portfolio ist ein Instrument, das Hilfestellung dabei bietet, aus den vielschichtigen und komplexen Ergebnissen einer MAB auf einen Blick Stärken und Schwächen der Gesamtorganisation oder einzelner Bereiche hervorzuheben und Schwerpunkte für das weitere Vorgehen festzulegen.

Dazu wird der Verbesserungsbedarf bestimmter Themen mit der Bewertung dieser Themen kombiniert. Das Portfolio spielt als zentraler Bestandteil des Ergebnisberichts eine wichtige Rolle bei der Priorisierung der Themenfelder und kann zwischen den beiden Prozessschritten der deskriptiven Rückmeldung der Ergebnisse und der Ableitung von

4.5 · Das Portfolio

Maßnahmen eingeordnet werden (vgl. Trost, Jöns & Bungard, 1999).

Das Grundprinzip eines Portfolios besteht in der Darstellung von vier Quadranten, aus denen der konkrete Handlungsbedarf in einem Follow-up-Prozess abgeleitet werden kann. Dieses Vierfelderschema ergibt sich aus der Abtragung zweier Dimensionen, beispielsweise der Zufriedenheit und des Verbesserungsbedarfs bei einzelnen Themenbereichen einer MAB, an der x- bzw. y-Achse. Zusätzlich wird ein Achsenkreuz, das den Durchschnittswert des Unternehmens bei allen Themenbereichen wiedergibt, eingeführt. In Abhängigkeit der Lage der einzelnen Zufriedenheits- und Verbesserungsbedarfswerte im Vergleich zu dem Achsenkreuz kann konkreter Handlungsbedarf abgeleitet werden (vgl. ◘ Abb. 4.17).

Um die Grundprinzipien des Portfolios zu verdeutlichen, ist es hilfreich, einen Blick auf die Historie dieses Instruments zu werfen.

Der Begriff Portfolio (von lat. »**folium**«, Blatt und »**portare**«, tragen) bezeichnet eine Sammlung von Verfahren, Methoden oder Handlungsoptionen. Portfolio-Modelle gehören heute zum Standardinstrument des strategischen Managements, sie strukturieren strategische Geschäftseinheiten von Unternehmen im Hinblick auf die Schlüsselfaktoren des wirtschaftlichen Erfolgs. Der wohl bekannteste Portfolio-Ansatz wurde in den 60er Jahren von der Boston Consulting Group entwickelt und basiert auf den Erfolgsfaktoren Marktwachstum und relativem Marktanteil. Trägt man diese Faktoren auf der Ordinate bzw. auf der Abszisse ab, erhält man ein Vierfelderschema, in dem die Produkte bzw. Geschäftsfelder des Unternehmens einzelnen Quadranten zugeordnet werden können (Baum, Coenenberg, & Günther, 2004). Jeder Quadrant verkörpert eine Normstrategie, die Empfehlungen für das weitere Vorgehen beinhaltet.

Die Grundidee des Portfolio-Ansatzes als strategisches Managementinstrument lässt sich sehr gut auf den Follow-up-Prozess im Rahmen von MABs übertragen. Die Portfolio-Darstellung bietet eine Reihe wichtiger Vorteile für den Follow-up-Prozess:

Eisbrecherfunktion

Das Portfolio als Bestandteil des Ergebnisberichts verdeutlicht auf einen Blick die Stärken und Schwächen des Gesamtunternehmens oder einzelner Unternehmensbereiche und dient dazu, auf dieser Basis in eine Diskussion der Ergebnisse einzusteigen. Dabei ermöglicht das Portfolio, schnell zu erkennen, bei welchen Themen der Handlungsbedarf groß und bei welchen dieser eher gering ausfällt. Diese Information ist sowohl im Diskurs innerhalb der Geschäftsführung und der zentralen auftraggebenden Stelle (z. B. Personalabteilung) sinnvoll als auch in den Rückmeldegesprächen und -Workshops, die die jeweiligen Führungskräfte mit ihren Mitarbeiter bzgl. ihrer MAB-Ergebnisse führen. Das Portfolio erleichtert somit den Einstieg in die Diskussion der Ergebnisse und in den Prozessschritt der Maßnahmenableitung.

Ableitung von Handlungsimplikationen und Priorisierung der Themen

Für Führungskräfte, deren »Kerngeschäft« in den meisten Fällen nicht darin besteht, Ergebnisse einer MAB (oder anderer Feedbackinstrumente) zu interpretieren und die daher auch im Vorgehen der Maßnahmenableitung meist wenig routiniert sind, ist es wichtig, Hilfestellungen bei der Priorisierung zu erhalten. Das Portfolio bietet durch die schematische Darstellung und Einteilung in Quadranten mit hoher oder geringer Zufriedenheit sowie hohem und

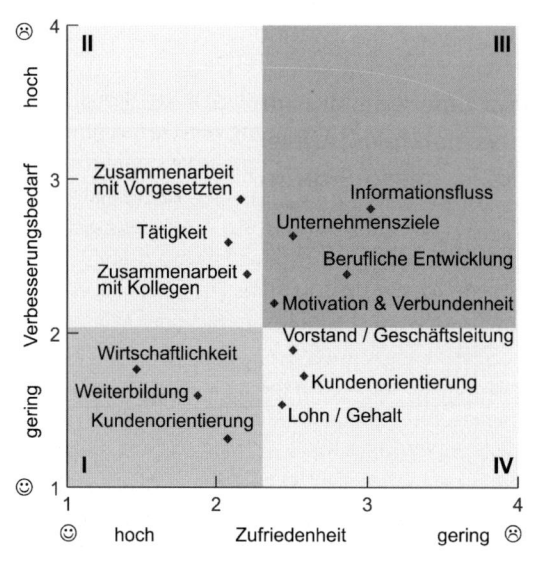

◘ **Abb. 4.17.** Handlungsbedarfsportfolio

geringen Verbesserungsbedarf Unterstützung, sich auf die im ersten Schritt wichtigen Themenfelder zu konzentrieren. Ähnlich einem Ampelsystem lassen sich die Themen hinsichtlich ihres Handlungsbedarfs kategorisieren. Es können sofort diejenigen Themen identifiziert werden, die laut Portfolio den höchsten Handlungsbedarf bzw. Verbesserungsbedarf aufweisen und entsprechend der Ampellogik im roten Bereich liegen. Es lässt sich damit für die Führungskraft schnell ableiten, an welchen Punkten sie für ihren Bereich ansetzen muss und welche Inhalte priorisiert werden sollten.

Abbildung derzeitiger sowie zukünftiger Themen im Unternehmen:
Die Platzierung verschiedener Themenfelder in den unterschiedlichen Quadranten gibt den Ist-Stand der Zufriedenheit bzw. des Verbesserungsbedarfs wieder. Die Normstrategien der einzelnen Quadranten berücksichtigen jeweils unterschiedliche zeitliche Perspektiven von kurz- über mittel- bis zu langfristigen Handlungsempfehlungen (vgl. ▶ Kap. 4.6.2). So kann beispielsweise unterschieden werden zwischen Problemfeldern, die aufgrund des starken Verbesserungsbedarfs unmittelbar angegangen werden müssen, solchen, die einen langfristigen Handlungsbedarf signalisieren und denjenigen, die in Zukunft von Relevanz sein können, wenn sie sich mangels Veränderungsmaßnahmen verschärfen.

Nachdem im vorherigen Abschnitt kurz die Hintergründe sowie die Vorteile des Portfolio-Ansatzes dargestellt wurden, geht es im Folgenden um Voraussetzungen für die Erstellung des Portfolios, seinen Aufbau sowie die konkrete Anwendung dieses Instruments. Dabei orientieren sich die Darstellungen an konkreten Beispielen.

4.5.2 Aufbau des Portfolios

In Abhängigkeit davon, ob zentral oder dezentral Veränderungen aus den Ergebnissen der MAB abgeleitet werden, ist es Aufgabe strategischer Projektgruppen oder der Führungskräfte einzelner Unternehmensbereiche, mit ihren Mitarbeitern die Schwerpunkte des Follow-up-Prozesses festzulegen und konkrete Maßnahmen zu erarbeiten (vgl. ▶ Kap. 2.4). Es stellt sich an dieser Stelle zwangsläufig die Frage, nach welchen Kriterien die einzelnen Themen einer MAB im Follow-up-Prozesses zu priorisieren sind. Dass eine Priorisierung der Probleme nicht unbedingt auf Basis der aggregierten Zufriedenheitswerte der Mitarbeiter abgeleitet werden kann, verdeutlichen folgende Beispiele (vgl. hierzu auch ▶ Kap. 4.5).

Eine Fokussierung auf die Themen mit den niedrigsten Zufriedenheitswerten vernachlässigt unter Umständen den Aspekt des tatsächlichen Verbesserungsbedarfs. Beispielsweise kann die Zufriedenheit mit der Arbeitszeit den schlechtesten Wert haben, andere Themen werden jedoch als dringender erachtet, z. B. die Zusammenarbeit mit dem direkten Vorgesetzten. Ferner gibt es den Fall, bei dem die Zufriedenheitswerte über einen Großteil der Themen schlecht ausfallen. Die Konsequenz kann nicht darin bestehen, an jedem dieser Themen ansetzen zu wollen. Vor dem Hintergrund der Belastung im Alltagsgeschäft ist die Wahrscheinlichkeit, dass eine Vielzahl der Themen nachhaltig und konsequent bearbeitet werden eher gering einzuschätzen. Eine Konzentration auf die Themen, die ohnehin auf der Agenda des Top-Managements stehen, berücksichtigt zwar die strategische Perspektive, vernachlässigt aber möglicherweise bestimmte Probleme aus Sicht der Mitarbeiter.

An dieser Stelle setzt das Portfolio an. Die Einschätzung der Mitarbeiter hinsichtlich der Dringlichkeit bestimmter Probleme kann eine Orientierung geben, wie die zu verändernden Bereiche priorisiert werden sollten.

Dimensionen des Portfolios

Wie eingangs beschrieben, liegen die Vorteile des Portfolios in der Priorisierung von Themen und der Ableitung von Handlungsimplikationen darin begründet, dass neben der Erfassung der Zufriedenheit bzgl. bestimmter Aspekte im Unternehmen eine zweite Dimension berücksichtigt wird. Sie bildet den Verbesserungsbedarf bzw. die Dringlichkeit, einzelne Themen zu verändern, aus Sicht der Mitarbeiter ab. Neben der Abfrage der Zufriedenheit der Mitarbeiter bietet die Nachfrage nach dem wahrgenommenen Verbesserungsbedarf den Mitarbeitern die Gelegenheit, hinsichtlich des tatsächlichen Problemdrucks zwischen den einzelnen Themenfeldern zu differenzieren.

Um den Verbesserungsbedarf im Rahmen einer MAB zu erfassen, geben die Mitarbeiter für jeden

4.5 · Das Portfolio

einzelnen Themenblock an, wie sie diesen einschätzen. Dabei gibt es verschiedene Möglichkeiten, den Verbesserungsbedarf abzufragen.

Abfrage über eine Ja/Nein-Skala:
Diese Form der Abfrage ist sicherlich die einfachste. Allerdings gibt diese binäre Skala dem Mitarbeiter keinerlei Spielraum, den Grad des Verbesserungsbedarfs zu differenzieren. Mögliche wichtige Abstufungen sind von vorne herein ausgeschlossen.

Rating-Skala:
Diese Form findet man erfahrungsgemäß am häufigsten in MABs. Hierbei beantworten die Befragten beispielsweise die Frage »Wie hoch schätzen Sie insgesamt den Verbesserungsbedarfs bei folgenden Themen ein?« für jeden einzelnen Themenblock auf einer Skala von »niedrig« bis »sehr hoch«. Je nach Ausgestaltung der Skala (z. B. 5-stufige Skala) hat der Mitarbeiter die Gelegenheit, die tatsächliche Dringlichkeit zur Veränderungen abzustufen und einen Unterschied zu machen zwischen einem hohen, einem eher hohen und einem eher niedrigen Verbesserungsbedarf usw.

Bildung einer Rangordnung:
Hierbei wird der Mitarbeiter gebeten, die Themenblöcke nach der Höhe ihres Verbesserungsbedarf in eine Rangreihe zu bringen. Dieser Ansatz wirkt der Tendenz entgegen, allen Themen im Zweifel einen hohen Verbesserungsbedarf zu attestieren. Der Mitarbeiter setzt sich intensiv damit auseinander, wie die Themen im Vergleich zueinander einzuordnen sind und erstellt damit eine Priorisierung der Handlungsfelder.

Klassisches Mitarbeiterbefragungsportfolio

Wie eingangs erwähnt besteht das Grundgerüst des Portfolios aus zwei Achsen. Dabei bildet die x-Achse die Zufriedenheit, die y-Achse die Höhe des wahrgenommenen Verbesserungsbedarfs ab.

Um das Portfolios in vier Felder aufteilen zu können, müssen Trennlinien bzw. deren Schnittstellen mit den Achsen definiert werden. Die meisten Unternehmen, die mit dem Portfolio-Ansatz arbeiten, legen als Trennlinie für den Verbesserungsbedarf in aller Regel den Unternehmensmittelwert des Verbesserungsbedarfs zugrunde, für die Zufriedenheit repräsentiert der Gesamtzufriedenheitsmittelwert über alle Themenblöcke die Trennlinie. (In dem in ◘ Abb. 4.17 verwendeten Beispiel ist das ein Mittelwert von ca. 2,1 für den Verbesserungsbedarf und ein Mittelwert von ca. 2,3 für die Zufriedenheit). Diese Darstellung ermöglicht einen Vergleich der bereichsspezifischen Werte (Datenpunkte) der einzelnen Themenblöcke in der Matrix mit den Gesamtwerten des Unternehmens (Trennlinien). Die Ergebnisse in ◘ Abb. 4.17 lassen sich entsprechend interpretieren: Die Themen »Zusammenarbeit mit dem Vorgesetzten«, »Tätigkeit«, »Zusammenarbeit mit Kollegen«, »Wirtschaftlichkeit«, »Weiterbildung« und »Kundenorientierung« werden von diesem Bereich durchschnittlich besser beurteilt als im Gesamtunternehmen, während die Zufriedenheit der Mitarbeiter mit den Modulen »Informationsfluss«, »Unternehmensziele«, »Berufliche Entwicklung«, »Motivation/Verbundenheit«, »Vorstand/Geschäftsleitung« und »Lohn/Gehalt« geringer ausfällt. Alternativ zu den Gesamtunternehmenswerten zum Verbesserungsbedarf und zur Zufriedenheit lassen sich für die Definition der Trennlinien auch externe Benchmarkwerte heranziehen (vgl. auch ▶ Kap. 4.5). Dies ermöglicht einen direkten Vergleich dahingehend, welche Themenblöcke des befragten Unternehmens (oder einer bestimmten Abteilung) ober- bzw. unterhalb des Benchmarks liegen.

Weitere Möglichkeiten, die Werte einzelner Unternehmenseinheiten bzw. Zielgruppen im Kontext anderer Einheiten zu vergleichen, sind beispielsweise ein Vergleich zwischen Führungskräften und Mitarbeitern oder ein Vergleich einzelner Standorte mit den globalen Unternehmenswerten. Will man den Vergleich nicht innerhalb einer Portfolio-Darstellung ziehen, bietet es sich natürlich an, Portfolios einzelner Zielgruppen wie beispielsweise Mitarbeiter und Führungskräfte miteinander zu vergleichen.

Die **Datenpunkte** im Portfolio erhält man, indem die Mittelwerte der zusammenfassenden Zufriedenheitsfragen bzw. Modul-Abschlussfragen (z. B. »Wie zufrieden sind Sie insgesamt mit Ihrer Weiterbildung?«) und des Verbesserungsbedarfs für die einzelnen Themenmodule miteinander kombiniert und auf den beiden Achsen abgetragen werden. Diese kombinierten Werte werden als Datenpunkte einer Matrix dargestellt. In Abhängigkeit davon, in welchem Quadranten diese Punkte liegen, lässt sich konkret der Grad des Handlungsbedarfs ablesen.

❗ Jeder der vier Quadranten verkörpert – in Anlehnung an den Portfolio-Ansatz der Boston Consulting Group – eine Normstrategie. Diese beinhaltet Empfehlungen für das weitere Vorgehen. Im Folgenden wird die Normstrategie für jeden einzelnen Quadranten besprochen.

Quadrant I (hohe Zufriedenheit, geringer Verbesserungsbedarf):
Die Themenfelder, die aufgrund Ihrer Zufriedenheits- und Verbesserungsbedarfswerte diesem Quadranten zugeordnet werden, repräsentieren die Stärken des Unternehmens aus Sicht der Mitarbeiter. In dem abgebildeten Beispiel sind dies die Module »Wirtschaftlichkeit«, »Weiterbildung« und »Kundenorientierung«. Hieraus leitet sich kein konkreter und unmittelbarer Handlungsbedarf ab, vielmehr ist es hier wichtig, die positive Beurteilung auch in Zukunft aufrecht zu erhalten (langfristige Bewahrung von Stärken), beispielsweise, indem bewährte Maßnahmen und Methoden/Instrumente fortgeführt werden.

Quadrant II (hohe Zufriedenheit, dennoch hoher Verbesserungsbedarf):
In dem in ◘ Abb. 4.17 aufgeführten Beispiel ergibt sich für die Themen »Zusammenarbeit mit dem Vorgesetzten«, »Zusammenarbeit mit Kollegen« sowie »Tätigkeit« ein kurz- bis mittelfristiger Handlungsbedarf. Zwar ist die Zufriedenheit der Mitarbeiter derzeit hoch, der erhöhte Verbesserungsbedarf deutet allerdings darauf hin, dass die Mitarbeiter erste negative Veränderungen wahrnehmen oder solche befürchten. Ein rechtzeitiges Entgegensteuern kann verhindern, dass diese Themen zu Problemen werden und dazu beitragen, diese bisher als Stärken wahrgenommenen Aspekte auszubauen. Dies kann beispielsweise bedeuten, bei nachfolgenden MABs zu überprüfen, ob sich die Werte signifikant verschlechtern (▶ Kap. 4.4).

Quadrant III (geringe Zufriedenheit, hoher Verbesserungsbedarf):
Auf die Themen, die in diesem Quadranten liegen, gilt es, besonderes Augenmerk zu legen. Eine vergleichsweise geringe Zufriedenheit trifft auf einen – aus Sicht der Mitarbeiter – hohen Verbesserungsbedarf. Hier besteht akuter Handlungsbedarf, um diese Schwächen abzubauen. D. h. in der Ableitung von Veränderungsmaßnahmen sollte den Problemfeldern aus diesem Bereich absolute Priorität eingeräumt werden. Das zentrale Projektteam oder die dezentralen »task forces« sollten zeitnah mit der genauen Ursachenanalyse und dem Erstellen von Aktionsplänen beginnen (Bungard, 2005; Deitering, 2006).

Quadrant IV (geringe Zufriedenheit, geringer Verbesserungsbedarf):
Bei Themen in diesem Quadranten besteht mittel- bis langfristiger Handlungsbedarf, um bestehende Schwächen abzubauen. Das Modul »Lohn/Gehalt« verdeutlicht an dieser Stelle, warum eine reine Orientierung an Zufriedenheitswerten für die Priorisierung der Themen unter Umständen zu falschen Schlüssen führen kann. Gerade bei dem Thema Entlohnung sind erfahrungsgemäß nie hohe Zufriedenheitswerte zu erwarten, dennoch schätzen die Mitarbeiter die Situation durchaus realistisch ein, bei welchen Themen Veränderungen möglich und/oder zu erwarten sind und welche anderen Themen dagegen bevorzugt bearbeitet werden sollten, auch wenn der Zufriedenheitswert im Vergleich dazu eventuell etwas höher ist.

Wie eingangs erwähnt, ermöglicht das Portfolio auf einen Blick die Identifikation akuter Probleme und beinhaltet konkrete Handlungsempfehlungen für das weitere Vorgehen. Auf Themen, die innerhalb des 3. Quadranten liegen, sollte im Follow-up-Prozess besonderes Augenmerk gelegt werden. In zweiter Priorität gilt es darauf zu achten, die Themen, die zwar momentan positiv bewertet werden, bei denen sich allerdings ein zukünftiger Verbesserungsbedarf abzeichnet (Quadrant II), nicht in den 3. Quadranten abrutschen zu lassen.

4.5.3 Varianten des Portfolios

Die Grundprinzipien des klassischen Portfolios lassen sich im Rahmen des Follow-up-Prozesses neben der Darstellung der Zufriedenheit und des Verbesserungsbedarfs für einzelne Themen auf weitere Inhalte

4.5 · Das Portfolio

anwenden. Im Folgenden werden mögliche Varianten des Portfolios sowie deren Anwendungsbereiche diskutiert.

Unternehmensportfolio

Für das Top-Management sind im Rahmen einer ersten Präsentation der Ergebnisse erfahrungsgemäß weniger die Detailergebnisse der einzelnen Unternehmensbereiche und Abteilungen relevant. Sein Interesse liegt häufig vielmehr darin, einen Überblick über die Lage im Unternehmen und erste Informationen darüber zu gewinnen, wie es insgesamt in den verschiedenen Bereichen um die Zufriedenheit bestellt ist. In einer abgewandelten Form kann die Portfolio-Darstellung dazu beitragen, genau diesen Überblick zu geben. Dabei ist das Portfolio hinsichtlich der Achsen genauso aufgebaut wie das klassische Portfolio (vgl. ◘ Abb. 4.17), die Trennlinien bilden die Gesamtwerte der Zufriedenheit und den Verbesserungsbedarf des Unternehmens ab und dienen quasi als interner Benchmark. Im Unterschied zum klassischen Portfolio, werden als Datenpunkte nicht die Werte der einzelnen Themenfelder eines bestimmten Bereichs abgetragen, sondern die Unternehmensbereiche selbst. Dadurch können die Unternehmensbereiche oder Standorte des Unternehmens, weswegen diese Form des Portfolios z. T. auch Standortportfolio genannt wird, in ihrer Ausprägung hinsichtlich Zufriedenheit und Verbesserungsbedarfs auf einen Blick untereinander sowie in ihrer relativen Lage zueinander verglichen werden. Ferner können die Ergebnisse der veschiedenen Unternehmensbereiche oder Standorte auf einen Blick mit den Gesamtwerten des Unternehmens verglichen werden.

Jahresvergleich

Das Portfolio kann neben der Priorisierung der einzelnen Themenfelder auch als Controlling-Instrument genutzt werden. Diese Nutzung bietet sich beispielsweise bei Wiederholungsbefragungen an. Der Vorteil liegt darin, dass die zuständige Führungskraft neben der Information über den Handlungsbedarf und die Zufriedenheit in ihrer Einheit Auskunft über die Entwicklung der Themenfelder im Vergleich zur letzten Befragung erhält. ◘ Abb. 4.18 stellt einen Jahresvergleich zweier MABs dar.

Bei dieser Darstellungsvariante des Handlungsportfolios werden wie in ◘ Abb. 4.17 für die einzelnen Themenblöcke die Werte des Verbesserungsbedarfs sowie der Zufriedenheit in die Quadranten eingetragen. Durch Nutzung z. B. unterschiedlicher

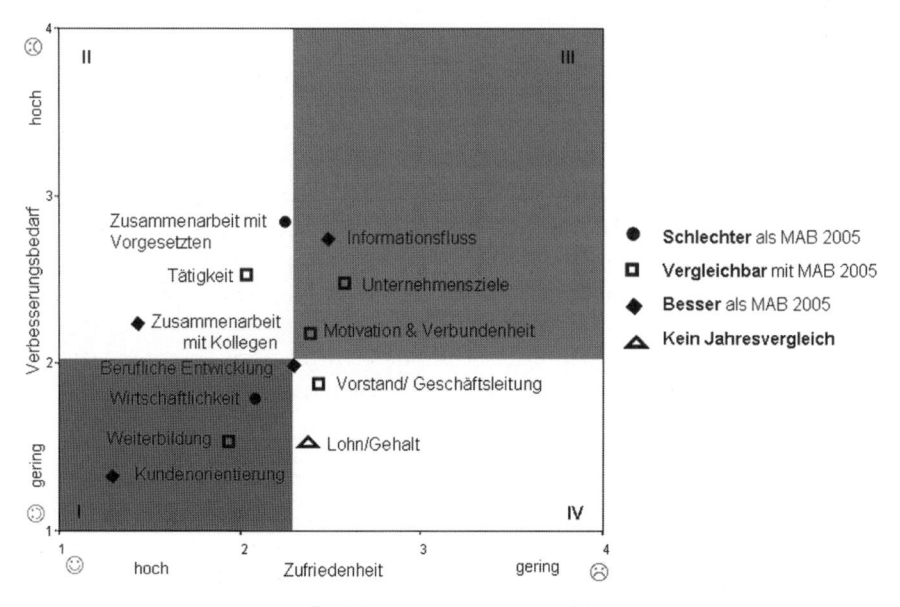

Darstellung einer Abweichung ab 0,2 Skalenpunkten Unterschied zum Vorjahr

◘ **Abb. 4.18.** Portfolio Jahresvergleich

Icons (siehe Legende in ◘ Abb. 4.18) kann darüber hinaus die Veränderung der Zufriedenheitswerte im Vergleich zur vorherigen MAB auf einen Blick abgebildet werden. Allerdings muss für diejenigen, die mit den Ergebnissen der MAB arbeiten, nachvollziehbar sein, ab welcher Differenz eine Veränderung der Zufriedenheit auch als solche gekennzeichnet wird. Dabei empfiehlt es sich, erst ab einer Abweichung von 0,2 Skalenpunkten (bei einer 5er-Skala) auf Veränderungen in der Zufriedenheit hinzuweisen. Erst dann kann in der Regel auf Tendenzen geschlossen werden. Wie bereits oben erwähnt, kann ab einer Abweichung von 0,3 Punktwerten von relevanten Veränderungen bzw. Unterschieden ausgegangen werden.

In dem hier verwendeten Beispiel hätten sich für die Themen »Informationsfluss«, »Zusammenarbeit mit Kollegen«, »Berufliche Entwicklung« und »Kundenorientierung« Verbesserungen in der Zufriedenheit ergeben, während sich nach Meinung der Befragten die »Zusammenarbeit mit dem Vorgesetzten« sowie die »Wirtschaftlichkeit« verschlechtert hat. Für die übrigen Themenbereiche ergeben sich keine bemerkenswerten Unterschiede. Das Modul »Lohn/Gehalt« war im vorangegangenen Jahr noch nicht Gegenstand der MAB, sodass sich hier kein Jahresvergleich ziehen lässt. In der Diskussion der Ergebnisse und Erarbeitung von Maßnahmen ist die Information über die Entwicklung der Themenbereiche im Vergleich zur vorangegangen Befragung durchaus wichtig. Auf Basis der Entwicklungen können Überlegungen angestellt werden, inwiefern und bei welchen Handlungsfeldern ggf. nicht ausreichend Maßnahmen abgeleitet und umgesetzt wurden und/oder, ob die damals identifizierten Stellhebel wirklich geeignet waren. Diese Rückschlüsse sollten im weiteren Follow-up-Prozess Beachtung finden.

Tatsächliche Umsetzung des Verbesserungsbedarfs

Eine weitere Möglichkeit des Controllings mithilfe des Handlungsportfolios besteht darin, einen Abgleich zwischen dem geäußerten Veränderungsbedarf und der tatsächlichen Umsetzung von Maßnahmen bzw. Verbesserungen für die verschiedenen Themen, vorzunehmen. Ein solcher Abgleich lässt sich ebenfalls im Rahmen von Wiederholungsbefragungen umsetzen. Dazu muss neben der Frage nach dem Verbesserungsbedarf für einzelne Module die Umsetzung bzw. Verbesserung aus Sicht der Mitarbeiter abgefragt werden. Hier besteht Ähnlichkeit zum MAB-Check (vgl. ▶ Kap. 4.9), der allerdings eher allgemeine Fragen beinhaltet wie beispielsweise die Frage danach, ob die Ergebnisse veröffentlicht und Maßnahmen abgeleitet wurden. Zur Erhebung der wahrgenommenen Verbesserung im Rahmen der Portfolio-Darstellung beantworten die Mitarbeiter beispielsweise die Frage »In welchem Ausmaß wurden Verbesserungen für folgende Themenfelder erzielt?« für alle Module auf einer Skala von »gar nicht« bis »sehr viel«. Als Ergebnis erhält man ein im Vergleich zu den bisherigen Darstellungsformen modifiziertes Portfolio (◘ Abb. 4.19).

Der Nutzung des Portfolios als Controllinginstrument liegt die Annahme zugrunde dass in den Themenbereichen, zu denen ein hoher Verbesserungsbedarf angemerkt wurde, priorisiert Maßnahmen zur Lösung der Probleme erarbeitet und umgesetzt werden. Bei Themen, bei denen hingegen kaum Verbesserungsbedarf gesehen wird, sollte sich entsprechend wenig an Verbesserung beobachten lassen. Das gewählte Beispiel aus ◘ Abb. 4.19 zeigt allerdings ein anderes Phänomen. Hier lässt sich eine mangelnde Korrespondenz zwischen dem Bedarf an Verbesserung und der tatsächlich umgesetzten Veränderung feststellen, was geradezu paradox erscheint. Dieses Phänomen ist in der Praxis häufig vorzufinden. Eine Erklärung dafür liegt unter Umständen darin, dass der Fokus häufig darauf ausgerichtet wird, schnelle Erfolge zu erzielen und diese gegenüber der Unternehmensspitze und anderen relevanten Gremien entsprechend zu verkaufen. Diese »quick wins« lassen sich naturgemäß leichter bei weniger komplexen und weniger kritischen Themen erzielen als bei tiefgehenden Problemen mit vielschichtigen Konsequenzen und einer Vielzahl von Schnittstellen und Betroffenen.

In diesem Fall kann diese Form der Portfolio-Darstellung dazu beitragen, die Korrespondenz zwischen Verbesserungsbedarf und tatsächlicher Umsetzung im Sinne eines regelmäßigen Controllings kritisch zu verfolgen.

Führungsportfolio

Abschließend wird eine weitere Variante der Portfolio-Darstellung vorgestellt, die sich insofern von

4.5 · Das Portfolio

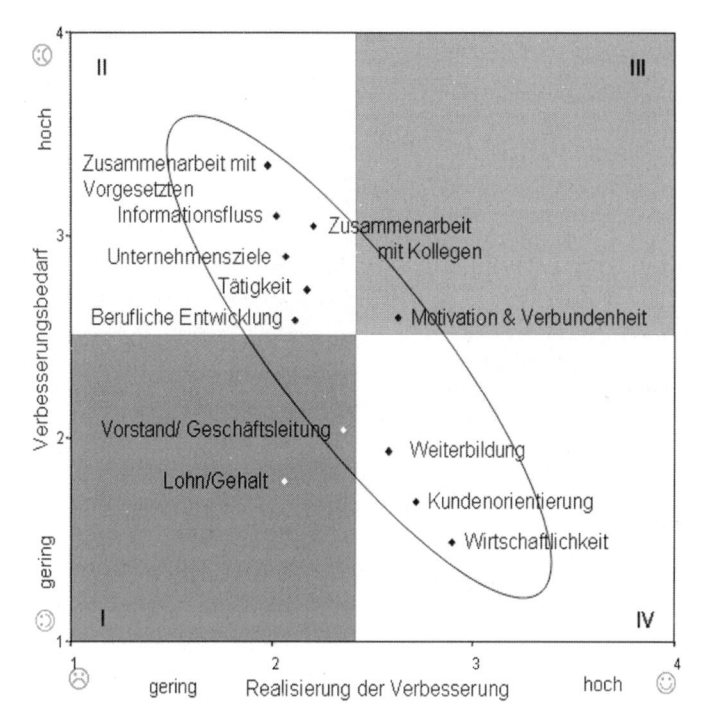

Abb. 4.19. Portfolio Realisierung des Verbesserungsbedarfs

den bisherigen Portfolios unterscheidet, als die beiden inhaltlichen Komponenten sich nicht auf die Zufriedenheit, den Verbesserungsbedarfs bzw. deren Entwicklung beziehen, sondern auf zwei relevante Aspekte der Thematik Führung: Aufgaben- und Mitarbeiterorientierung. Diese Darstellungsform bietet sich an, wenn in einer MAB dem Thema Führung im Unternehmen eine besondere Gewichtung eingeräumt wird und im Follow-up-Prozess aktiv bearbeitet werden soll. Dies kann beispielsweise bei der Einführung von Führungsleitlinien oder nach umfassenden Veränderungsprozessen wie Fusionen oder Restrukturierungen geschehen.

Wie aus der Führungsforschung bekannt ist, lässt sich beim Führungsverhalten zwischen Aufgaben- und Mitarbeiterorientierung unterscheiden. Führungskräfte mit hoher Aufgabenorientierung fokussieren in ihrem Verhalten auf die Erledigung von Aufgaben und die Leistung der Mitarbeiter. Führungskräfte mit hoher Mitarbeiterorientierung zeichnen sich durch eine partizipative und kooperative Zusammenarbeit mit ihren Mitarbeitern aus. Berücksichtigt man bei der Entwicklung der Fragen für den Themenblock Führung die Dimensionen Aufgaben- und Mitarbeiterorientierung, können für diese beiden Aspekte Indizes berechnet werden, indem die entsprechenden Fragen diesen beiden Dimensionen zugeordnet werden und jeweils ein Gesamtwert berechnet wird. So würde beispielsweise die Frage »Werden Sie von Ihrem Vorgesetzten für gute Leistung erkennbar gewürdigt?« der Aufgabenorientierung, die Frage »Ist Ihr Vorgesetzter an Ihrer Meinung interessiert?« der Mitarbeiterorientierung zugeordnet werden.

Im Führungsportfolio werden auf den Achsen die Aufgaben- bzw. Mitarbeiterorientierung abgetragen. Als Trennlinien werden in diesem Beispiel (vgl. **Abb. 4.20**) die Unternehmensgesamtwerte herangezogen.

Die Datenpunkte ergeben sich aus der Bewertung der Führungskräfte der einzelnen Unternehmensbereiche/Abteilungen durch die Mitarbeiter hinsichtlich Aufgaben- und Mitarbeiterorientierung. Der Vorteil liegt darin, dass in den bereichsspezifischen Berichten die jeweilige Führungskraft auf einen Blick sieht, wie ihre Mitarbeiter sie hinsichtlich der beiden Führungsdimensionen bewerten. Ferner bekommt sie schnell einen Überblick, wo sie im Vergleich zu den besten 25% der Führungs-

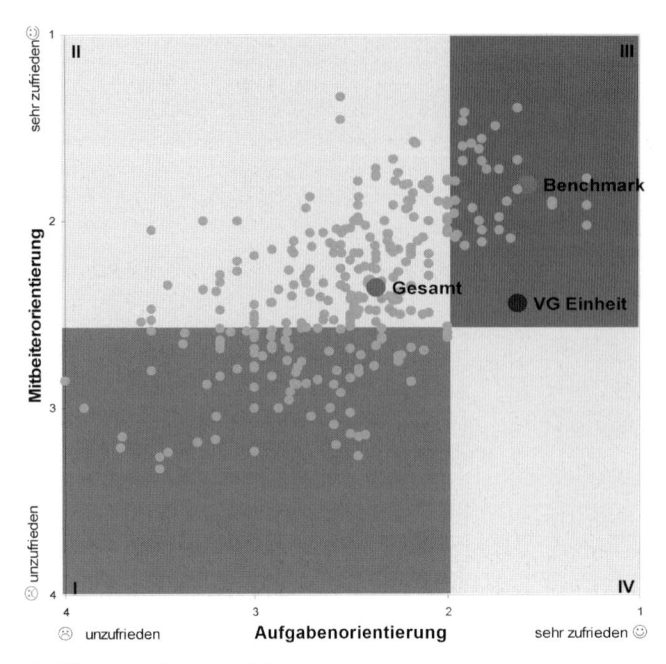

Abb. 4.20. Führungsportfolio

kräfte und im Vergleich zum Gesamtunternehmen mit der Bewertung ihres Führungsverhaltens liegt.

Auch bei dieser Portfoliovariante wird für die Beteiligten schnell deutlich, in welcher Hinsicht Handlungsbedarf besteht, was wiederum die Ableitung von Maßnahmen erleichtert.

4.5.4 Resümee

Das Portfolio ist eine Darstellungsform, welche im Rahmen des Follow-up-Prozesses von MABs in vielerlei Hinsicht hilfreich ist. So lassen sich auf Basis der Gesamtergebnisse schnell Stärken und Schwächen des Unternehmens oder eines bestimmten Bereichs erkennen, um dann in eine Diskussion und Interpretation der Ergebnisse einzusteigen. Dem Portfolio kommt in diesem Zusammenhang eine Eisbrecherfunktion zu. Darüber hinaus bietet der Ansatz Hilfestellung, verschiedene Themenfelder hinsichtlich ihres Verbesserungsbedarfs zu priorisieren und den Handlungsbedarf aus diesen Ergebnissen abzuleiten. Wie in diesem Beitrag dargestellt, ergeben sich aufgrund der Normstrategien Handlungsanweisungen, die auch zeitliche Perspektiven (kurz-, mittel- und langfristig) berücksichtigen.

Bei Wiederholungsbefragungen kann das Portfolio ferner als Controlling-Instrument eingesetzt werden, sofern die entsprechenden Informationen über das Befragungsinstrument abgedeckt werden. Zum einen lassen sich innerhalb eines Portfolios positive oder negative Veränderungen über einen Jahresvergleich hinweg darstellen, zum anderen kann im Rahmen von Wiederholungsbefragungen ein Vergleich zwischen dem Verbesserungsbedarf und der tatsächlichen Verbesserung einzelner Themen gezogen werden. Wenn in der Praxis bisher nicht häufig angewendet, ist die Portfolio-Darstellung darüber hinaus dazu geeignet, inhaltliche Aspekte wie beispielsweise die Führungsthematik im Vergleich einzelner Unternehmensbereiche, Standorte oder Führungskräfte mit dem Gesamtunternehmen oder anderen Benchmarks aufzubereiten.

Trotz seiner vielfältigen Einsatz- und Interpretationsmöglichkeiten ersetzt die Portfolio-Darstellung nicht den Schritt, in den zentralen oder dezentralen Projektgruppen in die Tiefe der einzelnen Themen vorzudringen und beispielsweise in Workshops einzelne Fragen und Aspekte mit den Mitarbeitern zusammen zu eruieren sowie Maßnahmen abzuleiten. Das Portfolio gibt einen ersten Anstoß für den Auftakt von z. B. Workshops, weil man sich von einer abstrakten Ebene ausgehend einen Überblick verschaffen und dann in die Tiefe gehen kann. Drei bis vier gründlich abgeleitete und voll umgesetzte Maßnahmen pro Problemfeld sind eine geeignete Größe, um sich nicht zu übernehmen, aber dennoch die geeigneten Stellhebel zu berücksichtigen.

4.6 Linkage Research: Zusammenhangsanalysen als Ansatzpunkt für Veränderungsprozesse

Stefanie Winter

4.6.1 Problematik

Bei der Interpretation der Ergebnisse von Mitarbeiterbefragungen stellt sich häufig die Frage, welche **Folgen für die Leistungsfähigkeit der Organisation** eigentlich mit dem gemessenen Ist-Zustand verbunden sind. Sind bei schlechten Ergebnissen – neben der bekundeten Unzufriedenheit der Mitarbeiter auch weiter reichende Folgen zu erwarten, wie z. B. die negative Veränderung kritischer Kennzahlen? Inwiefern wirken sich positive oder kritische Ergebnisse auf bedeutsame Erfolgsgrößen aus – z. B. auf die Leistung der Mitarbeiter, die Qualität der Produkte oder auf die Zufriedenheit der Kunden? Und welche thematischen Aspekte der Mitarbeiterbefragung sind im Follow-up-Prozess besonders betrachtenswert, weil sie in direktem Zusammenhang mit wichtigen Ergebnissen der Organisation stehen?

Vielfach wird in diesem Kontext insbesondere der **Zusammenhang zwischen Mitarbeiterzufriedenheit und Leistung** sowie zwischen **Mitarbeiterzufriedenheit und Kundenzufriedenheit** diskutiert. In der Forschung zeigt sich jedoch, dass pauschale Annahmen wie die sog. »Kuh-soziologische« These (»Glückliche Kühe geben mehr Milch«, vgl. hierzu Schwetje, 1999) bzw. die Gleichung »zufriedene Mitarbeiter = zufriedene Kunden« trotz einer gewissen Plausibilität nicht uneingeschränkt gültig sind. Demgegenüber weisen aktuelle Forschungsbefunde darauf hin, dass nur bestimmte Aspekte der Mitarbeiterzufriedenheit in Zusammenhang mit ihrem leistungsbezogenen Verhalten und damit auch der Zufriedenheit der Kunden stehen (Winter, 2005a). Eine Identifikation (und Bearbeitung) derjenigen mitarbeiterbezogenen Aspekte, die sich auf das Mitarbeiterverhalten und damit letztlich auf die Kundenzufriedenheit auswirken, kann somit eine wertvolle Bereicherung für die strategische Unternehmenssteuerung sein.

Die Betrachtung der Mitarbeiterbefragungsergebnisse ist gerade im Hinblick darauf sinnvoll, in welchem Zusammenhang die beobachteten Ergebnisse mit anderen für die Organisation wichtigen Kennzahlen stehen – Kennzahlen wie z. B. Fluktuation, Krankenstand, Fehlzeiten, Leistung, Produktivität, Qualität, Kundenzufriedenheit oder Kundenbindung. Interessant ist hierbei, ob gute MAB-Ergebnisse auch mit positiven Resultaten bei diesen Kennzahlen verknüpft sind – und ob umgekehrt kritische MAB-Ergebnisse auch schlechte Resultate bei diesen Kennzahlen zur Folge haben. Durch Aufdeckung von Zusammenhängen zwischen Mitarbeiterbefragungsergebnissen und Kriterien der organisationalen Leistungsfähigkeit können wertvolle Hinweise auf die sogenannten »**key drivers**« also Schlüsselfaktoren oder Stellhebel – des Unternehmenserfolgs gewonnen werden.

Die Durchführung solcher Zusammenhangsanalysen wird häufig unter dem Begriff »**Linkage Research**« zusammengefasst.

> **Hintergründe zum Begriff Linkage Research**
> Der Begriff »**Linkage Research**« stammt aus dem amerikanischen Sprachraum und wurde in den 70er Jahren durch die Arbeiten von Schneider (1973) und Parkington & Schneider (1979) zum Organisations- und Dienstleistungsklima begründet. Ursprünglich charakterisierte Linkage Research die Untersuchung der Zusammenhänge zwischen subjektiven Erhebungsdaten bei Servicemitarbeitern (wie z. B. Arbeitszufriedenheit oder Serviceklima) und speziell kundenbezogenen Ergebnissen (wie z. B. Kundenzufriedenheit oder Servicequalität).
> Da sich aber die möglichen Folgewirkungen oder Zusammenhänge von Mitarbeiterwahrnehmungen nicht nur allein auf die Kun-
> ▼

> den beziehen und somit auch noch weitere »linkages« relevant sind, wird der Begriff heute häufig auch zur Beschreibung der Forschung nach Zusammenhangs- und Folgefaktoren von Mitarbeiterwahrnehmungen im allgemeinen genutzt.
> Den wohl populärsten Ansatz aus dem Bereich von Linkage Research stellt die »**Service-Profit-Chain**« von Heskett et al. dar (1994). Die Autoren propagieren eine Wirkkette von interner Servicequalität über die Mitarbeiterzufriedenheit bis hin zur Kundenzufriedenheit und der daraus resultierenden Profitabilität des Unternehmens.

Der Ansatz der Linkage Research erweitert die Perspektive im Rahmen der Interpretation der Mitarbeiterbefragungsergebnisse von einer rein deskriptiven Betrachtung hin zur Analyse aufschlussreicherer **Ursache-Wirkungs-Beziehungen**. Ausgehend von konkreten **Zielsetzungen** (z. B. Verringerung der Fluktuation, Qualitätsverbesserung, Erhöhung der Kundenzufriedenheit) kann eine Organisation auf Basis von Zusammenhangsanalysen kriteriumsorientiert an die Interpretation der Mitarbeiterbefragungsergebnisse herangehen und konkrete Ursachen und Lösungsmöglichkeiten für Probleme identifizieren.

Für ein Unternehmen, das Linkage Research betreiben möchte, stellt sich eine Reihe von Fragen.

> **Zentrale Fragen bei der Planung und Durchführung von Linkage Research:**
> — Welche Kennzahlen der organisationalen Leistungsfähigkeit können im Rahmen von Linkage Research genutzt, also mit den Mitarbeiterbefragungsdaten in Zusammenhang gebracht werden?
> — Welche Probleme ergeben sich in der Praxis bei der Verknüpfung von Daten, d. h. welchen Herausforderungen muss sich das Datenmanagement stellen?
> — Welche Gestaltungsempfehlungen können für die praktische Durchführung von Linkage Research ausgesprochen werden?

Die hier aufgeführten Fragestellungen werden im Folgenden durch eine gezielte Kombination von Hintergrundinformationen und praxisorientierten Empfehlungen für die Nutzung der eigenen MAB-Ergebnisse beantwortet.

4.6.2 Nutzbare Kennzahlen der organisationalen Leistungsfähigkeit

Im Rahmen einer Mitarbeiterbefragung werden schwerpunktmäßig die subjektive Wahrnehmung verschiedener organisationaler Leistungsmerkmale durch die Mitarbeiter (z. B. Arbeitsbedingungen, Information, Führung, Entwicklungsmöglichkeiten) sowie die damit verbundenen Konstrukte Mitarbeiterzufriedenheit, Commitment oder Engagement erfasst. Diese aus der Mitarbeiterbefragung resultierenden Daten können mit einer ganzen Reihe von organisationalen Ergebnissen verknüpft werden.

So kann durch die Verknüpfung mit objektiven Kennzahlen zu **Fehlzeiten, Krankenstand oder Fluktuation** überprüft werden, inwiefern die Wahrnehmung bestimmter Leistungsmerkmale oder Zufriedenheitsdimensionen aus Mitarbeitersicht eine Auswirkung auf den stress- oder krankheitsbedingten Ausfall von Mitarbeitern oder die Kündigungsbereitschaft hat. In vielen Studien konnte ein negativer Zusammenhang zwischen der Mitarbeiterzufriedenheit und Fehlzeiten, Krankenstand und Fluktuation gezeigt werden (vgl. z. B. Tett & Meyer, 1993). Interessant ist hier insbesondere die, durch die Verknüpfung mit Mitarbeiterbefragungsdaten, mögliche Identifikation konkreter Einflussfaktoren auf Mitarbeiterseite, die in Ausfall oder Kündigung resultieren. Durch gezielte Verbesserungsmaßnahmen an diesen Stellhebeln können negative Auswirkungen auf den Unternehmenserfolg vermieden werden.

Weiterhin können durch eine Verknüpfung der Mitarbeiterbefragungsdaten mit objektiv messbaren Kennzahlen zu **Leistung, Produktivität** oder **Qualität** gezielt Schlüsselfaktoren aufgedeckt werden, welche den Unternehmenserfolg beeinflussen. Allgemeine Forschungsergebnisse weisen grundsätzlich auf einen zwar mäßigen, aber durchaus nachweisbaren Zusammenhang zwischen Mitarbeiter-

4.6 · Linkage Research

◻ Abb. 4.21. Mögliche Verknüpfungen im Rahmen von Linkage Research

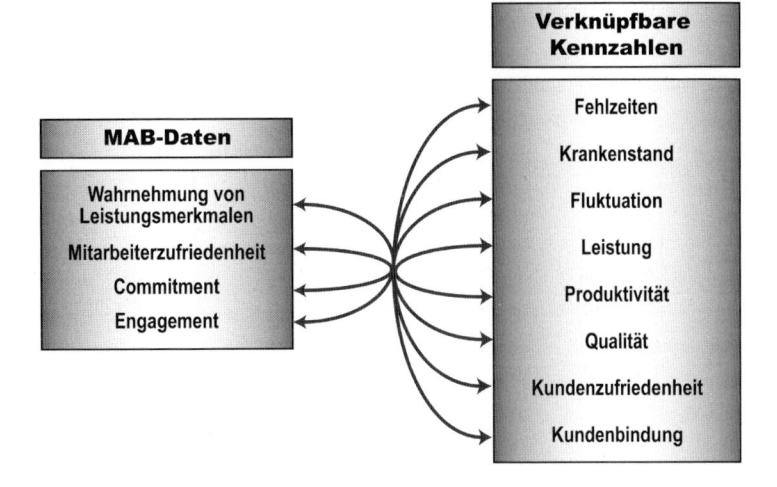

MAB-Daten
- Wahrnehmung von Leistungsmerkmalen
- Mitarbeiterzufriedenheit
- Commitment
- Engagement

Verknüpfbare Kennzahlen
- Fehlzeiten
- Krankenstand
- Fluktuation
- Leistung
- Produktivität
- Qualität
- Kundenzufriedenheit
- Kundenbindung

zufriedenheit und Leistung hin (vgl. z. B. Judge et al., 2001). Berücksichtigt man zusätzlich zur generellen Mitarbeiterzufriedenheit auch die Wahrnehmung einzelner organisationaler Leistungsmerkmale durch die Mitarbeiter, kann der aufdeckbare Zusammenhang noch deutlich gesteigert werden. So können durch Zusammenhangsanalysen genau die Aspekte identifiziert werden, die zu einer erhöhten Leistung und qualitativ besseren Arbeitsergebnissen führen.

Letztlich ist – dem ursprünglichen Kerngedanken von Linkage Research folgend – auch eine Verknüpfung der Mitarbeiterbefragungsergebnisse mit kundenbezogenen Daten wie **Kundenzufriedenheit oder Kundenbindung** interessant. Diese Verknüpfung ist Gegenstand zahlreicher wissenschaftlicher Untersuchungen (vgl. z. B. Schwetje, 1999; Stock, 2003; Winter, 2005a). Die Forschungsbefunde belegen, dass tatsächlich ein Zusammenhang zwischen Mitarbeiter- und Kundenzufriedenheit besteht, dass die Wirkpfade zwischen beiden Phänomenen jedoch sehr vielfältig und komplex sind und auch hier die Identifikation konkreter Stellhebel auf Mitarbeiterseite einen bedeutsamen Erkenntnisgewinn in sich birgt (vgl. näher hierzu auch Winter, 2005a).

◻ Abb. 4.21 gibt einen zusammenfassenden Überblick über die in Forschung und Unternehmenspraxis am häufigsten untersuchten Zusammenhänge im Rahmen von Linkage Research.

4.6.3 Methodische und praktische Probleme bei der Verknüpfung von Daten

Bei der Verknüpfung von Daten, wie sie im Rahmen von Linkage Research erforderlich ist, ergeben sich typische Problematiken insbesondere bei der **Wahl der Analyseebene** sowie des eingesetzten **Auswertungsverfahrens**. Zwar werden die Analysen in der Unternehmenspraxis meist durch einen methodisch kompetenten externen Berater durchgeführt, dennoch erscheint ein methodisches Hintergrundwissen hilfreich, um alle existierenden Analysemöglichkeiten zu kennen und diese mit dem externen Berater diskutieren zu können. Die grundlegenden Probleme und Hinweise auf Lösungsmöglichkeiten werden im Folgenden erläutert.

Wahl der Analyseebene

Betrachtet man Phänomene in Organisationen, wie z. B. die Zufriedenheit oder die Leistung von Mitarbeitern, so müssen aufgrund der **hierarchischen Struktur der Organisation** unterschiedliche Betrachtungs- und Analyseebenen unterschieden werden.

Relevanz besitzt zunächst die Ebene des einzelnen Individuums – die **Individualebene**. Mitarbeitermeinungen (und auch Kundenmeinungen) entstehen und zeigen sich auf dieser Ebene und werden daher auch auf dieser Ebene (d. h. durch Befragung einzelner Individuen) erfasst.

◘ Abb. 4.22. Analyseebenen in einer Organisation

Organisationsebene

Standort-/Filialebene

Abteilungsebene

Teamebene

Individualebene

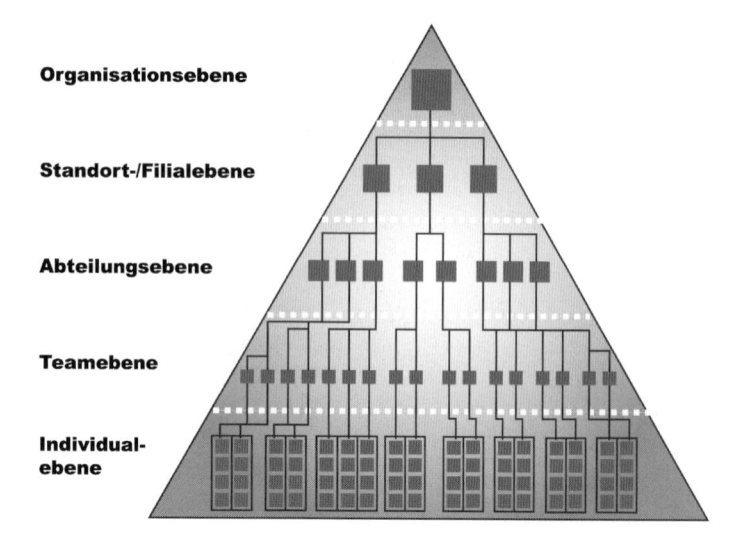

Daneben sind im organisationalen Alltag aber auch höhere Analyseebenen bedeutsam, wie z. B. Teams, Abteilungen, Standorte oder auch die Organisation insgesamt.

◘ Abb. 4.22 zeigt beispielhaft mögliche Analyseebenen bei der Untersuchung organisationaler Phänomene wie z. B. der Mitarbeiterzufriedenheit.

Bei der Rückmeldung von Mitarbeiterbefragungsergebnissen wird durch **Datenaggregation** eine Verdichtung der Ergebnisse von der Individual- auf die Team-, Abteilungs-, Standort- und Organisationsebene vorgenommen. Hierdurch wird zum einen die Anonymität der einzelnen Befragten gewahrt, zum anderen wird dadurch auch erst die Nutzung der Ergebnisse in einer Einheit und ein Vergleich der Ergebnisse verschiedener Organisationseinheiten möglich, so z. B. die Gegenüberstellung der Zufriedenheit der Mitarbeiter verschiedener Abteilungen oder ein Vergleich eines Abteilungswertes mit dem der gesamten Organisation.

Will man die **Zusammenhänge** zwischen den Daten und anderen organisationalen Kennzahlen untersuchen, muss nun eine Entscheidung getroffen werden, auf **welcher Ebene** (Individuum, Team, Abteilung, Standort, Gesamtorganisation) die Analyse durchzuführen ist.

Die **Wahl der geeigneten Ebene für die Zusammenhangsanalysen** ist abhängig von:
— der Ebene, auf der die Kennzahlen erhoben werden bzw. vorliegen (manche Ergebniskennzahlen liegen z. B. erst ab Abteilungs- oder Standortebene vor)
— den Rahmenbedingungen in der jeweiligen Organisation (z. B. Anzahl und Größe der vorliegenden Organisationseinheiten)
— der Art der spezifischen zu beantwortenden Fragestellung (manche Fragestellungen beziehen sich eher auf Individuen, andere eher auf Teams, Abteilungen oder Standorte).

Analyse von Zusammenhängen auf der Individualebene

Wenn einzelne Mitarbeiter **eigenständige Ergebnisse oder Leistungen** erbringen, erscheint es zunächst inhaltlich und methodisch durchaus sinnvoll, eine Analyse der Zusammenhänge auf der **Individualebene** vorzunehmen. Sind z. B. in einem Dienstleistungsunternehmen die Kunden jeweils einem Kundenbetreuer zugeordnet und erwirtschaftet dieser Kundenbetreuer eigenständige Erträge, so ist grundsätzlich die Verknüpfung der Meinung dieses Mitarbeiters auf individueller Ebene mit seinen eigenen Ergebniskennzahlen (z. B. Umsatz, Qualität, Leistung, Kundenzufriedenheit, Kundenbindung) möglich.

Vorteil einer solchen individuellen Verknüpfung ist die **hohe methodische Exaktheit** (da keine Aggregation von Daten vorgenommen wird, entsteht auch kein Informationsverlust) sowie die Möglichkeit, konkrete Verbesserungsmaßnahmen ganz **gezielt** für jeden einzelnen Mitarbeiter zu initiieren.

In der Praxis ist eine solche Vorgehensweise jedoch meist nicht angebracht, da hier eine Gefahr für einen bedeutsamen Grundpfeiler der Mitarbeiterbefragung lauert: für die Gewährleistung der **Anonymität**. Zwar ist es in der Unternehmenspraxis durchaus üblich, Ergebniskennzahlen für einzelne Mitarbeiter bereitzustellen und diese auch für Konsequenzen zu nutzen, aber eine Verknüpfung dieser Kennzahlen mit den individuellen Angaben in der Mitarbeiterbefragung würde voraussetzen, dass die Anonymität der Mitarbeiter bei der Befragung zumindest zeitweilig (nämlich zum Zweck der Datenverknüpfung) durchbrochen werden muss.

> In wissenschaftlichen Studien werden für dieses schwerwiegende Problem neue **Lösungsansätze** generiert. So versucht Schwetje (1999) im Rahmen seiner Untersuchung des Zusammenhangs zwischen Mitarbeiter- und Kundenzufriedenheit auf Individualebene die Anonymitätsgefährdung dadurch auszuschießen, dass die Verknüpfung zwischen dem Befragungsbogen und den jeweils zugeordneten Kundeninterviews ausschließlich durch den **Betriebsrat** erfolgt. Aber auch wenn die Daten im weiteren Verlauf der Auswertung nach Zuordnung von Mitarbeiter- und Kundendaten anonymisiert werden, bleibt immer noch fraglich, ob die betroffenen Mitarbeiter der Anonymitätszusicherung vertrauen und ihre Antworten in der Befragung – insbesondere bei heiklen Themen wie der Zufriedenheit mit dem Vorgesetzten, dem eigenen Commitment oder Engagement – tatsächlich ihrer wahren Einstellung entsprechen.

Nur wenn der **Mitarbeiter in die absolute Anonymität** vertraut, ist ein ehrliches, unverzerrtes Urteil zu erwarten. Somit erscheint eine Analyse von Zusammenhängen auf individueller Ebene aufgrund der mangelnden Möglichkeiten, die Anonymität des Befragten sicherzustellen, für die Unternehmenspraxis eher weniger empfehlenswert.

Problematisch ist bei einer Analyse von Zusammenhängen auf Individualebene zudem auch die **Vernachlässigung des organisationalen Kontexts**. So werden z. B. bei der individuellen Gegenüberstellung von Mitarbeitern und Kunden die **Interaktionsprozesse innerhalb der Organisationseinheiten** (z. B. im Team oder der Abteilung) vernachlässigt, die gerade bei der Betrachtung des Zusammenhangs zwischen Mitarbeiter- und Kundenzufriedenheit von Interesse sein können (vgl. hierzu Kozlowski & Klein, 2000).

Analyse von Zusammenhängen auf der Ebene von Teams, Abteilungen oder Standorten

Wenn **mehrere Mitarbeiter gemeinsam** eine Leistung erbringen, wie das in der Regel bei Teams, Abteilungen oder Standorten innerhalb einer Gesamtorganisation der Fall ist, kann eine Analyse des Zusammenhangs zwischen Mitarbeiterbefragungsdaten und Ergebniskennzahlen auf der jeweiligen Analyseebene erfolgen. So können z. B. in einem Dienstleistungsunternehmen, in dem ein Team abgrenzbare Leistungen für eine bestimmte Kundengruppe vollbringt, die Ergebnisse dieses Teams mit den Befragungsergebnissen ihrer Kunden verknüpft werden.

> ❗ Aus methodischen Gründen ist es sinnvoll, bei der Zusammenhangsanalyse eine möglichst **niedrige Analyseebene** zu wählen, d. h. die Zusammenhänge eher auf Basis **kleinerer Teams** als auf Basis größerer Abteilungen oder Standorte zu berechnen.

Grund hierfür ist die **höhere Qualität der Ergebnisse** bei Vorliegen einer größeren Datenmenge: Je mehr Analyseeinheiten in die Berechnung eingehen, desto zuverlässiger sind die Aussagen über die gefundenen Zusammenhänge. Je kleiner jeweils die gewählten Analyseeinheiten, desto größer (bei gegebener Mitarbeiterzahl) die Zahl der verfügbaren Analyseeinheiten innerhalb der Organisation und damit die Zahl verfügbarer Datenpunkte für die Zusammenhangsmessung. Hierbei müssen natürlich auch **Anonymitätserwägungen** berücksichtigt werden, d. h. es muss ein Kompromiss gefunden werden zwischen einer möglichst hohen Zahl an Analyseeinheiten auf der einen Seite und einer ausreichenden Größe der Analyseeinheiten, um die Anonymität des Einzelnen sichern zu können (z. B. mindestens 5 Mitarbeiterrückmeldungen pro auswertbare Einheit).

Für die Entscheidung, auf welcher konkreten Aggregationsebene die Analyse angesiedelt wird, spielt zudem auch eine Rolle, auf welcher Ebene letztlich die aus den Ergebnissen abgeleiteten **Veränderungsmaßnahmen** ansetzen sollen. Auch unter Berücksichtigung dieses Aspekts ist meist eine **möglichst niedrige Ebene** sinnvoll, damit konkrete und spezifische Maßnahmen formuliert und umgesetzt werden können.

Analyse von Zusammenhängen auf der Ebene der gesamten Organisation

Die Analyse von Zusammenhängen auf Ebene gesamter Organisationen ist dazu geeignet, **verschiedene Organisationen** miteinander zu vergleichen und **organisationsübergreifende Zusammenhänge** zu finden.

So kann durch eine derartige Analyse beispielsweise überprüft werden, ob ein Modell des Zusammenhangs zwischen Mitarbeiter- und Kundenzufriedenheit auf verschiedene Unternehmen und Branchen übertragbar ist. Hierbei werden die Mitarbeiterbefragungsergebnisse und Ergebniskennzahlen vieler unterschiedlicher Organisationen genutzt, um diese in das allgemeine Modell einfließen zu lassen und zu überprüfen, ob z. B. in grundsätzlich die gleichen Stellhebel auf Mitarbeiterseite ein kundenorientiertes Handeln begünstigen.

Diese Zielsetzung ist für die Forschung von großem Interesse, für die konkrete Unternehmenspraxis jedoch meist weniger bedeutsam und soll hier daher nicht weiter ausgeführt werden.

Ebenenübergreifende Analyse

Bislang wurden ausschließlich Analysen vorgestellt, die sich innerhalb einer Analyseebene bewegen, also entweder auf Individualebene, oder auf einer höheren, z. B. der Abteilungsebene.

Eine **ebenenübergreifende Analyse** (die sog. **Mehrebenenanalyse**) bietet eine methodische Erweiterung zu diesem bisher üblichen Vorgehen. Hierbei werden ganz bewusst die Wirkbeziehungen zwischen Phänomenen verschiedener Ebenen berücksichtigt. Dies ermöglicht z. B. die Analyse der Auswirkungen der Mitarbeiterzufriedenheit in der Abteilung auf die individuelle **Kundenzufriedenheit**. Hierdurch ist es möglich, die hierarchische Struktur von Organisationen bei der Untersuchung des Zusammenhangs zwischen Mitarbeiter- und Kundenzufriedenheit besser zu berücksichtigen.

Die Methodik der ebenenübergreifenden Zusammenhangsmessung wird im folgenden Abschnitt im Kontext des Auswertungsverfahrens der Mehrebenenanalyse vertiefend erläutert.

Wahl des eingesetzten Auswertungsverfahrens

Wie im vorangegangenen Abschnitt gezeigt werden konnte, werden im Rahmen von Linkage Research häufig Daten einer höheren Analyseebene (z. B. Abteilungsdaten) genutzt. Dies bedeutet, dass in einem ersten Schritt zunächst eine **Aggregation** der vorliegenden (meist Individual-)Daten **auf das gewünschte Analyseniveau** stattfinden muss. Für eine Analyse des Zusammenhangs zwischen Mitarbeiterzufriedenheit und Kundenzufriedenheit auf Abteilungsebene müssen somit die Abteilungsmittelwerte für die Mitarbeiterzufriedenheits- und Kundenzufriedenheitsdaten berechnet werden. Diese **Mittelwerte** gehen dann in die weiteren Analysen ein.

Zur Berechnung der Zusammenhänge stehen anschließend verschiedene Verfahren zur Verfügung, die im Folgenden kurz vorgestellt werden.

Korrelationsanalytische Verfahren

Durch die Berechnung des **Korrelationskoeffizienten r** kann die Stärke eines Zusammenhangs zwischen zwei Merkmalen (z. B. zwischen Mitarbeiterzufriedenheit und Kundenzufriedenheit) bestimmt werden. Der Korrelationskoeffizient kann Werte zwischen **+1 und -1 annehmen**. Ein **positiver Wert** deutet auf einen linear gleichgerichteten Zusammenhang hin – so deutet z. B. bei der Messung des Zusammenhangs zwischen Mitarbeiterzufriedenheit ein hoher positiver Korrelationskoeffizient auf einen starken positiven Zusammenhang zwischen Mitarbeiter- und Kundenzufriedenheit hin. Ein **negativer Wert** steht für einen linear gegenläufigen Zusammenhang zwischen zwei Variablen, z. B. einen negativen Zusammenhang zwischen Mitarbeiterzufriedenheit und Fluktuation. Ein Korrelationskoeffizient von 0 besagt, dass kein linearer Zusammenhang zwischen den beiden Merkmalen besteht.

Die **Berechnung des Korrelationskoeffizienten** ist sehr einfach durchführbar und mit allen gängigen Statistikprogrammen möglich. Das Ergebnis einer Korrelationsanalyse gibt jedoch **keinerlei Aufschluss über die Kausalität** eines Zusammenhangs, da »eine Korrelation zwischen zwei Variablen (...) eine notwendige, aber keine hinreichende Voraussetzung für kausale Abhängigkeiten« ist (Bortz, 1999, S. 226). Anhand der durchgeführten Korrelationsanalyse ist somit z. B. nur die Identifikation eines Zusammenhangs zwischen der Mitarbeiter- und Kundenzufriedenheit möglich, über die Wirkrichtung eines möglichen Zusammenhangs werden jedoch keine Aussagen gemacht.

Regressionsanalytische Verfahren

Die **Regressionsanalyse** ermöglicht sowohl die Erklärung von Zusammenhängen als auch die Durchführung von Prognosen und gehört damit zu den wichtigsten und am häufigsten verwendeten multivariaten Verfahren (vgl. Backhaus et al., 2003). Sie unterstellt eine eindeutige Richtung des Zusammenhangs zwischen Merkmalen, untersucht also Vermutungen über Ursache-Wirkungs-Beziehungen und überprüft damit eine unterstellte Struktur zwischen den gemessenen Merkmalen. Die Abhängigkeitsstrukturen zwischen den Merkmalen müssen jedoch vorab auf Basis theoretischer Überlegungen festgelegt werden.

Mit Hilfe der multiplen Regression kann der Zusammenhang zwischen einem Kriterium (abhängige Variable) und mehreren Einflussfaktoren (**unabhängigen Variablen**) bestimmt werden. So kann z. B. überprüft werden, in welchem Ausmaß die Zufriedenheit der Kunden mit dem Service (abhängige Variable) durch einzelne Aspekte der Zufriedenheit der Mitarbeiter (unabhängige Variablen) beeinflusst wird. Das Resultat gibt dann mit dem **Koeffizienten** R^2 den Varianzanteil des Kriteriums an, der durch die in die Analyse einbezogenen Einflussfaktoren erklärt werden kann (d. h. z. B. welcher prozentuale Anteil der Varianz in der Zufriedenheit der Kunden mit dem Service insgesamt durch die verschiedenen Aspekte der Zufriedenheit der Mitarbeiter erklärt werden kann). Durch die Angabe von **β-Gewichten** wird zudem noch die Stärke des Einflusses der einzelnen Einflussfaktoren ausgewiesen (z. B. die Stärke des Einflusses der einzelnen Aspekte der Mitarbeiterzufriedenheit auf die Zufriedenheit der Kunden mit dem Service): Je höher das β-Gewicht eines Einflussfaktors, desto stärker sein Einfluss auf das Kriterium.

Die Berechnung einer Regressionsanalyse ist mit allen gängigen Statistikprogrammen möglich. Um eine Regressionsanalyse durchführen zu können, müssen jedoch bestimmte statistische Voraussetzungen erfüllt sein. So ist z. B. das Vorliegen eines **metrischen Skalenniveaus** erforderlich, was bedeutet, dass die betreffenden Merkmale (z. B. Mitarbeiterzufriedenheit und Kundenzufriedenheit) auf Skalen gemessen werden müssen, deren Skalenpunkte jeweils gleiche Abstände voneinander aufweisen. Diese Anforderung ist grundsätzlich bei der Konstruktion der in Befragungen verwendeten Antwortskalen zu beachten. Weiterhin muss bei der Durchführung einer multiplen Regressionsanalyse das Problem der **Multikollinearität** berücksichtigt werden, was bedeutet, dass es bei Abhängigkeitsbeziehungen zwischen den in die Regressionsgleichung eingesetzten Einflussfaktoren zu **Fehlinterpretationen** der Ergebnisse kommen kann (vgl. Homburg, Herrmann & Pflesser, 2000). Wenn die einbezogenen Merkmale (z. B. die einzelnen Aspekte der Mitarbeiterzufriedenheit) abhängig voneinander sind (was in der Praxis häufig der Fall ist), dann ist die Interpretation der β-Gewichte nur mit großer Vorsicht vorzunehmen: Niedrige β-Gewichte bei einzelnen Merkmalen lassen dann nicht auf eine geringe Bedeutung dieses Merkmals schließen, sondern können auch methodisch aus der Korrelation mit anderen Leistungsmerkmalen resultieren.

Kausalanalytische Verfahren

Die **Kausalanalyse** ist besonders gut dazu geeignet, ursächliche Beziehungen zwischen latenten (nicht direkt beobachtbaren) Konstrukten (wie z. B. Mitarbeiterengagement und Kundenzufriedenheit) zu überprüfen. Sie beruht auf einem vorab auf theoretischer Basis festgelegten **Kausalmodell**, welches anhand empirisch erhobener Daten (z. B. Mitarbeiterbefragungsdaten und Kundenbefragungsdaten) überprüft wird. Das Modell besteht zum einen aus einem **Strukturmodell**, das die linearen Beziehungen zwischen den Konstrukten abbildet, und zum anderen aus einem **Messmodell**, welches festlegt, wie die einzelnen latenten Konstrukte im Modell gemessen werden können.

Voraussetzung für den Einsatz kausalanalytischer Verfahren ist – neben einem metrischen Skalenniveau, das auch schon bei der herkömmlichen Regressionsanalyse erforderlich ist – das Vorliegen einer ausreichend großen Stichprobe, wobei ein Umfang von mindestens 100 empfohlen wird (vgl. z. B. Hair et al., 1998).

❗ Hier ergibt sich eine schwerwiegende Problematik für die Durchführung von Zusammenhangsanalysen in Organisationen. Da im Rahmen von Linkage Research in der Regel nicht mit Individualdaten sondern mit aggregierten Einheiten auf höherer Analyseebene gearbeitet wird, sollten für die Durchführung einer Kausalanalyse die Daten aus mindestens 100 verwertbaren organisatorischen Einheiten vorliegen – was bei vielen kleineren Organisationen nicht möglich ist.

Bei Vorliegen der Voraussetzungen sowie der theoretischen Vorannahmen zu Bildung eines Modells ist der Einsatz kausalanalytischer Verfahren im Rahmen von Linkage Research jedoch empfehlenswert, weil auch sehr komplexe Wirkzusammenhänge dargestellt und überprüft werden können. Geeignete Softwarepakete zur Durchführung von Kausalanalyse sind z. B. AMOS, EQS oder Lisrel.

Mehrebenenanalytische Verfahren

Unter dem Begriff der **Mehrebenenanalyse** ist gleichzeitig ein methodologischer Ansatz sowie eine konkrete statistische Methode zur Datenauswertung zu verstehen. Der methodologische Ansatz geht von der Annahme aus, dass bei der Messung von Zusammenhängen **mehrere** Analyseebenen unterschieden werden können. Theoretische Mehrebenenmodelle beschreiben die Beziehung zwischen verschiedenen unabhängigen und abhängigen Konstrukten auf verschiedenen Analyseebenen (z. B. den Einfluss der Mitarbeiterzufriedenheit in einer Abteilung auf die Zufriedenheit der einzelnen Kunden dieser Abteilung). Die statistische Methode selbst bietet konkrete Schätzverfahren für diese Mehrebenenmodelle.

Die Schätzung von Mehrebenenmodellen erfolgt mit Hilfe spezieller Statistikprogramme (z. B. MLn oder HLM). Eigene Submodelle auf jeder Analyseebene stellen die Zusammenhänge zwischen Merkmalen auf einer Ebene dar und spezifizieren zudem, wie Merkmale auf einer Ebene Beziehungen auf einer anderen Ebene beeinflussen (Raudenbush & Bryk, 2002). Auf der unteren Ebene (z. B. Individualebene) werden die Beziehungen zwischen den Merkmalen separat für jede Einheit der höheren Ebene (z. B. für jede Abteilung) geschätzt – ein bedeutsamer Unterschied zur herkömmlichen Regressionsanalyse, bei der keine separate Parameterschätzung erfolgt.

Die Mehrebenenanalyse bietet eine Möglichkeit, Zusammenhänge zwischen Daten auf mehreren Analyseebenen so auszuwerten, dass die zur Verfügung stehenden Informationen auf individueller und höherer Ebene optimal genutzt werden. Sie umgeht dabei die Schwäche herkömmlicher Analyseansätze, bei denen Daten auf beiden Seiten aggregiert und dann auf höherer Ebene mittels Korrelations- oder Regressionsanalyse verknüpft werden, wodurch wertvolle Informationen bezüglich der Varianz auf Individualebene verloren gehen. Somit kommt es zu einer möglichst exakten Schätzung der tatsächlichen Zusammenhänge.

Hinderlich für den Einsatz mehrebenenanalytischer Verfahren ist die Notwendigkeit der Anschaffung einer speziellen Software sowie deren relativ geringe Bedienerfreundlichkeit.

❗ In der Unternehmenspraxis werden aufgrund pragmatischer Erwägungen häufig **korrelations- und regressionsanalytische Auswertungsverfahren** herangezogen, die auch mit den üblicherweise vorhandenen Statistikprogrammen nutzbar und zudem mit relativ geringem Aufwand zu berechnen sind.

4.6.4 Gestaltungsempfehlungen für die Durchführung von Linkage Research

Nach der Betrachtung der zentralen methodischen Problemfelder der Zusammenhangsmessung werden für die praktische Durchführung von Linkage

4.6 · Linkage Research

Research und die Nutzung der Analyseergebnisse im Follow-up-Prozess einer Mitarbeiterbefragung ein paar grundlegende Gestaltungsempfehlungen gegeben.

> **Gestaltungsempfehlungen für die Durchführung von Linkage Research**
> - Durchführung eigener Untersuchungen
> - einheitliche Definition der Organisationsstruktur
> - Abstimmung der Erhebungszeitpunkte
> - möglichst differenzierte Erhebung der Mitarbeitermeinungen
> - Integration verknüpfungsrelevanter Inhalte in die Mitarbeiterbefragung
> - Nutzung der Ergebnisse

Durchführung eigener Untersuchungen

Zwar kann es sehr interessant und auch pragmatisch sein, vorliegende Forschungsbefunde aus anderen Branchen und Unternehmen heranzuziehen, um daraus Hinweise für das eigene Unternehmen abzuleiten. Aufgrund der Komplexität und Unterschiedlichkeit der Prozesse und Wirkungszusammenhänge in verschiedenen Branchen und Unternehmen empfiehlt sich jedoch immer auch die **Analyse der Zusammenhänge in der eigenen Organisation**. Nur die spezifischen Wahrnehmungen der eigenen Mitarbeiter und die durch sie erzielten Ergebnisse können Erkenntnisse über die wichtigsten Einflussfaktoren im eigenen Unternehmen liefern und so die Identifikation und Nutzung der unternehmensspezifischen Stellhebel des Erfolgs möglich machen.

Zudem ist der aktive Einbezug der Mitarbeiter selbst in den Veränderungsprozess ein wichtiger Faktor. Werden die Mitarbeiter schon bei der Befragung mit in den Prozess einbezogen und stammen die Ergebnisse über die Wirkzusammenhänge aus der eigenen Organisation, ist auch mehr Involvement und Beteiligung im Rahmen der **Umsetzung von Verbesserungsmaßnahmen zu erwarten**.

Einheitliche Definition der Organisationsstruktur

Ein besonderes Problem im Bereich von Linkage Research ist die **Verknüpfbarkeit der Daten** aus verschiedenen Datenquellen. So müssen die Mitarbeiterbefragungsdaten **aus den einzelnen organisationalen Einheiten** mit den Ergebniskennzahlen aus den jeweils gleichen organisationalen Einheiten in Verbindung gebracht werden können. Dazu ist es wichtig, dass allen Datenquellen die gleiche Organisationsstruktur und eine identische Zuordnung der einzelnen Mitarbeiter zu den jeweiligen organisatorischen Einheiten zugrunde gelegt werden.

> ❗ Problematisch ist bei diesem Abgleich häufig, dass die im Rahmen von Linkage Research benötigten Daten durch verschiedene Unternehmensbereiche erhoben und verarbeitet werden – so ist für mitarbeiterbezogene Daten häufig in der Personal- oder Organisationsentwicklungsabteilung verantwortlich, wohingegen z. B. kundenbezogene Daten eher im Marketing oder der Marktforschung angesiedelt sind. Diese organisationale Trennung führt häufig zu **Schnittstellenproblemen** und zu einer ungenügenden Abstimmung bei der Definition der Organisationsstruktur.

Abstimmung der Erhebungszeitpunkte

Im Rahmen der Schnittstellenproblematiken bei der Durchführung von Linkage Research ist auch die Synchronisierung der Erhebungszeitpunkte ein bedeutsames Thema. Zwar ist es auch möglich, Daten aus unterschiedlichen Erhebungszeitpunkten im Sinne eines Längsschnittvergleiches zu nutzen, grundsätzlich ist es aber sinnvoll, die Erhebungszeitpunkte der unterschiedlichen Messinstrumente (z. B. Mitarbeiterbefragung, und Kundenbefragung) langfristig gezielt aufeinander abzustimmen (vgl. hierzu auch Winter & Bungard, 2001).

Möglichst differenzierte Erhebung der Mitarbeitermeinungen

Im Rahmen der Forschung zum Zusammenhang zwischen Mitarbeiter- und Kundenzufriedenheit konnte gezeigt werden, dass eine allgemeine Messung der Gesamtzufriedenheit (z. B. »Wie zufrieden sind Sie insgesamt, Mitarbeiter bei Unternehmen X zu sein?« bzw. »Wie zufrieden sind Sie als Kunde mit dem Unternehmen X?«) zur Aufdeckung der Zusammenhänge häufig nicht ausreichend ist. Durch eine zu undifferenzierte Messung besteht sogar die

Gefahr, existierende Zusammenhänge zu überdecken (vgl. ausführlich hierzu Winter, 2005a).

Hilfreich zur Identifikation komplexer Wirkbeziehungen ist eine möglichst **starke Differenzierung des verwendeten Messinstruments** (z. B. der Mitarbeiterbefragung und der Kundenbefragung) nach unterschiedlichen Zufriedenheitsdimensionen und -aspekten. Alle potenziellen Schlüsselfaktoren und Stellhebel sollten im Erhebungsinstrument in Form eigener Themenbereiche und Fragen berücksichtigt werden, da nur so ihr spezifischer Einfluss auf die Unternehmensergebnisse identifiziert werden kann.

Integration verknüpfungsrelevanter Inhalte in die Mitarbeiterbefragung

Neben der größtmöglichen Differenziertheit der Messung sind bei der Gestaltung der Mitarbeiterbefragung zudem auch die konkreten Inhalte zu überdenken. Ergänzend zu klassischen Mitarbeiterbefragungsinhalten (wie z. B. Arbeitstätigkeit, Arbeitsbedingungen, Arbeitszeit, Entlohnung, Zusammenarbeit mit Kollegen, Führung, Information und Kommunikation, Weiterentwicklung, Zusammenarbeit mit anderen Bereichen etc.) können im Rahmen von Linkage Research auch spezielle schnittstellenrelevante Inhalte von Interesse sein.

> **Mögliche schnittstellenrelevante Inhalte von Mitarbeiterbefragungen:**
> - **Serviceklima/Kundenorientierung:**
>   Welche Voraussetzungen werden im Unternehmen bzw. in der jeweiligen Organisationseinheit geschaffen, damit der einzelne Mitarbeiter einen guten Service für die Kunden bieten kann? Hierzu zählen auch Trainings zum Thema Kundenorientierung, die Belohnung kundenorientierten Verhaltens, interne Zusammenarbeit mit anderen Bereichen für den Kunden sowie die Vorbildfunktion des Vorgesetzten.
> - **Wahrgenommene Kundenzufriedenheit:**
>   Wie schätzen die Mitarbeiter selbst die Zufriedenheit ihrer Kunden (möglichst differenziert nach verschiedenen Zufriedenheitsdimensionen) ein?
> ▼
>   Aufgrund dieser Ergebnisse ist ein Abgleich der wahrgenommenen mit der tatsächlichen Kundenzufriedenheit möglich.
> - **Unternehmensleitbild** (sofern vorhanden):
>   Wie bekannt ist das Unternehmensleitbild den Mitarbeitern, wie transparent und nachvollziehbar ist es, wie gut kann es im Arbeitsalltag gelebt werden, wie gut wird es durch Führungskräfte vorgelebt?
>   Durch eine Verknüpfung dieser Informationen mit zentralen organisationalen Ergebniskennzahlen kann überprüft werden, welchen Einfluss die Einführung und Vermittlung des Unternehmensleitbildes auf die angestrebten Zielgrößen hat.

Nutzung der Ergebnisse

Letztlich besitzen die Ergebnisse von Linkage Research nur dann einen Wert für das Unternehmen, wenn sie tatsächlich zur **Ableitung und Umsetzung konkreter Maßnahmen** genutzt werden. Auch hier ist ein Prozess- und Ergebniscontrolling erforderlich – was, wie bei der MAB selbst, im Rahmen einer Folgebefragung und einer erneuten Verknüpfung mit den organisationalen Kennzahlen erfolgen kann, aber (bei Kenntnis der vorhandenen Zusammenhänge) auch durch eine kontinuierliche Kontrolle derjenigen Ergebniskennzahlen, auf die die Veränderungsmaßnahmen letztlich einwirken sollen.

Ein zentraler mittel- bis langfristiger Nutzen des Einsatzes von Linkage Research ist, dass durch die Kenntnis der Zusammenhänge im Unternehmen die Mitarbeiterbefragung selbst zu einer Art **strategischem Frühwarnsystem** ausgestaltet werden kann, dass es erlaubt, negative Entwicklungen bereits dann zu identifizieren und zu bearbeiten, wenn sie sich noch nicht in den Ergebniskriterien niedergeschlagen haben. Die Kenntnis der vorliegenden Zusammenhänge und Wirkmechanismen macht es möglich, erste Anzeichen für kritische Veränderungen bereits auf Mitarbeiterseite (nämlich anhand der Mitarbeiterbefragungsergebnisse) zu erkennen und möglicherweise durch geeignete Maßnahmen frühzeitig zu beheben, bevor sie zu bedeutenden Folgeschäden führen.

4.6.5 Resümee

Linkage Research ist ein Forschungsfeld, das für alle Beteiligten, die sich mit den Ergebnissen aus Mitarbeiterbefragungen beschäftigen, von großem Nutzen sein kann. Gerade durch die Verknüpfung mit strategisch bedeutsamen Ergebniskennzahlen bietet sich die Möglichkeit, mithilfe der Mitarbeiterbefragung über die reinen Befragungsergebnisse hinaus weiter reichende Zusammenhänge aufzudecken und damit eine neue, strategischere Perspektive bei der Ableitung von Veränderungsmaßnahmen zu gewinnen.

> Für die **Unternehmenssteuerung** bergen Zusammenhangsanalysen wertvolle Erkenntnisse und Implikationen. Durch die Verknüpfung von Mitarbeiter- und Kundenzufriedenheitsdaten kann im Unternehmen ein **integriertes Zufriedenheitsmanagement** geschaffen werden, dass eine gemeinsame Steuerung und Optimierung von Mitarbeiter- und Kundenzufriedenheit mit aufeinander abgestimmten Maßnahmen ermöglicht (vgl. hierzu auch Winter, 2005a, 2005b).

Wie gezeigt werden konnte, ist die Verknüpfung der erforderlichen Daten zwar mit einer Reihe methodischer und praktischer Probleme verbunden, bei einer **gezielten Planung und mit professioneller Unterstützung** können diese jedoch auch in kleineren Organisationen bewältigt werden. Insgesamt bieten sich durch den Einsatz von Linkage Research viele Chancen, bislang unerkannte Zusammenhänge und Wirkpfade im eigenen Unternehmen aufzudecken und diese gezielt als Stellhebel zur Beeinflussung der strategischen Zielgrößen und des gesamten Unternehmenserfolges zu nutzen.

4.7 Unterstützung des Follow-ups durch qualitative Verfahren und Daten

Stefanie Jonas-Klemm

4.7.1 Einleitung

Die Bedeutung und Einsatzmöglichkeiten qualitativer Methoden in der Forschung werden in der Literatur ausführlich beschrieben (vgl. z. B. Mayring, 2003). Sie dienen der Wissensgenerierung und Hypothesenbildung in relativ neuen Forschungsgebieten. In diesem Beitrag werden die Unterstützungsmöglichkeiten qualitativer Verfahren bei der Gestaltung von Follow-up-Prozessen aufgezeigt. Ziel hierbei ist es jedoch nicht, eine Positionierung »pro qualitative Methoden – kontra quantitative Methoden« einzunehmen, sondern vielmehr den Vorteil einer Kombination beider Vorgehensweisen im Rahmen einer Mitarbeiterbefragung zu verdeutlichen. Im Folgenden werden daher zunächst beide Herangehensweisen bei der Erfassung von Daten gegenübergestellt, bevor auf die zusätzliche Nutzungssteigerung durch qualitative Methoden im Rahmen des Follow-ups eingegangen wird.

Quantitative vs. qualitative Verfahren

Die Planung einer Mitarbeiterbefragung beinhaltet ebenso wie die Planung eines Forschungsvorhabens die Auswahl einer geeigneten Methodologie. In der Forschung werden zwei Ansätze voneinander unterschieden: der qualitative und der quantitative Ansatz. Im Vergleich zu den Einsatzschwerpunkten qualitativer Methoden liegt der Nutzen quantitativer Verfahren in der Hypothesenüberprüfung und Quantifizierung von Sachverhalten. Die Stärken der quantitativen Verfahren, insbesondere der Fragebogenerhebung, sehen Bungard, Holling und Schultz-Gambard (1996) vor allem auch in der hohen Ökonomie. Mithilfe der Fragebogenerhebung können große Stichproben untersucht werden, was für die Erreichung des Ziels quantitativer Vorgehensweisen, repräsentative Daten zu gewinnen, um zu allgemeingültigen Aussagen zu gelangen, förderlich ist. Der Nutzen schriftlicher Fragebogen mit geschlossen Fragen im Rahmen von Mitarbeiterbefragungsprozessen liegt auf der Hand. Diese Vorgehensweise ermöglicht zum einen, dass auch in großen Unternehmen alle Mitarbeiter bzw. eine repräsentative Stichprobe mit vergleichsweise geringem Aufwand befragt werden können. Zum anderen bietet diese Methode durch die Gewinnung quantitativer Daten die Möglichkeit, »soft factors«, wie zum Beispiel Mitarbeiterzufriedenheit, Verbundenheit mit dem Unternehmen oder mit der eigenen Tätigkeit, zu quantifizieren. Eine Quantifizierung lässt das Ableiten von Kennzahlen für kennziffergesteuerten Instrumente wie zum Beispiel der Balanced Scorecard oder im Rahmen von Zielvereinbarungen auch für weiche Faktoren zu. Ebenso stellt die Umsetzung von weichen Faktoren in quantitative Kennzahlen eine Voraussetzung für die Teilnahme an ganzheitlich orientierten Qualitätsmanagementwettbewerben wie z. B. für den European Quality Award (EQA) dar. Da eine Mitarbeiterbefragung immer auch als Prozesscontrollinginstrument verstanden werden sollte, ist an dieser Stelle ein weiterer zentraler Nutzen bei der Erfassung quantitativer Daten hervorzuheben: Diese bietet die Möglichkeit, Veränderungen über die Jahre, die in Folge unter anderem der Follow-up-Prozesse in Gang gesetzt wurden bzw. werden sollten, messbar zu machen.

Neben den genannten Vorteilen weisen quantitative Verfahren allerdings auch Schwächen auf: Ein zentraler Nachteil rein quantitativer Vorgehensweisen besteht beispielsweise darin, dass am Ende nur das herauskommt, was man am Anfang hineingesteckt hat und andere, möglicherweise wichtige, Aspekte keine Berücksichtigung finden. Das bedeutet, schriftliche Befragungen erfordern sehr viel Vorwissen, um möglichst alle relevanten Aspekte abfragen zu können. Aufgrund dessen ist es nicht verwunderlich, dass in der Forschung immer stärker gefordert wird, mehr Gebrauch von der Offenheit qualitativer Verfahren zu machen. Da sowohl quantitative als auch qualitative Verfahren Stärken und Schwächen aufweisen, scheint es jedoch wenig ratsam, sich grundsätzlich nur auf ein Paradigma festzulegen. Vielmehr sollte je nach Untersuchungsziel abgewogen werden, welche Vorgehensweise ratsam erscheint bzw. ob eine Kombination beider Verfahrensweisen nicht die Methode der Wahl ist. Mayring (2003) schlägt beispielsweise folgende Kopplung des qualitativen und quantitativen Ansatzes vor: »Von der Qualität zur Quantität und wieder zur Qualität« (S. 19). Dabei sieht Mayring (2003) qualitative Verfahren nicht nur als Analyseinstrumentarium im Rahmen von Voruntersuchungen zur Exploration von Hypothesen, die anschließend in quantitativen Untersuchungen überprüft werden, sondern zusätzlich auch als eigenständiges Analyseverfahren, sofern es der Erforschung des Untersuchungsziels dienlich ist. Im Anschluss an eine quantitative Erhebung können qualitative Analysen darüber hinaus Hilfestellung bei der Interpretation der vorliegenden zahlenmäßigen Ergebnisse bieten. Da die Ergebnisse aus quantitativen Erhebungen in der Regel nicht für sich selbst sprechen, empfiehlt Mayring (2003), sie mit Hilfe einer qualitativen Analyse wiederum in Beziehung zum Untersuchungsgegenstand zu setzen.

Überträgt man die von Mayring (2003) vorgeschlagene Vorgehensweise »Von der Qualität zur Quantität und wieder zur Qualität«, auf den MAB-Prozess, wird der zusätzliche, inkrementelle Nutzen qualitativer Verfahren bei der Gestaltung des Follow-ups ersichtlich. Auf die verschiedenen Einsatzmöglichkeiten qualitativer Verfahren und deren Nutzen für ein Follow-up einer Mitarbeiterbefragung wird im Folgenden eingegangen.

4.7.2 Einsatzmöglichkeiten qualitativer Verfahren im Follow-up-Prozess

In Anlehnung an die von Mayring (2003) empfohlene Kombination von qualitativen und quantitativen Verfahren, wird in den folgenden Abschnitten zunächst auf die Einsatzmöglichkeiten qualitativer Verfahren **im Vorfeld** einer quantitativen Mitarbeiterbefragung eingegangen. Im Anschluss werden die Nutzungsmöglichkeiten qualitativer Daten **während** einer Mitarbeiterbefragung und abschließend der Einsatz qualitativer Verfahren **nach** der quantitativen Erhebungsphase dargelegt. Im Fokus steht dabei jeweils der Nutzen qualitativer Verfahren für die Gestaltung des Follow-ups.

Qualitative Verfahren im Vorfeld der quantitativen Mitarbeiterbefragung

Die gewonnenen Daten aus einer Mitarbeiterbefragung stellen den Ausgangspunkt für nachhaltige

4.7 · Unterstützung des Follow-ups durch qualitative Verfahren und Daten

Veränderungsprozesse dar, deren Wirkung wiederum mithilfe einer Mitarbeiterbefragung evaluiert werden sollten. Diese Ziele erfordern ein erprobtes, standardisiertes Instrument, um die Meinung der Mitarbeiter zu verschiedenen Aspekten des Arbeitsumfeldes zu erfassen. Bedenkt man jedoch, dass man bei quantitativen Befragungen nur darüber Auskunft erhält, wonach gefragt wird, ist es ratsam, zusätzlich unternehmensspezifische Belange bei der Gestaltung des Fragebogens zu berücksichtigen. Unternehmen unterscheiden sich häufig nicht nur in der »Firmensprache«, sondern auch in spezifischen Themen, die zum Zeitpunkt der Befragung für das Unternehmen relevant sind. So können beispielsweise Fragen zur Art und Weise der Gestaltung eines Fusionsprozesses von Bedeutung sein, während bei anderen Firmen zusätzlich Fragen zur Akzeptanz von neuen Projekten relevant sind. Trotz der Notwendigkeit standardisierter Fragebogen empfiehlt es sich daher, unternehmensspezifische Fragestellungen in ein Standardinstrument zu integrieren. Die Tatsache, dass mithilfe quantitativer Fragebogen nur das erfasst wird, was man fragt, erfordert im Vorfeld der Befragung eine präzise Überlegung darüber, was für das Unternehmen bzw. die Mitarbeiter relevant ist, was also letztendlich gemessen werden soll. Nur so kann gewährleistet sein, für das jeweilige Unternehmen sinnvolle Anhaltspunkte für Veränderungsprozesse zu erhalten.

Zur Eruierung spezifischer Problemstellungen bieten sich Voruntersuchungen zur Gestaltung des Fragebogens an. Diese können beispielsweise in Form von Gruppendiskussionen mit Mitarbeitern geschehen. Unter einer Gruppendiskussion versteht man ein themenzentriertes Gespräch von mehreren Personen, das von einem Moderator geleitet wird. ◻ Abb. 4.23 zeigt ein Beispiel für einen möglichen Gesprächsleitfaden.

Bei der Auswahl der Personen für die Diskussionsrunden empfiehlt es sich, darauf zu achten, dass jeweils mindestens ein Mitarbeiter der verschiedenen Unternehmensbereiche (z. B. Produktion, Außendienst, Personalabteilung etc.) vertreten ist. Durch dieses Setting können zum einen mögliche unterschiedliche Belange der verschiedenen Bereiche bei der Gruppendiskussion berücksichtigt werden. Zum anderen wird ein realitätsnaher und authentischer Rahmen geschaffen, wodurch eine hohe Gültigkeit (Relevanz) der Diskussionsergebnisse für das Gesamtunternehmen erzielt wird. Aufgrund des sozialen Kontexts und der gruppenspezifischen Dynamik liegt der große Reiz einer

◻ **Abb. 4.23.** Beispiel für einen Gesprächsleitfaden einer Voruntersuchung

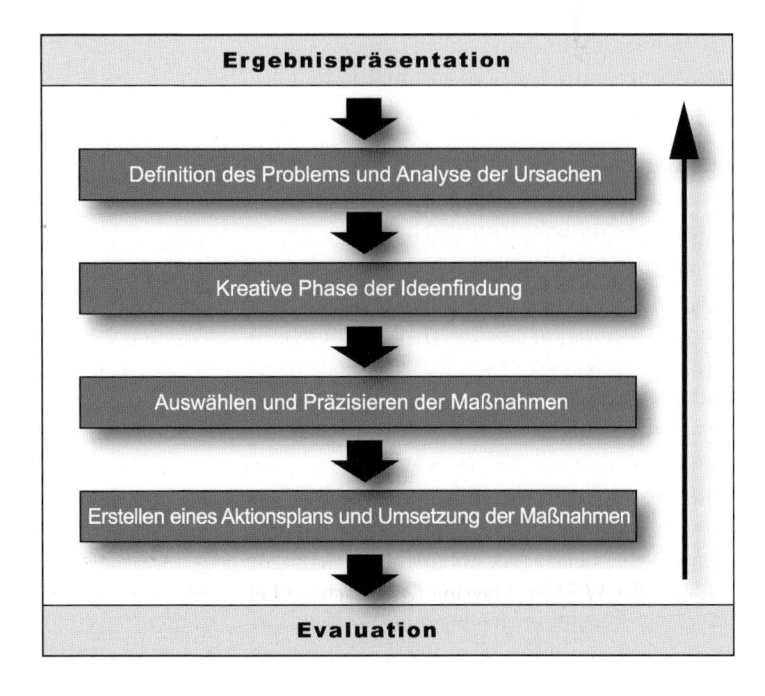

Gruppendiskussion darin, dass neben Meinungen, Wünsche und Ideen zu einem Themengebiet auch latente Einstellungen und Motivationsstrukturen erfasst werden können. Da bei der Gruppendiskussion in der Regel keine Kategorien vorgegeben werden, haben die Mitarbeiter die Möglichkeit, sehr schnell das Gespräch auf Themen, die für sie im Unternehmen relevant sind, zu lenken. So erhält man einen realistischen Einblick in aktuelle Probleme und kann sie bei der Gestaltung des Fragebogens berücksichtigen. Hierin liegt der entscheidende Nutzen der Ergebnisse der Voruntersuchungen. Die qualitativen Daten tragen durch die Integration der gewonnenen Erkenntnisse in den Fragebogen dazu bei, während der Mitarbeiterbefragung nicht am Unternehmen und seinen Mitarbeitern vorbeizufragen. Das Abfragen unternehmensrelevanter Themen stellt eine notwendige Bedingung dafür dar, dass für die Organisation relevante Ergebnisse und sinnvolle Ansatzpunkte für Veränderungsmaßnahmen zu erhalten. Eine weitere Voraussetzung für einen erfolgreichen MAB-Prozess ist, dass möglichst viele Mitarbeiter an der Befragung teilnehmen. Der beste Fragebogen bringt nichts, wenn ihn niemand beantwortet. Auch hierbei können qualitative Verfahren unterstützend wirken. Die frühzeitige Einbindung von Mitarbeitern in den MAB-Prozess in Form von Gruppendiskussionen und die Integration der hier gewonnenen Erkenntnisse in den quantitativen Fragebogen trägt zur Akzeptanz des Instrumentes und letztendlich zur Partizipationsbereitschaft der Mitarbeiter bei.

Erhebung qualitativer Daten während des Befragungszeitraums einer Mitarbeiterbefragung

Der qualitative Ansatz wird beispielsweise dann in der eigentlichen Befragung angewendet, wenn offene Fragestellungen in den Fragebogen integriert werden. Da bei dieser Form der Fragestellung keine Antwortalternativen vorgegeben werden, können Mitarbeiter in eigenen Worten zu einem Thema Stellung nehmen. Durch diese Vorgehensweise wird nicht nur eine hohe Inhaltsvalidität und ein tieferer Informationsgehalt der Ergebnisse gefördert, sondern auch die Akzeptanz des Befragungsinstruments.

Im Kontext der Mitarbeiterbefragung ist es Ziel der offenen Fragen, die Unternehmenswirklichkeit anhand der subjektiven Sicht der Mitarbeiter abzubilden und so mögliche Ursachen für die Zufriedenheit bzw. Unzufriedenheit zu verstehen. Welchen Nutzen aber stellen die so gewonnenen qualitativen Daten speziell für den Follow-up-Prozess dar? Der Nutzen ist hier abhängig von der Wahl der Fragen. Ebenso wie bei der Formulierung der quantitativen Fragen steht hier die Relevanz für das Unternehmen und insbesondere für das zu initiierenden Follow-up im Vordergrund. Bei der Auswahl ist darauf zu achten, dass die Fragen bereits darauf abzielen, worum es im Nachfolgeprozess geht – ausgehend von den Ergebnissen der Mitarbeiterbefragung sollen konkrete Veränderungsmaßnahmen entwickelt und umgesetzt werden. Was liegt also näher als direkt danach zu fragen, was verändert werden sollte und welche Möglichkeiten Mitarbeiter zur Umsetzung der Veränderungsmaßnahmen sehen? Die Antworten der Mitarbeiter auf diese Fragen geben erste Hinweise für die konkrete Umsetzung, die bereits in Follow-up-Workshops einfließen können. Fragen bei der MAB zum Verbesserungsbedarf und zu Maßnahmenvorschlägen entlasten Mitarbeiter und Führungskräfte zwar nicht von der Aufgabe, dezentral gemeinsam den Verbesserungsbedarf zu diskutieren und aufbauend darauf Maßnahmen abzuleiten. Sie erleichtern diesen Prozess aber insofern, dass bereits erste Anregungen als Diskussionsgrundlage vorliegen. Vor dem Hintergrund, dass Mitarbeiter und Führungskräfte nicht nur mit positiven Gefühlen in die Follow-up-Workshops gehen, dürfte der konstruktive Start in die Diskussion einen der schwierigeren Punkte beim Ablauf der Workshops darstellen. Möglicherweise scheuen sich die Mitarbeiter, Probleme und Ursachen offen vor ihrer Führungskraft zu diskutieren und kehren eventuell wichtige Belange bzw. zentrale Aspekte unter den Tisch. Offene gestellte Fragen können hier eine Unterstützung darstellen, da durch sie den Mitarbeitern bereits im Vorfeld der Workshops die Möglichkeit geboten wird, anonym Probleme und Verbesserungspotenziale aus ihrer Sicht darzustellen.

Neben diesem offensichtlichen Nutzen bieten offen gestellte Fragen eine weitere Möglichkeit, den Follow-up-Prozess positiv zu beeinflussen: Nicht nur Mitarbeiter können den Workshops zunächst skeptisch gegenüberstehen, auch Führungskräfte dürften mit gewissen Vorbehalten an diese herangehen. Ihre Aufgabe als Moderatoren den Workshop

4.7 · Unterstützung des Follow-ups durch qualitative Verfahren und Daten

in einem Setting, dessen Bestandteil sie sind und in dem möglicherweise das Thema »Führung« einen Diskussionspunkt darstellt, neutral zu steuern, stellt eine Herausforderung dar. Die Antworten der Mitarbeiter auf offen gestellte Fragen können hier eine Vorbereitungs- und Motivationshilfe darstellen. Durch die Sichtung der Kommentare kann sich die Führungskraft zum einen bereits im Vorfeld auf mögliche Aussagen der Mitarbeiter im Workshop vorbereiten. Zum anderen dürften diese zu einer größeren persönlichen Betroffenheit der Führungskraft führen, da die häufig allzu abstrakte Deutung der Zahlen durch Kommentare reduziert werden kann. Die »plastische« Vermittlung des Stimmungsbilds der eigenen Mitarbeiter führt bei den Führungskräften zu einem größeren Handlungsdruck, was letztendlich für den Erfolg einer Mitarbeiterbefragung nur nützlich ist.

Qualitative Verfahren nach der quantitativen Erhebung

Nach der quantitativen Erhebung können qualitative Verfahren in mehrfacher Hinsicht für den Follow-up-Prozess genutzt werden. Neben Gruppendiskussionen als Validierungsgespräche bieten sich auch themenzentrierte Gespräche an. Diese wichtigen Ressourcen werden im Folgenden erläutert.

Validierungsgespräche

Das Ableiten eines Handlungsbedarfs und die Umsetzung von Maßnahmen im Rahmen des Follow-up-Prozesses setzen Daten voraus, die nachvollziehbar sind. Validierungsgespräche dienen hierbei dazu, die gewonnenen quantitativen Daten auf ihre Plausibilität hin zu überprüfen. Ziel dieser Gespräche ist es, festzustellen, ob die Ergebnisse annehmbar und nachvollziehbar sind. Auf Abteilungsebene finden hierfür im Vorfeld der Maßnahmenableitung in dezentralen Workshops zunächst Diskussionen zu den Abteilungsergebnissen sowie zu deren möglichen Ursachen statt. Zum besseren Verständnis der Befragungsergebnisse auf Gesamt- bzw. Standortebene bieten sich Gruppengespräche mit Mitarbeitern und Führungskräften an verschiedenen Standorten des Unternehmens an. Die Ergebnisdiskussionen dienen dazu, Einblicke in die Hintergründe der Daten an den jeweiligen Standorten zu gewinnen. Ebenso wie auf lokaler Ebene werden hier die Ergebnisse im Hinblick auf ihre Nachvollziehbarkeit und mögliche Ursachen besprochen. Dies bietet zum einen die Möglichkeit, die Ergebnisse auch auf Standortebene präziser werden zu lassen. Zum anderen wird sich hier schnell herauskristallisieren, ob die Ursachen für einen möglichen Handlungsbedarf bei Themen wie Qualität, Kundenorientierung oder Weiterbildung etc. dezentral bearbeitet werden können, oder ob diese an höhere Stellen, beispielsweise an die zentrale Personalentwicklungsabteilung, weitergegeben werden müssen. Die Präsentation der Ergebnisse dieser Gruppengespräche für das obere Management kann hierdurch nicht nur zu einer Vermittlung eines differenzierteren Stimmungsbilds der Basis an den jeweiligen Standorten als die alleinigen quantitativen Zahlen führen, sondern bereits erste Handlungsempfehlungen auf zentraler Ebene implizieren.

Themenzentrierte Gespräche zum Follow-up

Etwa 3–6 Monate nach der Erhebung sollte erfasst werden, wie der Prozess aus Sicht der Betroffenen läuft. Auf Mitarbeiterseite stellen schriftliche Kurzbefragungen zum Stand der Information durch die Führungskräfte, der Maßnahmenableitung und Umsetzung eine sinnvolle Möglichkeit dar. Für Führungskräfte bieten sich themenzentrierte Gespräche zum Follow-up-Prozess an. Diese können entweder in Form von Gruppengesprächen mit Führungskräften der jeweils gleichen Hierarchieebene oder aber auch in Form von Einzelinterviews geschehen. Beim Interview kommt es, im Gegensatz zur schriftlichen Befragung, zur direkten Kommunikation. Durch die persönliche Interaktion ist der Interviewer in der Lage, die Wünsche, Bedürfnisse und Einstellung des Interviewten in seinen Feinheiten zu erfassen und durch Nachfragen eventuelle Unklarheiten zu beseitigen. Ziel dieser Gespräche ist es, aufzudecken, was aus Sicht der Verantwortlichen gut läuft und wo es möglicherweise noch Verbesserungsbedarf für den Prozess an sich gibt. Diese können dabei helfen, Schwierigkeiten bei der Umsetzung zu identifizieren und gegebenenfalls auch nicht beabsichtigte, negative Nebenwirkungen von eingeleiteten Maßnahmen aufzudecken. Mithilfe dieser Verfahren können nicht nur die Erwartungen der Führungskräfte an den Follow-up-Prozess und deren Befürchtungen erfragt werden, sondern es kann auch erfasst werden, welche Art von Unterstützung sie benötigen, um die zentrale Phase einer Mitarbeiterbefragung sinnvoll steuern zu können. Die gewonnenen Ergebnisse sollten in die Prozessplanung von Nachfolge-Mitarbeiterbefragungen einfließen und können so in zweifacher Hinsicht zur Optimierung des Prozesses beitragen: Zum einen erhält man wertvolle Informationen zur Verbesserung des Prozesses an sich, zum anderen werden Führungskräfte bei der Gestaltung einer Mitarbeiterbefragung mit »ins Boot« geholt. Dieser Beitrag zur Akzeptanzsicherung der Mitarbeiterbefragung durch Führungskräfte dürfte einen, wenn nicht sogar den zentralen Erfolgsfaktor des Follow-up-Prozesses darstellen, vor allem wenn man bedenkt, dass Führungskräfte die Gruppe im Unternehmen bilden, die letztendlich diesen vorantreiben müssen.

4.7.3 Resümee

Beim Einsatz qualitativer Methoden sind verschiedene Aspekte zu berücksichtigen: In der Regel sind diese Verfahren relativ zeit- und kostenaufwendig. Vor allem die Auswertung der Daten ist im Vergleich zu den quantitativen Verfahren mit mehr Aufwand verbunden. Auch sind die Anforderungen an die Qualifikation des Interviewers/Beobachters recht hoch und die Qualität der Daten ist zu einem gewissen Teil von deren Qualifikationen abhängig. Ein weiterer Nachteil ist, dass man qualitative Daten nicht in der Art quantifizieren kann, wie es in der vornehmlich Kennzahlen-fokussierten betrieblichen Praxis erwünscht ist. Neben diesen »Standard-Kritikpunkten« an qualitativen Verfahren, sind im Rahmen einer Mitarbeiterbefragung noch weitere Punkte zu beachten. Es ist nicht von der Hand zu weisen, dass die Beantwortung offener Fragestellungen ein Mindestmaß an Rechtschreibkenntnissen erfordert. Die Erfahrung zeigt allerdings, dass die Hemmungen von Mitarbeitern mit geringerem Bildungsstand Kommentare abzugeben, nicht so groß sind wie erwartet.

Zusammenfassend bieten qualitative Verfahren vielfältige Möglichkeiten für den Follow-up-Prozess. Qualitative Voruntersuchungen stellen die Relevanz der Fragen für das Untenehmen sicher. Offen gestellte Fragen während der Erhebungsphase können bereits wertvolle, tiefergehende Anregungen für die Maßnahmenableitungs- und Umsetzungsphase liefern. Validierungsgespräche können sowohl auf dezentraler, als auch auf Standortebene direkt zur Problemdefinition, Ursachenanalyse und Maßnahmenableitung beitragen. Qualitative Interviews mit Führungskräften bieten darüber hinaus die Möglichkeit, den Prozess aus Sicht der Schlüsselpersonen im Sinne einer formativen Evaluation zu begleiten. Die Begleitung der Führungskräfte auch während des Follow-up-Prozesses kann zu deren Unterstützung bei auftretenden Schwierigkeiten beitragen und so letztendlich dazu führen, dass eventuell bestehende Widerstände gegenüber einen Mitarbeiterbefragungsprozess verringert werden.

Die Kombination qualitativer und quantitativer Verfahren bleibt letztendlich jedem Unternehmen selbst überlassen. Die Erfahrung zeigt jedoch, dass gerade im Follow-up-Prozess bei vielen Unternehmen ein großer Handlungsbedarf besteht. Der zentrale Wert qualitativer Verfahren und Daten liegt hierbei in der Gewinnung tiefer gehender Informationen und Verbesserungsvorschlägen sowie im Potenzial, die Akzeptanz der Mitarbeiterbefragung zu fördern. Letztendlich stellt die qualitative Methode in Ergänzung zur quantitativen Erhebung eine sinnvolle Befragungsform dar, die bisher im Bereich einer Mitarbeiterbefragung möglicherweise zu kurz gekommen ist.

4.8 Maßnahmen-Monitoring und -Controlling

Markus Hodapp

In den vorangegangenen Kapiteln wurde aufgezeigt, welche Bedeutung Mitarbeiterbefragungen im betrieblichen Kontext haben und wie Folgeprozesse effektiv gestaltet werden können. Zentraler Bestandteil jedes Folgeprozesses sollten jedoch nicht nur dessen **sorgfältige Planung** und **Durchführung**, sondern auch das **Controlling des Prozesses** und der **Ergebnisse** sein. Nur so ist es möglich, frühzeitig Problemfelder in der Umsetzung zu identifizieren und gegebenenfalls den Prozess anpassen zu können.

Es widmen sich jedoch nur wenige Autoren den Themen Monitoring, Controlling oder Evaluation von MABs und deren Folgeprozesse (vgl. Jöns, 1997, Deitering, 2006). Fettel (1997) kommt aufgrund einer

Befragung der 100 umsatzstärksten Unternehmen Deutschlands zu dem Schluss, dass in vielen Unternehmen keine systematischen Beurteilungen des Nutzens von MABs vorliegen (vgl. auch Steimer, 2005). Unsere Erfahrungen in der Praxis zeigen fast zehn Jahre später noch immer eine ähnliche Situation.

Im Folgenden wird daher aufgezeigt, welche verschiedenen Möglichkeiten es gibt, die **Effektivität von Folgeprozessen** zu beurteilen. Dabei werden verschiedene Ansätze des **Monitorings** und **Controllings** und der **Evaluation** exemplarisch dargestellt.

4.8.1 Monitoring, Controlling und Evaluation

Eine der grundlegendsten Möglichkeiten der Beurteilung der Effektivität eines Folgeprozesses ist die Überprüfung der Erfüllung der zuvor gesetzten **Ziele**. Im Sinne von »lessons learned« kann so die Beurteilung der Zielerreichung wertvolle Hinweise über die erfolgreiche Gestaltung des Folgeprozesses liefern. Diese subjektiven Erfahrungen können jedoch nur ein eingeschränktes Bild der tatsächlichen Effektivität des Prozesses aufzeigen. Sehr oft sind sie durch Beurteilungseffekte verzerrt, wodurch einzelne markante Ereignisse während des Prozesses die Beurteilung des Gesamtprozesses bestimmen können.

Daher sollte neben dieser eher qualitativen Global-Evaluation zusätzlich die Effektivität »messbar« gemacht werden. Mit dieser Zielsetzung lässt sich die Evaluation von Veränderungsprozessen nach Hornberger (2000, S. 249) wie folgt definieren:

Definition

Evaluation von Veränderungsprozessen ist das Sammeln, Analysieren und Interpretieren von Informationen über die Gestaltung, Umsetzung und Wirkung von Interventionsmaßnahmen in Organisationen mit dem Ziel, durch Vergleich der gewonnenen Ergebnisse mit den vorab festgelegten Zielsetzungen eine Unterstützung bei der Beurteilung des Erfolgs der Implementierung zu gewährleisten.

Dieser umfassenden Definition können in der Praxis sicherlich nicht alle Evaluationsansätze gerecht werden. Für Folgeprozesse im Rahmen von MABs ist die letztendliche Wirkung der Interventionsmaßnahmen nur bedingt zu beurteilen. Oft werden aufgrund von Ergebnissen aus MABs komplexe Entscheidungsprozesse in Unternehmen angeregt, die evtl. erst mit deutlicher Verzögerung in tatsächlichen Veränderungen resultieren.

Der Begriff der Evaluation dient hier als Überbegriff für **verschiedene Ansätze der Effektivitätsbeurteilung**. In den Wirtschaftswissenschaften haben sich die beiden Begriffe Controlling und Monitoring etabliert. Unter **Monitoring** versteht man sämtliche Arten der Erfassung von Zuständen, eines Vorgangs oder Prozesses mit Hilfe von technischen Hilfsmitteln oder anderer Beobachtungssysteme. Controlling wiederum ist die Beschaffung, Aufbereitung und Analyse von Daten zur Vorbereitung zielsetzungsgerechter Entscheidungen. Diese beiden Ansätze lassen sich somit gut in die oben genannte Definition von Evaluation einordnen. Der Begriff Evaluation wird somit im Folgenden als Überbegriff verwendet.

Aufgaben und Formen der Evaluation

Nach Hornberger (2000), in Anlehnung an Nachreiner, Ernst und Müller (1987) kommen der Evaluation von Veränderungsprozessen folgende Aufgaben zu:

Evaluation als Wirkungsanalyse

Die Beurteilung der Wirkung von Veränderungsprozessen ist sicherlich die klassischste Aufgabe der Evaluationsforschung. Die Wirkungsanalyse betrachtet – meist nach Abschluss der Maßnahmen – die Auswirkungen auf die Organisation. Datenquelle im Rahmen von MABs können hier unter anderem die Ergebnisse der Folgebefragungen sein. Haben die im Follow-up angestoßenen Maßnahmen die erhoffte Wirkung, so sollten sich die Ergebnisse der MAB im betreffenden Themenbereich verbessern.

Evaluation als Instrument der Maßnahmenverbesserung

Die Ergebnisse der Evaluation können auch Anhaltspunkte zu der Umsetzung des Follow-ups in den einzelnen Abteilungen liefern. Es ist zu erwarten, dass nicht in allen Abteilungen der Folgeprozess in der gleichen Art und Weise umgesetzt wird. Somit kann die Evaluation auch Aufschluss über die unterschiedliche Implementierung und somit die Anpassung der gewählten Vorgehensweise in den einzelnen Abteilungen liefern.

Evaluation als Instrument der Prozessoptimierung
Analog zur Umsetzung des Prozesses in den einzelnen Abteilungen dient die Evaluation auch dazu, die Implementierung des Gesamtprozesses im Unternehmen zu beurteilen. Dies ist vor allem bei Organisationen wichtig, die noch nicht über die entsprechende Erfahrung mit vorangegangenen Folgeprozessen verfügen. Eine Beurteilung des Gesamtprozesses ist jedoch erst nach Abschluss im Sinne einer Ergebnisevaluation möglich. Beispielsweise könnten die verwendeten Informationsmaßnahmen oder das Unterstützungsangebot für Führungskräfte im laufenden Prozess auf ihre Bedarfsorientierung überprüft und gegebenenfalls angepasst werden.

Evaluation als Planungs- und Entscheidungshilfe
Schließlich dient die Evaluation auch als umfassende Planungs- und Entscheidungshilfe für die weitere Vorgehensweise. Hierbei können die Erkenntnisse aus der Evaluation genutzt werden, um Entscheidungen über weitere Veränderungsprozesse und deren Gestaltung abzuleiten.

> ❶ In der Praxis sind diese verschiedenen Aufgaben nur schwer voneinander zu trennen. Daher sollten Evaluationsansätze immer mehrere Aufgaben und Ziele verfolgen, wobei in unterschiedlichen Phasen des Prozesses ein Schwerpunkt auf einzelne Aufgaben gelegt wird.

4.8.2 Ansätze zur Evaluation

Bevor auf verschiedene Ansätze der Evaluation eingegangen wird, sollten die zugrunde gelegten Bewertungskriterien für den Erfolg oder die Effektivität von Folgeprozessen näher betrachtet werden.

Die Bestimmung von Bewertungskriterien stellt den zentralen Ausgangspunkt jeder Evaluation dar. Eine exemplarische Aufstellung möglicher Bewertungskriterien ist in ❏ Tab. 4.1 zu finden. Diese Kriterien sind eng mit den **strategischen Zielsetzungen der MAB sowie deren Folgeprozessen** verbunden.

Zusätzlich sollten jedoch auch Kriterien verwendet werden, die nicht unbedingt auf den ersten Blick der intendierten Wirkung des Folgeprozesses entsprechen. Auf diese Weise können unerwünschte Effekte der angestoßenen Veränderungsmaßnahmen erkannt werden (Hornberger, 2000).

> ❶ Sicherlich werden sich die wissenschaftlich gewünschten von denen in der Praxis tatsächlich realisierbaren und messbaren Kriterien unterscheiden. Wird bei der Evaluation mit einem externen Berater zusammengearbeitet, so muss geklärt werden, welche Kriterien tatsächlich in der Organisation verfügbar und abrufbar sind.

Für Folgeprozesse von MABs ist die Festlegung bestimmter Veränderungskriterien schwieriger als bei isolierten Veränderungsprojekten. Beispielsweise sind Kriterien der erfolgreichen Implementierung einer neuen Software im Unternehmen relativ klar umrissen. Dies könnten die Verkürzung der Bearbeitungsdauer bestimmter Vorgänge, die Benutzerfreundlichkeit der Handhabung oder die Akzeptanz der Nutzer sein. Für eine MAB, in der z. B. die Bereiche Arbeitsbedingungen, Information und Weiterbildung als Handlungsfelder identifiziert wurden, gestaltet sich die Bestimmung von Bewertungskriterien der Effektivität deutlich komplexer. Um Veränderungen in den einzelnen Themenbereichen anzustoßen, müssen Maßnahmenbündel umgesetzt werden, die eine Vielzahl von erwünschten aber auch nicht erwünschten Effekten bewirken können.

Rahmenbedingungen des Follow-ups
Ein Folgeprozess einer MAB kann nur dann erfolgreich sein, wenn die Rahmenbedingungen für die Umsetzung des Prozesses optimal gestaltet sind. Um frühzeitig die Rahmenbedingungen anpassen zu können, sollte bereits in der Anfangsphase auf informellem Weg mit den Führungskräften geklärt werden, ob die zur Verfügung stehenden Materialien und Trainingsangebote auch dem tatsächlichen Bedarf entsprechen.
Mögliche Fragen sind:
- Waren bisherige unternehmensweite Informationsmaßnahmen hilfreich?
- Sind die Ergebnisberichte so gestaltet, dass sie Handlungsimplikationen aufzeigen?

4.8 · Maßnahmen-Monitoring und -Controlling

Tab. 4.6. Bewertungskriterien für die Effektivität von Follow-up-Prozessen nach MABs. (in Anlehnung an Jöns, 1997)

Rahmenbedingungen des Follow-ups	Prozess-Monitoring	Prozess-Controlling	Ergebnis-Controlling
Informationsmaterialien: Wirksamkeit von Veranstaltungen, Bedarfsorientierung der Materialien	Anzahl der insgesamt abgeleiteten Maßnahmen in Abteilungen, Bereichen, Gesamtunternehmen	Rückmeldung an MAB-Projektgruppe und an höhere Führungskräfte	im Rahmen von Führung durch Zielvereinbarungen
Ergebnisberichte der MAB: Handlungsimplikation, Aufzeigen von Stärken und Schwächen, Verständlichkeit	Anzahl der zu bestimmten Themenbereichen (z. B. Arbeitsbedingungen) abgeleiteten Maßnahmen	Zwischenberichte über Umsetzungsaktivitäten	Folgebefragung: Vergleich der Ergebnisse mit der nächsten MAB, Fragen zu Verbesserungen und Maßnahmen
Trainingsmaßnahmen: Angebot, Verfügbarkeit, Einbettung in Gesamtkonzept	Anzahl der kurz- bzw. langfristigen Maßnahmen	Befragung der Mitarbeiter zum Follow-up-Prozess	objektive Daten (Prozessaktivitäten, Kennziffern)
	Umsetzungsgrad der Maßnahmen		

— Werden spezifische Ergebnisanalysen auf Abteilungsebene benötigt?
— Sind die Schulungs- und Informationsmaterialien für Führungskräfte ausreichend?
— Ist das Trainingsangebot für Führungskräfte im Rahmen des Feedback-Prozesses ausreichend?
— Welche spezifischen Unterstützungsmaßnahmen werden gewünscht?

Prozessevaluation

Eine wirksame Prozessevaluation ist nur dann möglich, wenn für den gesamten Follow-up-Prozess ein einheitliches Konzept vorliegt. Der grobe Ablauf des Follow-ups wird idealtypisch in ◘ Abb. 4.24 dargestellt.

Dieses Rahmenkonzept orientiert sich am **Survey-Feedback-Ansatz**. Im Anschluss an die Befragung sollten demnach die Ergebnisse an die Mitarbeiter zurückgespiegelt werden. Auf der Basis der Ergebnisse können **Stärken und Schwächen** in der Abteilung identifiziert werden. In der Analysephase sollten die Ursachen von Problemen identifiziert und gemeinsam mit den Mitarbeitern mögliche **Maßnahmen zur Verbesserung der Schwachstellen** entwickelt werden. Schließlich können die Maßnahmen noch priorisiert werden, um mit der Umsetzungsphase des Follow-ups beginnen zu können (zur Gestaltung von Workshops ► Kap. 2.4 sowie ► Kap. 4.2).

Der Erfolg eines solchen Rahmenkonzeptes hängt stark vom **Commitment der einzelnen Führungskraft** ab. Daher sollten ausgehend vom Top-Management Vereinbarungen mit den Führungskräften zum Feedbackprozess getroffen werden. Jöns (1997) betont dabei, dass es sich hier um die Schaffung der Wahrnehmung einer Führungsaufgabe handelt, ohne bereits die Qualität der Prozessumsetzung zu beachten. Alle Führungskräfte sollten die Einhaltung dieses Prozesses als zentrale Aufgabe in

Information
↓
Ursachenanalyse
↓
Maßnahmenableitung
↓
Maßnahmenumsetzung
↓
Veränderung

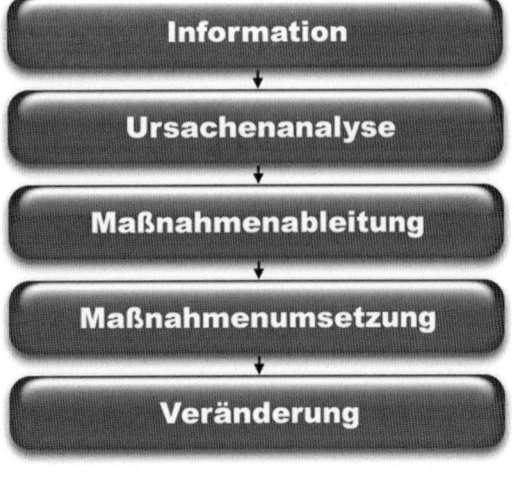

Abb. 4.24. Rahmenkonzept von Follow-up-Prozessen

ihrer Abteilung ansehen. Zusätzlich können in diesen Vereinbarungen bestimmte Themenbereiche präzisiert werden, denen bei der Maßnahmenableitung besondere Aufmerksamkeit zukommen sollte.

Prozess-Monitoring

Wird das Konzept der dezentralen Ableitung und Umsetzung von Maßnahmen durch die Führungskräfte verfolgt, ist ein **zentrales Monitoring der Maßnahmenaktivitäten** notwendig. Dies könnte beispielsweise die Dokumentation geführter Rückmeldegespräche durch das MAB-Projektteam sein. Wie bereits angemerkt, wird dabei jedoch die Qualität der durchgeführten Workshops bzw. der abgeleiteten Maßnahmen noch nicht berücksichtigt.

In der Literatur zu MABs wird immer wieder darauf hingewiesen, dass die zusammen mit den Mitarbeitern abgeleiteten Maßnahmen in Aktionsplänen mit dem jeweiligen Bearbeitungsstand dokumentiert werden sollen (vgl. Bungard & Jöns, 1997; Borg, 2003). Dies dient zum einen der Führungskraft als Hilfestellung bei der Umsetzung von Maßnahmen, zum anderen gibt es dem Projektteam und dem oberen Management einen Überblick über die Umsetzungsaktivitäten im Unternehmen.

Jedoch kommt es mit steigender Komplexität einer Organisation zu einer Flut von Aktionsplänen, die ausgewertet werden müssen. Hier zeigt sich deutlich der Nachteil klassischer Listendarstellungen. Mit der heutigen Technik lassen sich jedoch Maßnahmenpläne bequem über inter-/intranetbasierte Datenbanken umsetzen.

Egal auf welchem Weg die Maßnahmenaktivitäten in den einzelnen Unternehmensbereichen dokumentiert werden, entscheidend für den Erfolg eines Follow-up-Prozesses ist der Umgang mit diesen Dokumentationen. Um den Informationsfluss »von unten nach oben« zu gewährleisten, sollte das obere Management regelmäßig durch die Führungskräfte auf den unteren Ebenen über deren Stand der Maßnahmeableitung informiert werden. Hierdurch können Aspekte identifiziert werden, die nicht auf der Ebene einzelner Abteilungen verändert werden können. Diese Veränderungsbereiche sollte vom mittleren und oberen Management aufgegriffen werden, um ressort- und unternehmensweite Maßnahmen zu entwickeln.

Neben dem oberen Management sollte jedoch auch die **Information der Mitarbeiter über den Stand der Maßnahmen** nicht vernachlässigt werden. Schließlich wurden die Veränderungsmaßnahmen aufgrund der Zufriedenheit der Mitarbeiter abgeleitet. Dies dient zum einen dazu, dass Veränderungsprozesse auch mit der MAB in Verbindung gebracht werden und kann die **Akzeptanz der MAB** als Instrument der Organisationsentwicklung bei den Mitarbeitern erhöhen.

Prozess-Controlling

Die bloße Auswertung über die Anzahl abgeleiteter Maßnahmen gibt jedoch keinen Aufschluss über ihre **Qualität und Bedarfsorientierung**. Es bleibt die Frage, wie die Maßnahmen tatsächlich die betrieblichen Rahmenbedingungen verändern und ob diese Veränderungen auch in die beabsichtigte Richtung gehen.

Da der Ausgangspunkt für die angestoßenen Veränderungsprozesse die subjektive Beurteilung organisationaler Rahmenbedingungen durch Mitarbeiter ist, sollte die **Effektivität** wiederum auch **aus Mitarbeitersicht** überprüft werden. Hierzu bietet sich eine Zwischenbefragung der Mitarbeiter zum laufenden Veränderungsprozess an. Diese Befragung kann analog zur MAB als Vollbefragung der Mitarbeiter durchgeführt werden. Wenn keine Vollbefragung gewünscht ist, kann auch eine Stichprobenbefragung oder die Durchführung von qualitativen Interviews gewählt werden.

Mögliche Leitfragen sollten sich am Rahmenkonzept des Follow-up-Prozesses (vgl. ◘ Abb. 4.24) orientieren:
– Gestaltung der Informationsmaßnahmen:
  – Wie war der Informationsworkshop gestaltet?
  – Liegen Erkenntnisse über die Gesamtergebnisse vor?
  – Wurden die Ergebnisse durch die Führungskraft präsentiert?
– Ursachenanalyse
  – Wurde sowohl über positive als auch negative Ergebnisse berichtet?
  – Konnte über Ursachen und Hintergründe von bestimmten Ergebnissen ausreichend diskutiert werden?
  – Wurden die Mitarbeiter in die Ursachenanalyse eingebunden?

- Maßnahmenableitung:
  - Waren die Mitarbeiter in die Ableitung der Maßnahmen eingebunden?
  - Wurden die zu verbessernden Themenbereiche nach Dringlichkeit priorisiert?
  - Wurde über die Umsetzbarkeit der Maßnahmen diskutiert?
  - Wurden Verantwortliche definiert, die die Veränderungsprozesse überwachen und vorantreiben sollen?
- Maßnahmenumsetzung/Veränderung:
  - Wird an der Umsetzung der Maßnahmen gearbeitet?
  - Wie ist der Status der Umsetzung?
  - Sind bereits spürbare Verbesserungen zu erkennen?
  - Entsprechen die Verbesserungen dem Handlungsbedarf aus der MAB?
  - Verläuft die Umsetzung entsprechend der gesetzten Veränderungsziele?
- Gesamtbeurteilung:
  - Was sind Hindernisse bei der Umsetzung der Maßnahmen?
  - Was hat den Gesamtprozess behindert?
  - Was könnte verbessert werden?

Dieser Fragenkatalog versteht sich als Sammlung möglicher Themenbereiche und würde den Rahmen einer Kurzbefragung sprengen. Es ist jedoch hilfreich, sowohl als Mitglied des Projektteams als auch als Führungskraft diese Aspekte im Laufe des Prozesses immer wieder zu hinterfragen. In der Praxis haben sich Kurzbefragungen als sinnvoll erwiesen, die mindestens jeweils eine Frage zu den oben genannten Überschriften beinhalten. Als Ergänzung können weitere Fragen aufgenommen werden, um bestimmte Aspekte des Folgeprozesses zu fokussieren.

Die Ergebnisse einer solchen Zwischenbefragung können dazu verwendet werden, um den laufenden Prozess anzupassen. Für Führungskräfte bietet sie die Möglichkeit des Controllings der eigenen Umsetzungsaktivitäten und stellt auch einen Ausgangspunkt dar, um die Ergebnisse und die bisher erreichten Fortschritte mit den Mitarbeitern erneut zu diskutieren.

Neben der rein deskriptiven Auswertung der Ergebnisse bieten sich auch Detailanalysen von Zusammenhängen zwischen der Erstbefragung und der Zwischenbefragung an. Wie in ▶ Kap. 3.5 dargestellt, können so Erfolgsfaktoren für die Gestaltung des Follow-up-Prozesses identifiziert werden, um ihn entsprechend anpassen zu können.

Zusätzlich zu diesen quantitativen Ansätzen sollten auch innerhalb der MAB-Projektgruppe der momentane Stand der Umsetzung diskutiert werden. In Gesprächen mit Führungskräften kann so der individuelle Unterstützungsbedarf identifiziert werden. Die Erfahrungen Einzelner fließen so in den Gesamtprozess ein und stehen auch anderen Betroffenen zur Verfügung.

Ergebnis-Controlling

Ein erster Ansatz für das Ergebnis-Controlling kann der **Vergleich der Ergebnisse der MAB mit der Folgebefragung** sein. Dabei können die Ergebnisse der Maßnahmenauswertungen aus dem Prozess-Monitoring ein erster Anhaltspunkt für den Ergebnisvergleich sein. Theoretisch kann davon ausgegangen werden, dass **wirksame Maßnahmen die Beurteilung des entsprechenden Themenbereichs der MAB verbessern** sollten.

Wie Jöns (1997) anmerkt, können unter Umständen zufriedene Mitarbeiter trotz erfolgreicher Maßnahmen zuerst unzufriedener werden. Zusätzlich können aktuelle Reorganisationen oder Personalabbauprozesse die Ergebnisse der Folgebefragung stark beeinflussen. Nichts desto trotz bietet der Vergleich der Ergebnisse **erste Anhaltspunkte für die Einschätzung der Wirksamkeit**. Vor allem, wenn in einem Unternehmensbereich ein bestimmtes Modul der MAB als strategischer Veränderungsbereich definiert wird, können Ergebnisvergleiche Aufschlüsse über die Gesamteffektivität der umgesetzten Maßnahmen liefern.

Um genauere Daten über die Effektivität nach Abschluss des Follow-ups zu erhalten, bietet sich die Aufnahme eines Moduls »Letzte MAB« in die Folge-MAB an. Analog zu den, im vorangegangen Abschnitt dargestellten, Leitfragen zur Beurteilung der Prozesseffektivität können hier spezifische Fragen zur Umsetzung des Folgeprozesses aufgenommen werden. Zusätzlich können für abteilungsübergreifende Maßnahmen spezifische Fragen entwickelt werden, um gezielt die Effektivität zu beurteilen.

❗ Wurde eine Zwischenbefragung durchgeführt, sollte die nächste MAB diese Fragen enthalten, um die weiteren Umsetzungsaktivitäten nach der Kurzbefragung beurteilen zu können.

Ein Vergleich der Ergebnisse der Kurzbefragung mit den entsprechenden Ergebnissen in der Folge-MAB gibt Aufschluss über die Anpassung der Aktivitäten im weiteren Verlauf des Follow-ups sowie über deren Wirksamkeit. Zusätzlich ermöglichen diese Daten eine tiefer gehende Analyse von Erfolgsfaktoren im eigenen MAB Prozess (vgl. ▶ Kap. 3.5). Diese subjektiven Effektivitätskriterien setzen jedoch auch voraus, dass die tatsächlich angestoßenen Veränderungen von den Mitarbeitern auch auf die MAB zurückgeführt werden. Ist dies nicht der Fall, so können allgemeinen Fragen zu Verbesserungen durch den Follow-up-Prozess ein verzerrtes Bild der tatsächlichen Wirksamkeit ergeben. Hier sind besonders Aspekte des Marketing notwendig, um bei den Mitarbeitern eine **Verbindung zwischen Veränderung und Befragung herzustellen** (vgl. ▶ Kap. 4.1).

Zusätzlich zu den subjektiven Daten können auch bedingt **objektive Daten** zur Evaluation herangezogen werden. Wurden beispielsweise mehrere Maßnahmen zum Thema Innovationsklima abgeleitet, so könnte die Zahl der gemachten Verbesserungsvorschläge oder Daten über die Optimierung von Prozessabläufen in Abteilungen als Ergebniskriterien dienen. Mögliche weitere Kriterien können Krankenstände, Fehlzeiten aber auch Qualitätskennwerte in Organisationen sein (vgl. ▶ Kap. 4.6). Da jedoch diese »harten« Kriterien von vielen verschiedenen Einflussgrößen im Unternehmen abhängig sind, können Effekte von Folgeprozessen hier nur schwer nachgewiesen werden.

4.8.3 Instrumente des Maßnahmen-Monitorings und -Controllings

Im Folgenden werden exemplarisch Instrumente dargestellt, die die verschiedenen Ansätze des Controllings- und Monitorings aufgreifen.

MODI Controlling System

Ein Beispiel für eine **internetgestützte Datenbank zur Dokumentation von Maßnahmen** im Follow-up-Prozess ist das **MODI Controlling System (MOCS)**. Es wurde aufgrund der Erfahrungen in der Begleitung von MABs am Mannheimer Institut für Wirtschafts- und Organisationspsychologische Forschung entwickelt.

MOCS basiert auf der Idee, dass analog zu der Auswertungsstruktur einer MAB – also in den häufigsten Fällen auf Abteilungsebene – Umsetzungsworkshops durch die Führungskräfte durchgeführt werden sollten (vgl. ▶ Kap. 2.4). Um die Ergebnisse der Workshops zu dokumentieren, greift MOCS die Organisations- bzw. Berichtsstruktur der Befragung auf. Jeder Einheit in dieser Struktur wird ein Maßnahmen-Verantwortlicher zugewiesen, der durch seine Nutzerrechte die Maßnahmen und ihren Bearbeitungsstand in der Datenbank pflegen kann.

Durch den Einsatz von **gestaffelten Zugangsrechten** zum System wird gewährleistet, dass sich auch die einzelnen Führungskräfte auf die **Anonymität** ihrer abgeleiteten Maßnahmen verlassen können. So ist der Zugang zu den Ergebnissen von Führungskräften auf einer Hierarchieebene nur für die entsprechenden nächst höheren Vorgesetzten vorgesehen. Dies ist vor allem bei kritischen Themenbereichen, wie der Beurteilung der Führungskraft selbst durch die Mitarbeiter und daran anschließender verhaltensorientierter Maßnahmen wie beispielsweise Coaching der Führungskraft, sinnvoll. Damit ist sichergestellt, dass auch für die abgeleiteten Maßnahmen die gleichen Anonymitätsstandards wie für die Befragungsergebnisse gelten.

❗ Es bietet sich an, Nutzer, die Auswertungen über die eingetragenen Maßnahmen erstellen, mit anderen Zugangsberechtigungen auszustatten als Nutzer, die selbst Maßnahmen eintragen.

Das MAB-Projektteam sollte als zentrale Controllingstelle nur Auswertungsrechte haben, wohingegen die einzelnen Führungskräfte als »Eigentümer« der Veränderungsmaßnahmen das Recht zur Pflege und Änderung der gemachten Angaben haben sollten. Hierdurch wird die Neutralität der Auswertung gewährleistet.

Die abgeleiteten Maßnahmen werden den einzelnen Themenbereichen der MAB zugeordnet. Zusätzlich wird Start- und Zieltermin der Maßnahme festgelegt. Über ein Ampelsystem wird der Bearbei-

4.8 · Maßnahmen-Monitoring und -Controlling

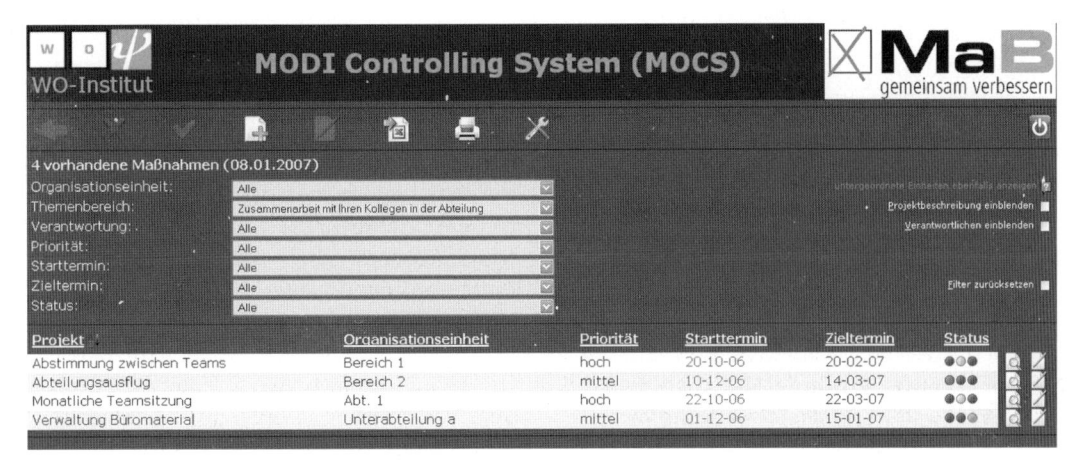

Abb. 4.25. Auswertung der Maßnahmenaktivitäten zum Themenbereich »Zusammenarbeit mit Kollegen in der Abteilung« mit MOCS

tungsstand der Maßnahme visualisiert und gibt somit einen schnellen Überblick über den Stand aller Maßnahmen in einem Bereich.

Die bisher dargestellten Funktionen können sicherlich auch mit klassischen Tabellen- und Listendarstellungen erreicht werden. Der große Vorteil von MOCS liegt jedoch in den verschiedenen Möglichkeiten der Auswertung für das obere Management und die Projektgruppe.

Wurde innerhalb eines Ressorts oder Vorstandsbereichs ein bestimmtes Modul aus der MAB als wichtiger Veränderungsbereich klassifiziert, so können vom Ressortverantwortlichen die Umsetzungsaktivitäten der Führungskräfte zu diesem spezifischen Thema innerhalb des Ressorts nachvollzogen werden. ◘ Abb. 4.25 stellt exemplarisch eine Auswertung über die Maßnahmenaktivitäten zum Modul »Zusammenarbeit mit Kollegen« dar.

Gleichzeitig liefert MOCS unternehmensweite Kennzahlen, wie die Anzahl der insgesamt abgeleiteten, bereits abgeschlossenen Maßnahmen oder auch die Zahl der geführten Rückmeldeworkshops. Die Kennzahlen lassen sich **tagesaktuell abrufen** und können in klassische Reportingverfahren im Unternehmen eingebunden werden. Sie dienen somit im Sinne des Controllings als Basis weiterer Entscheidungen.

> Um eine Verbindlichkeit für die Pflege der eingetragenen Maßnahmen zu schaffen, sollte die Besprechung dieser Auswertungen zum festen Bestandteil der regelmäßigen Kommunikation mit den Führungskräften werden.

MOCS ist sowohl ein Instrument des Monitorings als auch des Controllings. Werden im laufenden Prozess Auswertungen über die Maßnahmenaktivitäten erstellt, so können diese Auswertungen eher zum Prozess-Monitoring gezählt werden. Jedoch kann MOCS auch hilfreiche Ergebnisse für das Ergebniscontrolling liefern. Beispielsweise können nach Abschluss des Prozesses vor allem als Vorbereitung für die nächste MAB die umgesetzten Maßnahmen auf ihre Bedarfsorientierung und den Stand der Umsetzung untersucht werden.

MAB Check

Im Abschnitt »Prozess-Controlling« wurde eine Zwischenbefragung über verschiedene Aspekte des laufenden Follow-up-Prozesses dargestellt. In unserer Praxis hat sich eine Kurzbefragung – der **MAB Check** – als sehr effektives Instrument bewährt. Mit nur fünf Fragen kann der bisherige Umsetzungsgrad aus Sicht der Mitarbeiter erfasst werden. Die Fragen decken die einzelnen Prozessschritte Information, Ursachenanalyse, Maßnahmenableitung, Maßnahmenumsetzung und Veränderung ab (vgl. ◘ Abb. 4.24). Zusätzlich kann die Zufriedenheit der Mitarbeiter mit den bisherigen Umsetzungsaktivitäten erfasst werden. Auch der **MAB Check** ist eine Kombination aus Monitoring (Information, Ursachenanalyse und Maßnahmenableitung) und Controlling (Maßnahmenumsetzung und Veränderung).

Die Checkbefragung wird analog zur Organisations- bzw. Berichtsstruktur der MAB durchgeführt, wodurch für jede Abteilung, die auch einen Ergebnisbericht in der MAB erhalten hat und einen MAB-Workshop durchgeführt haben sollte, Ergebnisse aus der Checkbefragung vorliegen. Hierbei haben sich **Aktionen** bewährt, bei denen Postkarten mit geringem Kostenaufwand verteilt werden.

> Der **Zeitpunkt**, zu dem der MAB Check durchgeführt wird, ist **entscheidend für die Verwertbarkeit der Ergebnisse.**

Wird die Befragung zu kurzfristig nach der Kommunikation der MAB Ergebnisse durchgeführt, so werden kaum spürbare Veränderungen von den Mitarbeitern berichtet. Liegen die Ergebnisse erst kurz vor der nächsten MAB vor, so ist der Veränderungsprozess bereits so weit fortgeschritten, dass er nicht mehr angepasst werden kann. Aus unserer Erfahrung bietet sich in Abhängigkeit des Termins der Folgebefragung ein Zeitraum von ca. 4–6 Monaten nach Kommunikation der MAB Ergebnisse an.

Da der MAB Check nur sehr wenige Fragen verwendet, können die Ergebnisse schnell an die einzelnen Abteilungen zurückgespiegelt werden. Neben den Ergebnissen der Einzelfragen kann ein Index des Umsetzungsgrades aus Sicht der Mitarbeiter berechnet werden, der die Vergleichbarkeit zwischen Abteilungen vereinfacht. Darüber hinaus kann der Checkergebnisbericht abteilungsspezifische Auswertungen der Daten aus MOCS beinhalten. Somit ist ein Vergleich des Stands der Maßnahmenumsetzung und der bereits wahrgenommenen Veränderungen aus Mitarbeitersicht möglich. Die einzelnen Führungskräfte können Rückschlüsse über die Bedarfsorientierung und Wirksamkeit der eigenen Maßnahmen ziehen sowie deren Umsetzungsprozess anpassen.

Für die MAB-Projektgruppe und das Management können darüber hinaus spezielle Auswertungen über die wahrgenommene Wirksamkeit der Maßnahmen in verschiedenen Unternehmensbereichen sowie Zusammenhangsanalysen zwischen dem Stand der Umsetzung oder der Anzahl der Maßnahmen und den Ergebnissen des MAB Checks erstellt werden.

4.8.4 Resümee

Trotz der häufigen Vernachlässigung von Evaluationsmaßnahmen in der Praxis ist es möglich, die Effektivität von Follow-up-Prozessen gezielt zu untersuchen. Die dargestellten Ansätze können vor allem für die Verbesserung der angestoßenen Maßnahmen und des verwendeten Rahmenkonzeptes hilfreiche Ansatzpunkte liefern. Ebenso führen sie zu interpretierbaren Indikatoren für die Beurteilung der Wirksamkeit des Mitarbeiterbefragungsprozesses. Nur so ist es möglich, ein fundiertes Urteil über die angestoßenen Veränderungsprozesse fernab von rein argumentativen Ansätzen zu fällen.

Nichts desto trotz werden klassische Wirtschaftlichkeitsanalysen von Folgeprozessen auch durch Maßnahmen-Monitoring und -Controlling kaum möglich sein. Die Veränderungsprojekte aufgrund von Mitarbeiterbefragungen sind meist komplex und fließen in verschiedenste strategische Entscheidungen in Organisation ein, wodurch einfache Kosten-Nutzen-Analysen hier zu kurz greifen.

Vielmehr sollte das Ziel die Optimierung der Feedbackprozesse sein, um einen Beitrag zum Umgang mit Veränderungen sowie der Feedbackkultur an sich in Unternehmen zu leisten.

5 Firmenbeispiele

5.1 Continental – Fortschrittskontrolle bei Mitarbeiterbefragungen – 180
Klemens Schürger
5.1.1 Einleitung – 180
5.1.2 Fortschrittskontrolle – 181
5.1.3 Change Prozess Pilotbefragung Automotive Systems – 183
5.1.4 Resümee – 188

5.2 Erfolgreiche MAB und Folgeprozesse bei Carl Zeiss – 189
Karl-Heinz Hessling
5.2.1 Einleitung – 189
5.2.2 Mitarbeiterbefragung – 189
5.2.3 Folgeprozess – 192
5.2.4 »Lessons learned« – 194

5.3 Weltweite Mitarbeiterbefragung im Knorr-Bremse Konzern – ein Erfahrungsbericht – 194
Evita Riedlinger u. Sylvia Fritz
5.3.1 Der Business Excellence Gedanke – 195
5.3.2 Messung von Verbundenheit, Wertehaltung und Rahmenbedingungen im Unternehmen – 196
5.3.3 Knorr-Bremse und Business Excellence – 197
5.3.4 Auf dem Weg zum vollständigen Bottom-up-Ansatz der Follow-up-Phase im Sinne eines kontinuierlichen Verbesserungsbedarfs – 202
5.3.5 Ergebnisse – 203

5.4 Einführung einer standardisierten Mitarbeiterbefragung bei der MAN Nutzfahrzeuge AG: Erfahrungen mit dem Follow-up-Prozess – 203
Simone Rauch
5.4.1 MAN Nutzfahrzeuge Gruppe – 203
5.4.2 Historie und strategische Einordnung der MAB bei MAN – 204
5.4.3 Die Organisation der MAB 2004 – 204
5.4.4 Durchführung der Befragung – 205
5.4.5 Zentrale Ergebnisse der Befragung – 205
5.4.6 Rückmeldung der Ergebnisse – 206
5.4.7 Follow-up-Prozess – 206
5.4.8 Sicherung der Nachhaltigkeit – 207
5.4.9 Weiterentwicklung der MAB bei der MAN Nutzfahrzeuge AG – 209

5.1 Continental – Fortschrittskontrolle bei Mitarbeiterbefragungen

Klemens Schürger

5.1.1 Einleitung

Der Erfolg einer Mitarbeiterbefragung lässt sich nicht nur an einer hohen Beteiligungsrate messen. Eine Befragung beginnt erst dann zu »leben«, wenn die Mitarbeiter über deren Ergebnisse informiert werden, wenn Raum für Diskussionen gewährt wird und Führungskräfte gemeinsam mit ihren Mitarbeitern Veränderungsmaßnahmen vereinbaren und diese auch umsetzen. Das heißt, die Belegschaft muss »erfahren«, dass Veränderungen tatsächlich stattfinden. Ansonsten verwandelt sich die grundsätzlich positive Haltung der Mitarbeiter zur Befragung in Ablehnung. Daraus erklärt sich auch der Widerspruch in einer Untersuchung des Instituts für Kommunikations-Analyse und Evaluation in Bochum: Von den Personalverantwortlichen meinten 70%, dass Mitarbeiter innerbetriebliche Befragungen als Chance zum Mitgestalten begreifen, gleichzeitig aber hielten fast 60% viele MABs für Geld- und Zeitverschwendung (Personalwirtschaft, 2002).

Auch scheint man in vielen Unternehmen noch sehr weit von dem Zustand einer »idealen« MAB entfernt zu sein. So vertreten mehr als 70% der Personalverantwortlichen die Meinung, die Kommunikation der Befragungsergebnisse gegenüber den Mitarbeitern sei unzureichend und es würden nur mangelnde Konsequenzen aus den Ergebnissen gezogen werden (Personalwirtschaft, 2002). Wie aber lässt sich ein verbindlicher und offener Umgang mit den Auswertungen und damit der Erfolg einer MAB sicherstellen?

Je nach Unternehmens- und Führungskultur bieten sich unterschiedliche Methoden an. Im Wesentlichen wird sie durch den Aufwand bestimmt, den ein Unternehmen bereit ist, in den Umsetzungsprozess zu investieren. Für große Unternehmen kann allgemein festgehalten werden, dass oft unterschiedliche Methoden der Maßnahmengenerierung und -umsetzung nebeneinander zum Einsatz kommen. Der folgende Erfahrungsbericht zeigt zwei unterschiedliche Vorgehensweisen auf, die im Continental Konzern angewandt werden:

- Ein Verfahren, bei dem die Ergebnisdiskussion, Maßnahmenerstellung und deren Umsetzung durch Moderatoren begleitet werden.
- Eine Methode, bei der Aufwand und Effektivität in der Umsetzung in einem ausgewogenen Verhältnis stehen und dem unternehmerischen Prinzip der dezentralen Verantwortung weitgehend Rechnung getragen wird.

Das Unternehmen Continental

Der Continental Konzern ist einer der weltweit führenden Zulieferer der Automobilindustrie, der nicht nur über eine umfassende Expertise in der traditionell bekannten Reifentechnologie verfügt, sondern sich mit seiner Division Automotive Systems auch in den Bereichen Systeme, Komponenten und Entwicklungs-Know-how für Fahrsicherheit, Komfort, Fahrwerk und Antriebstechnik eine Spitzenposition als verlässlicher Partner der Autohersteller gesichert hat. Zu Continental Automotive Systems gehören Continental Teves und Continental Temic. Continental Teves entwickelt und produziert elektronische und hydraulische Brems-, Stabilitäts- und Fahrwerkregelsysteme sowie elektronische Luftfedersysteme und Sensoren. Continental Temic ist Spezialist auf den Gebieten Fahrwerkelektronik, Motormanagement und Getriebesteuerungen, elektrische Antriebe und Komfortelektronik. Weiterhin stellt der Continental Konzern auch Erzeugnisse für den Maschinen-, Apparate- und Bergbau sowie für die Möbel- und Druckindustrie her. Im Jahr 2004 erzielte die Continental AG einen Umsatz von 12,6 Mrd. €. Zurzeit beschäftigt das Unternehmen weltweit mehr als 81.000 Mitarbeiter.

Im Zuge der Globalisierung und damit verbundener Akquisitionen ist das Unternehmen in den letzten Jahren stark gewachsen. Dieses Wachstum muss vom Unternehmen und seinen Mitarbeitern »verkraftet« werden und der Phase des Wachstums idealerweise eine der Konsolidierung folgen. Die mit einer solchen Entwicklung verbundenen »Unwuchten« können nur dann bewältigt werden, wenn die Zusammenarbeit zwischen Mitarbeitern und Führungskräften von einer stabilen Unternehmenskultur getragen wird.

Leitbildorientierte MAB

Bis vor Kurzem entschied jede Division und jede Region des Continental Konzerns selbst, ob und in welcher Form MABs durchgeführt wurden. Dabei bestanden verschiedene Zielsetzungen und Konzepte der Befragungen nebeneinander. Als Folge daraus wichen die Schwerpunkte der Fragebogen voneinander ab, ebenso waren die Auswertungsergebnisse auch nicht vergleichbar. Durch die Zusammenarbeit mit unterschiedlichen externen Partnern entstanden außerdem vergleichsweise hohe Kosten, da keine Mengeneffekte und gemeinsame Entwicklungen umgesetzt werden konnten.

Im Rahmen einer strategischen Neuausrichtung des HR Konzernbereiches entschied sich das Unternehmen für ein neues, einheitliches Befragungskonzept, das konsequent am Unternehmensleitbild, den sogenannten »BASICS«, ausgerichtet ist. Mit dem neuen und weltweit eingesetzten Befragungsinstrument »BASICS live« soll die Leitkultur von Continental gestärkt und weiterentwickelt werden. Im Vordergrund stehen dabei u. a. Führungs- und Teamverhalten, Unternehmensstrategie, Qualität und eine Kultur des Lernens.

Während es bei den früheren Mitabeiterbefragungen um die reine Messung der Arbeitszufriedenheit ging, will das Unternehmen heute den Mitarbeiter als Partner in die Unternehmensstrategie einbinden. Die Mitarbeiter sollen sich mit dem Unternehmen identifizieren und zum Unternehmenserfolg beitragen.

Die Unternehmensleitung hat sich für einen Intervall von zwei Jahren entschieden, in dem die MABs weltweit durchgeführt werden sollen.

Um einen möglichst flächendeckenden und internationalen Einsatz des neuen Instrumentariums zu testen, wurde für 2004 in der Division Continental Automotive Systems (CAS) eine Pilotbefragung an allen deutschen und europäischen Standorten durchgeführt. Dabei wurden insgesamt rund 13.000 Mitarbeiter an 16 Standorten befragt. Die Vorbereitung der Erhebung und die Befragung mussten in einem ambitionierten Zeitrahmen von knapp 4 Monaten durchgeführt werden. Mit der Koordination und Durchführung wurde ein Projektteam bestehend aus zwei CAS Mitarbeitern und einem Mitarbeiter eines externen Instituts beauftragt. Für die Feldphase der Befragung stand ein Zeitraum von 5 Wochen in den Monaten September und Oktober zur Verfügung. Die Erhebung wurde im Konzern erstmals online und in Papierform durchgeführt. Die Auswertungsergebnisse lagen Anfang November vor. Zwar fanden an den Standorten der Division Automotive Systems in der Vergangenheit bereits Befragungen regelmäßig statt, die Verantwortung für die Ableitung von Konsequenzen aus den Erhebungsergebnissen lag jedoch bei den Führungskräften der einzelnen Geschäftsbereiche. Ein zentral gesteuerter Prozess, der Veränderungen in den einzelnen Bereichen initiiert und misst, fehlte bislang.

5.1.2 Fortschrittskontrolle

Betrachtet man die gängigen betrieblichen Methoden der Fortschrittskontrolle im Continental Konzern, lässt sich diagnostizieren, dass sie sich in der Regel zwischen den Polen vollständig dezentraler Verantwortung und moderierter Arbeitsgruppen bewegen. Die Entscheidung für eine Methode wird maßgeblich durch den Aufwand bestimmt, den sich ein Unternehmensbereich damit »leisten« will. Zunächst wird auf die Methode des moderierten »Change Workshops« eingegangen. Dieses Verfahren wird in der Reifendivision, die nicht an der Pilotbefragung 2004 teilnahm, seit Jahren angewendet.

Moderierte Change Workshops in kleinen Unternehmenseinheiten

Bei dieser Methode werden die Mitarbeiter in Gruppenarbeiten systematisch durch den gesamten Veränderungsprozess geführt. Dieser beginnt bereits mit der Beantwortung der Fragen in moderierten Gruppen. Die Teilnehmer erhalten dabei den Fragebogen und Erläuterungen zum Befragungsprozess. Die Antwortbogen werden von den Moderatoren zur Auswertung weitergeleitet.

Ebenfalls in moderierten Workshops (unterstützt von Mitarbeitern des Project Managements – PROMPT) interpretieren die Führungskräfte gemeinsam mit ihren Mitarbeitern die Ergebnisse, versuchen die Ursachen für das Ergebnis zu analysieren und vereinbaren Maßnahmen, die zu Verbesserungen in den diagnostizierten Handlungsfeldern führen sollen. Die Ergebnisprotokollierung findet simultan während der Veranstaltungen statt. Die Maßnahmen und deren Umsetzungsstand werden an den Informationsstellen der Betriebe veröffentlicht (Schwarze Bretter).

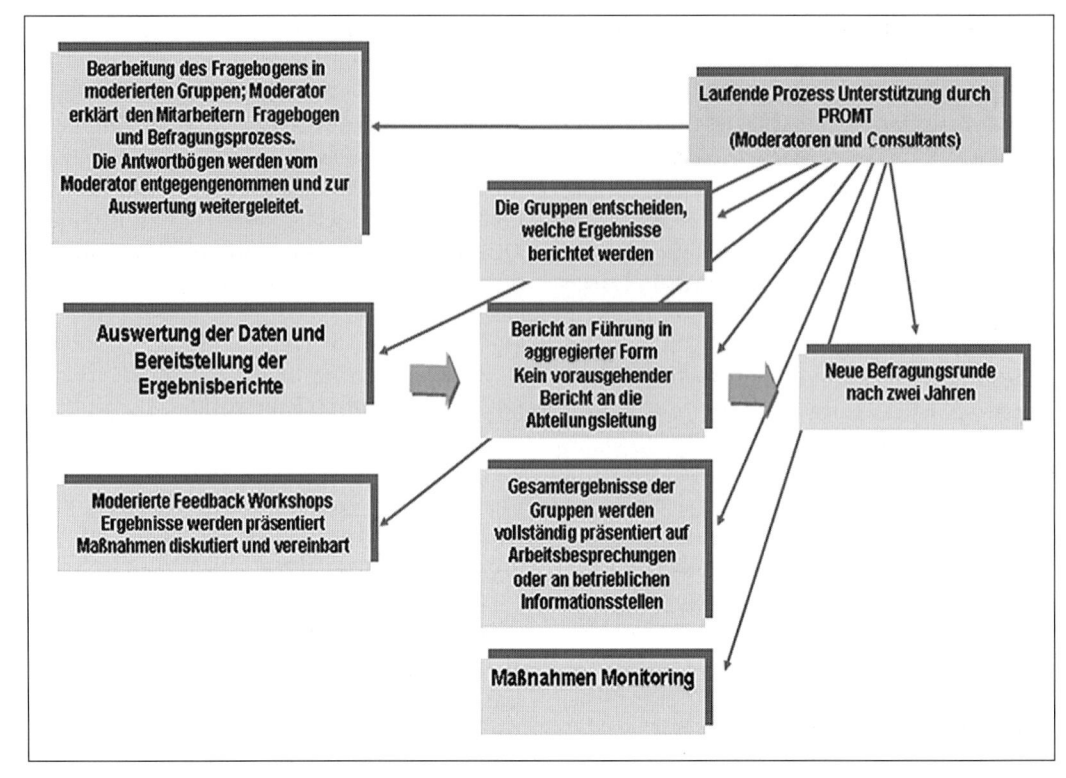

◻ Abb. 5.1. Ablauf MAB in der Reifendivision

Spätestens nach einem halben Jahr finden Follow-up-Workshops statt, die ebenfalls von einem Moderator begleitet werden. Gegenstand dieser Veranstaltungen ist der Umsetzungsstand der vereinbarten Maßnahmen. Die Workshops werden so lange fortgeführt, bis 80% aller Maßnahmen vollständig umgesetzt sind.

Dieser Vorgehensweise liegt in erster Linie ein ausgeprägter Wandlungswille zugrunde. Bei der Befragung geht es nicht um den Nachweis sozialwissenschaftlicher Theorien, sondern um nachhaltige Veränderungen in der Unternehmenskultur sicherzustellen. Von daher handelt es sich um einen sehr pragmatischen und lösungsorientierten Ansatz mit dem Vorteil, dass die Mitarbeiter unmittelbar und aktiv an Veränderungen mitgestalten können und dadurch von der Effektivität der Befragungen überzeugt sind.

Die Erfahrung der Reifendivision mit dieser Methode sind sehr positiv. Wesentliche Faktoren für eine erfolgreiche Umsetzung sind dabei:

— Sorgfältige Vorbereitung der Moderatoren auf ihre Aufgabe
— Benennung eines Verantwortlichen/Bereiches für die Umsetzungsphase
— Nominierung eines Gesamtverantwortlichen je Standort (»local coordinator«)
— Monatliche Aktualisierung der Aktivitätenliste und eine offensive Kommunikation der wesentlichen Änderungen an die Mitarbeiter (z. B. Klimaanlage in der Vulkanisation)
— Beim Follow-up-Workshop müssen nicht unbedingt alle Mitarbeiter teilnehmen. Es genügt auch eine ausgewählte Mitarbeitergruppe (Repräsentanten).

Dezentrale Maßnahmenerarbeitung und -umsetzung

Im Folgenden wird das in der Pilotbefragung der Continental Automotive Systems Division eingesetzte Verfahren zur Maßnahmenerarbeitung und -umsetzung dargestellt. Diese Form der Fortschrittskontrolle resultiert aus einem sehr weitreichenden Führungsverständnis. Dabei liegt die Verantwortung für den, aus den Befragungsergebnissen resultierenden, Veränderungsprozessen ausschließlich bei den Führungskräften der jeweilgen Auswertungseinheit. Die Initiative geht in der Regel von der Unternehmensleitung aus. Nach Vorliegen der Auswertungsergebnisse wird als »big bang« der Auftrag für den Veränderungsprozess an die Führungskräfte der jeweiligen Berichtsstruktur erteilt.

Idealerweise sind die Verantwortlichen gefordert, möglichst regelmäßig über die Maßnahmenerstellung und die Umsetzungsfortschritte in den Geschäftsleitungssitzungen zu berichten. Erfahrungen der Vergangenheit haben jedoch gezeigt, dass die erforderlichen Veränderungen mit viel Euphorie begonnen wurden, für die Umsetzung jedoch der »lange Atem« fehlte. Ergebnisse waren »Maßnahmenruinen«, die bei den Mitarbeitern die kritische Haltung zur MAB noch verstärkten.

5.1.3 Change Prozess Pilotbefragung Automotive Systems

Wie bereits erwähnt, wurde als Pilot für den Gesamtkonzern im Jahr 2004 in der Continental Division Automotive Systems eine MAB an den deutschen und europäischen Standorten durchgeführt (13.000 Mitarbeiter an 16 Standorten). Damit sollte der neue Fragebogen und die Effizienz der erstmals im Konzern eingesetzten Online-Befragung für einen internationalen und flächendeckenden Einsatz getestet werden. Die Erhebungsmethode einer webbasierten Befragung hat sich dabei bewährt. So konnten bei einer gesamten Beteiligungsquote von 75% keine signifikanten Unterschiede in der Teilnahmebereitschaft zwischen dem Papierfragebogen und der Onlineversion festgestellt werden. Anzunehmen ist daher, dass die Teilnehmer keine Zweifel an Anonymität und Sicherheit der Online-Befragung hatten und ihnen diese Methode zusagte. Auch traten keine technischen Probleme auf. Die an die Feldphase anschließende Evaluation der Fragebogeninhalte führte zu weiteren Modifikationen, sodass für den konzernweiten Einsatz in 2006 ein sorgfältig validierter Fragebogen zur Verfügung steht.

Die Unternehmen der Division Automotive Systems hatten mit diesem Pilot erstmals gemeinsam eine MAB durchgeführt. Die Verantwortlichen waren sich auch einig, die Maßnahmenerarbeitung und -umsetzung mit einer gemeinsamen Methodik zu begleiten bzw. sie zu koordinieren. Entsprechend der Divisionsstruktur mit ihren weitgehend eigenverantwortlichen Geschäftsbereichen hatte man sich für eine dezentrale Form des Veränderungsprozesses entschieden. Allerdings wurde versucht, die Eigenverantwortung der Führung mit ihren geschilderten Nachteilen sowie eine zielstrebige und kontrollierte Maßnahmenumsetzung in Einklang zu bringen.

Vorgehensweise

Für die Maßnahmengenerierung (beginnend mit der Bereitstellung der Auswertungsergebnisse) und -umsetzung war folgende Vorgehensweise geplant:

Kommunikation der Ergebnisse

1. Ab Anfang November 2004 (ca. zwei Wochen nach der eigentlichen Befragung) erhielten die Führungskräfte die Berichte mit den Auswertungsergebnissen ihrer Bereiche (Standorte, Geschäftsbereiche usw.) per E-Mail zur Verfügung gestellt. Erläuterungen zum besseren Verständnis der Berichte waren ebenfalls beigefügt.
2. Ab Dezember 2004 erfolgte die Veröffentlichung der zusammengefassten Ergebnisse im Intranet oder durch Aushang (CAS und Standort gesamt).
3. Die Führungskräfte hatten den Auftrag, ihre Mitarbeiter über die Detailergebnisse der Auswertungsberichte bis Ende Januar 2005 zu informieren. Zudem sollten die Ergebnisse mit dem nächst höheren Vorgesetzten besprochen werden.

Erarbeitung Maßnahmen

4. Die Führungskräfte waren verpflichtet, gemeinsam mit ihren Mitarbeitern Verbesserungsmaßnahmen zu erarbeiten (bis Ende Februar 2005) und anschließend umzusetzen. Hierzu stellte das externe Institut unterstützende Materialien bis Ende Dezember 2004 bereit (Leitfaden für die Führungskräfte, ◘ Abb. 5.2).
5. Es wurde erwartet, dass jeder Bereich mindestens zwei kurzfristige und eine langfristige Maß-

◘ Abb. 5.2. Gliederung des Leitfadens für Führungskräfte

Leitfaden CAS MAB 2004 — Continental

1. MAB-Gesamtprozess
2. Ihre Aufgaben als Führungskraft
   - Ergebnisrückmeldung
   - Maßnahmenableitung
   - Maßnahmenumsetzung
   - Controlling der Maßnahmen
3. Aktivitätenplan
4. Gesprächsführung
   - Allgemeine Anmerkungen
   - Was tun, wenn Mitarbeiter schweigen?
   - Was tun, wenn Mitarbeiter die Ergebnisse beschönigen?
   - Reaktionstechniken

nahme für seine Handlungsfelder ableitet. Kurzfristige Maßnahmen konnten in der Regel vom jeweiligen Bereich eigenverantwortlich bearbeitet werden. Langfristige Maßnahmen dagegen waren meist bereichs- oder standortübergreifend. Deren Umsetzung lag in der Verantwortung des jeweils zuständigen Managements.

Monitoring

6. Je Bereich mussten Mitarbeiter für das Monitoring der Maßnahmenumsetzung benannt werden. Diese waren bis Ende Dezember 2004 an das zentrale Projektteam zu melden.
7. Die mit dem Monitoring beauftragten Mitarbeiter wurden verpflichtet, den Umsetzungsstand der erarbeiteten Maßnahmen monatlich an das zentrale Projektteam zu melden. Dieses führte die Ergebnisse zusammen und veröffentlichte sie über das für alle Mitarbeiter zugängliche Intranet von Continental (vgl. dazu ◘ Abb. 5.3 und 5.4). Für die einzelnen Rückmeldungen stand den verantwortlichen Mitarbeitern jeweils ein einheitliches Template zur Verfügung. Das heißt, die Meldungen zu den Maßnahmen und deren Realisierungsstand erfolgten in einer standardisierten Form. Dabei konnte zwischen den Statusangaben »measure not yet started«, »measure developed«, »realization« und »measure completed« ausgewählt werden. Umfangreiche Anpassungen und redaktionelle Überarbeitungen

◘ Abb. 5.3. Stand der Maßnahmenumsetzung in Prozent der eingereichten Maßnahmen (Zwischenstand Februar 2006)

Stand der Maßnahmenumsetzung

- 38%
- 3%
- 29%
- 30%

☐ Measure not yet started/ Maßnahme noch nicht gestartet
☐ Measure developed/ Maßnahme entwickelt
☐ Realisation/ Umsetzung
☐ Measure completed/ Maßnahme abgeschlossen

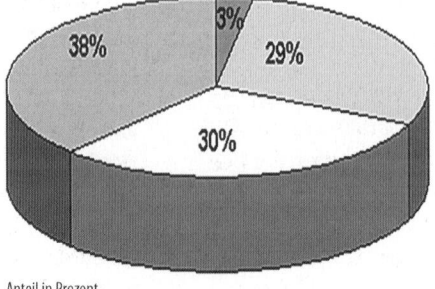

Anteil in Prozent

Abb. 5.4. Stand der Maßnahmenumsetzung in absoluten Zahlen (Zwischenstand Februar 2006)

Business Units	Measure not yet started	Measure developed	Realisation	Measure completed	Total
Central Functions		21	8	5	34
BU Foundation		4	5	13	22
Headquarters		2	2	2	6
Plant A		2	2	2	6
Plant B			1	9	10
BU Actuation		7	10	63	80
Headquarters		7	8		15
Plant C				3	3
Plant D			2	60	62
BU Electronic Brake & Safety Systems	1	40	53	40	134
Headquarters		13	20	12	45
Profit Center E			2	2	4
Profit Center F		5	8	4	17
Plant G		1	3	1	5
Plant H		17	3	9	29
Plant I	1	4	17	12	34
BU Chassis & Powertrain	3	7	3	2	15
Location J	2	4	1		7
Location K	1	3	2	2	8
BU Electric Drives	4	6	9	6	25
Headquarters	1	2	3	1	7
Location L			3	3	6
Plant M	2	1	2	1	6
Plant N	1	3	1	1	6
BU Body Electronics	2	10	12	15	39
Headquarters		2	3	1	6
Plant O	2	5	4	7	18
Plant P		1	1	7	9
Plant Q		2	4		6
BU Aftermarket		14	1	8	23
Total	10	109	101	152	372

vor der Veröffentlichung sollten durch diese Vorgaben vermieden werden. In der Praxis hielt sich allerdings nur ein Teil der Verantwortlichen an die vorgegebene Form. Fehlende Rückmeldungen wurden per Rund-E-Mail vom Projektteam eingefordert.

8. Im Juni 2005 führte das externe Beratungsinstitut eine Kurzbefragung bei den Mitarbeitern durch (»quick check«). Mit dieser Erhebung wurde abgefragt, wie der Veränderungsprozess von den Mitarbeitern erlebt wird.

Auditierung

9. Im Zuge einer weiteren Konsolidierung des neuen Veränderungsprozesses in der CAS Division werden an ausgewählten Standorten BASICS live Audits durchgeführt, mit denen man erneuten Schub in den Veränderungsprozess bringen will. Weiterhin sollen mit diesem Instrument die Stärken und Schwächen der einzelnen Schritte des BASICS live-Prozesses identifiziert und daraus Verbesserungsvorschläge abgeleitet werden.

10. Die Fragen wurden nach den Regeln des Qualitätsaudits entwickelt. Die Auditierung umfasst den gesamten BASICS live Prozess (d. h. von der Vorbereitung der MAB über die Feldphase bis zum Veränderungsmanagement). Die Bewertung erfolgt auf der Grundlage des HR Audits der CAS Division (Dreiphasensystem Rot, Gelb und Grün).

11. Auditiert werden Standorte mit einem Anteil von weniger als 50% an den beiden Statusmeldungen »realisiert« und »abgeschlossen« sowie Standorte mit einem erheblichen Anteil von Maßnahmen mit dem Status »noch nicht entwickelt« (mehr als ein Drittel) (Beispiel **Abb. 5.5**).

Status of Measures CAS BASICS Live 2004/2005						
	Measure not started yet	Measure developed	Realization	Measure completed		
Location	Number of Measures				Total	Good/Bad/Ugly
A	3	3	5	2	13	☺
B	2	5	4	7	18	☹
C		6	8	8	22	☺
D		57	39	27	123	☺
E		1	3	1	5	☺
F		2	3	1	6	☺
G				3	3	☺
H (To be audited)	1	3	1	1	6	☹
I	1	3	2	2	8	☹
J (To be audited)					0	☹
K	2	6	8	3	19	☺
L		6	9	11	26	☺
M			2	60	62	☺
N			2	2	4	☺
O (To be audited)		17	3	9	29	☹
P		2	2	2	6	☹
Q			1	9	10	☺
R (To be audited)					0	☹
S					0	☹
T	1	4	17	12	34	☺
Total	10	96	112	136	394	☺

Abb. 5.5. Beispiel zur Auswahl der zu auditierenden Standorte

Problemfelder und Lösungen

Rückwirkend betrachtet hat sich die erstmals im Rahmen der Pilotbefragung verwendete Form der Maßnahmenverfolgung bewährt. Allerdings hat die praktische Umsetzung eine Reihe von Problemen ergeben, die im Folgenden aufgezeigt werden. Dazu wurden Lösungen erarbeitet, die ebenfalls beschrieben werden und in der folgenden MAB 2006 bereits zur Anwendung kommen sollten.

Rollenverständnisse

Unmittelbar nach dem Vorliegen der Auswertungsergebnisse wurden die Bereiche gebeten, mit der Generierung von Maßnahmen zu beginnen und an das zentrale Projektteam Mitarbeiter zu benennen, die für das Monitoring der Maßnahmenumsetzung verantwortlich sind (s. o.). Definiert wurden diese als »**Change Agents**«. Sie sollten als Schnittstelle zwischen der für den Veränderungsprozess verantwortlichen Führungskraft und dem Projektteam tätig sein und regelmäßig über den Stand der Maßnahmenumsetzung berichten. Analog dazu beinhaltete der Verantwortungsbereich der **Führungskräfte**:

— Information der Mitarbeiter über die Ergebnisse der MAB
— Interpretation und Diskussion der Ergebnisse mit den Mitarbeitern
— Ableitung von Maßnahmen gemeinsam mit den Mitarbeitern oder die Koordination der Maßnahmenerarbeitung durch die Mitarbeiter
— Koordination von bereichsübergreifenden Maßnahmen
— Durchführung oder Beauftragung der Maßnahmenkontrolle
— regelmäßiger Bericht über den Realisierungsstand der Maßnahmen an die nächst höhere Führungskraft.

Die Hauptverantwortung für den Veränderungsprozess lag damit bei den Führungskräften der ausgewerteten Einheiten. Die örtlichen **Personalleiter** waren als Miteigner des Befragungsprozesses die lokalen Sponsoren, die u. a. den Auftrag hatten, den Maßnahmenstatus in den Führungsgremien aktiv abzufragen und auf den Betriebsversammlungen regelmäßig darüber zu berichten.

Zwar wurde mit einem ausreichenden zeitlichen Vorlauf über die neuen und spezifisch auf die Umsetzung der MAB zugeschnittenen Aufgaben informiert, die Praxis des Veränderungsprozesses zeigte aber, dass die Organisation mehr Zeit als vorgesehen für die Umsetzung benötigte. Dies war u. a. auf die Erstmaligkeit des Verfahrens in der Division zurückzuführen. Auch traten Unsicherheiten im Rollenverständnis einzelner Teilnehmer auf, insbesondere in der Abgrenzung zwischen den Change Agents und den Führungskräften. So wurde die Verantwortung für die Ableitung der Maßnahmen und deren Realisierung teilweise an die Change Agents abgegeben. Die entsprechenden Führungskräfte nahmen sich damit aus der Verantwortung für den eigentlichen Kern des Veränderungsprozesses. Bei dieser Vorgehensweise besteht die Gefahr, dass die Führungskraft bei ihren Mitarbeitern an Glaubwürdigkeit verliert. Andererseits birgt eine umfassende Delegation auch einen positiven Aspekt: In schwierigen Führungskonstellationen ist es u. U. besser, wenn ein neutraler Dritter mit den betroffenen Mitarbeitern Maßnahmen zur Verbesserung der Situation vereinbart und umsetzt. Dabei ist es jedoch unsicher, ob und in welchem Umfang die jeweilige Führungskraft eine Realisierung zulässt oder aufgrund mangelnder Kritikfähigkeit diese vielmehr unterläuft oder sogar »torpediert«.

Die geschilderten Erfahrungen zielen auf drei Aspekte ab, die bei künftigen Erhebungen und deren Veränderungsprozessen berücksichtigt werden sollten:

- Bei der erstmaligen Einführung eines solchen Prozesses ist der Organisation ausreichend Zeit zu geben, damit sie sich auf das Neue einstellen kann. Es empfiehlt sich, die Kommunikation dazu nicht erst nach Abschluss der eigentlichen MAB, sondern bereits zusammen mit den Vorbereitungen zur Durchführung der Erhebung vorzunehmen.
- Die am Change-Prozess Beteiligten müssen rechtzeitig eine klare Vorstellung ihrer Rollen vermittelt bekommen. Nur so lassen sich langwierige Abgrenzungen vermeiden. Pro Auswertungseinheit sollte ein Change Agent aus dem betreffenden Bereich bestimmt werden.
- Mitarbeiter mit Führungsverantwortung sind kraft ihrer Funktion in der Verantwortung, wenn es um die Initiierung und Umsetzung von Veränderungen geht. Eine Delegation sollte sich auf die Koordinierung und Begleitung von Veränderungen beschränken. Wird ein Mitarbeiter darüber hinaus mit der Durchführung des gesamten Prozesses beauftragt, muss er **formal** mit den entsprechenden Kompetenzen ausgestattet werden. Eine entsprechende Kommunikation an die Mitarbeiter des Bereiches ist obligatorisch.

Für die Meldung der Change Agents stand den Bereichen ein Zeitraum von etwa vier Wochen zur Verfügung. Dieser Termin wurde nur von etwa einem Drittel der beteiligten Divisionsbereiche eingehalten. Der letzte Mitarbeiter wurde erst nach mehrmaligen Aufforderungen im Februar 2005 gemeldet (nahezu drei Monate nach Veröffentlichung der Auswertungsergebnisse). Auch dies kann als Indiz für den bereits erwähnten zeitlichen Vorlauf gewertet werden, den die Organisation zur Einführung des neuen Prozesses benötigte.

Administration der Veränderungen

Grundsätzlich ist in der Fortschrittskontrolle eine Standardisierung der einzelnen Schritte und der dabei verwendeten Instrumente unerlässlich. Nur so lässt sich eine effiziente Bearbeitung und die Vergleichbarkeit zwischen den Ergebnissen der Einzelbereiche sicherstellen. Diesem Grundsatz entsprechend standen den Beteiligten für alle Schritte des Veränderungsprozesses Dokumentationen und Arbeitshilfen wie Leitfäden und Vorlagen zur Verfügung. Dennoch resultieren aus dem Pilotbetrieb eine Reihe von Optimierungen, auf die im Folgenden eingegangen wird:

1. Im Zuge der Maßnahmenrückmeldung wurden von manchen Change Agents nicht die vorgesehenen Excel Templates sondern Power Point Präsentationen verwendet. Weiterhin haben einige Change Agents den Realisierungsstand in ihrer jeweiligen Landessprache dem zentralen Projektteam zur Verfügung gestellt. Folglich mussten die Berichte nachgearbeitet und übersetzt werden. Für künftige Befragungen ergibt sich daraus eine rigide Kanalisierung der Rückmeldungen durch vorgegebene Vorlagen. Andere Darstellungsweisen dürfen dabei nicht akzep-

tiert werden. Ferner müssen die Rückmeldungen in englischer Sprache und im monatlichen Turnus erfolgen.
2. Bei Standorten mit einer sehr hohen Auswertungstiefe empfiehlt es sich, einen lokalen Koordinator zu benennen, der den Rücklauf der Maßnahmenumsetzung steuert. Dadurch lassen sich Nachfragen durch das Projektteam vermeiden, das in der Regel die jeweiligen Standortstrukturen nicht kennt.
3. Das bisherige Formular zur Maßnahmenrückmeldung beinhaltete nur eine Stichtagsbetrachtung. Die Veränderung des Umsetzungsstatus konnte nur über einen Abgleich mit der jeweils vorangegangenen Meldung hergestellt werden. Um diesen Aufwand zu eliminieren wird die aktuelle Statusangabe (neu) des Templates um ein Feld »Status alt« ergänzt.
4. Die von den Bereichen erarbeiteten Maßnahmen waren teilweise von sehr unterschiedlicher Qualität, was deren Bewertung und Zählung erheblich erschwerten. So gab es beispielsweise Bereiche, die einzelne Arbeitsschritte als Gesamtmaßnahmen meldeten. Manche Standorte wiederum verabschiedeten zwar insgesamt nur drei Maßnahmen, diese wurden jedoch auf alle Bereiche heruntergebrochen. Für künftige Erhebungen empfiehlt sich eine sowohl quantitative als auch qualitative Definition des Begriffes »Maßnahmen«, veranschaulicht an konkreten Beispielen.
5. Die Erfahrungen haben gezeigt, dass sich der aus der MAB resultierende Veränderungsprozess über einen sehr langen Zeitraum erstreckt (in der Regel bis zur Folgebefragung). Naturgemäß treten dabei »Ermüdungserscheinungen« auf, die sich u. a. in »schleppenden« Rückmeldungen zeigen (trotz wiederholter Aufforderungen durch das zentrale Projektteam). Um dies zu vermeiden empfiehlt es sich durch lokale Veranstaltungen wie beispielsweise Informationsmärkte Energie und »neuen Schwung« in das Thema zu bringen.
6. Zur Vorbereitung auf ihre Rolle wurde den Führungskräften ein Leitfaden zu ihrer Aufgabe im Rahmen der MAB zur Verfügung gestellt (s. o.). Trotzdem kam es vermehrt zu Anfragen, ob das zentrale Projektteam Unterstützung bei der Interpretation der Auswertungsergebnisse und bei der Erarbeitung von Maßnahmen leisten könne. Die daraufhin angebotenen Workshops zu den Themen wurden nur sehr mäßig genutzt. Allgemein scheint der aus der MAB resultierende Veränderungsprozess im Tagesgeschäft eine nur untergeordnete Rolle gespielt zu haben. Um dem vorzubeugen, sollten bei der kommenden Befragung die örtlichen Personalleiter als Sponsoren des Prozesses das Thema maßgeblich »treiben«.

5.1.4 Resümee

Universell gültige und anwendbare Lösungen für die Umsetzung von Veränderungen aus einer MAB gibt es nicht. Vielmehr ist die Wahl einer geeigneten Methodik abhängig von ihren Zielsetzungen und -gruppen sowie von dem Aufwand, den ein Unternehmen oder Bereich bereit ist zu investieren. Je nach Betonung des einen oder anderen Aspektes lassen sich jedoch einige allgemeingültige Schlussfolgerungen ableiten.

Für Standorte mit einem hohen Anteil an Produktionsbereichen empfiehlt sich der Einsatz moderierter Change Workshops, wie sie auch in der Reifendivision von Continental gängige Praxis sind. Die wesentlichen Gründe dafür sind:

— Im Gegensatz zu den indirekten Bereichen muss im Tagesgeschäft ein Termin gefunden werden, der nicht zu Ausfällen in der Fertigung führt. Um dies sicherzustellen, ist eine stringent gesteuerte und zeitlich getaktete Moderation oft die einzige Möglichkeit, einen Veränderungsprozess auf den Weg zu bringen und am Laufen zu halten.
— Bei einem Vergleich der hierarchischen Strukturen in den Produktionsbereichen mit den indirekten Bereichen ist festzustellen, dass erstere weitaus tiefer gegliedert sind. Daraus kann resultieren, dass die unteren Führungsebenen die Relevanz des Veränderungsprozesses nicht anerkennen, beispielsweise dann, wenn im Rahmen der Zielvereinbarungskaskade das Thema nicht durchgängig abgeleitet wurde. Auch in diesem Fall empfiehlt es sich, moderierte Change Workshops durchzuführen.

Dem Einsatz der von der Division Automotive Systems bevorzugten Methodik ist dann der Vorzug zu geben, wenn
- Unternehmensstruktur durch weitgehend eigenverantwortliche Geschäftsbereiche gekennzeichnet ist und die Führungskräfte gewohnt sind, selbständig zu handeln und zu entscheiden und gleichzeitig der Veränderungsprozess in einer standardisierten und kontrollierten Form erfolgen soll,
- Mitarbeiter in den Produktionsbereichen in KVP Prozessen geschult sind und dadurch mit der Umsetzung von Change Management Prozessen vertraut sind.

5.2 Erfolgreiche MAB und Folgeprozesse bei Carl Zeiss

Karl-Heinz Hessling

5.2.1 Einleitung

Carl Zeiss – Optik für Wissenschaft und Technik, Fortschritt für den Menschen

Carl Zeiss ist eine weltweit führende Unternehmensgruppe der optischen und opto-elektronischen Industrie. Als innovationsstarker Anbieter von Produkten und Dienstleistungen in einer zukunftsorientierten Schlüsselindustrie zählt Carl Zeiss zu den besonders forschungsintensiven Technologiekonzernen. Die Carl Zeiss Gruppe ist auf Wachstum und konsequente Unternehmenswertsteigerung ausgerichtet. Der Ursprung des Unternehmens liegt im thüringischen Jena, der Hauptsitz ist Oberkochen, Baden-Württemberg. Mit einem Auslandsanteil von mehr als 80 Prozent des Umsatzes ist Carl Zeiss global ausgerichtet. Die Unternehmensbereiche der Gruppe bieten ihre Erzeugnisse auf allen relevanten Märkten der Welt an. Schwerpunkt der Fertigung ist Deutschland. Daneben besitzt Carl Zeiss Produktionsstätten im europäischen Ausland, in Nordamerika und Mexiko sowie in Asien. In mehr als 100 Ländern ist die Marke ZEISS mit einer Repräsentanz vertreten. Eigene Niederlassungen betreiben das Geschäft in mehr als 30 Ländern. Im Geschäftsjahr 2004/2005 erzielten die weltweit rund 11.500 Mitarbeiter einen Umsatz von rund 2,2 Mrd. €.

Vision und Strategie – »We make it visible«

Carl Zeiss strebt ehrgeizige Wachstumsziele an. Die Geschäftsbereiche der Gruppe haben ihre Position am Markt in den zurückliegenden Jahren durch die Erweiterung ihres Portfolios, insbesondere durch Zukäufe, die Erschließung neuer Geschäftsfelder und Kooperationen, gezielt verstärkt. Auch für die weitere Entwicklung setzt die Gruppe den Schwerpunkt auf drei strategische Konzepte:
- Wachstum im bestehenden Geschäft, vor allem durch Innovation und konsequente Kundenorientierung,
- Aufbau neuer Geschäftsfelder sowie
- Übernahmen und Beteiligungen zur Erweiterung der technologischen Basis und des Marktzugangs.

Dabei spielt die Mitarbeiterorientierung eine große Rolle: »Unser Erfolg ist das direkte Ergebnis der Beharrlichkeit und Einsatzbereitschaft unserer Mitarbeiter.« Um diese positive Entwicklung nachhaltig zu sichern, setzt Carl Zeiss auf aktive Beteiligung seiner Mitarbeiter. Eines der wichtigsten Beteiligungsinstrumente ist dabei die Mitarbeiterbefragung (MAB).

5.2.2 Mitarbeiterbefragung

Die Mitarbeiterbefragung wird noch nicht in allen Unternehmensteilen angewendet. Im **SMN** (Service and Manufacturing Network), den Zusammenschluss von vier Standorten mit Serviceleistungen (Produktion und Dienstleistungen) mit insgesamt 2.200 Mitarbeitern, wird die MAB schon wiederholt durchgeführt. Der nachfolgend beschriebene MAB-Prozess bezieht sich deshalb auf den Anwendungsfall im SMN.

Grundsätzliche Struktur der MAB

Die Mitarbeiterbefragung ist mehr als eine Statusquo-Erhebung der aktuellen Arbeitszufriedenheit. Vielmehr ist sie ein aktives Beteiligungsinstrument für die Mitarbeiter, mit dem sie Anknüpfungspunkte für Verbesserungsmaßnahmen setzen können.

Dabei werden zwei Projektphasen unterschieden: Erhebung und Folgeprozess. In **Phase 1** erfolgt die eigentliche Befragung der Mitarbeiter am Stand-

◘ Abb. 5.6. Projektphasen der MAB bei Carl Zeiss im SMN

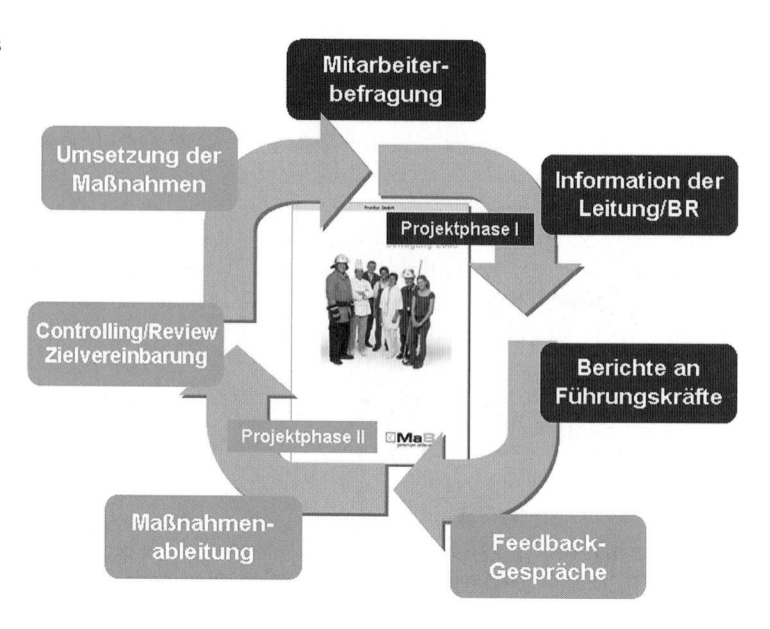

ort. Nach Auswertung der Fragebogen erfolgt das Reporting des Gesamtergebnisses an Gremien des Standortes wie Führungskreise und Betriebsrat. **Phase 2** des Folgeprozesses ist geprägt durch abgestufte Kommentierung der Einzelergebnisse sowie Ableitung und Umsetzung von gezielten Verbesserungsmaßnahmen.

Leitmotiv »Business Excellence« der EFQM

In der Vergangenheit wurden zahlreiche Managementansätze mit dem Ziel entwickelt, die Wettbewerbsfähigkeit der Unternehmen zu erhalten und zu verbessern. Häufig handelt es sich dabei jedoch um Teilkonzepte wie »employee empowerment« oder »Just-in-time-Management«, die auf spezifische Fragestellungen ausgerichtet sind oder sich auf Teilaspekte beziehen. Die Konzentration auf einseitige Messgrößen führt jedoch zu unsystematischen und eher kurzfristig geprägten Management-Entscheidungen. Einen integralen und systematischen Ansatz zur kontinuierlichen Verbesserung bietet das Modell der European Foundation for Quality Management (EFQM). Es hat sich in den letzten Jahren zu einem anerkannten Instrument der Unternehmensausrichtung mit einem umfassenden Qualitätsmanagement entwickelt.

Das EFQM-Modell stellt einen strukturierten Handlungsrahmen auf, der es ermöglicht, bestehende Potenziale zu identifizieren, gezielte Verbesserungsmaßnahmen umzusetzen und den Erfolg zu bewerten. Es beruht auf folgender Prämisse: Exzellente Ergebnisse im Hinblick auf Leistung, Kunden, Mitarbeiter und Gesellschaft werden durch eine Führung erzielt, die Politik und Strategie mit Hilfe der Mitarbeiter, Partnerschaften und Ressourcen sowie der Prozesse umsetzt. Dabei orientiert sich das Modell an den Bedürfnissen der drei wichtigsten und erfolgskritischsten Interessengruppen: Kunden, Mitarbeiter und Eigentümer. Aufbau und Nutzen des Modells beruhen auf der umfassenden Betrachtung neun verschiedener Dimensionen: Dazu gehören zum Beispiel »Befähiger«-Aspekte (= »Stellhebel« für »business excellence«) wie Führung, Mitarbeiterorientierung und Ressourcen. Diese Aspekte betrachten, wie die Organisation ihre Hauptaktivitäten abwickelt. Bei den »Ergebnis«-Variablen geht es darum, welche Ergebnisse beispielsweise bei Kunden und Mitarbeitern erzielt wurden.

Herzstück des Modells ist die so genannte RADAR-Logik. Die Elemente von RADAR sind »results« (Ergebnisse), »approach« (Vorgehen), »deployment« (Umsetzung), »assessment and review« (Bewertung und Überprüfung). Die Elemente Vorgehen, Umsetzung, Bewertung und Überprüfung dienen zur Bewertung der »Befähiger«-Kriterien, das Ergebnis-Element zur Bewertung der »Ergebnis«-Kriterien. In diesem Zusammenhang erfüllt die MAB gleich zwei Zwecke: zum einen Messung der Mitarbeiterzufrie-

Abb. 5.7. Fragebogen zur MAB 2006

denheit (7. Kriterium im EFQM-Modell) und zum anderen zur Bewertung der Maßnahmen, die im Rahmen der Befähigerkriterien eingeführt oder verändert wurden.

Die bei Carl Zeiss praktizierte Mitarbeiterbefragung erfolgt unter besonderer Berücksichtigung der organisatorischen und inhaltlichen Aspekte dieses umfassenden EFQM-Qualitätsmodells.

Entwicklung des Befragungsinstruments und internes Commitment

Die Entwicklung des Fragebogens (◘ Abb. 5.7) erfolgte in Zusammenarbeit mit einem externen Institut und »Best-Practice-Partnern«.

Ein wesentlicher Baustein für den Erfolg einer MAB ist die interne Abstimmung und die verbindliche Zustimmung wichtiger Gremien. So wurden vor der Durchführung, die Philosophie, das Instrument, die Rollen sowie Chancen und Risiken mit den Führungskräften und Betriebsrat diskutiert und das Commitment erreicht.

Zudem wurde der Fragebogen in einem Pre-Test einer quotierten Auswahl von Mitarbeitern vorgelegt. Dabei konnten Missverständliches beseitigt und Alternativen formuliert werden.

Durchführung der Befragung

Die Durchführung der Befragung orientiert sich im Wesentlichen an den folgenden wissenschaftlichen Grundsätzen:

- **Commitment:** Die Unternehmensleitung muss voll und ganz hinter der Befragung stehen und die Partizipation seiner Mitarbeiter ausdrücklich wünschen. Das Einverständnis des Betriebsrates zu Inhalt und Umfang der MAB ist grundsätzlich erforderlich und auch hinsichtlich der Akzeptanz unter den Mitarbeitern wichtige Voraussetzung.
- **Anonymität:** Zu keinem Zeitpunkt dürfen Rückschlüsse auf einzelne Personen möglich sein. Die Anonymität der Befragten muss zu jeder Phase gewährleistet sein.
- **Freiwilligkeit:** Die Teilnahme an der Befragung ist freiwillig.
- **Transparenz:** Der Ablauf der Befragung muss weitgehend transparent sein.
- **Kommunikation:** Die Ergebnisse müssen offen und ehrlich allen Mitarbeitern kommuniziert werden.
- **Veränderungsbereitschaft:** Das Unternehmen muss bereit sein, Veränderungen als Ergebnis der Befragung einzuleiten. Dazu müssen die Antworten der Mitarbeiter respektiert werden und letztlich zu konkreten Maßnahmen führen.

Analyse und Interpretation der Ergebnisse

Die Analyse der Ergebnisse erfolgt durch ein externes Institut. Es gewährleistet die neutrale und objektive Auswertung der Fragebogen. Dabei orientiert es sich an der definierten Organisation und den Abteilungsstrukturen von Carl Zeiss. Für die verschiedenen Ebenen der Organisation werden entsprechend unterteilte Ergebnisberichte erstellt. Dabei werden die Ergebnisse anderer Abteilungen als Vergleichseinheiten herangezogen. Die Ergebnisberichte der jeweiligen Abteilungen oder der Segmente enthalten Angaben zum Rücklauf, ausgewählte Indizes (Index zu Führung, Verbundenheit und Zufriedenheit), ein Portfolio (Zusammenhang von geäußertem Verbesserungsbedarf und Zufriedenheit mit einzelnen Themenbereichen) und die

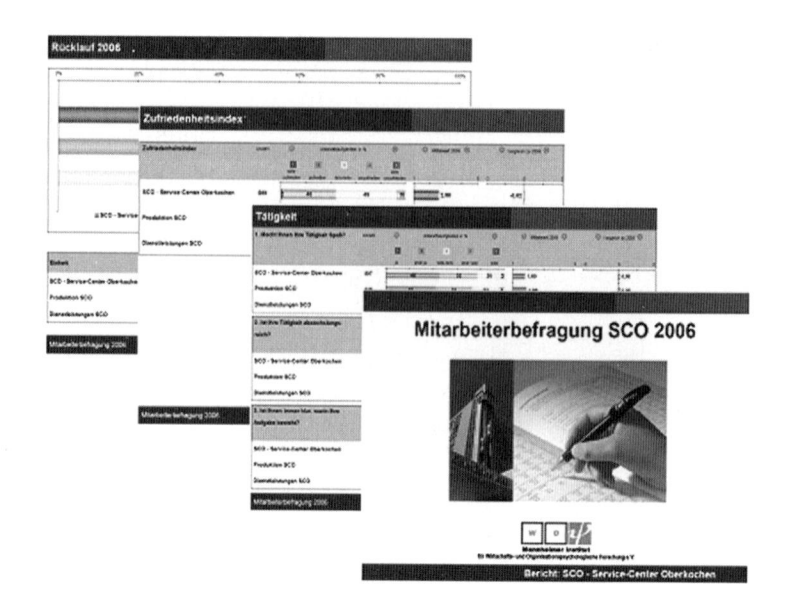

Abb. 5.8. Ergebnisbericht MAB

Ergebnisse über alle Fragen. Im Sinne des »Best-Practice«-Anspruchs von EFQM werden für die Index-Werte Benchmark-Daten eines umfassenden Industriesamples des WO-Instituts herangezogen. Das WO-Institut ist an die Universität Mannheim angegliedert und in Deutschland einer der führenden Anbieter für umfragediagnostische Fragestellungen.

5.2.3 Folgeprozess

Philosophie

Der Folgeprozess ist an der Lewin-Formel[1] der partizipativen Organisationsentwicklung »aus Betroffenen Beteiligte zu machen« – ausgerichtet. Das Ziel dabei ist, Mitarbeiter und Führungskräfte soweit möglich an den Folgeprozessen zu beteiligen. Im Carl-Zeiss-Beispiel entspricht dies einem Top-down-Ansatz. Voraussetzung ist die Befähigung der Führungskraft, Daten interpretieren und Workshops durchführen zu können. Außerdem sollte sie in der Lage sein, die Mitarbeiter in Workshops dort »abzuholen«, wie es für deren Arbeitssituation angemessen ist.

Aktive Beteiligung von Führungskräften und Mitarbeitern

Die Beteiligung von Führungskräften und Mitarbeitern im Folgeprozess zur MAB folgt einem 3-Schritte-Ansatz:

Kompetente Dateninterpretation (Schritt 1)

Wichtiger und entscheidender Bestandteil der Analyse und Interpretation der Ergebnisse ist zu Beginn des Folgeprozesses das Orientierungsgespräch mit dem

---

[1] Kurt Lewin (1890-1947): Sozialpsychologe und Psychologe, Mitbegründer einer partizipativen Organisationsentwicklung.

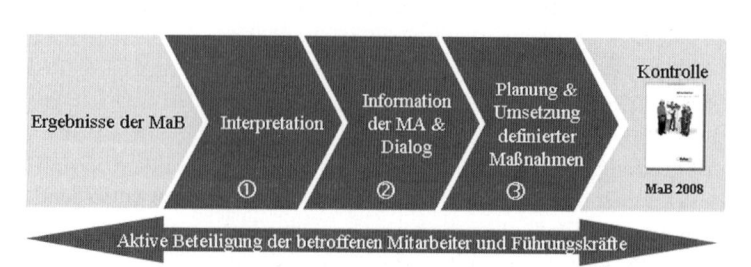

Abb. 5.9. Durch den 3-Schritte Ansatz wird eine strukturierte Umsetzung des Folgeprozesses garantiert

Abb. 5.10. Durchführung der MA-Workshops

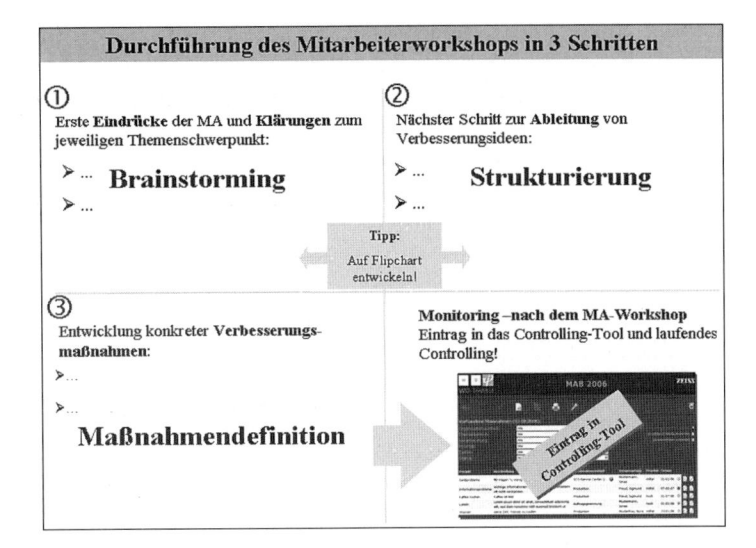

jeweiligen Berichtsempfänger. In einem Vier-Augen-Gespräch vermittelt die Inhouse Consulting die fundierte Methodik und unterstützt bei der Ableitung wichtiger genereller und individueller Erkenntnisse. Dadurch wird die Führungskraft befähigt, den Change Prozess ideell und operativ zu führen.

Dabei wird ihm vom Inhouse Consulting ein »Manual für Führungskräfte« zur Verfügung gestellt, in dem alle wichtigen Informationen sowie Hinweise zum Folgeprozess enthalten sind.

Dialogische Entwicklung von Verbesserungsmaßnahmen (Schritt 2)

Für die Entwicklung von Verbesserungsmaßnahmen ist ein klar strukturierter und stringenter Prozess dringend erforderlich. Da die MAB in der Regel neben dem »Tagesgeschäft« erhoben wird, sind für die erfolgreiche Gestaltung des Folgeprozesses deutliche und stimmige Folgeschritte notwendig. Die Ableitung von Verbesserungsmaßnahmen aus den Ergebnissen der MAB findet unter 100%iger Beteiligung der Mitarbeiter statt. Die Mitarbeiter (= Teilnehmer der Befragung) diskutieren in Workshops die Resultate der Befragung. Dabei obliegt es zunächst der Führungskraft, besondere Ergebnisse (positive wie negative) vorzustellen und zu hinterfragen. So können die Befragten zu den Ergebnissen Stellung nehmen und eigene Erfahrungen präzisieren. In der Gruppe werden dann nach einem empfohlenen Modell Verbesserungsmöglichkeiten erarbeitet.

Die dezentrale Vorgehensweise berücksichtigt in optimaler Weise die individuelle Disposition der Führungskraft. Jeder Verantwortliche verfügt so über Möglichkeiten, den Folgeprozess seinen eigenen Bedürfnissen und denen seiner Mitarbeiter bzw. des Arbeitsbereiches entsprechend zu gestalten. Inhouse Consulting unterstützt und begleitet dabei den Folgeprozess und die Führungskraft – je nach Bedarf.

Maßnahmenumsetzung (Schritt 3)

Die im Rahmen der Mitarbeiter-Workshops entwickelten Verbesserungsmaßnahmen werden vor der Freigabe zur Umsetzung nach der Wirkung auf Bereichszielsetzungen priorisiert. Dabei ist darauf zu achten, dass die beteiligten Mitarbeiter eine reelle Umsetzungschance »ihrer« Maßnahmen haben. Verbesserungsmaßnahmen, die zur Realisierung die Unterstützung dritter oder Investitionen benötigen, sollten grundsätzlich mit Beteiligung der Führungskräfte geplant werden. Der jeweilige Status der aufgesetzten Maßnahmen wird regelmäßig an Führungskraft und Mitarbeiter rückgemeldet.

Erfolgskontrolle

Das Controlling der entwickelten Maßnahmen und Aktivitäten folgt dem Gebot der Transparenz: Die Dokumentation der mit den Mitarbeitern zusammen entwickelten Verbesserungsvorschläge erfolgt web-basiert in einem Online-Instrument. Jeder Verantwortliche gibt dort die erarbeiteten Maßnahmen mit zugeordneter Priorität und Status ein, die nur für ihn und seinen Vorgesetzten sichtbar sind. Integriert ist die Möglichkeit, für das »Schwarze Brett« auszudrucken, sodass auch die Mitarbeiter den Verlauf der Maßnahmen entsprechend visualisiert verfolgen können (Transparenz!). Die Erfolgskontrolle der eingeleiteten Maßnahmen erfolgt damit im Rahmen des Selbst-Monitorings jeder verantwortlichen Führungskraft. Es gibt keine übergeordnete oder zentrale Instanz, die die Umsetzung der erarbeiteten Aktivitäten kontrolliert.

Aufgabe des Inhouse Consultings ist es, die Maßnahmen aller Führungskräfte zu verdichten, gegebenenfalls auf eine höhere Aggregationsebene abzubilden und in Führungs-/Regelkreisen zurückzuspiegeln. Es hat also lediglich berichtende und keinerlei kontrollierende Funktion.

Eine letzte Kontrolle, inwieweit die erarbeiteten und umgesetzten Maßnahmen auch zu tatsächlichen Verbesserungen geführt haben und auch vom Mitarbeiter wahrgenommen werden, ist die nächste Mitarbeiterbefragung im folgenden oder übernächsten Jahr. Hier zeigt sich, ob die Verbesserungen zu nachhaltigen Veränderungen des Arbeitsumfeldes führen konnten.

Neben der strukturierten Erfolgskontrolle trägt eine gezielte »Erfolgspromotion« zum guten Gefühl der Mitarbeiter mit »ihrer« MAB bei. Unter dem Motto »Tue Gutes und sprich darüber« werden über die Umsetzungsphase verteilt Beispiele für die erfolgreiche Maßnahmen-Realisierungen in internen Medien und Aushängen kommuniziert.

5.2.4 »Lessons learned«

Die Qualität der Mitarbeiterbefragung wird wesentlich durch einen strukturierten, partizipativ aufgesetzten Folgeprozess geprägt. Als für den Umsetzungserfolg der MAB zentrale Hebel erwiesen sich im Beispiel Carl Zeiss:

- eindeutiges Commitment der Führungskräfte und des Betriebsrats, das mehrfach durch kommunikative Beiträge während des Projektverlaufs für die Mitarbeiter gespiegelt wurde
- 100%ige Beteiligung der Belegschaft, die gefühlte Selbstklassifizierung und Quotenfehler vermeidet

- hohe Transparenz des Prozesses und offene Diskussion der Ergebnisse in Abteilungsgruppen zur Förderung einer breiten MAB-Akzeptanz
- schnelle und stringente Umsetzung von Maßnahmen mit »Bordmitteln« in den Abteilungen (»Wir für uns«)
- stringent geführter Prozess sowie gute Vorbereitung und Unterstützung der Führungskraft durch die Carl Zeiss Inhouse Consulting – nicht in Konkurrenz sondern in guter Abstimmung mit den HR-Professionals.

Dass die Mitarbeiter die MAB als »ihr« Beteiligungsinstrument akzeptiert haben, dokumentieren die Gesamt-Rücklaufquoten von 76–82% sowie sehr positive Rückmeldungen zur Mitarbeiterbefragung bei der entsprechenden Frage im Befragungsinstrument.

Die guten Erfahrungen mit dem aufgezeigten MAB-Beispiel haben mittlerweile weitere Unternehmensbereiche ermutigt, ebenfalls in Mitarbeiterbefragung zu investieren.

5.3 Weltweite Mitarbeiterbefragung im Knorr-Bremse Konzern – ein Erfahrungsbericht

Evita Riedlinger u. Sylvia Fritz

Die Wirtschaft hat in den letzten Jahren immer wieder andere Namen für das Elementarste unternehmerischen Handelns gefunden. Und wenn auch der Kern der Sache, die »Qualität« und deren kontinuierliche Steigerung unverändert blieben, so waren die äußeren Ausprägungen in Managementkonzepten doch eben so zahlreich wie populär. Bei näherer Betrachtung lassen sich aber alle Ansätze wie TQM, Kaizen, BSC und SixSigma auf einen einzigen Fokus reduzieren: Eine holistische Ausrichtung des Unternehmens auf Qualität. Die Wege, mit denen dieses Ziel erreicht werden kann, unterschieden sich in Dauer und Zielfokussiertheit. In den letzten Jahren hat sich gezeigt, dass die Integration verschiedener Stakeholderperspektiven eine Ausrichtung auf das Ziel Qualität um so erfolgreicher macht, je konsequenter diese erhoben und als Indikator zur Unternehmenssteuerung berücksichtigt werden. Eines der

Konzepte, dem genau dieses hinsichtlich der internen Perspektive gelingt, ist das EFQM–Modell für Business Excellence der European Foundation for Quality Management (EFQM).

5.3.1 Der Business Excellence Gedanke

Die Anfänge des Business Excellence (im Weiteren mit BE abgekürzt) Gedanken liegen in den frühen 90er Jahren, als die EFQM ihr BE-Modell als Managementkonzept zur Umsetzung des Total Quality Management (TQM) aufsetzte. Seit diesem Zeitpunkt und der Einführung des European Quality Award (EQA) – die Auszeichnung für Qualitätsmanagement im Sinne des EFQM – entscheiden sich immer mehr Unternehmen dazu, den Weg zur exzellenten Organisation zu beschreiten.

Viele Unternehmen mussten in der Vergangenheit lernen, dass der BE-Gedanke nicht die Antwort auf alle Fragen des Unternehmens ist. Dennoch liegt in ihm eine einzigartige Möglichkeit, ein gemeinsames Grundverständnis von Qualität und eine allgemeingültige Herangehensweise an Innovationen zu etablieren. Dadurch werden letztendlich Verbesserungen im Unternehmen bewirkt, deren Resultate und Prozesse intern und extern vergleichbar werden und als Bewertungsbasis eines Best-Practice-Verbundes dienen können.

Dazu tragen die Säulen des EFQM-Modells bei, die helfen, verschiedenen Perspektiven im Unternehmen als relevant für den Erfolg zu erkennen und sie zu optimieren. Dazu gehört, neben der klassischen Säule der »Ergebnisbewertung« und der Bewertung der internen Prozesse, die »Führung« als Umsetzung von Kultur und Werten.

BE bedeutet für viele Unternehmen alle unternehmensinternen Prozesse auf Qualität auszurichten, die eigene Flexibilität zu erhöhen, Wettbewerbsvorteile zu nutzen und somit erfolgreich zu sein. Darüber hinaus hat man in den letzten Jahren erkannt, dass dieses Modell ein zusätzliches Potenzial birgt, das weit über die Grenze einer Produkt- und Prozessqualität im betriebwirtschaftlichen und technischen Sinne hinausgeht. Eine derartige ethische Selbstverpflichtung der Unternehmen auf humane und mitarbeiterorientierte Grundwerte wie im BE-Ansatz bildet einen Erfolgsfaktor zur Erreichung von Qualität in einer ganzheitlichen Perspektive.

Mit der Ausrichtung auf Qualität ist auch die Frage verbunden, welche Bedeutung Werte und Kultur eines Unternehmens für die Qualitätsausrichtung besitzen und in welchen Prozessen diese bedeutsam werden. Ein Ansatz der Kulturforschung geht davon aus, dass Werte in einem Unternehmen erst dann existent und messbar werden, wenn diese durch die Mitarbeiter geteilt und gelebt werden (vgl. Schein, 1995). Diese Sichtweise definiert alle Mitarbeiter eines Unternehmens als zentralen Faktor einer Kultur und nicht eine schriftliche Fixierung gemeinsamer Regeln und Ziele auf Managementebene. Im Sinne der BE bedeutet dies, dass durch Mitarbeiter gelebte Werte erst die Quelle von Integrität eines Unternehmens sind und somit Qualität in einem Unternehmen als Wert erst etabliert ist, wenn sie von Mitarbeitern gelebt wird.

Es sind die gelebten Werte und geteilte Orientierungen, die das Handeln und Verhalten von Menschen in Organisationen bestimmen. Es ist dafür Sorge zu tragen, dass die qualitätsfokussierten Werte der Unternehmensleitung durch Klärung und Kommunikation sowie durch Erstellung von Leitbildern und Missionen von den Mitarbeitern und Führungskräften in ihrem täglichen Arbeiten umgesetzt werden.

Zusammenfassend lässt sich sagen, dass BE innerhalb eines Unternehmens nur durch die Mitarbeiterschaft und deren Bereitschaft getragen und umgesetzt werden kann. Aus diesem Grund müssen Mitarbeiterbeteiligung und -förderung als »Befähiger« der BE gewährleistet sein, um Mitarbeiter für das Thema Qualität zu sensibilisieren sowie eine Motivationsbasis zu schaffen, auf der Mitarbeiter bereit sind mitzudenken, sich selbst zu organisieren und Verantwortung im Prozess zu übernehmen.

Die Systematik des Self-Assessments nach dem EFQM-Ansatz scheint auf der Seite der Methodik diese Forderung sinnvoll zu ergänzen und zu unterstützen. Zentraler Baustein des BE-Modells ist eine systematische Selbstbewertung des Ist-Zustandes, welche als relevant für die Planung von Maßnahmen zur Qualitätsverbesserung angesehen wird. Durch die selbst durchgeführte Analyse der Ergebnisse werden das Unternehmen, Unternehmenseinheiten und einzelne Mitarbeiter in der Diskussion auf ihre Schwächen und Stärken aufmerksam, machen individuelle Verbesserungspotenziale sichtbar und lernen, Fortschritte auf dem Weg zur Qualität im eigenen Kontext zu erkennen. Diese Methode ermöglicht somit »on the fly« die Verpflichtung bezüglich Qualität und die damit verbundenen Konsequenzen im eigenen Handeln erlebbar zu machen, Prozesse von oben und unten im Sinne des Survey Feedback-Ansatzes gleichermaßen zu steuern und damit eine qualitätsorientierte Unternehmenskultur und Rahmenbedingungen, die diese unterstützen, zu etablieren.

Welche Instrumente und Möglichkeiten hat das Unternehmen in der Hand zu erfahren, wie weit eine gemeinsame Kultur, Werte, Verantwortungsbewusstsein für unternehmerische Prozesse, Engagement und Rahmenbedingungen bei den Mitarbeitern bereits vorhanden sind und welche Schwächen es noch zu bearbeiten gilt?

Ein Weg ist die Erfassung von Werten, Verbundenheit mit dem Unternehmen (Commitment) und Wahrnehmung über die Qualitätsausrichtung des Unternehmens bei den Mitarbeitern. Dadurch wird es möglich, kontinuierlich Rückmeldung über den Stand der gemeinsamen Wert- und Qualitätsvorstellung zu geben sowie Rahmenbedingungen für Qualität im Unternehmen zu erheben. Somit können organisatorische Gegebenheiten als harte Faktoren und kulturelle Aspekte als weiche Faktoren des Unternehmens als Voraussetzung für Qualität erfasst werden.

Gerade in international tätigen Unternehmen ist eine derartige Selbstreflexion über gemeinsame Werte, über eine von allen Mitarbeitern geteilte Vorstellung von qualitätsorientierten Arbeitsprozessen sowie über einen einheitlichen Standard von organisatorischen Rahmenbedingungen für die Etablierung einer Qualitätsausrichtung besonders relevant und bietet enorme Chancen.

BE strebt eine Kultur mit entsprechenden strukturellen Rahmenbedingungen an, die kontinuierliche Verbesserung fördert. Dieses Ziel kann durch Messungen dieser beiden Dimensionen und deren ständige Optimierung im Sinne des Ziels operativ verfolgt werden.

5.3.2 Messung von Verbundenheit, Wertehaltung und Rahmenbedingungen im Unternehmen

Die Sicherstellung, dass Mitarbeiter eines international tätigen Unternehmens ihre Arbeit auf die gleichen Ziele ausrichten, wird somit zur Grundvoraussetzung, Qualität im Kontext von BE zu steigern. Neben dem Abfragen einer gemeinsamen Werthaltung ist die Erfassung des Commitments genauso relevant wie die Bewertung der vorherrschenden Rahmenbedingungen im Unternehmen. Dazu zählen Arbeitsabläufe, Zusammenarbeit und Arbeitsbedingungen, die auf operativer Ebene Stellgrößen der strategisch verfolgten Qualität darstellen.

Ein Instrument, das diese Aspekte gemeinsam erfassen kann, ist die Mitarbeiterbefragung (im weiteren MAB genannt). Innerhalb einer solchen Befragung ist es möglich, die subjektive Einschätzung der Mitarbeiter über strukturelle Aspekte, Unternehmenskultur und Unternehmenswerte simultan zu erheben.

Die Bewertung der Mitarbeiter innerhalb der Organisation geltenden Rahmenbedingungen ist eine effektive Methode zu überprüfen, ob die Voraussetzung für einen unternehmensinternen Qualitätsprozess gegeben sind. Erst wenn es einem Unternehmen gelingt, für alle Mitarbeiter Rahmenbedingungen zu schaffen, die qualitätsorientiertes Verhalten ermöglichen und Qualitätswerte erfolgreich vermittelt wurden, ist die Grundvoraussetzung für Business Excellence gewährleistet.

Wissenschaftliche Studien der letzten Jahre zeigen eindrucksvoll den Zusammenhang zwischen Zufriedenheit, erlebter Verbundenheit und Leistungsdaten in Unternehmen (Mathieu & Zajac, 1990) und bieten ein gutes Argument für die Betrachtung sowohl von Commitment als auch Mitarbeiterzufriedenheit respektive der positiven Beeinflussung der beiden psychologischen Größen.

Überdies erfragt »Commitment« die Identifikation des Mitarbeiters mit den Unternehmenswerten. Ist Qualität ein definierter Unternehmenswert, kann demnach ein unternehmensweiter Commitmentwert als Grad der Durchdringung der Mitarbeiterschaft mit dem Unternehmenswert verstanden werden. Des Weiteren stellt eine Mitarbeiterbefragung eine Intervention dar, die durch das Erfragen bestimmter Qualitätsaspekte der eigenen Arbeit das Qualitätsthema im Unternehmen transparent macht.

Wie dieser Ansatz der MAB in der Unternehmenspraxis zielgerichtet und gewinnbringend verfolgt werden kann, sofern er langfristig und strategisch geplant ist, zeigt folgendes Beispiel der Knorr-Bremse Gruppe, das den Einsatz der Mitarbeiterbefragung im Rahmen einer Qualitätsoffensive über die letzten 5 Jahre wiedergibt.

5.3.3 Knorr-Bremse und Business Excellence

Der Knorr-Bremse Konzern ist weltweit der führende Hersteller von Bremssystemen für Schienen- und Nutzfahrzeuge. Als technologischer Schrittmacher treibt das Unternehmen seit über 100 Jahren maßgeblich die Entwicklung, Produktion und den Vertrieb modernster Bremssysteme voran. Weitere Produktfelder sind Türsysteme und Klimaanlagen für Schienenfahrzeuge sowie Drehschwingungsdämpfer für Verbrennungsmotoren.

Um diese Spitzenposition auch weiterhin behaupten zu können, müssen im internationalen Wettbewerb extrem hohe Qualitätsstandards erreicht werden. Gerade vor dem Hintergrund, dass es sich bei den Produkten von Knorr-Bremse um sicherheitskritische Produkte handelt, deren Qualität und Güte höchsten Standards gerecht werden müssen. Dieses Ziel ist nur im Zuge der Implementierung von unternehmensweiten Strategien zu erreichen, bei denen verschiedene Qualitätsoffensiven integriert und optimiert werden. Daher wurde 2001 ein Business Excellence-Konzept eingeführt, das sich an EFQM und den dahinter liegenden Werthaltungen orientiert.

Im Vordergrund des BE-Ansatzes bei Knorr-Bremse steht die konsequente Ausrichtung aller Prozesse auf die Wertschöpfung der Produktentwicklung (Engineering und Design), bei Produktion, After Sales und Technical Services sowie bei Marketing, Einkauf und Personal, das als Unterstützung fungiert.

Ein solch umfassender und tief greifender EFQM-Prozess funktioniert allerdings erfahrungsgemäß nur dann, wenn die Prämissen eines ganzheitlichen Qualitätsmanagements umgesetzt werden: Alle Mitarbeiter müssen Arbeitsprozesse hinterfragen, Rahmenbedingungen reflektieren, Verbesserungen erarbeiten und sich damit aktiv an den Excellence-Programmen beteiligen. Damit sind auf Seiten der Mitarbeiter zwei Dinge unverzichtbar: Zum einen müssen sie den Sinn eines solchen umfassenden Programms verstehen und als sinnvoll erachten, nur dann sind sie motiviert und engagiert. Zweitens kann eine kontinuierliche Verbesserung, die alle unternehmensinternen Prozesse einschließt, nur dann erfolgreich umgesetzt werden, wenn Mitarbeiter Handlungsspielräume erhalten, um sich aktiv in den Innovationsprozess einbringen zu können.

Diese Partizipation der Mitarbeiter in einem solchen Prozess und die Entwicklung zu einem qualitätsorientierten Unternehmen kann nur durch einen top-down geplanten und konsequent umgesetzten Prozess angestoßen und verwirklicht werden. Die sukzessive Übertragung von Verantwortung für Qualität seitens des Unternehmens und die wachsende Verantwortungsübernahme seitens der Mitarbeiter müssen aufeinander abgestimmt und in durch ein Rahmenkonzept strategisch gesteuert werden.

Hier hat Knorr-Bremse vor Jahren die MAB als zentrales Element für die Umsetzung von Business Excellence im Sinne der Mitarbeiterbeteiligung erkannt und sich dazu entschlossen, kontinuierliche Qualitätssteigerung mithilfe von kontinuierlichem Feedback und darauf aufsetzenden Verbesserungsprozessen anzustreben. Im regelmäßigen Dialog mit der Mitarbeiterschaft und mithilfe eines strukturierten Survey Feedback-Ansatzes (vgl. Bungard & Jöns, 1997) sollen Mitarbeiter überdies zur Verantwortungsübernahme im eigenen Arbeitsbereich motiviert werden.

Dies bedeutete die Entwicklung eines Prozesses, vor allem in der Phase des Controllings, der einerseits so strikt konzipiert ist, dass gemeinsame Qualitätsorientierung erreicht wurde, und der andererseits Eigenverantwortung und Handlungsfreiräume sichtbar machte. Diese beiden Vorsätze für das Projekt machte systematische und strategische Entwicklungsarbeit in die Konzeption notwendig. Der Prozess der Mitarbeiterbefragung sollte selbst zum Instrument der Qualitätsgenerierung und -kontrolle werden. Zur Erreichung dieses Ziels musste die Implementierung des Mitarbeiterbefragung so erfolgen, dass die Organisation lernen konnte, das Instrument effektiv für die eigene Qualitätsausrichtung zu nutzen. Dieses Lernen konnte durch die Gestaltung des Prozesses erleichtert und unterstützt werden. Für ein solches Vorgehen eignete sich die Ausgestaltung des Prozessschritts Follow-up ideal wie das Beispiel im Weiteren zeigen wird.

Durch eine Wiederholung der Befragung sollten zum einen Veränderungs- und Verbesserungspotenziale gemessen werden, d.h. die MAB ist ein Teil des gesamten Prozess-Controllings im Sinne des EFQMs. Zum anderen brachte die Entscheidung, die Mitarbeiterbefragung als kontinuierliches Diagnoseinstrument einzusetzen, die Möglichkeit mit sich, die Organisation behutsam und kontrolliert mit dem Instrument vertraut zu machen und im Umgang damit auszubilden.

Eine weitere Stärke der Mitarbeiterbefragung ist nicht nur das Liefern von Kenngrößen auf dezentraler Ebene sondern die Möglichkeit, Informationen über Aspekte des Unternehmens auf zentraler Ebene zu erhalten. Die so gewonnenen Informationen werden im Rahmen von EFQM genutzt, um mehrere Aspekte des EFQM-Modells selbst mit Informationen und Daten zu hinterlegen und damit eine Bewerbung innerhalb des EQA aussichtsreicher zu machen. Die Befragung erfasst und operationalisiert, neben der Zufriedenheit mit Rahmenbedingungen, die Mitarbeiterorientierung bei Knorr-Bremse in Bezug auf die Führungskultur sowie den Kenntnisstand und Bewertung der Unternehmensstrategie.

Konzeption der Befragung und internationale Steuerung der MAB im Licht des EFQM-Gedankens

Aufgrund der konsequenten Ausrichtung auf EFQM und der angestrebten EQA-Bewerbung einzelner Bereiche und des Gesamtunternehmens Knorr-Bremse, war die erste große Herausforderung 2002 zur ersten Mitarbeiterbefragung eine internationale vernetzte Struktur an den verschiedenen Standorten und Landesgesellschaften zu etablieren, die einen solchen Survey Feedback-Prozess selbstständig trägt und umsetzt.

Die Gesamtverantwortung und globale Steuerung der MAB wurde in die Hände des Fachbereiches Personalentwicklung (auf Konzernebene) der Knorr-Bremse AG in München gelegt (im Weiteren als Kernteam bezeichnet). Dies ermöglichte es, den deutschen Betriebsrat zeitnah einzubinden und eng mit ihm zu kooperieren. Ebenfalls zum Kernteam der ersten Stunde zählten die Total Quality Manager beider großen Unternehmensbereiche Knorr-Bremse Systeme für Schienenfahrzeuge und Knorr-Bremse Systeme für Nutzfahrzeuge.

Parallel zur Schaffung eines unternehmensinternen Netzes, um die MAB zu steuern, wurde ein externer Partner zur Unterstützung und professionellen Begleitung der Prozesse gesucht.

Vorbereitung der ersten MAB im Knorr-Bremse Konzern

Das Projektteam »ESS« (Employee Satisfaction Survey) übernahm bis zur ersten Durchführung der Befragung folgende Aufgaben:

Entwicklung des Fragebogens

Auf Basis eines ausführlichen Befragungskataloges des externen Beratungs-Instituts wurden 95 Fragen konzipiert und zusammengestellt, die für alle Konzernunternehmen einheitlich formuliert und in die entsprechenden elf Landessprachen übersetzt wurden. Hier wurde in der Antizipation weiterer Befragungen darauf geachtet, aktuelle Themenstellungen zu integrieren und alle Aspekte der Zufriedenheit, Verbundenheit und Wertvorstellungen zu erfassen und damit das Instrument aktuell und vergleichbar zu erhalten. So unterliegt das Instrument selbst dem Gedanken der kontinuierlichen Verbesserung.

Motivation und Überzeugungsarbeit

Nicht alle Standorte sahen die Notwendigkeit einer einheitlichen Befragung. Ablehnend schienen Standorte, die eine große Distanz zur Unternehmensleitung wahrten oder aber für einen relativ autokratischen Führungsstil in der Konzernzentrale bekannt sind. Hier bestand die Herausforderung für das Kernteam darin, durch »Druck von unten« (Wecken des Interesses auf Mitarbeiterebene durch Information) und »Überzeugungsarbeit von oben« (vor allem durch Gewinnung des Vorstands der Knorr-Bremse AG für das Projekt) möglichst viele Mitarbeiter zur Teilnahme zu motivieren.

▼

5.3 · Weltweite Mitarbeiterbefragung im Knorr-Bremse Konzern – ein Erfahrungsbericht

Organisation und Durchführung

Einer der wichtigen Kommunikationskanäle für die erfolgreiche Durchführung der Befragung war ein weltweit funktionierendes Mailsystem, das die wichtigsten Projektinformationen an die Prozessträger lieferte. Die Informationshierarchie war mehrstufig und nach folgender Kaskade strukturiert: »ESS Hotline« umfasste das weiter gefasste ESS-Team, alle HR-Manager weltweit und solche Personen, die als Verantwortliche für die Durchführung genannt wurden (u.a. Mitarbeitervertreter) sowie die Verantwortlichen für Öffentlichkeitsarbeit und Total Quality Management, »Heads of location«. Darüber hinaus waren die obersten Führungsebenen der Standorte und Werksleiter weltweit involviert, die regelmäßig über die Projektfortschritte informiert wurden.

Übersetzung/Gestaltung des Fragebogens

Von der konzerninternen Messe- und Design-Gesellschaft wurde das Fragebogendesign entworfen und gedruckt. Wesentlich war, dass die Fragebogen von muttersprachlichen Mitarbeitern des Knorr-Bremse Konzerns übersetzt wurden, um sicher zu stellen, dass diese unternehmensspezifisch waren und von den Mitarbeitern verstanden wurden.

Etablierung einer Befragungskultur

Vor der ersten Befragung 2002 wurde deutlich kommuniziert, dass man weniger an einer einmaligen Erhebung interessiert sei, sondern vielmehr im Sinne der Qualitätssteigerung ein kontinuierlicher Prozess ins Leben gerufen werden sollte, der die Möglichkeit bietet, sich selbst zu evaluieren und im Sinne eines Lernprozesses ständig optimiert werden könne. Wichtig war hierbei die Verpflichtung der Konzernspitze, diese Befragung in einem regelmäßigen Rhythmus stattfinden zu lassen und die Ergebnisse der Befragung in konstruktiven Maßnahmenplanungen in den Alltag zu überführen und somit Verbesserungen zu leben.
Essentielle Basis der kontinuierlichen Verbesserung ist ein klar definierter und stringent umgesetzter Follow-up-Prozess.

Der Prozess der Mitarbeiterbefragung wurde bei Knorr-Bremse nicht nur im Rahmen des BE-Gedankens eingesetzt, sondern darüber hinaus selbst als Prozess betrachtet, der im Sinne der BE optimiert werden konnte und sollte. Einige Aspekte und Vorgehensweisen haben sich bei der Konzeption und der internationalen Steuerung der Befragung als erfolgreich erwiesen. Dazu gehören:

1. Um ein Befragungsinstrument zu etablieren und sicherzustellen, dass es im Unternehmen akzeptiert wird, ist neben einer professionellen Umsetzung eine klare und rechtzeitige Kommunikation über Ziele und Abläufe wichtig.
2. Die Teilnahmebereitschaft der Mitarbeiter kann dadurch positiv beeinflusst werden, dass die Befragung immer zum selben Zeitpunkt durchgeführt wird. Dies unterstreicht die Ernsthaftigkeit der Befragung und stärkt ihren Status als keine »Schön-Wetter-Befragung«. Aus Gründen der Effizienz und angesichts der Tatsache, dass sich tief greifende Veränderungen nicht in kurzen Zeiträumen verwirklichen lassen, wurde der Befragungsturnus auf 24 Monate festgesetzt.
3. Die Bildung der Befragungsgruppen innerhalb der Unternehmensbereiche entlang der Organisationsstruktur, die teilweise in einer Matrix abgebildet wird. Gute Erfahrungen hat Knorr-Bremse damit gemacht, auf dem Fragebogen sowohl die Zugehörigkeit zu einem Matrixbereich als auch die Zugehörigkeit zu einer bestimmten Abteilung abzufragen, um die Grundlage für differenzierte, die Anonymität der Mitarbeiter wahrende Ergebnisberichte zu schaffen (Anonymitätsgrenzen wurden ebenfalls festgelegt, um die Akzeptanz zu erhöhen). Auch im Hinblick auf die Erkenntnisse, die aufgrund dessen im Follow-up in der Matrixstruktur genutzt werden können, ist dieses Vorgehen sinnvoll.
4. Um hohe Rücklaufquoten zu erzielen (da eine sinnvolle Interpretation und Maßnahmenableitung erfahrungsgemäß erst über 50% Rücklauf möglich werden), haben sich verschiedene Kommunikationsmedien und Aktionen bewährt, die die Befragung begleiteten. Dazu gehörte die standortübergreifende Anfertigung von Plakaten, auf denen der Aufruf zur Teilnahme in allen Sprachen der Befragung zu finden war. Diese Plakate wurden global als Kommunikationsme-

dium genutzt und transportierten den multikulturellen Diversity-Gedanken, der sich auch in einer gemeinsamen Werthaltung wieder finden soll. An einigen Standorten wurden unter den Teilnehmern Sachpreise verlost oder die Mitarbeiter durch »Marketingaktionen« auf die Mitarbeiterbefragung aufmerksam gemacht und zur Teilnahme motiviert.

5. Ein weiterer wichtiger Punkt ist die kontinuierliche Information über das Projekt, von der Ankündigung der Befragung und Zieltransparenz bis hin zu Umsetzungen aus dem Projekt sowie Berichte über Verbesserungsmaßnahmen und Erfolge in Medien wie der konzerneigenen Mitarbeiterzeitung oder einem Newsletter.

Gestaltung des Follow-up-Prozesses als Weg zur unternehmensweiten Qualitätsorientierung

Wichtig für die Zielsetzung einer Prozessverbesserung im Sinne von Qualität, ist die Konzeption des Follow-up-Prozesses einer Mitarbeiterbefragung. Erst wenn sichergestellt ist, dass aus den Befragungsergebnissen wirksame Maßnahmen abgeleitet und umgesetzt werden, wird das ganze Potenzial einer Mitarbeiterbefragung ausgeschöpft.

Um dieses Potenzial nutzen zu können, muss die Organisation mit dem Instrument vertraut sein, die Stärken der Mitarbeiterbefragung als Diagnoseinstrument schätzen, und es muss eine Kultur vorherrschen, die Diskussion über Bestehendes im Sinne der Prozessoptimierung zulässt.

Diese Voraussetzungen waren Knorr-Bremse bewusst. Aus diesem Grund wurde der Follow-up-Prozess in den ersten zwei Befragungswellen anders konzipiert als 2006. Diese Konzeption sollte es möglich machen, dass Mitarbeiter und Führungskräfte nicht durch Misserfolge aufgrund eines falschen Einsatzes der Erkenntnisse aus der Mitarbeiterbefragung oder unwirksamen Aktionen demotiviert wurden, sondern es sollte das schrittweise Lernen, Ergebnisse zu bewerten, zu diskutieren und Aktionen abzuleiten, ermöglichen. Ziel war es, durch sukzessive Veränderungen des Follow-up-Prozesses über die Befragungen von einem stark strukturierten Top-down-Prozess in der ersten Erhebung mit zentralen Vorgaben und Hilfestellung von oben, hin zu einem dezentralen Bottom-up-Prozess, in dem die Erkenntnisse bereichsspezifisch in Aktionen umgesetzt werden.

Wichtig für die Umsetzung des Projektes war das Verständnis bei Knorr-Bremse, dass es allen ganzheitlichen qualitätsorientierten Prozessen zuwiderlaufen würde, eine künstliche Verantwortungsstruktur zu errichten, die losgelöst von alltäglichen Arbeitsprozessen existiert. Die Verantwortung für Qualität muss dezentral im Alltag übernommen werden. Ein Weg, dieses Ziel zu erreichen, ist das Vertrautmachen der Belegschaft mit diesem Instrument. Dieses Vertrautmachen kann sinnvoll durch die Prozessgestaltung unterstützt werden. Aus diesem Grund wurden die Verantwortlichkeiten in drei Befragungswellen (in den Jahren 2002, 2004 und 2006) sukzessive an die Mitarbeiter abgegeben.

In den ersten beiden Befragungswellen waren die ESS-Prozessträger und damit die Verantwortlichen für den Prozess der Mitarbeiterbefragung standortspezifische Personalmanager, Führungskräfte oder Standortleiter, die in ihrer Funktion den Umgang mit Kennzahlen, deren Interpretation und die Entwicklung von Maßnahmen gewohnt sind. Diese Mitarbeiter sollten durch den korrekten Umgang mit den Ergebnissen der Mitarbeiterbefragung und das Aufzeigen der Potenziale eines solchen Instrumentes als Multiplikatoren agieren und andere von dem Nutzen der MAB bei der Verbesserung von Prozessen überzeugen.

Um das Problem der Verantwortungsdiffusion zu reduzieren, ein gemeinsames Grundverständnis über den Prozess und die Aufgabe der ESS-Prozessträger sicherzustellen und die, für die ersten beiden Befragungswellen ausgewählten, ESS-Prozessträger in ihrer Arbeit zu unterstützen, wurde bei Knorr-Bremse ein einheitliches Konzept zur Prozesssteuerung der Mitarbeiterbefragung entwickelt. Bestandteile dieses Konzeptes, das auf der Basis von Erfahrungen von Best Practice-Partnern entwickelt wurde, sind zum einen klare Leitlinien und Anhaltspunkte für die ESS-Prozessträger und zum anderen definierte Freiräume für eigene Aktivitäten.

Der Follow-up-Prozess der ersten Befragungen hatte das Ziel, die Mitarbeiter im Umgang eines erhobenen Selbstbildes zu schulen. Er gliederte sich in 6 Schritte, wobei Phasen 1–5 in einem Zeithorizont von 3 Monaten absolviert werden sollten. Die Prozessbeschreibung richtete sich an die ESS-Prozessträger, ihn auf der operativen Ebene umzusetzen und voranzutreiben.

In der 1. Phase wurden die ESS-Prozessträger aufgefordert, sich mit den Ergebnissen ihrer Organisationseinheit (Bereiche für die sie in ihrer Funktion als Führungskraft/HR Manager verantwortlich sind) intensiv auseinanderzusetzen, Probleme in ihrem Bereich herauszufiltern und erste Ideen für Maßnahmen in ihrem Verantwortungsbereich zu skizzieren.

Bei der Interpretation wurden die ESS-Verantwortlichen und Bereichsführungskräfte durch einen durch das Kernteam erstellten Prozessleitfaden unterstützt, der Empfehlungen zur Prozesssteuerung vermittelte und für ein gemeinsames Verständnis des Prozesses sorgte.

Die 2. Phase sollte dazu genutzt werden, die eigenen Ideen für Maßnahmen zu konkretisieren und möglicherweise mit auf globaler Ebene abgeleiteten Maßnahmen (durch Konzernspitze oder Betriebsrat) zu ergänzen, oder auf solche abzustimmen.

Auf der Ebene der ESS-Verantwortlichen wurden bei Knorr-Bremse zwei Arten von Maßnahmen unterschieden: Zum einen die »Schwerpunktthemen«, die von besonderer Wichtigkeit für das Top Management sind und daraus resultierende »Aufträge«, die durch eine teamübergreifende Intervention erfüllt werden konnten. Ein Schwerpunktthema kann die »Verbesserung der Produktivität« sein. In diesem Falle überprüft jedes einzelne Team in dem betrachteten Unternehmensbereich seine Arbeitsergebnisse hinsichtlich der eigenen Produktivität (»Wo stehen wir?« »Was ist möglich?«). Die Bereiche sind im Anschluss an die Diagnose dazu angehalten, einen individuellen und konkreten Maßnahmenplan zur Produktivitätssteigerung auszuarbeiten.

Die 3. Phase sah vor, dass binnen zwei Wochen die Prozessverantwortlichen die Führungskräfte des eigenen Verantwortungsbereiches über die Ergebnisse informierten und diese diskutierten. Um den weltweiten Prozess möglichst einheitlich zu steuern, empfahl das Kernteam für diese Aufgabe einen sog. 2-Phasen-Workshop als Methode. In diesem Workshop sollen die ESS-Verantwortlichen gemeinsam mit den Führungskräften in der 1. Phase in kleinen Arbeitsgruppen Themenschwerpunkte erarbeiten, die in der 2. Phase gemeinsam bewertet und in Maßnahmenpläne überführt wurden.

Um eine zentrale Steuerung des gesamten Follow-up-Prozesses zu ermöglichen, wurde das Kernteam durch ein standardisiertes Rückmelden der Fortschritte in den einzelnen Verantwortungsbereichen kontinuierlich informiert. Dies machte es möglich, strategisch relevante Themen auf eine globale Ebene im Unternehmen zu bringen und sie dort in Maßnahmen umzusetzen, um den positiven Effekt für das Unternehmen zu maximieren und Synergien zu nutzen.

Die 4. Phase beinhaltete die Interaktion mit den Mitarbeitern, in der die ESS-Prozessträger durch Präsentieren der Ergebnisse, Erläutern der identifizierten Ursachen und Aufzeigen der Maßnahmen, die zur Reduzierung der Problemursachen beitragen sollen, ein Verständnis für den Umgang mit den Daten vermitteln und so Mitarbeiter von dem Instrument überzeugen sollten.

Konkret sah Phase 4 vor, dass die Ergebnisse und entwickelten Maßnahmen über die Informationskaskade in das Unternehmen kommuniziert wurden. Führungskräfte informierten ihre Mitarbeiter über die Ergebnisse und das weitere Vorgehen im Rahmen eines ESS-Workshops. In diesem Workshop wurde darauf Wert gelegt, dass die Führungskräfte auf für ihren Bereich relevante Themen und Ergebnisse sowie auf bereits daraus angeleitete Aufgaben oder Maßnahmenpläne eingingen. Um die einheitliche Gestaltung dieses Workshops zu garantieren, stellte das Kernteam Instrumente und Vorlagen im firmeneigenen Intranet bereit.

Der Workshop sollte bereits an dieser Stelle die Möglichkeit bieten, die Mitarbeiter an dem Prozess partizipieren zu lassen und damit selbst Erfahrungen zu sammeln. So sah der letzte Workshopschritt vor, dass Verbesserungsvorschläge von Mitarbeiterseite gesammelt wurden und festgehalten wurden.

Um auf Besonderheiten der Standorte eingehen zu können, wurde den Verantwortlichen ein gewisser Freiraum gewährt, bei »Information der Mitarbeiter« ein Vorgehen zu wählen, das den lokalen und kulturellen Gepflogenheiten entsprach. Die erarbeiteten Maßnahmenpläne aus den einzelnen Bereichen flossen gebündelt an das Kernteam zurück.

Die Maßnahmenumsetzung wurde in Phase 5 konzipiert. Hier wurden in den ersten Befragungswellen (im Jahr 2002/2004) drei verschiedene Arten der Umsetzung verwirklicht, um die Bereiche an den

Prozess einer eigenständigen Maßnahmenplanung und -umsetzung heranzuführen.

In den direkten Aktionsentscheidungen wurden die Maßnahmen von den ESS-Prozessträgern festgelegt, die Mitarbeiter informiert und im ersten Schritt Verantwortliche aus der Belegschaft benannt, die als Process Owner die Maßnahmenumsetzung übernahmen. In einem zweiten Typ (**Aufgabenzuweisungen zu Themen**) wurden kleinere Teams von Mitarbeitern mit der Ursachenanalyse und Maßnahmengenerierung zu einem bestimmten Thema, dessen Dringlichkeit sich aus der Interpretation der Ergebnisse ergab, beauftragt. Die Arbeit mit den Ergebnissen und deren Analyse durch die Teams wurde durch die ESS-Prozessträger unterstützt. Hier übernahmen sie aktiv nur noch die Interpretation der Ergebnisse und überließen die anderen Schritte bis zur Maßnahmenformulierung weitgehend den Mitarbeitern. ESS-Fokus-Workshops wurden als weitere Möglichkeit zur Einbindung der Mitarbeiter in die Ursachenanalyse und der Problemklärung realisiert. Ziel war es, bestimmte Themen mit Experten aus der Mitarbeiterschaft zu einem bestimmten Thema vertiefend zu diskutieren und zu klären. So gab es z. B. einen Workshop mit einer Gruppe von Mitarbeitern aus der Qualitätssicherung zu folgendem Thema: »Fast jeder in unserem Bereich sieht Möglichkeiten zur Qualitätsverbesserung. Lassen Sie uns herausfinden, was verbessert werden kann und wie wir vorgehen wollen, um die Qualität unseres Produktes zu verbessern.«

Falls **Maßnahmen auf strategischer Ebene** (Unternehmensentscheidungen) Einzelaktionen auf unterer Ebene obsolet machten (bspw. Wunsch nach Klimaanlage in einer Abteilung, für die ein Umzug in einen Neubau unmittelbar bevorstand), wurden die Führungskräfte dazu angehalten, verständlich zu erklären und transparent zu machen, welche Verbesserungsvorschläge umgesetzt werden sollen und welche Gründe gegen eine Realisierung sprechen. Analog zu Phase 1 gingen Informationen über Umsetzungsvorhaben und erste Erfolge der gewählten Maßnahmen an das Kernteam zurück.

Phase 6 endete erst mit dem Beginn der turnusmäßigen nächsten Erhebung. Hier sollten die als sinnvoll erachteten Maßnahmen weiter umgesetzt und in einem regelmäßigen Bericht an das Kernteam der Projektsteuerung zurückgemeldet werden.

5.3.4 Auf dem Weg zum vollständigen Bottom-up-Ansatz der Follow-up-Phase im Sinne eines kontinuierlichen Verbesserungsbedarfs

Der hier vorgestellte 6-phasige Follow-up-Prozess führte in den ersten beiden Befragungswellen 2002 und 2004 zu dem gewünschten Erfolg. Durch die Top-down-Steuerung des Prozesses wurde das Instrument erfolgreich als sinnvolles Hilfsmittel bei der Bewertung und Verbesserung der Qualität im Unternehmen weltweit etabliert. Das Erreichen dieses Ziels auf dem Weg zu einer vollständigen Verantwortungsübernahme für Ergebnisinterpretation, -diskussion und Maßnahmenableitung durch die operativen Ebenen im Unternehmen hatte zur Folge, dass der Follow-up-Prozess der aktuellen 3. Befragung diese Verantwortung stärker als bislang in die Hände der Mitarbeiter legt.

Der einheitliche Prozess 2006 basiert somit weitestgehend nur noch auf Empfehlungen der zentralen Projektsteuerung, die einen dezentralen Umgang mit den Ergebnissen unterstützt. So lautet eine Empfehlung an die ESS-verantwortlichen Managementebenen, 3 bis 5, Maßnahmen zu beschließen, die im Bereich selbst durch Führungskräfte und Mitarbeiter umgesetzt werden sollen. Darüber hinaus bleibt die Idee des Bottom-up-Prozesses mit dem Instrument der »Vorschlagslisten« erhalten, in dem Bereiche angewiesen werden, 3 bis 5 Vorschläge zu generieren, die in übergeordneten Maßnahmen münden könnten. Diese werden an den Gesamtverantwortlichen der MAB bei Knorr-Bremse weitergeleitet und dort für strategische Initiativen des Managements aufbereitet.

Der Follow-up-Prozess 2006 sieht vor, dass neben den Prozessschritten Ergebnispräsentation, -diskussion und Maßnahmenableitung sowie deren Umsetzung als zusätzliche Aufgaben verstärkt das Controlling der Maßnahmenumsetzung und die Überprüfung der Wirksamkeit der Maßnahmen dezentral übernommen werden, wobei die Personalentwicklung weiterhin die Projektsteuerung innehat und als zentraler »Controller« den Prozess auf strategischer Ebene mitbetreut. Dies ist der letzte Schritt auf dem Weg, einen kompletten Bottom-up-Prozess zu erreichen. Für diese Aufgabe werden die Führungskräfte und Mitarbeiter durch ein zentrales Instrument unterstützt, das helfen soll, diese neue Aufgabe ebenfalls zu erlernen. Hierzu werden Maßnahmendokumentation und –controlling in eine Onlinedatenbank überführt, um die Verantwortung für den Prozess dezentral zu halten, den internationalen Austausch im Follow-up-Prozess zu erleichtern und die Transparenz über Best Practice-Vorgehen bei bestimmten Problemen im Sinne des qualitätsorientierten Wissensmanagements zu erhöhen.

5.3.5 Ergebnisse

Ein Blick auf das Erreichte zeigt, wie erfolgreich ein konsequent, ganzheitlich konzipierter Prozess sein kann, und dass eine systematische Steuerung eines Organisationsentwicklungsprozesses dazu beitragen kann, unternehmensweite Ziele wie eine kontinuierliche Qualitätsverbesserung zu verwirklichen.

Beim European Quality Award (EQA) 2004 war der Konzern mit seinen beiden Tochtergesellschaften überaus erfolgreich. Die Knorr-Bremse Systeme für Nutzfahrzeuge GmbH erreichte beim EQA 2004 die Auszeichnung »Finalist« und ist damit die erste Unternehmensgruppe aus der Fahrzeugindustrie, die mit allen europäischen Standorten als Finalist für diese Auszeichnung nominiert wurde.

Motiviert durch den Erfolg der Schwestergesellschaft und der eigenen erfolgreichen erstmaligen Bewerbung um den EQA, ausgezeichnet mit »Recognised for Excellence«, adaptierte der Bereich für Schienenfahrzeuge das Befragungskonzept der Nutzfahrzeuge, Zwischenbefragungen mit ca. 10% der Mitarbeiter ausgewählter Gesellschaften zu etablieren, um kontinuierlich Informationen für den Bewerbungsprozess vorliegen zu haben.

Beim diesjährigen European Excellence Award (EEA) wurde Knorr-Bremse mit seiner gesamten europäischen Unternehmensorganisation als Prize Winner ausgezeichnet. Damit ist Knorr-Bremse in der Geschichte dieses Awards die erste Unternehmensgruppe, die als Großunternehmen mit den europäischen Unternehmensbereichen und allen europäischen Standorten gewürdigt wurde. Jens Theuerkorn, Vorstand der Knorr-Bremse AG, machte mit seinem Kommentar im Rahmen der Preisverleihung deutlich, wie nah diese Auszeichnung mit der Zielsetzung der Mitarbeiterbefragung assoziiert ist.

Mit dieser Auszeichnung stellt der Knorr-Bremse Konzern im Wettbewerb um einen der wichtigsten europäischen Unternehmenspreise erneut seine Leistungsfähigkeit bei der Optimierung von Management-Prozessen unter Beweis. Das hervorragende Ergebnis zeigt uns, dass die Umsetzung von Business Excellence in den Unternehmensbereichen und Standorten heute fest verankert ist. Alle unsere über 8.300 Mitarbeiter in Europa haben zu diesem Erfolg beigetragen.
(Pressemitteilung der Knorr-Bremse AG vom 08.11.2006)

5.4 Einführung einer standardisierten Mitarbeiterbefragung bei der MAN Nutzfahrzeuge AG: Erfahrungen mit dem Follow-up-Prozess

Simone Rauch

5.4.1 MAN Nutzfahrzeuge Gruppe

Die MAN Nutzfahrzeuge AG ist ein Unternehmen der MAN Gruppe, die zu den führenden Engineering-Konzernen in Europa zählt. In 120 Ländern arbeiten rund 60.000 Mitarbeiter für die MAN Gruppe, ca. 33.000 davon für die Nutzfahrzeug-Sparte. Deren Produkte sind neben den Schwerlastwagen, Mittlere und Leichte LKW, Busse, Motoren, Komponenten sowie entsprechende Kundendienste und Dienstleistungen. Die MAN Nutzfahrzeuge AG hat Produktionsstandorte in Deutschland, Österreich, Polen, der Türkei, Südafrika und in Indien. Durch die kontinuierlich positiven Entwicklungen in den letzten Jahren konnte die MAN Nutzfahrzeuge AG in 2005 einen Umsatz von 7,4 Mrd. € verzeichnen.

Der MAN Konzern zählt zu den traditionsreichen großen Industrieunternehmen Deutschlands, dessen Anfänge bis ins 18. Jahrhundert zurückreichen. Vor allem seit den Jahren 2000/2001 durchlebt das Unternehmen einen starken und schnellen Wandel. Die Strategie von MAN Nutzfahrzeuge AG geht klar in Richtung Wachstum und Internationalisierung. Neue Produktionsstandorte und Joint Ventures in Osteuropa oder Asien beispielsweise sollen die zunehmenden Kapazitäten sicherstellen. Schlanke und effiziente Abläufe fordern strukturelle Anpassungen in allen Unternehmensbereichen – z. B. Einführung einer Geschäftseinheitenstruktur. Alle diese fundamentalen Veränderungen im Unternehmen der MAN Nutzfahrzeuge AG erfordern einen umfassenden Kulturwandel.

Ziel ist es, aus dem Unternehmen mit eher festen Strukturen und konservativen Denkweisen einen – gemäß der gültigen Unternehmenswerte – innovativen, dynamischen, offenen und zuverlässigen Global Player zu machen.

5.4.2 Historie und strategische Einordnung der MAB bei MAN

Wie viele andere Unternehmen sieht sich auch die MAN vor der Herausforderung, die Mitarbeiter in der Phase des schnellen und grundlegenden Wandels von seinen Unternehmenszielen zu überzeugen und ihre Motivation und Commitment sicherzustellen.

Bis 2003 hatte das Unternehmen noch nie in einer umfassenden MAB die Motivationslage seiner Mitarbeiter erhoben. Insgesamt war bis dahin keine Erfahrung mit standardisierten Bottom-up-Feedbackinstrumenten gemacht worden. Auf Wunsch des damaligen Vorstandsvorsitzenden wurde eine eher unkonventionelle Aktion im Jahr 2003 mit einem selbst entwickelten Fragebogen (20 Fragen) durchgeführt. Die Steuerung lag in der Hand der zentralen Personal- und Organisationsentwicklung. Auf Basis einer Rücklaufquote von 30% wurde ein Gesamtergebnisbericht für den Standort München erstellt und im Intranet sowie auf einer Infomesse erläutert. Dieser Befragung folgte kein gesteuerter Follow-up-Prozess. Ihre Zielsetzung war zu diesem Zeitpunkt ausschließlich die Diagnose der aktuellen Stimmungslage.

Sehr schnell waren sich alle Verantwortlichen im Klaren, dass eine standardisierte MAB regelmäßig und professionell durchgeführt werden sollte. Die anfängliche Diagnosefunktion wurde erweitert: Die MAB sollte ein Führungsinstrument werden, das die strategischen Ziele Transparenz und Commitment verfolgt und die Führungskräfte auf allen Ebenen unterstützt, eine Mitarbeiter motivierende Führungsarbeit zu leisten.

Die strategische Einbettung der MAB bei der MAN Nutzfahrzeuge AG ist in der folgenden ◘ Abb. 5.11 verdeutlicht.

5.4.3 Die Organisation der MAB 2004

Für die Durchführung der zweiten MAB wurde ein externes Institut eingebunden. Unter der internen Projektleitung der zentralen Personal- und Organisationsentwicklung erfolgte die Planung, Durchführung und Nachbereitung der MAB. Zum engeren

◘ **Abb. 5.11.** Strategische Einordnung der MAB bei der MAN Nutzfahrzeuge AG

- Steigerung der Produktivität
- Mitarbeitermotivation
- kontinuierliche zielgerichtete Verbesserung
- Transparenz | Commitment
- Gemeinsame Umsetzung festgelegter Maßnahmen
- Definition der Handlungsbedarfe und Analyse der Ursachen
- Detailinformationen über Zufriedenheit und Verbundenheit
- Führungsinstrument Mitarbeiterbefragung

Projektteam zählten zusätzlich Verantwortliche der internen Kommunikation. Vor allem für die Durchführung der Befragung im Produktionsbereich wurde ein Unterstützungsteam festgelegt. Der Betriebsrat wurde einige Monate vor der Erhebung über das Vorhaben benachrichtigt. Eine ausführliche Information über die Planung der MAB, den Kooperationspartner, das Mannheimer Institut, und den Fragebogen erfolgte vier Wochen vor dem Start der Befragung. Aktiv spielte der Betriebsrat im Projektteam keine Rolle.

Die Aufgaben des Projektteams waren im Wesentlichen:
- Fragebogenanpassung und -druck
- Erstellung der Organisationsstruktur (als Grundlage für Fragebogenversand und Ergebnisauswertung)
- Schulung/Vorbereitung der Führungskräfte
- Steuerung der Kernprozesse:
    - Kommunikation/Vorinformation
    - Durchführung
    - Ergebniskommunikation (Moderation)
    - Maßnahmengenerierung/-umsetzung
- Logistik (Informationsmaterial, Fragebogenversand und -rücknahme etc.)

Die allgemeine Information aller Mitarbeiter erfolgte über einen breiten Medienmix:
- Mitarbeiterzeitung
- Magazin für Führungskräfte
- Betriebsversammlung
- Intranet
- Plakate, Aushänge
- E-Mail an alle Führungskräfte und an die Gesamtbelegschaft
- Bereichsspezifische Information über Führungsgremien: z. B. Modulleiter-/Segmentleitertreffen

Der Standardfragebogen des Mannheimer Instituts diente als Basis für einen, an die MAN-spezifischen Belange angepassten, Fragenkatalog. Dieser enthielt insgesamt 106 Fragen, die sich auf verschiedene Module verteilten.

Zusammen mit der Projektleitung des Mannheimer Instituts wurde ein Pre-Test im Produktionsbereich durchgeführt, um die Verständlichkeit vor allem für die gewerblichen Mitarbeiter sicherzustellen. Die Antwortmöglichkeiten bestanden durchgehend aus 5er-Skalen. Auf offene Fragen wurde verzichtet, da die qualitativen Rückmeldungen vor allem aus dem Follow-up-Prozess hervor gehen sollten (s. u.).

5.4.4 Durchführung der Befragung

Die Erhebungsphase im November 2004 dauerte vier Wochen. Befragt wurden die Mitarbeiter aller Ebenen und Abteilungen am Standort München und Dachau: ca. 7.400 Mitarbeiter (davon ca. 4.300 gewerbliche Mitarbeiter). Die Fragebogen wurden per Hauspost an die einzelnen Abteilungen verschickt. Die Erhebung erfolgte rein schriftlich. Für die Sammlung der Antwortbögen wurden Urnen an den Werkstoren und in der Kantine aufgestellt und täglich geleert. Anschließend gelangten die Umschläge über die interne Poststelle direkt an das Mannheimer Institut. Durch die wöchentliche Veröffentlichung der Rücklaufquoten pro Vorstandsbereich im Intranet, eine E-Mail an alle Mitarbeiter mit dem letzten Aufruf zur Teilnahme an der Befragung und Extrahinweise an den bereits hängenden Plakaten wurde die Erhöhung der Rücklaufquote gefördert.

Für die Befragung in der Produktion stand den Führungskräften ein Team aus der Personalabteilung zur Verfügung, das die Mitarbeiter für das Ausfüllen der Fragebogen an ihren Pausenplätzen instruierte.

5.4.5 Zentrale Ergebnisse der Befragung

Die endgültige Rücklaufquote von 57% ist, unter Berücksichtigung der Erstbefragung im Jahr 2003 ohne systematischen Follow-up-Prozess, als gut zu bezeichnen. Viele Mitarbeiter gaben durchaus die Rückmeldung, dass sie keine positiven Veränderungen aufgrund der Befragung erwarten. Zudem war vor allem die Skepsis hinsichtlich der Anonymität der Auswertung ein zentraler Aspekt, nicht an der Befragung teilzunehmen. Hier bestand auf jeden Fall ein Kommunikationsdefizit. Zu wenig bekannt waren die folgenden Rahmenbedingungen:
- Im Fragebogen wurden keine Angaben zur Person wie Alter, Geschlecht oder Betriebszugehörigkeit abgefragt.

- Die notwendige Angabe, um die Ergebnisse Organisationseinheits- bzw. Teambezogen sinnvoll zurückzumelden, sind Team- oder Einheiten-Bezeichnung (abgefragt über die Kostenstelle).
- Versand der Antwortbögen direkt per Post an das Mannheimer Institut, dort nach maschineller Registrierung Vernichtung der Einzelbögen.
- Auswertung nur für Organisationseinheiten mit einem Rücklauf von mindestens 5 Antwortbögen.

Als besonders positive Ergebnisse waren die Themen »Tätigkeit«, »Zusammenarbeit mit den Kollegen im eigenen Bereich« und die eigene »Motivation und Verbundenheit« zu sehen. Berufliche Weiterentwicklung bzw. Weiterbildung, Lohn/Gehalt und Informationsfluss stellten sich als die größten Verbesserungsbedarfe heraus. Hierin folgte die MAN Nutzfahrzeuge AG absolut dem Trend des externen Benchmarks, bestehend aus namhaften Industrieunternehmen in Deutschland.

Die Frage, ob eine MAB bei der Belegschaft grundsätzlich noch als sinnvoll gesehen wurde und nicht schon ihren Effekt verloren hatte, wurde deutlich mit »ja« bestätigt: Rund 71% der Mitarbeiter beantworteten die Frage »Halten Sie es für sinnvoll, dass eine MAB wie diese regelmäßig durchgeführt wird?« mit »ja/eher ja«.

5.4.6 Rückmeldung der Ergebnisse

Die Rückmeldung der Ergebnisse erfolgte in mehreren Stufen. Eine erste Ergebnispräsentation fand im Dezember 2004 auf einer der regelmäßig stattfindenden Infomessen statt. Darauf folgte eine Gesamtergebnispräsentation im Management Board mit Festlegung des Follow-up-Prozesses. Per Infobrief vom Vorstand wurde im Januar 2005 jedem Mitarbeiter einzeln für die Teilnahme gedankt und die zentralen Ergebnisse mit weiterer Vorgehensweise dargestellt.

Anfang Februar 2005 erfolgte der Versand der einzelnen Ergebnisberichte an die Führungskräfte aller Ebenen per E-Mail direkt vom WO-Institut Mannheim. Diese E-Mail enthielt eine ausführliche Information zur weiteren Vorgehensweise und ein Formular zur Dokumentation der Maßnahmen.

5.4.7 Follow-up-Prozess

Der Follow-up Prozess startete bei der MAN Nutzfahrzeuge AG zunächst mit einer Top-down-Information und Feinplanung in den jeweiligen Führungsgremien der Bereiche. Hier wurde mit Unterstützung der Projektverantwortlichen festgelegt, bis

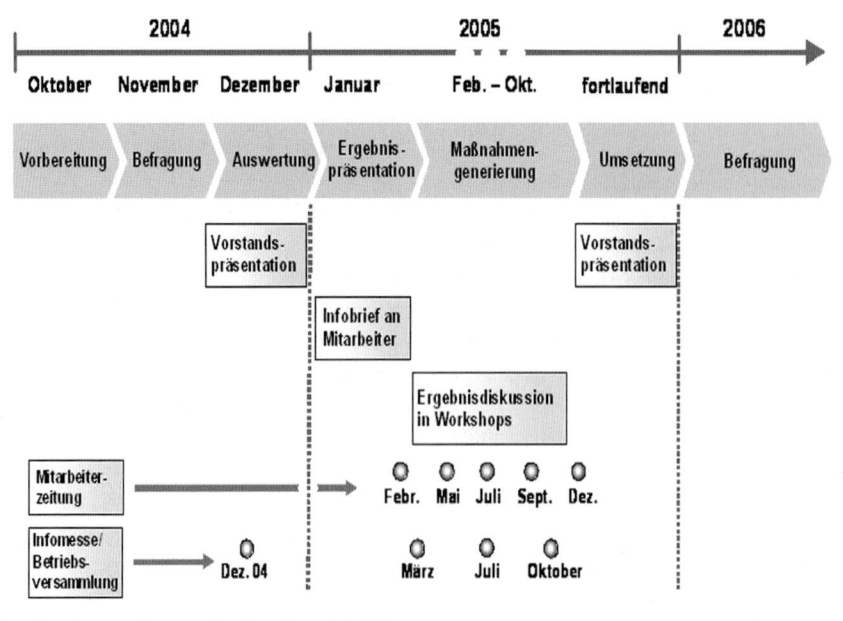

◘ **Abb. 5.12.** Übersicht zum Kommunikationsplan der MAB

◘ Abb. 5.13. Ablauf des Follow-up-Prozesses

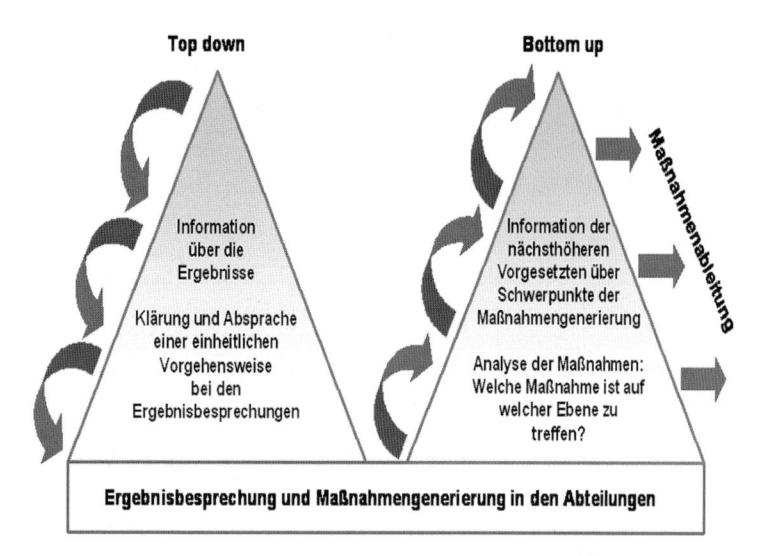

Top down
- Information über die Ergebnisse
- Klärung und Absprache einer einheitlichen Vorgehensweise bei den Ergebnisbesprechungen

Bottom up
- Information der nächsthöheren Vorgesetzten über Schwerpunkte der Maßnahmengenerierung
- Analyse der Maßnahmen: Welche Maßnahme ist auf welcher Ebene zu treffen?

Maßnahmenableitung

Ergebnisbesprechung und Maßnahmengenerierung in den Abteilungen

wann die einzelnen Schritte der Nachbereitungsphase (◘ Abb. 5.13) in welcher Form zu erledigen waren.

Jede Führungskraft war damit beauftragt, mit dem ihr direkt zugeordneten Mitarbeiterkreis eine Ergebnisbesprechung durchführen. Dieser Workshop hatte folgendem Ablauf zu entsprechen:
1. Präsentation der Ergebnisse der MAB
2. Gemeinsame Diskussion der Hintergründe zentraler Verbesserungsbedarfe
3. Maßnahmengenerierung: Sammlung von Verbesserungsvorschlägen
4. Erarbeitung konkreter Maßnahmen
5. Festlegung von Zuständigkeiten und weiteren Schritten

Die Ergebnisbesprechungen starteten auf der untersten Abteilungsebene und initiierten einen Bottom-up Konsolidierungsprozess. Auf diese Weise wurden die Maßnahmenvorschläge, die nicht auf der Abteilungsebene zu lösen waren, sukzessive nach oben getragen, um auf jeder Ebene zielgerichtet Maßnahmen festlegen zu können.

Für die Dokumentation und das Controlling der Workshopergebnisse stand den Führungskräften ein einheitlicher Maßnahmenplan (in Excel) zur Verfügung (◘ Abb. 5.14).

Dieser Maßnamenplan fixierte die abteilungsspezifischen Befragungsergebnisse wie Rücklaufquote, Zufriedenheits-, Commitment- und Füh-

rungsindex. Außerdem wurden jeweils die wichtigsten drei Stärken und Verbesserungspotenziale (Themenbereich, Mittelwert und Ursachen, Hintergründe und Besonderheiten) dokumentiert sowie die endgültigen Maßnahmen bzw. Maßnahmenvorschläge. Zu jeder Maßnahme wurde Folgendes angegeben:
- Themenbereich
- Beschreibung der Maßnahme
- Zuständigkeit
- Zeitplan
- selbst lösbar (ja/nein)
- weitergeleitet an
- Stand der Umsetzung

5.4.8 Sicherung der Nachhaltigkeit

Das qualitative und quantitative Controlling des Umsetzungsprozesses lag vordergründig in der Verantwortung der Bereichsleiter. Die Projektverantwortlichen der Mitarbeiterbefragung verfolgten damit vor allem das Ziel, dieses Feedbackinstrument mittelfristig zu einem Führungsinstrument zu entwickeln, anstatt zu einem rein zentralistischen »Controllinginstrument«. An dieser Stelle muss jedoch hinzugefügt werden, dass der Follow-up-Prozess bzw. die hier getroffenen Maßnahmen im Jahr 2005 noch nicht in die Zielvereinbarungen der Führungskräfte eingeflossen sind.

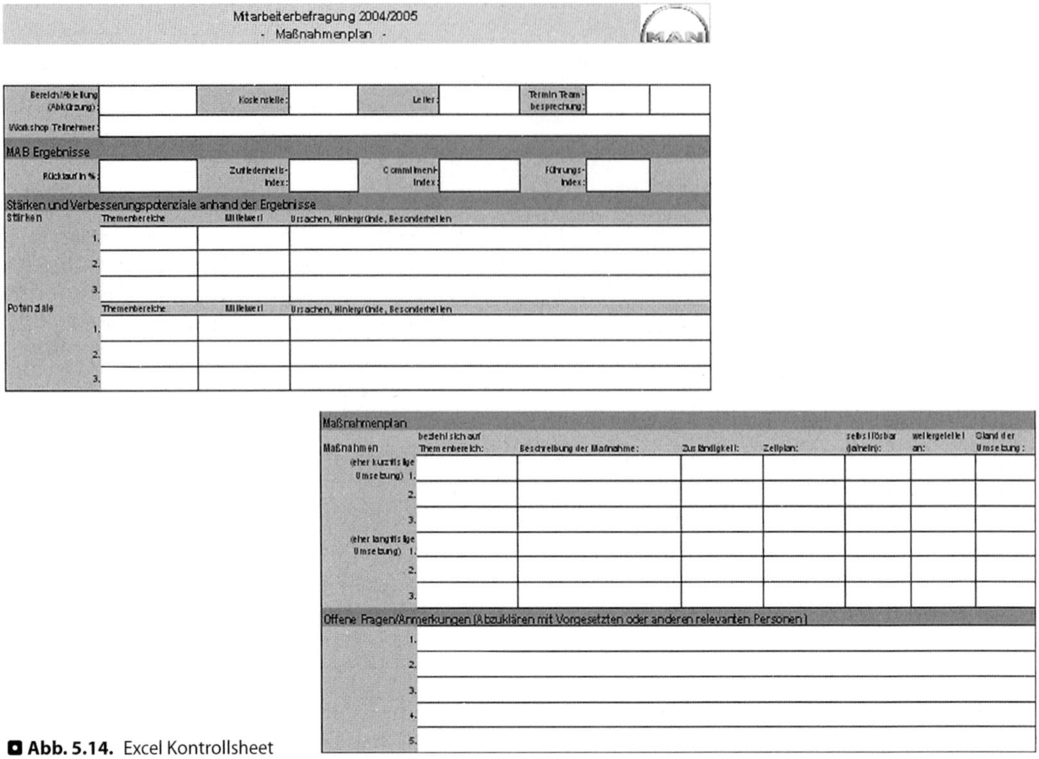

Abb. 5.14. Excel Kontrollsheet

Der Weg der zentralen Ergebnisse aus der Maßnahmengenerierung hin zur Top Managementebene wurde durch eine Analyse von Seiten der steuernden Abteilung Personal- und Organisationsentwicklung unterstützt. Hier erfolgte eine Auswertung der Maßnahmenformulare, die freiwillig von den Führungskräften an die Personalabteilung geschickt wurden. Somit konnte eine zusammenfassende Berichterstattung auf Gesamtunternehmensebene an das Top Management und die Belegschaft vorgenommen werden. Dies erfolgte im Sommer und Herbst 2005 auf Infomessen, Betriebsversammlungen und bei Vorstandspräsentationen. Inhaltlich zeigte die Auswertung die wesentlichen Hintergründe für die positiven wie negativen Befragungsergebnisse auf und spiegelte die zentralen Maßnahmen in den Abteilungen und die Maßnahmenvorschläge für die höheren Unternehmensebenen zu den drei bis vier wichtigsten Verbesserungspotenzialen wider.

Während des gesamten Follow-up-Prozesses wurde ständig via Mitarbeiterzeitung und Intranet über »Best Practices« und erfolgreich umgesetzte Maßnahmen informiert. Die breite Kommunikation hatte zur Folge, dass immer wieder Führungskräfte aus den unterschiedlichsten Vorstandsressorts von sich aus auf die Projektverantwortlichen der Personalentwicklung zukamen und um Unterstützung vor allem bei Vorbereitung und Durchführung der Ergebnisbesprechungen baten. Die letzten Maßnahmenbesprechungen wurden auf diese Weise noch 10 Monate nach der Befragung durchgeführt. Dies ist sicherlich ein Nachteil, der aufgrund des insgesamt geringen Drucks bei der Einführung der MAB in Kauf genommen werden musste. Von Seiten der Mitarbeiter wurde die verspätete Ergebnisbesprechung allerdings nicht negativ gesehen. Die Reaktion auf die Workshops war eher staunende Verwunderung, weil damit zum einen nicht mehr gerechnet wurde und zum anderen der Ablauf und die Ergebnisse der Diskussion für viele eine neue und positive Erfahrung innerhalb der Abteilungen war; dies war vor allem das Ziel der Projektverantwortlichen: Führungskräfte und Mitarbeiter sollten mit der MAB positive Erfahrung machen und dadurch Vertrauen in dieses neue Feedbackinstrument aufbauen. Dies hätte sicherlich nicht mit zuviel Druck bei der Durchführung erreicht werden können.

Im Oktober 2005, ca. ein Jahr nach der Erhebung, führten die Projektverantwortlichen einen Zwischen-Check zum Stand des Follow-up-Prozesses auf einer Infomesse am Standort München durch. An einer Stellwand konnten die Mitarbeiter freiwillig folgende drei Fragen mit »ja« oder »nein« beantworten:
1. Sind Ihnen die Ergebnisse der MAB 2004 aus Ihrem Bereich/Ihrer Abteilung bekannt?
2. Hat Ihre Führungskraft mit Ihnen über Ergebnisse, Ursachen und mögliche Verbesserungsmaßnahmen gesprochen?
3. Haben Sie aufgrund der Befragung bereits Verbesserungen wahrgenommen?

Frage 1 beantworteten 85% mit »ja« und 15% mit »nein«. Bei Frage 2 gaben 70% an, mit Ihrer Führungskraft über die Ergebnisse, Ursachen und Verbesserungsmaßnahmen gesprochen zu haben, was 30% verneinten. Die dritte Frage nach den wahrgenommenen Verbesserungen konnten 28% mit »ja« beantworten, 72% konnten dies nicht bestätigen.

Auch wenn dieser Zwischen-Check nicht ganz repräsentativ für den Standort München war, weil die Infomesse kaum von gewerblichen Mitarbeitern besucht wird, informierte er über einen gewissen Trend zum Status des Follow-up-Prozesses. Es wurde deutlich, dass die erste Hürde »Ergebnisbesprechungen auf allen Ebenen« gut angelaufen war, jedoch die Umsetzung der Maßnahmen und die Kommunikation darüber noch verbessert werden konnte. Insbesondere wurden zum Zeitpunkt des Zwischen-Checks noch keine Maßnahmen auf Top Managementebene in der Breite kommuniziert.

5.4.9 Weiterentwicklung der MAB bei der MAN Nutzfahrzeuge AG

Auf Basis der insgesamt guten Erfahrungen der MAB von 2004 wurde das Instrument bei MAN Nutzfahrzeuge AG selbst kontinuierlich verbessert und weiterentwickelt. So konnte zum Beispiel die erste Anwendung und statistische Überprüfung der einzelnen Fragen zu einer Verkürzung des Fragenkatalogs genutzt werden. Außerdem wurden Fragen hinzugefügt, die zukünftig eine Unterscheidung von Commitment zur Tätigkeit und Commitment zum Unternehmen zulassen. Somit sind konkretere Rückschlüsse für die Motivationsarbeit, aber auch wichtige Hinweise für das zunehmend an Bedeutung gewinnenden Change Management bei MAN möglich. Insbesondere die Veränderungsbereitschaft der Mitarbeiter steht im Fokus des Managements. Hierzu wurden direkt und indirekt Fragen in der MAB verankert. Im Rahmen des bei MAN Nutzfahrzeuge AG in 2005 angestoßenen Projektes zur Stärkung der neuen Wertekultur, wurde im Fragebogen für die MAB 2006 ein entsprechender Block mit vier Fragen eingebaut. Dieser verfolgt neben einer Diagnosefunktion auch eine Signalwirkung hinsichtlich der Bedeutung der neuen Werte. Für die zweite Befragung in München wurden bereits Fragen im Stil des oben erwähnten Zwischen-Checks zur Überprüfung des Follow-up-Prozesses festgelegt. Hieraus soll aus allen zukünftigen Erhebungen ein sogenannter MAB-Prozessindex berechnet und neben dem Zufriedenheits-, Commitment- und Führungsindex als strategische Kennzahl kontinuierlich verfolgt werden. Mit diesem für 2006 geplanten Schritt wäre die MAB bei MAN Nutzfahrzeuge AG zum ersten Mal mit messbaren Kennzahlen in der Strategie verankert.

Aufgrund der Erfahrungen von 2004 wurde auch für die Zeitplanung Konsequenzen gezogen. Um den Führungskräften die Verankerung der getroffenen Maßnahmen aus der MAB in die Zielvereinbarung zu ermöglichen, wurde entsprechend bei der Terminierung im Jahresplan auf die Befragung geachtet. Zukünftige Befragungen sollen vor den Sommerferien stattfinden, damit die Maßnahmengenerierung von September bis Ende des Jahres abgeschlossen sein kann, bevor dann nach dem Jahreswechsel die Zielvereinbarung beginnt. Sicherlich würde dies einen strafferen Follow-up-Prozess von max. 3–4 Monaten bedeuten, was aber aufgrund des Lernfortschritts der Führungskräfte in Bezug auf das Handling der Ergebnisse und deren Nachbereitung einen geringeren Zeitbedarf als bei der Einführung 2004 bedeuten dürfte.

Um insgesamt den Prozess MAB bei MAN Nutzfahrzeuge AG in Effizienz und Effektivität zu verbessern, wurde die Projektorganisation optimiert. Eine bessere Betreuung der Führungskräfte soll künftig durch ein Team von Prozessbegleitern gewährleistet werden. Diese Prozessbegleiter rekrutieren sich aus Personalbetreuern, die jeweils über Informationen über Strukturen und personelle Entwicklungen bestimmter Zuständigkeitsbereiche verfügen. Die Aufgaben dieser Teammitglieder ist eine intensive Information und Beratung der Führungskräfte in Vorbereitung, Durchführung und Nachbereitung. Zielsetzung des neuen Konzeptes ist die Verbesserung der Führungsarbeit während einer MAB, nicht jedoch die Verantwortungsübernahme der Personalabteilung. Denn gerade der in ◘ Abb. 5.13 dargestellte Bottom-up-Prozess funktioniert nur, wenn die höheren Führungskräfte die Informationen aus den Ergebnisbesprechungen in den Abteilungen über das mittlere Management aus persönlichem Interesse (!) nach oben »ziehen«. Dieser Prozess setzt eine funktionierende Kommunikationsstruktur voraus, und funktionierte bei einigen Stellen bei MAN – abhängig von Einzelpersonen – bereits sehr gut. Durch die geschulten Prozessbegleiter sollen bei der nächsten Befragung die schwächeren Bereiche genau in diesem Kommunikationsprozess besser beraten werden. Außerdem wird noch konsequenter eine Kaskade top-down von jedem einzelnen Vorstand aus gestartet werden – eine wichtige Komponente, die am Follow-up-Prozess der Befragung 2004 sicherlich zu bemängeln ist.

Um dem mittleren und höheren Management seine wichtige Aufgabe als »Zugpferd« bei der kontinuierlichen Maßnahmenumsetzung zu erleichtern, soll der bisher Excel-basierte Maßnahmenplan professionalisiert werden. Mit der zweiten Befragung in 2006 wird das Online-Instrument des Mannheiner Institutes für Wirtschafts- und Organisationspsychologische Forschung eingesetzt werden. Jede Führungskraft hat damit die Möglichkeit, auf einen Blick alle erfassten Maßnahmen der Abteilungen in ihrem Bereich zu sehen und den Umsetzungsstatus quartalsweise abzurufen (◘ Abb. 5.15).

Ein standortweiter Bericht wird vierteljährlich dem Vorstand in Zusammenarbeit mit dem Institut

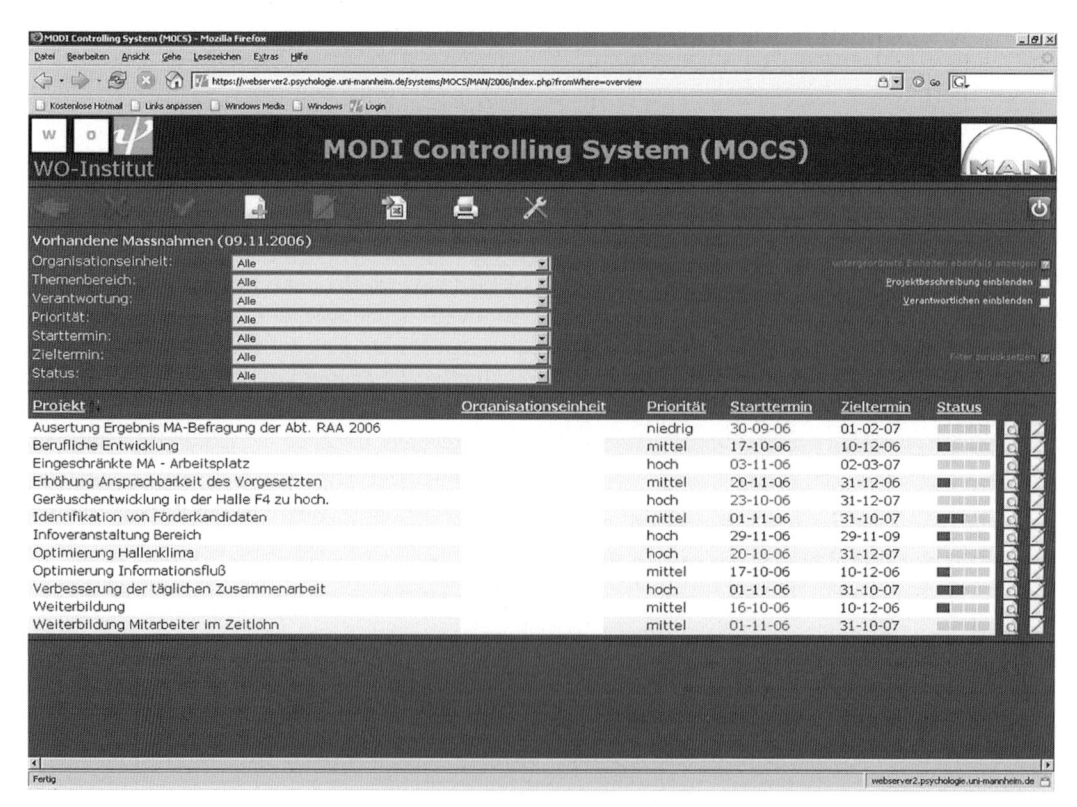

◘ **Abb. 5.15.** MOCS-Status

präsentiert. Zudem macht dieses Instrument viel einfachere Auswertungen möglich, zu welchen Themen des Fragebogens die Maßnahmen schwerpunktmäßig umgesetzt werden und aus welchen Ebenen die Maßnahmen kommen. Es bringt allerdings auch mit sich, dass eine Führungskraft unter ihrem persönlichen Passwort nur noch diejenigen Maßnahmen eintragen kann, die sie selbst mit ihrem Team verantworten und umsetzen kann. Maßnahmenvorschläge an höhere Ebenen können nur noch auf persönlichem Weg über die Führungsebenen hinweg »nach oben« gegeben werden. Im Excel-Formular fanden sich bisher häufig solche Maßnahmenvorschläge, die nicht selbst gelöst werden konnten. Sicherlich besteht die Gefahr, dass diese Vorschläge über die Bottom-up-Kaskade verloren gehen. Hier wiederum greift die Aufgabe der Prozessbegleiter (s. o.) und Moderatoren.

Die MAB von 2004 förderte einen erhöhten Bedarf an gut ausgebildeten Moderatoren bei MAN Nutzfahrzeuge AG zutage. So wurde seitdem die Qualifizierung vor allem von Führungsnachwuchskräften hinsichtlich Moderationstechnik verstärkt und für die zukünftige Befragung ein Moderatorenpool gebildet. Dieser wird sich aus einer Auswahl von besonders positiv auffallenden Trainees/Führungsnachwuchskräften, Segmentleitern der Produktion und bereits als Moderatoren eingesetzten Mitarbeitern der Abteilungen »Qualitätsmanagement« und den Personalbetreuern (Prozessbegleitern) zusammensetzen.

Mit den eingangs beschriebenen Zielen der MAN Nutzfahrzeuge AG gehen immer höhere Anforderungen an Prozesse, Strukturen und Mitarbeiter einher. In diesem Zusammenhang steht die Förderung von Business Excellence bei MAN Nutzfahrzeuge AG im Vordergrund. Seit dem Jahr 2005 laufen bei MAN Initiativen zur Einführung der Selbstbewertung anhand des EFQM-Modells. Von Beginn an sind Projektverantwortliche aus der Personal- und Organisationsentwicklung bei der Verknüpfung der EFQM-Bewertung mit der MAB beteiligt.

Für die Etablierung der MAB als Führungsinstrument und als Instrument der strategischen Organisationsentwicklung werden seit 2004 von der Zentrale in München aus die Weichen gestellt. Seit Anfang 2006 sieht ein Vorstandsbeschluss die einheitliche Durchführung einer MAB in Deutschland und Österreich vor. Ein standardisierter Fragebogen wird es zukünftig möglich machen, die strategischen Kennzahlen zur MAB für alle Standorte herunterzubrechen und die Motivation der Mitarbeiter zur messbaren Aufgabe von Führungskräften zu machen.

Anhang

Literatur – 214

Über die Herausgeber – 220

Quellenverzeichnis – 221

Sachverzeichnis – 222

Literatur

Ahlemeyer, H. W., Grimm, H. & Rudiferia, K. (2005). Online oder offline? Klassische und internetbasierte Formen der Mitarbeiterbefragung in der Praxis. In I. Jöns & W. Bungard (Hrsg.), *Feedbackinstrumente im Unternehmen. Grundlagen, Gestaltungshinweise, Erfahrungsberichte* (S. 467–481). Wiesbaden: Gabler.

Antonioni, D. (1996). Designing an effective 360-degree appraisal feedback process. *Organizational Dynamics, 25 (2),* 24–38.

Backhaus, K., Erichson, B., Plinke, W. & Weiber, R. (2003). *Multivariate Analysemethoden. Eine anwendungsorientierte Einführung* (10. Aufl.). Heidelberg: Springer.

Batinic, B. (2001). *Fragebogenuntersuchung im Internet.* Aachen: Shaker.

Baum, H.-G., Coenenberg, A. G. & Günther, T. (2004). *Strategisches Controlling.* Stuttgart: Schaeffer-Poeschel Verlag.

Böcker, F. (1982). Preistheorie und Preispolitik – Ein Überblick. In F. Böcker (Hrsg.). *Preistheorie und Preispolitik.* München: Frank Vahlen.

Borg, I. (1995). *Mitarbeiterbefragung: Strategisches Auftau- und Einbindungsmanagement.* Göttingen: Hogrefe.

Borg, I. (1997). *Modern multidimensional scaling.* Heidelberg: Springer.

Borg, I. (2000). *Führungsinstrument Mitarbeiterbefragung: Theorien, Tools und Praxiserfahrungen.* Göttingen: Hogrefe.

Borg, I. (2002). *Mitarbeiterbefragungen – kompakt.* Göttingen: Hogrefe.

Borg, I. (2003a). Affektiver Halo in Mitarbeiterbefragungen. *Zeitschrift für Arbeits- und Organisationspsychologie, 47,* 1–11.

Borg, I. (2003b). *Führungsinstrument Mitarbeiterbefragung. Theorien, Tools und Praxiserfahrungen* (3. Aufl.). Göttingen: Hogrefe.

Borg, I. (2004). *The total package design (TPD) method for organizational surveys,* Vortrag auf dem 2nd IT Survey Group Symposium in St. Leon Rot.

Born, D. H. & Mathieu, J. E. (1996). Differential effects of survey-guided feedback: The rich get richer and the poor get poorer. *Group-and-Organization-Management, 21 (4),* 388–403.

Bortz, J. (1999). *Statistik für Sozialwissenschaftler.* Berlin: Springer.

Bosnjak, M. (2002). *(Non)Response bei Web-Befragungen.* Aachen: Shaker.

Bowers, D. G. (1973). Sociological aspects of behavior in an educational setting. *Dissertation-Abstracts-International, 34 (6-A),* 3554–3555.

Bowers, D. G. (1973). OD techniques and their results in 23 organizations: The Michigan ICL Study. *Journal of Applied Behavioral Science, 9 (1),* 21 – 43.

Bowers, D. G. & Hausser, D. L. (1977). Work group types and intervention in organizational development. *Administrative-Science-Quarterly, 22 (1),* 76–94.

Bögel, R. & von Rosenstiel, L. (1997). Die Entwicklung eines Instrumentes zur Mitarbeiterbefragung: Konzept und Bestimmung der Inhalte und Operationalisierung. In W. Bungard & I. Jöns (Hrsg.), *Mitarbeiterbefragung, Ein Instrument des Innovations- und Qualitätsmanagements* (S. 84–113). Weinheim: Beltz Psychologie VerlagsUnion.

Bögel, R. (2003). Organisationsklima und Unternehmenskultur. In L. v. Rosenstiel (Hrsg.), *Führung von Mitarbeitern.* Stuttgart: Schaeffer-Poeschel.

Böhm, W. (1997). Mitarbeiterbefragung – Juristische Rahmenbedingungen. In W. Bungard & I. Jöns (Hrsg.), *Mitarbeiterbefragung – Ein Instrument des Innovations- und Qualitätsmanagements* (S. 236–245). Weinheim: Beltz Psychologie VerlagsUnion.

Böhm, W. (2005). Feedbackprozesse: Rechte der Mitarbeiter/Mitbestimmung des Betriebsrats. In I. Jöns & W. Bungard (Hrsg.), *Feedbackinstrumente im Unternehmen: Grundlagen, Gestaltungshinweise, Erfahrungsberichte* (S. 279–292). Wiesbaden: Gabler.

Brett, J. M., Tinsely, C. H., Janssens, M., Brisness, Z. I. & Lytle, A. L. (1997). New approaches to the study of culture in industrial/organizational psychology. In P. C. Earley & M. Erez (Hrsg.), *New perspectives on international industrial/organizational psychology* (S. 75–129). San Francisco, CA, US: The New Lexington Press/Jossey-Bass Publishers.

Brislin, R. W. (1986). *Intercultural interactions.* Beverly Hills: Sage.

Brodbeck, F. C., Anderson, D. M. & West, M. A. (2000). *Das Teamklima-Inventar.* Göttingen: Hogrefe.

Bruggemann, A. (1974). Zur Unterscheidung verschiedener Formen der Arbeitszufriedenheit. *Arbeit und Leistung, 28,* 281–284.

Bruggemann, A. (1976). Zur empirischen Untersuchung verschiedener Formen von Arbeitszufriedenheit. *Zeitschrift für Arbeitswissenschaft, 30 (2),* 71–74.

Bungard, W., Holling, H. & Schultz-Gambard, J. (1996). *Methoden der Arbeits- und Organisationspsychologie.* Weinheim: Beltz Psychologie VerlagsUnion.

Bungard, W. & Jöns, I. (Hrsg.). (1997). *Mitarbeiterbefragung. Ein Instrument des Innovations- und Qualitätsmanagements.* Weinheim: Beltz Psychologie VerlagsUnion.

Bungard, W., Jöns, I. & Schultz-Gambard, J. (1997). Sünden bei Mitarbeiterbefragungen – Zusammenfassung der wichtigsten Fehler und Fallgruben. In W. Bungard & I. Jöns (Hrsg.), *Mitarbeiterbefragung. Ein Instrument des Innovations- und Qualitätsmanagements* (S. 441–455). Weinheim: Beltz Psychologie VerlagsUnion.

Bungard, W. (2000). Mitarbeiterbefragungen als Feedbackinstrument im Rahmen eines systematischen Prozesscontrollings. *Wirtschaftspsychologie, 3.*

Bungard, W. & Winter, S. (2001). Mitarbeiter- und Kundenbefragung im Rahmen moderner Managementstrategien. In

Literatur

D. Spath (Hrsg.), *Vom Markt zum Produkt – Impulse für die Innovativen von morgen* (S. 65–71). Stuttgart: LOG_X.

Bungard, W. (2005a). Feedback in Organisationen: Stellenwert, Instrumente und Erfolgsfaktoren. In I. Jöns & W. Bungard (Hrsg.), *Feedbackinstrumente im Unternehmen*. (S. 7–28). Wiesbaden: Gabler.

Bungard, W. (2005b). Mitarbeiterbefragungen. In I. Jöns & W. Bungard (Hrsg.), *Feedbackinstrumente in Unternehmen* (S. 161–175). Wiesbaden: Gabler.

Bungard, W. (1987). *Organization development: A normative view*. Reading, MA: Addison-Wesley.

Chio, R. K. & Kosinski, F. A. (1999). The role of affective dispositions in job satisfaction and work strain: Comparing collectivist and individualist societies. *International-Journal-of-Psychology, 34 (1)*, 19–28.

Church, A. & Waclawski, J. (1998). *Designing and using organizational surveys*. Aldershot: Gower.

Chruch, A., Waclawski, J. & Burke, W. W. (2001). Multisource feedback for organization development and change. In D. W. Bracken, C. W. Timmreck & A. H. Church (eds.), *The handbook of multisource feedback: The comprehensive resource for designing and implementing MSF processes* (S. 301–317). San Francisco, CA, US: Jossey-Bass.

Comelli, G. (1997). Mitarbeiterbefragungen und Organisationsentwicklungsprozesse. In I. Jöns & W. Bungard (Hrsg.), *Mitarbeiterbefragungen*. Weinheim: Beltz Psychologie VerlagsUnion.

Conlon, E. J. & Short, L. O. (1984). Survey feedbacks as a large-scale change device: An empirical evaluation. *Group & Organization Studies, 9 (3)*, 399–416.

Cronbach, L. (1990). *Essentials of psychological testing*. New York: Harper Row.

Dahms, W. (2005). Der ECS – ein Standard Feedback der Continental AG. In I. Jöns & W. Bungard (Hrsg.), *Feedbackinstrumente im Unternehmen: Grundlagen, Gestaltungshinweise, Erfahrungsberichte* (S. 424–442). Wiesbaden: Gabler.

Decker, F. (1998). *Teamworking: Gruppen erfolgreich führen und moderieren*. Würzburg: Lexika.

Deitering, F. G. (2006). *Folgeprozesse bei Mitarbeiterbefragungen*. München: Rainer Hampp.

Deutschmann, C. (1999). *Die Verheißung des absoluten Reichtums*. Frankfurt am Main: Campus.

Diener, E., Diener, M. & Diener, C. (1995). Factors predicting the subjective well-being of nations. *Journal-of-Personality-and-Social-Psychology, 69 (5)*, 851–864.

Diener, E., Napa Scollon, C. K., Oishi, S., Dzokoto, V. & Suh, E. M. (2000). Positivity and the construction of life satisfaction judgements: Global happiness is not the sum of its parts. *Journal of Happiness Studies, 1*, 159–176.

Dillman, D. A. (1991). The design and administration of mail surveys. *Annual-Review-of-Sociology, 17*, 225–249.

Dillmann, D. A. (2000). *Mail and internet surveys: The tailored design method*. New York: Wiley.

Domsch, M. E. & Reinecke, P. (1982). Mitarbeiterbefragung als Führungsinstrument. In H. Schulter & W. Stehle (Hrsg.), *Psychologie in Wirtschaft und Verwaltung* (S. 127–148). Stuttgart: Schaeffer-Poeschel.

Domsch, M. E. & Schneble, A. (Hrsg.). (1992). *Mitarbeiterbefragungen* (2. Aufl.). Heidelberg: Physica.

Domsch, M. E. & Ladwig, D. H. (1997). Mitarbeiterbefragungen als marktorientiertes Instrument eines »Cultural Change« im Unternehmen. In W. Bungard & I. Jöns (Hrsg.), *Mitarbeiterbefragung. Ein Instrument des Innovations- und Qualitätsmanagements* (S. 74–83). Weinheim: Beltz Psychologie VerlagsUnion.

Domsch, M. E. & Ladwig, D. H. (Hrsg.). (2000). *Handbuch Mitarbeiterbefragung*. Berlin: Springer.

Domsch, M. E. & Ladwig, D. H. (2000). Mitarbeiterbefragungen – Stand und Entwicklungen. In M. E. DOMSCH & D. H. LADWIG (Hrsg.), *Handbuch Mitarbeiterbefragung* (S. 1–14). Berlin: Springer.

Donovan, M. A., Drasgow, F. & Probst, T. M. (2000). Does computerizing paper-and-pencil job attitude scales make a difference? New IRT analyses offer insight. *Journal-of-Applied-Psychology, 85 (2)*.

Doppler, K. & Lauterburg, C. (2005). *Change Management: den Unternehmenswandel gestalten* (11. akt. u. erw. Aufl.). Frankfurt am Main: Campus.

Doppler, K. (2006). Führen in Zeiten der Veränderung. *OrganisationsEntwicklung, 25 (1)*, 28–39.

Drasgow, F. & Kanfer, R. (1985). Equivalence of psychological measurement in heterogeneous populations. *Journal-of-Applied-Psychology, 70 (4)*, 662–680.

EFQM. (1998). *Selbstbewertung 1998 – Richtlinien für Unternehmen*. Brüssel: Eigenverlag.

EFQM. (2003). Excellence einführen. [PDF] Verfügbar unter: http://www.deutsche-efqm.de/download/Excellence_einfuehren_2003(9).pdf [13.12.2005].

Ekvall, G. (1996). Organizational climate for creativity and innovation. *European Journal of Work and Organizational Psychology, 5 (1)*, 105–123.

Erez, M. (1994). Toward a model of cross-cultural industrial and organizational psychology. In H. C. Triandis, M. D. Dunette & L. M. Hough (eds.), *Handbook of industrial and organizational psychology* (Band 4, S. 559–608). Palo Alto, CA: Consulting Psychologists Press.

Fettel, A. (1997). Mitarbeiterbefragungen – Anforderungen und Erwartungen aus Sicht von Mitarbeitern. In W. Bungard & I. Jöns (Hrsg.), *Mitarbeiterbefragung. Ein Instrument des Innovations- und Qualitätsmanagements* (S. 97–113). Weinheim: Beltz Psychologie VerlagsUnion.

Finn, R. H. (1972). Effects of some variations in rating scale characteristics on the means and reliabilities of ratings. In F. J. Landy & J. L. Farr (eds.), *The measurement of work performance (32)*, pp 255–265.

Freimuth, J. & Hoets, A. (1995). Mitarbeiterbefragungen. Aktionsforschung, Personalforschung, Sozialforschung oder was? In J. Freimuth & B.-U. Kiefer (Hrsg.), *Geschäftsberichte von unten. Konzepte für Mitarbeiterbefragungen* (S. 265–273). Göttingen: Verlag für angewandte Psychologie.

French, W. & Bell, C. (1994). *Organisationsentwicklung*. 4. Aufl. Bern: Haupt.

French, W., Bell, C. & Zawacki, R. (Hrsg.). (1994). *Organization development and transformation: Managing effective change* (4th ed.). Homewood, IL: Richard D Irwin.

Frey, D. (1998). Center of Excellence – ein Weg zu Spitzenleistungen. In P. Weber (Hrsg.), *Leistungsorientiertes Management: Leistungen steigern statt Kosten senken*. Frankfurt am Main: Campus.

Gebert, D. (1987). Führung und Innovation. *Zeitschrift für betriebswirtschaftliche Forschung, 39 (10)*, 941–952.

Gebert, D. (2004). Organisationsentwicklung. In H. Schuler (Hrsg.), *Lehrbuch Organisationspsychologie*. (S. 601–616). Bern: Hans Huber.

Greif, S., Runde, B. & Seeberg, I. (2005). Erfolgsfaktoren beim Change Management in acht Ländern. *Wirtschaftspsychologie aktuell, 12 (3)*, 22–26.

Griffin, M. A., Rafferty, A. E. & Mason, C. M. (2004). Who started this? Investigating different sources of organizational change. *Journal-of-Business-and-Psychology, 18 (4)*.

Guion, R. M. (1986). Personnel evaluation. In R. A. Berk (Hrsg.), *Performance assessment: Methods & applications* (S. 345–360). Baltimore, MD: Johns Hopkins University Press.

Hare, R. D. & Petersen, K. (2005). *Gewissenlos. Die Psychopathen unter uns*. New York: Springer.

Hellriegel, D., Slocum, J. W. & Woodman, R. W. (1992). *Organizational Behavior*. St. Paul: West Publishing.

Heskett, J. L., Jones, T. O., Loveman, G. W., Sasser, W. E. & Schlesinger, L. A. (1994). Putting the service-profit chain to work. *Harvard Business Review*, 164–174.

Hillman, L. W., Schwandt, D. R. & Bartz, D. E. (1990). Enhancing staff members' performance through feedback and coaching. *Journal-of-Management-Development, 9 (3)*, 20–27.

Hinrichs, J. R. (1990). *Using surveys to enhance organizational effectiveness. Seminarunterlagen*. Darien, CT: Management Decision Systems.

Hinrichs, J. R. (1991). Survey data as a catalyst for employee empowerment and organizational effectiveness. In R. J. Niehaus & K. F. Price (eds.), *Bottom line results from strategic human resource planning*. New York, NY: Plenum Press.

Hoffmann, C. (2001). *Das Intranet. Ein Medium der Mitarbeiterkommunikation*. Konstanz: UVK.

Hofmann, K. (1995). Rückmeldung an die Beurteiler. In K. Hofmann, F. Köhler & V. Steinhoff (Hrsg.), *Vorgesetztenbeurteilung in der Praxis. Konzepte, Analysen, Erfahrungen* (S. 75–85). Weinheim: Beltz.

Hofmann, K. (1995a). *Führungsspanne und organisationale Effizienz: Eine Fallstudie bei Industriemeistern*. Weinheim: Beltz.

Hofmann, D. A., Griffin, M. A. & Gavin, M. B. (2000). The application of hierarchical linear modeling to organizational research. In K. J. Klein & S. W. Kozlowski (eds.), *Multilevel theory, research, and methods in organizations: Foundations, extensions, and new directions*. San Francisco, CA: Jossey-Bass.

Hofstede, G. (2001). *Culture's consequences: Comparing values, behaviors, institutions and organizations across nations*. Thousand Oaks, CA: Sage Publications.

Homburg, C., Herrmann, A. & Pflesser, C. (2000). Methoden der Datenanalyse im Überblick. In C. Homburg & A. Herrmann (Hrsg.), *Marktforschung: Methoden, Anwendungen, Praxisbeispiele* (S. 101–125). Wiesbaden: Gabler.

Hornberger, S. (2000). Evaluation in Veränderungsprozessen. In G. Schreyögg & P. Conrad (Hrsg.), *Organisatorischer Wandel und Transformation*. Wiesbaden: Gabler.

Horton, R., Buck, T., Waterson, P. & Clegg, C. (2001). Explaining intranet use with the technology acceptance model. *Journal of Information Technology, 16*, 237–249.

Hunt, J. W. (1995). Das 360-Grad-Feedback. *gdi impuls, 3*, 40–54.

Iaffaldano, M. T. & Muchinski, P. M. (1985). Job satisfaction and job performance: A meta-analysis. *Psychological-Bulletin, 97 (2)*, 251–273.

James, L. R. & Jones, A. P. (1974). Organizational climate. A review of theory and research. *Psychological Bulletin, 81*, 1096–1112.

Janis, I. L. (1972). *Victims of Groupthink: A psychological study of foreign policy decisions and fiascos*. Boston: Houghton Mifflin.

Johnson, S. R. (1996). The multinational opinion survey. In A. I. Kraut (eds.), *Organizational surveys: Tools for assessment and change* (S. 310–329). San Francisco, CA: Jossey-Bass.

Joyce, W. F. & Slocum, J. W. J. (1984). Collective climate: Agreement as a basis for defining aggregate climates in organizations. *Academy of Management Journal, 27*, 721–742.

Jöns, I. (1997a). Formen und Funktionen von Mitarbeiterbefragungen. In W. Bungard & I. Jöns (Hrsg.), *Mitarbeiterbefragungen. Ein Instrument des Innovations- und Qualitätsmanagements* (S. 15–31). Weinheim: Beltz.

Jöns, I. (1997b). Rückmeldung der Ergebnisse an Führungskräfte und Mitarbeiter. In W. Bungard & I. Jöns (Hrsg.), *Mitarbeiterbefragung. Ein Instrument des Innovations- und Qualitätsmanagements*. (S. 167–194). Weinheim: Beltz.

Jöns, I. (2000). *Organisationales Lernen in selbstmoderierten Survey-Feedback-Prozessen*. Lengerich: Pabst Science.

Judge, T. A., Thoresen, C. J., Bono, J. E. & Patton, G. K. (2001). The job satisfaction – job performance relationship: A qualitative and quantitative review. *Psychological Bulletin, 127 (3)*, 376–407.

Kauffeld, S., Jonas, E., Grote, S., Frey, D. & Frieling, E. (2004). Innovationsklima – Konstruktion und erste psychometrische Überprüfung eines Messinstrumentes. *Diagnostica, 50 (3)*, 153–164.

Kaufmann, R. S. (2005). *Stellenwert und Anforderung an eine Mitarbeiterbefragung im Rahmen des EFQM-Modells am Beispiel des Service-Center Oberkochen*. Unveröffentlicht, Hochschule Aalen.

King, N. & Anderson, N. (1995). *Innovation and Change in Organizations*. London: Routledge.

Kirchhoff, S., Kuhnt, S., Lipp, P. & Schlawin, S. (2003). *Der Fragebogen. Datenbasis, Konstruktion und Auswertung*. (3. Aufl.). Opladen: Leske & Budrich.

Koys, D. J. (2001). The effects of employee satisfaction, organizational citizenship behavior, and turnover on organizational effectiveness: A unit-level, longitudinal study. *Personnel Psychology, 54 (1)*, 101–114.

Kozlowski, S. W. & Doherty, M. L. (1989). Integration of climate and leadership: Examination of a neglected issue. *Journal-of-Applied-Psychology, 74 (4)*, 533–546.

Literatur

Kozlowski, S. W. & Klein, K. (2000). A multilevel approach to theory and research in organizations. Contextual, temporal, and emergent processes. In K. J. Klein & S. J. Kozlowski (eds.), *Multilevel theory, research, and methods in organizations. Foundations, extensions, and new directions* (S. 3–90). San Francisco, CA: Jossey-Bass.

Krause, D. (2005). Innovationsförderliche Führung. *Zeitschrift für Psychologie, 213(2)*, 61–76.

Kreiselmaier, J., Prüfer, P. & Rexroth, M. (1989). *Der Interviewer im Pretest. Evaluation der Interviewerleistung und Entwurf eines neuen Pretestkonzepts*. (Band 14). Mannheim: ZUMA.

Kunin, T. (1955). The construction of a new type of attitude measure. *Personnel-Psychology, 8*, 65–77.

Lazarus, R. S. (1966). *Psychological stress and the coping process*. New York, NY: McGraw-Hill.

Lewin, K., Lippitt, R. & White, R. K. (1939). Patterns of aggressive behavior in experimentally created »social climates. *Journal-of-Social-Psychology, 10*, 271–299.

Lewin, K. (1951). *Field theory in social science*. New York, NY: Harper.

Liebig, C., Müller, K. & Bungard, W. (2004). Chancen und Tücken bei Online-Mitarbeiterbefragungen. *Wirtschaftspsychologie Aktuell (2)*, 26–30.

Liebig, C. & Müller, K. (2005). Mitarbeiterbefragung online oder offline? Chancen und Risiken von papierbasierten vs. internetgestützten Befragungen. In I. Jöns & W. Bungard (Hrsg.), *Feedbackinstrumente im Unternehmen: Grundlagen, Gestaltungshinweise, Erfahrungsberichte* (S. 209–219). Wiesbaden: Gabler.

Liebig, C. (2006). *Mitarbeiterbefragung als Interventionsinstrument*. Wiesbaden: Gabler DUV.

Lipp, U. W. H. (2004). *Das große Workshop-Buch: Konzeption, Inszenierung und Moderation von Klausuren, Besprechungen und Seminaren*. Weinheim: Beltz.

Locke, E. A. (1976). An experimental case study of the successes and failures of job enrichment in a government agency. *Journal-of-Applied-Psychology, 61 (6)*.

London, M. & Smither, J. W. (2002). Feedback orientation, feedback culture, and the longitudinal performance mangement process. *Human Ressource Management Review, 12*, 81–100.

Lück, H. E. (1998). *Mitarbeiterbefragungen. Kurseinheit 1: Praxis der Mitarbeiterbefragungen*. Unveröffentlichtes Manuskript, Fernuniversität-Gesamthochschule in Hagen.

Madauss, B. (2000). *Handbuch Projektmanagement*. 6. überarb. u. erw. Aufl. Stuttgart: Schaeffer-Poeschel.

Mayring, P. (2003). *Qualitative Inhaltsanalyse. Grundlagen und Techniken*. Weinheim: Beltz.

Moore, M. L. (1978). Assessing organizational planning and teamwork: An action research methodology. *Journal of Applied Behavioral Science, 14 (4)*, 479–491.

Moorehead, G. & Griffin, R. W. (1989). *Organizational behavior*. Boston, MA: Houghton Mifflin.

Moscovici, S., Lage, E. & Naffrechoux, M. (1985). Influence of a consistent minority on the response of a minority on the responses of a majority in a color perception task. *Sociometry, 32*, 365–379.

Müller, K. (2006). *Kulturelle Einflüsse auf die Arbeitszufriedenheit: Eine multinationale Untersuchung*. Taunusstein: Dr. H. H. Driesen.

Myford, C. M. & Wolfe, E. W. (2002). When raters disagree, then what: Examining a third-rating discrepancy resolution procedure and its utility for identifying unusual patterns of ratings. *Journal-of-Applied-Measurement, 3 (3)*, 300–324.

Myford, C. M. (2002). Investigating design features of descriptive graphic rating scales. *Applied-Measurement-in-Education, 15 (2)*, 187–215.

Nachreiner, F., Ernst, G. & Müller, G. F. (1987). Methoden zur Planung und Bewertung arbeitspsychologischer Interventionsmaßnahmen. In U. Kleinbeck & J. Rutenfranz (Hrsg.), *Arbeitspsychologie (Enzyklopädie der Psychologie, D-III, Bd.1)* (S. 361–439). Göttingen: Hogrefe.

Nadler, P. (1977). *Feedback and organizational development: Using data-based methods*. Massachusetts: Addison-Wesley.

Neuberger, O. & Allerbeck, M. (1978). *Messung und Analyse von Arbeitszufriedenheit*. Wien: Huber.

Neuberger, O. (1980). Organisationsklima als Einstellung zur Organisation. In C. G. Hoyos, W. Kroeber-Riel, L. v. Rosenstiel & B. Strümpel (Hrsg.), *Grundbegriffe der Wirtschaftspsychologie*. München: Kösel.

Neuberger, O. (1996). Die wundersame Verwandlung der Belegschaft in Unternehmerschaft mittels der Kundschaft. *Augsburger Beiträge zu Organisationspsychologie und Personalwesen, 18*, 1–55.

Neuberger, O. (2000). *Das 360°-Feedback. Alle fragen? Alles sehen? Alles sagen?* Mering: Hampp.

Ostroff, C. (1992). The relationship between satisfaction, attitudes, and performance: An organizational level analysis. *Journal-of-Applied-Psychology, 77 (6)*, 963–974.

Parkington, J. J. & Schneider, B. (1979). Some correlates of experienced job stress: A boundary role study. *Academy of Management Journal, 22*, 270–281.

Payne, E. & Pugh, D. S. (1976). Organizational structure and climate. In M. Dunnette (ed.), *Handbook of industrial-organizational psychology*. Chicago, IL: Rand McNally.

Peters, T. J. & Waterman, R. H. (1982). *In Search of Excellence: Lessons from america's best run companies*. New York, NY: Harper and Row.

Phelps, R. & Mok, M. (1999). Managing the risk of intranet implementation. An empirical study of user satisfaction. *Journal of Information Technology, 14*, 39–52.

Pinto, J. K. & Prescott, J. E. (1987). Changes in critical success factor's importance over the life of a project. *Academy of Management Proceedings, 1987*, 328–332.

Porras, J. I. & Kerry, P. (1979). Assessing planned change. *Group & Organization Studies, 4 (1)*, 39–58.

Raudenbush, S. W. & Bryk, A. S. (2002). *Hierarchical linear models. Applications and data analysis methods*. Thousand Oaks: Sage.

Reise, S. P., Widdamn, K. F. & Pugh, R. H. (1993). Confirmatory factor analysis and item response theory: Two approaches for exploring measurement invariance. *Psychological-Bulletin, 114 (3)*, 552–566.

Reiß, M. (1995). Implementierung. In H. Corsten & M. Reiß (Hrsg.), *Mitarbeiterbefragungen. Handbuch Unternehmensführung. Konzepte, Instrumente, Schnittstellen*. Wiesbaden: Gabler.

Rice, R. W., McFarlin, D. B. & Bennett, D. E. (1989). Standards of comparison and job satisfaction. *Journal-of-Applied-Psychology, 74 (4)*, 591–598.

Rice, R. W., Markus, K., Moyer, R. P. & McFarlin, D. B. (1991). Facet importance and job satisfaction: Two experimental tests of Locke's range of affect hypothesis. *Journal-of-Applied-Psychology, 76 (1)*, 31–39.

Richter, C. & Liebig, C. (2006). Diebstahlverhalten in Unternehmen. Psychologische Determinanten von Mitarbeiterdiebstahl. *Mannheimer Beiträge zur Wirtschafts- und Organisationspsychologie, 21 (1)*, 19–28.

Ridder, H. & Bruns, H. (2000). Zur Rolle von Führungskräften bei der Konzeption und Durchführung von Mitarbeiterbefragungen. *Zeitschrift für Personalforschung, 14(1)*, 28–51.

Rosenstiel, L. V. (2003). Betriebsklima und Leistung – eine wissenschaftliche Standortbestimmung. In U.-M. Hangebrauck, K. Kock, E. Kutzner & G. Muesmann (Hrsg.), *Handbuch Betriebsklima*. München: Hampp.

Rosenstiel, L. V. & Comelli, G. (2004). Führung im Prozess des Wandels. *Wirtschaftspsychologie aktuell, 11 (1)*, 30–34.

Ryan, A. M., J., S. M. & Johnson, R. (1996). Attitudes and effectiveness: Examining relations at an organizational level. *Personnel-Psychology, 49 (4)*, 853–882.

Ryan, A. M., Chan, D., Plyhart, R. E. & Slade, L. A. (1999). Employee attitude surveys in a multinational organization: Considering language and culture in assessing measurement equivalence. *Personnel-Psychology, 52 (1)*, 37–58.

Scarpello, V. & Campbell, J. P. (1983). Job satisfaction: Are all the parts there? *Personnel Psychology, 36 (3)*, 577–600.

Scarpello, V. & Vandenberg, R. J. (1991). Some issues to consider when surveying employee opinions. In J. W. Jones, B. D. Steffy & D. W. Bray (eds.), *Applying Psychology in Business. The Handbook for Managers and Human Ressource Professionals* (S. 611–622). Lexington, MA: Lexington Books Heath.

Schein, E. H. (1985). *Organizational culture and leadership: A dynamic view*. San Francisco, CA: Jossey-Bass.

Schein, E. H. (1995). *Unternehmenskultur: ein Handbuch für Führungskräfte*. Frankfurt am Main: Campus.

Schleicher, D. J., Watt, J. D. & Geguras, G. J. (2004). Reexamining the Job Satisfaction-Performance Relationship: The Complexity of Attitudes. *Journal-of-Applied-Psychology, 89 (1)*, 165–177.

Schneider, B. (1973). The perception of organizational climate: The customer´s view. *Journal-of-Applied-Psychology, 57*, 248–256.

Schneider, B. (1975). Organizational climate: An essay. *Personnel Psychology, 28*, 447–479.

Schneider, B. & Reichers, A. E. (1983). On the etiology of climates. *Personnel Psychology, 36*, 19–93.

Schneider, B. & Bowen, D. E. (1985). Employee and customer perceptions of service in banks: Replication and extension. *Journal of Applied Psychology, 70 (3)*, 423–433.

Schneider, B., Bowen, D. E., Ehrhart, M. G. & Holcombe, K. M. (2000). The climate for service: evolution of a construct. In N. M. Ashkanasy, C. P. Wilderon & M. F. Peterson (eds.), *Handbook of organizational culture and climate*. Thousand Oaks, CA: Sage.

Scholl, W., Pelz, J. & Rade, J. (1996). *Computervermittelte Kommunikation in der Wissenschaft*. Münster: Waxmann.

Scholl, W. (2004). *Innovation und Information – Wie in Unternehmen neues Wissen produziert wird*. Göttingen: Hogrefe.

Schöpf, A. & Liebig, C. (2006). Der Einfluss organisationaler Gerechtigkeit und Commitment auf deviantes Verhalten von Mitarbeitern. *Mannheimer Beiträge zur Wirtschafts- und Organisationspsychologie, 21 (1)*, 3–11.

Schulze, H. (1992). *Internes Marketing von Dienstleistungsunternehmen: Fundierungsmöglichkeiten mittels ausgewählter Konzepte der Transaktionsanalyse*. Frankfurt am Main: Peter Lang.

Schweiger, Ridley & Marini. (1992). Creating one from two: The merger between Harris Semiconductor and General Electric Solid State. In S. E. Jackson (eds.), *Diversity in the workplace: Human resources initiatives* (S. 167–196). New York, NY: Guilford Press.

Schwetje, T. (1999). *Kundenzufriedenheit und Arbeitszufriedenheit bei Dienstleistungen: Operationalisierung und Erklärung der Beziehungen am Beispiel des Handels*. Wiesbaden: Gabler.

Seligman, M. E. (1986). Learned helplessness in children: A longitudinal study of depression, achievement, and explanatory style. *Journal-of-Personality-and-Social-Psychology, 51 (2)*, 435–442.

Sheridan, J. E. & Slocum, J. W. (1975). The direction of the causal relationship between job satisfaction and work performance. *Organizational-Behavior-and-Human-Performance, 14 (2)*, 159–172.

Siegel, S. M. & Kaemmerer, W. F. (1978). Measuring the perceived support for innovation in organizations. *Journal of Applied Psychology, 63 (5)*, 553–562.

Sonntag, K. H. (1996). *Lernen im Unternehmen*. München: C.H. Beck.

Stock, R. (2003). *Der Zusammenhang zwischen Mitarbeiter- und Kundenzufriedenheit – Direkte, indirekte und moderierende Effekte*. Wiesbaden: Deutscher Universitätsverlag.

Tett, R. P. & Meyer, J. P. (1993). Job satisfaction, organizational commitment, turnover intention, and turnover: Path analyses based on meta-analytic findings. *Personnel Psychology, 46*, 259–291.

Trost, A., Jöns, I. & Bungard, W. (1999). *Mitarbeiterbefragung*. Augsburg: WEKA Fachverlag für technische Führungskräfte.

Trost, A. (2001). *Die Messung und Analyse lateraler Kooperation bei Mitarbeiterbefragungen. Eine Anwendung der Generalisierbarkeitstheorie zur Überprüfung von Konzepten der sozialen Netzwerkanalyse*. Mering: Hampp.

Trost, A. & Bungard, W. (2004). Die Interraterreliabilität von Ergebnissen aus Mitarbeiterbefragungen. *Zeitschrift für Arbeits- und Organisationspsychologie, 48 (3)*.

Trost, A. (2005). Mitarbeiterbefragung als Instrument strategischer Unternehmensführung. In I. Jöns & W. Bungard

Literatur

(Hrsg.), *Feedbackinstrumente in Unternehmen.* Wiesbaden: Gabler.

Van De Vijver, F.. & Leung, K. (1997). *Methods and data analysis for cross-cultural research.* Thousand Oaks, CA: Sage Publications.

Van De Vijver, F.. & Poortinga, Y. H. (1997). Towards an integrated analysis of bias in cross-cultural assessment. *European-Journal-of-Psychological-Assessment, 13 (1),* 29–37.

Van De Vijver, F. & Leung, K. (2000). Methodological issues in psychological research on culture. *Journal-of-Cross-Cultural-Psychology, 31 (1),* 33–51.

Van Dick, R. (2004). *Commitment und Identifikation mit Organisationen.* Göttingen: Hogrefe.

Vandenberg, R. J. & Lance, C. E. (2000). A review and synthesis of the measurement invariance literature: Suggestions, practices, and recommendations for organizational research. *Organizational Research Methods, 3 (1),* 4–69.

Viteles, M. (1953). *Motivation and morale in industry.* New York, N.Y.: Norton, 1953.

Volpert, W. (1987). Psychische Regulation von Arbeitstätigkeiten. In U. Kleinbeck & J. Rutenfranz (Hrsg.), *Arbeitspsychologie. Enzyklopädie der Psychologie, Themenbereich D, Serie III, Band 1* (S. 1–42). Göttingen: Hogrefe.

Wallner, I. (2000). Die Siemens Mitarbeiterbefragung. Ein Instrument zur Weiterentwicklung der Unternehmenskultur. In M. E. Domsch & D. H. Ladwig (Hrsg.), *Handbuch Mitarbeiterbefragung* (S. 39–64). Berlin: Springer.

Weiss, K. & Jöns, I. (2003). Kulturveränderung als Einflussfaktor von Commitment bei Fusionen und Akquisitionen. *Mannheimer Beiträge zur Wirtschafts- und Organisationspsychologie, 18 (1),* 10–15.

Werner, O. & Campbell, D. T. (1970). Translating, working through interpreters, and the problem of decentering. In R. Narroll & R. Cohen (eds.), *A handbook of method in cultural anthropology* (S. 398–420). New York, NY: American Museum of Natural History Press.

West, M. A. (1990). The social psychology of innovation in groups. In M. A. West & J. L. Farr (eds.), *Innovation and creativity at work.* Chishester: Wiley.

Wiener, N. (1972). *Mensch und Menschmaschine* (4. Aufl.). Frankfurt am Main: Fischer.

Winter, S. (2005a). *Mitarbeiterzufriedenheit und Kundenzufriedenheit – Eine mehrebenenanalytische Untersuchung der Zusammenhänge auf Basis multidimensionaler Zufriedenheitsmessu*ng. [Online-Publikation] Verfügbar unter: http://bibserv7.bib.uni-mannheim.de/madoc/volltexte/2005/862/.

Winter, S. (2005b). Kundenbefragung. In I. Jöns & W. Bungard (Hrsg.), *Feedbackinstrumente im Unternehmen. Grundlagen, Gestaltungshinweise, Erfahrungsberichte* (S. 177–194). Wiesbaden: Gabler.

Zink, K. (2004). *TQM als integratives Managementkonzept: Das EFQM Excellence Model und seine Umsetzung.* Wien: Hanser.

Über die Herausgeber

Walter Bungard, Prof. Dr., Dipl.-Psych., 1945, Studium der Volkswirtschaftslehre, Soziologie und Psychologie. Seit 1984 ist er Inhaber des Lehrstuhls für Wirtschafts- und Organisationspsychologie an der Universität Mannheim. Arbeitsschwerpunkte sind u. a. neue Arbeits- und Organisationsformen, Einführung neuer Technologien in der Arbeitswelt, Gruppenarbeitskonzepte und Belastungen am Arbeitsplatz.

Ein zentraler Forschungsschwerpunkt bezieht sich auf Feedbacksysteme in Organisationen. Zu diesem Thema sind zahlreiche internationale Mitarbeiterbefragungen und Vorgesetztenstudien seit über 20 Jahren durchgeführt worden.

Karsten Müller, Dr., Dipl.-Psych., 1972, studierte Psychologie an der Universität Mannheim und an der San Diego State University, USA, mit dem Schwerpunkt Wirtschaftspsychologie und statistische Methodenlehre. Seit 2002 ist er wissenschaftlicher Mitarbeiter am Lehrstuhl für Wirtschafts- und Organisationspsychologie der Universität Mannheim und hat Lehraufträge an der Fernuniversität in Hagen, der Hochschule Pforzheim und der Technischen Universität Kaiserslautern. Seine Forschungsschwerpunkte sind organisationale Einstellungen und Kundenzufriedenheit, Survey-Feedback-Methoden sowie interkulturelle Aspekte der Wirtschaftspsychologie. Neben der Lehrtätigkeit arbeitet Karsten Müller als Berater in zahlreichen internationalen Organisationsdiagnose und -entwicklungsprojekten.

Cathrin Niethammer, Dr., Dipl.-Psych., 1977, studierte Psychologie an der Universität Mannheim mit dem Schwerpunkt Wirtschafts- und Organisationspsychologie. Von 2003 bis 2006 war sie dort wissenschaftliche Mitarbeiterin am Lehrstuhl für Wirtschafts- und Organisationspsychologie. In dieser Zeit lagen ihre Arbeitsschwerpunkte in den Themen Organisationsdiagnose, Mitarbeiterbefragung und Retention Management. Im Frühjahr 2007 promovierte sie und arbeitet derzeit als geschäftsführende Beraterin im WO-Institut. Weiterhin hat sie Lehraufträge für Organisationspsychologie an der Universität Mannheim.

Quellenverzeichnis

Seite	Abb.	Quelle
8	2.1	French, W. & Bell, C. (1994). Organisationsentwicklung. 4. Aufl. Bern: Haupt.
18	2.4	Trost, A., Jöns, I. & Bungard, W. (1999). Mitarbeiterbefragung. Augsburg: WEKA Fachverlag für technische Führungskräfte. – www.weka.de
20	2.5	Trost, A., Jöns, I. & Bungard, W. (1999). Mitarbeiterbefragung. Augsburg: WEKA Fachverlag für technische Führungskräfte. – www.weka.de
21	2.6	Trost, A., Jöns, I. & Bungard, W. (1999). Mitarbeiterbefragung. Augsburg: WEKA Fachverlag für technische Führungskräfte. – www.weka.de
34	2.10	Trost, A., Jöns, I. & Bungard, W. (1999). Mitarbeiterbefragung. Augsburg: WEKA Fachverlag für technische Führungskräfte. – www.weka.de
38	2.12	Trost, A., Jöns, I. & Bungard, W. (1999). Mitarbeiterbefragung. Augsburg: WEKA Fachverlag für technische Führungskräfte. – www.weka.de
82	3.3	Borg, I. (2003). Führungsinstrument Mitarbeiterbefragung. Theorien, Tools und Praxiserfahrungen. (3. Aufl.). Göttingen: Hogrefe.

Seite	Tab.	Quelle
12	2.1	Domsch, M. E. & Ladwig, D. H. (Hrsg.). (2000). Handbuch Mitarbeiterbefragung. Berlin: Springer. (3. Auflage: 2006)
39–40	2.2	Borg, I. (2003). Führungsinstrument Mitarbeiterbefragung. Theorien, Tools und Praxiserfahrungen. (3. Aufl.). Göttingen: Hogrefe.
62	2.3	Hofmann, K. (1995). Rückmeldung an die Beurteiler. In K. Hofmann, F. Köhler & V. Steinhoff (Hrsg.), Vorgesetztenbeurteilung in der Praxis. Konzepte, Analysen, Erfahrungen (S. 75-85). Weinheim: Beltz.
100	3.1	Ridder, H. & Bruns, H. (2000). Zur Rolle von Führungskräften bei der Konzeption und Durchführung von Mitarbeiterbefragungen. Zeitschrift für Personalforschung, 14(1), 28-51.
101	3.2	Jöns, I. (1997). Rückmeldung der Ergebnisse an Führungskräfte und Mitarbeiter. In W. Bungard & I. Jöns (Hrsg.), Mitarbeiterbefragung. Ein Instrument des Innovations- und Qualitätsmanagements. (S. 167-194). Weinheim: Beltz.
173	4.6	Jöns, I. (1997). Rückmeldung der Ergebnisse an Führungskräfte und Mitarbeiter. In W. Bungard & I. Jöns (Hrsg.), Mitarbeiterbefragung. Ein Instrument des Innovations- und Qualitätsmanagements. (S. 167-194). Weinheim: Beltz.

Sachverzeichnis

A

affektive Reaktion 105
Aktionsforschung 8, 9
Aktionspläne 24, 63, 64, 65, 83, 150, 174
Akzeptanz
– Erfolgsfaktor 170
– Führungskraft 170
– Mitarbeiter 168
allgemeine Durchschnittswerte 142–143
Analyseebene 157–160, 162
Antwortkategorien 33–38, 136
– Anzahl 33, 36–37, 136
– mittlere 36–37
Arbeitszufriedenheit 7, 9, 35, 88, 105, 134, 142, 155, 181, 189
Auditierung 185–186
Aufgabenzuweisung 202
Aufwärts-Feedback-Schleife 76

B

Beeinflussbarkeit 33
Befragungskultur 199
Berater 54–55, 60–61
– externe 2, 22, 31, 55–57, 60–61, 124, 157, 172
– interne 31, 55–56, 104
berufliche Weiterentwicklung 206
Best in class 142–143
Best practice 16, 142, 192, 195, 200, 203, 208
Betriebsklima 7, 9, 11, 87
Beurteilungsmaßstab 141

C

Change Management 7, 78, 97, 105, 189, 209
Coaching 101, 103–104, 176
– Funktion 71–72
Commitment
– Commitment-Umfeld-Analyse 30, 49, 133
– der Führungskräfte 19, 120, 194
– internes 191
– des Vorstands 116
Controlling
– Controllingtools 131
– Ergebnis 170, 173, 175, 177
– Instrumente 51, 96, 151–152, 154, 176, 207
– Prozess 22, 101, 131, 170, 173, 174, 177, 198
– webbasiert 131
– zentral gesteuert 131
Cultural-Decentering 52

D

Daten
– Auswertung 23, 113, 122–123, 135, 162
– Interpretation 192
– Qualität 49, 61
– Quantifizierung 165–166
Diagnoseinstrument 7, 198, 200
diagnostische Funktion 7, 9–10
– Analysefunktion 9–10
– Evaluationsfunktion 9–10
– Kontrollfunktion 9–10
Durchführungsformate 114

E

Effizienz 65, 78, 107, 111, 183, 199, 209
empirische Befunde
– Erfolgsfaktoren 50, 77, 85–86, 90, 96–97, 106, 147, 175–176
– Kundenzufriedenheit 105, 155–161, 163–165
– Mitarbeitereinstellungen 107
– Unternehmenserfolg 4, 89, 105, 139, 155–156, 165, 181
Erfolgskontrolle 193
Ergebnisse
– Handlungsempfehlungen 169
– Hintergründe 169
– Nachvollziehbarkeit 169
Erhebungsform 3
Erhebungsinstrument 6, 15, 21, 27, 52, 55, 164
Erhebungszeitpunkt 163
ESS
– ESS-Fokus-Workshops 202
– ESS-Prozessträger 200–202
– ESS-Verantwortliche 201–202
– ESS-Workshop 201–202
European Excellence Award (EEA) 203
European Foundation for Quality Management (EFQM) 6, 190–191, 195
European Quality Award (EQA) 166, 195, 203

F

Facettenanalyse 31
Feedback
– Feedbackinstrument 1
– Feedbacktechniken 123

Sachverzeichnis

- Feedbackworkshop 56, 61
- Funktion 94
- informelles 93

Fehlzeiten 9, 12, 73, 139, 155–156, 176

Fluktuation 49, 73, 105, 155–156, 160

Follow-up
- Kommunikation 116
- Phase 7, 96, 202
- Rahmenmodell 3, 79
- Strategie 79, 81, 84
- Workshops 11, 182

Fragebogen
- Aufwand 166
- Gestaltung 167–168
- Quantifizierung 165–166
- Standardisierung 167

Fragebogenentwicklung 25, 28, 134
- berufsgruppenspezifische Fragen 113
- Bottom-up 28–29
- Länge des Fragebogens 33, 35, 47, 94, 114
- standortspezifische Fragen 113
- Top-down 28–29

Freiwilligkeit 26, 33, 43, 47, 79, 191

Führung
- Führungsaufgaben 97–99, 100–101
- Führungskultur 65, 91, 99–100, 180, 198
- Führungswandel 97
- zeitgemäße Führungspraxis 97

Führungskraft
- Betroffenheit 61, 66, 98–101, 103, 169
- Handlungsdruck 169
- Motivation 169
- Typen von 99–100
- Vorbereitung 169

Frühwarnsystem 164

G

geschlossene Fragen 34, 36
Gesprächsführung 130–131
Group think 91
Gruppendiskussion 126, 167, 168, 169
Gütekriterien 31–32
- anwendungsbezogene 32–33
- forschungsmethodische 32

H

Hierarchieebene
- operativen Ebene 83, 101
- Topmanagement 82–84

I

Incentives 47
individualrechtlich 22
Indizes 49, 133–134, 153, 191
- Bildung 95, 134
Information
- Informationskonzept 15, 25, 27, 58, 66, 111
- Informationspolitik 9, 21, 25–27, 49, 79
- Informationsstrategie 25–26
Informationsmaßnahmen 85, 118, 120–121, 172, 174
- Handbücher 121
- Leitfäden 121
- Scripts 121
Informationssachverhalten 119
- Demand information 119
- Push information 119
Inhalte der MAB 164
Innovation
- Arten von 88–89
- Innovationsmanagement 122
- Innovationsparadox 86
- Pro-Innovations-Bias 90

- Produktinnovation 85, 88
- Prozessinnovation 85
interne Projektgruppe 18
internetbasierte Datenbank 42
Interpretationstechniken 126–127, 131
Interventionen 11, 40, 93, 99–100, 105–106
Interventionsfunktion 8, 10–11, 13
Interventionsinstrument 7, 8, 11, 104–105
Ist-Soll-Vergleich 35
Item
- Itemformulierungen 33, 35, 39
- Itemtypen 34, 39

J

Japan-Kolumbien-Paradox 54

K

Kausalanalyse 161–162
kollektivrechtlich 22
Kommunikation
- Kommunikationsplan 206
- Kommunikationspolitik 79, 116
Kontrollsheet 208
Korrelationsanalyse 160–161
Kreativität 89, 90, 92
Kundenbindung 155, 157–158
Kundenorientierung 149, 150, 152, 164, 169, 189
Kundenzufriedenheit 105, 155–161, 163–165

L

leitbildorientierte MAB 181
Lenkungskreis 14, 16, 17–18

M

Management Board 206
Mannheimer Institut 205–206
Mannheimer Organisationsdiagnose-Instrumentarium (MODI) 28–30, 95
– Controlling System 176–177
Marketing-Mix 113, 120
– Place 113–114
– Price 113
– Product 113
– Promotion 112, 116
Maßnahmen
– Controlling 72, 96
– Maßnahmenerarbeitung 182–183, 186
– Maßnahmenumsetzung 67, 116, 131–132, 175, 177–178, 182–186, 188, 193, 201–201, 210
– Umsetzungsgrad 10, 107–108, 126, 128, 177–178
Maxime 79
Medienmix 205
Mehrebenenanalyse 160, 162
Missing values 46
Mitarbeiter-Jahres-Gespräche 77
Mitarbeiterworkshops 58, 62–65, 193
Mixed-Mode-Strategie 116
Mixed-Mode-Verfahren 46
Moderationstechniken 129, 131, 211
moderierte Change Workshops 181–182
modular 29, 34, 124
Multiplikatorenfunktion 122

N

Normstrategie 147–148, 150, 154
Null-Fehler-Prinzip 48

O

offene Fragen 32, 34, 135, 168, 170, 205
Operationalisierung 35, 94
organisational change 90
Organisationsentwicklungskonzept 122
Organisationsklima
– facettenspezifisch 88
– kognitiver Ansatz 87
– psychologisches Klima 87
– struktureller Ansatz 87
– subjektivistischer Ansatz 87

P

Parallelstruktur 83
Partizipation 7, 54, 79, 80, 83–84, 91–92, 105, 113, 191, 197
Partizipationsinstrument 10, 54, 81
partizipative Veränderungsprozesse 62
Philosophie 4, 11, 191–192
Plausibilitätscheck 42, 48–49
positive Affektivität 53
Präsentator 123
Pretest 31–32, 191, 205
Priorisierung 60, 134, 146–151
Problemlösetechniken 123
Projekt
– Projektleiter 18
– Projektmanagement 14, 18–19, 27, 84, 103
– Projektphasen 189–190
– Projektplanung 13–14, 25, 50–51
– Projektteams 50–51, 124, 175, 205
Prozessberatung 20–21, 61
Prozessevaluation 94, 173
Pseudopartizipation 80
psychologische Erfolgsfaktoren 78
– Dürfen 78–79, 81, 84, 85
– Einstellungen 78–80, 84
– Führungskraft 80, 82, 84–85
– Kompetenz 78–81, 84
– Können 78, 84, 85
– Wollen 78–79, 84–85

Q

qualitative Verfahren
– Analyseverfahren 166
– Exploration 166
– Hilfestellung 166
– Nutzen 165–166, 168
– offene Fragen 168, 170
– Relevanz 167–168, 170
Qualitätsorientierung 197, 200–202
quantitative Verfahren
– Hypothesenprüfung 130, 165–166
– Ökonomie 165
– Quantifizierung 52, 165–166
– Vorwissen 166

R

RADAR 190
Regressionsanalyse 49, 95, 161–162
Reifendivision 181–182, 188
Reliabilität 32, 37, 87
Reporting
– Abteilungs- und Bereichsebene 136
– Ebene der Unternehmensleitung 136
Rollenverständnisse 186–187
– Change Agent 186–187
– Führungskräfte 186–189
– Personalleiter 186, 188

Sachverzeichnis

S

Selbstorganisationskonzept 72
Serviceklima 155, 164
SMN 189–190
Soll-Ist-Differenzen 93
Sonderberichte und -analysen
– Gesamtdatenmatrizen 139
– interaktive Analysesoftware 139
soziale Kompetenz 75–77
soziales Monitoring 45, 115
Standardanalyse 49
statistische Verfahren 49, 52
Strategie 81
– Bottom-up 11, 29, 55–57, 82–83, 113
– Task-Force 82–84
– Top-down 11, 29, 55–57, 82
strategische Einbettung 204
strategische Zieldefinition 13–14, 17, 25, 50
Survey-Feedback
– Ansatz 33, 173
– Instrument 106, 122, 123
– Methode 8
– Prozess 9
– Verfahren 8
Symmetrie 36–37

T

Team-Klima-Inventar 94
TED-Befragung 43, 47
themenzentrierte Gespräche
– Einzelinterviews 169
– Gruppengespräche 169
Total Quality Management (TQM) 195, 198–199
Training
– Trainingsdauer 124
– Trainingsformen 121
– Trainingsinhalte 122–124, 131
– Trainingskonzeptionen 122
– Trainingszusammenstellungen 121
– vorbereitende Trainings 121
– Ziele 124
Transparenz 12, 26–27, 33, 47, 79, 84, 92, 96, 191, 193–194, 203–204
Treiberanalyse 95–96

U

Übersetzungs-Rückübersetzungs-Prozedur 52
Überzeugungsarbeit 17, 121, 198
Unternehmensleitbilder 30, 133, 164, 181
Unterstützungsteam 18, 205

V

Validierungsgespräche 169–170
– Gruppendiskussion 126, 167–169
– themenzentrierte Gespräche 167, 169
Validität 32, 37, 42
Veränderungsbereitschaft 47, 80, 84, 106, 191, 209
Verantwortlichkeit 64–65, 84, 92, 96, 122–123, 126, 131, 200
Verbesserungsmaßnahmen 193
Vergleichbarkeit 33, 178, 187
Vergleichsart 143
– branchenorientierte Vergleiche 143
– funktionsorientierte Vergleiche 143
Vergleichsquelle 143, 146
– externe Vergleiche 136, 143
– interne Vergleiche 136, 143
Vergleichsstandards 136
– Kriterien zur Auswahl 137
Vollerhebung 6, 13, 40, 46

W

weiche Faktoren 166, 196
– Commitment 166
– Kennzahlen 166
– MA-Zufriedenheit 166
WO-Institut Mannheim 192, 206
Workshop
– Ablaufplan 126
– Aufbau der Ergebnisberichte 126–127, 131
– Erstellung einer Ergebnispräsentation 127
– Maßnahmenableitung 121, 126–127, 129, 131
– Maßnahmenumsetzung 129
– Planung 124
– Präsentation der Gesamtergebnisse 124, 129
– Problemfelder 128
– Problemlösemethoden 128
– Problemlöseprozess 128
– Rückmeldeworkshop 123, 126, 131, 177
– Rückmeldung der Ergebnisse 127
– Vorbereitung 124

Z

Zeitpläne 27, 122–123, 129
zentrales Feedbacksystem 71
Zielfindung 27, 94
Zielvereinbarungen 10, 103, 122–123, 166, 173, 207, 209
Zufriedenheitsmanagement 165
– integriertes 165
Zusammenarbeitsanalysen 135
Zusammenhangsanalysen 155

Druck: Krips bv, Meppel
Verarbeitung: Stürtz, Würzburg